나의 사적인
예술가들

나의 사적인 예술가들

발행일
2020년 7월 30일 초판 1쇄
2022년 11월 20일 초판 5쇄

지은이 | 윤혜정
펴낸이 | 정무영, 정상준
펴낸곳 | ㈜을유문화사

창립일 | 1945년 12월 1일
주소 | 서울시 마포구 서교동 469-48
전화 | 02-733-8153
팩스 | 02-732-9154
홈페이지 | www.eulyoo.co.kr

ISBN 978-89-324-7434-2 03100

나의 사적인 예술가들

삶에 깊은 영감을 주는
창조자들과의 대화

윤혜정 인터뷰집

을유문화사

프롤로그

우리의 사적인 예술가들을 만나는 법

지금도 인터뷰를 앞두고는 웬만하면 끼니를 거릅니다. 그냥 차를 돌리고 싶은 마음도 간절하지요. 그래서 저만의 방식으로 단단히 마음 준비를 해야 합니다. 일단 여러 날 준비한 질문지를 A4용지 4분의 1 크기로 인쇄합니다. 우측 페이지에 질문지를 붙이고, 좌측 페이지에는 추가 질문이나 주관적 단상을 빼곡히 적어 둡니다. 그 노트를 인터뷰 시작 전까지 손에서 놓지 않고 들여다봅니다. 입술이 마르면 초조해지는 편이라 립밤도 꼭 챙깁니다. 저조차 애지중지 치르는 이 과정의 의미가 궁금하지 않은 건 아닙니다만, 글쎄요. 타인의 추상적 예술 영역에 제 몸과 사유를 진입시키기 위해 스스로를 독려하는 최소의 방편이라 해 두죠. 질문지의 글자 크기를 자그마치 14포인트로 키워야 할 때까지도 지속되길 희망하는, 저만의 작은 의식(ritual)이라 해도 좋습니다.

마침내 그/그녀를 대면하고, 인사를 나누고, 착석한 후에는 예의 노트를 덮습니다. 끝날 때까지 아예 펴 보지 않을 때도 많습니다. 질문지가 독백이라면 인터뷰는 대화이기에, 같은 언어임에도 그 메커니즘은 완전히 다릅니다. 그러니까 인터뷰란 제가 고안한 질문을 아예 잊거나 다시 쓰는 작업이라는 역설도 성립하겠네요. 그렇게 한두 시간 동안 그/그녀가 평생 구축해 온 진실 안에서 더듬더듬 길을 찾아 깊숙한 지점까지 갔다 나오면 롤러코스터에서 갓 내렸을 때 마냥 온몸에서 피가 힘차게 돕니다. 한 번도 생각하지 못했던 질의와 응답이 제 안에서 요동치고, 예술을 떠나 삶의 한 조각을 나눈 듯한 착각마저 듭니다. 이 아찔한 개운함에 중독되어 '남의 말'을 '나의 글'로 전하는 이 일을 포기하지 못하는 게 아닐까 싶을 정도지요. 설사 하나의 단어만 기억한다 해도, 그/그녀와 헤어진 후 만나는 세상이 인터뷰 전과 같을 수는 없습니다. 저의 시간은 누군가를 인터뷰하기 전과 후로 나뉩니다.

오스카 와일드의 말마따나 예술은 쓸모없는 것임에도 불구하고, 적어도 제게는 꽤 유용했습니다. 돌이켜 보면, 잡지 에디터로 20년 넘게 활동해 온 저의 일관된 고민은 급변하는 시대의 매체와 에디터의 역할에 대한 회의에서 기인한 듯합니다. 고급 정보의 빠른 전달도, 패션쇼나 전시회 같은 이벤트의 독점도, 취향의 과시도 의미 없어진 데다 세상에는 노래 잘하거나 요리 잘하는 사람만큼이나 글 잘 쓰는 고수들이 많습니다. 고민을 거듭하며 겨우 다다른 작은 결론은 에디터란 '나'의 일상을 들여다보고, '당신'의 세계와 조우하여 동시대의 '우리'를 기록하는 데 공적 지면이라는 행운을 쓰는 사람이라는 사실입니다. 번민에 대한 해결법이 외부를 돌고 돌아 '지금' '여기'에서 '글 쓰는 나'로 귀결되더라는 거지요. 예컨대 길바닥(세상)에 널브러진 책가방(대상) 하나도 온전한 시선으로 보고 전할 수 있는 힘, 다르게 보기뿐 아니라 다르게 반응하기, 다르게 생각하기, 다르게 제시하기, 다르게 쓰기가 절실했다고나 할까요.

결론부터 말하자면, 이런 근본적인 갈증을 해소해 준 대상이 바로 예술가들이었습니다. 가끔은 뼈아프고, 가끔은 환희에 가까우며, 대부분은 놀라운 각성의 순간을 선사한 이들 특유의 통찰력은 어디서도 배우지 못했고, 누구도 일러주지 않은 영감 그 자체였으니까요.

“어떤 작가를 좋아하세요?” 요즘도 종종 이런 질문을 받습니다. 주위를 환기하는 데 예술만한 소재도 없겠지만, 오히려 “봄날의 곰을 좋아하세요?” 같은 질문이 더 쉬울 겁니다. 선뜻 대답하지 못했다는 얘기겠지요. 일단 ‘어떤 작가’라는 질문부터 중의적입니다. 어떤 특징의 작가인지, 작가 중 누구인지 번번이 헷갈립니다. 뒤샹이 말한바 “나는 예술을 믿지 않는다. 예술가를 믿는다”는 마음으로 이 일을 하고 사는 게 아닐까 무시로 자기의심하는 제게 좋아하는 작가가 없을 리 만무하겠지요. 저는 부모 중 한쪽을 택해야 하는 아이의 심정으로 말을 주섬주섬 삼킵니다. “이 작가도 좋고, 저 작가도 좋아요.” 상대 표정이 3초만에 시큰둥해진다는 건 ‘어떤 작가’의 해석이 어긋났다는 신호이지만 그래도 꿋꿋하게 “이 작가는 이래서 좋고, 저 작가는 저래서 좋아요” 합니다. 제게 글 쓰는 자로서의 소명의식이라는 게 손톱만큼이라도 존재한다면, 거기엔 ‘모든 예술가들은 각자의 방식으로 다 옳다’는 일종의 맹목적인 양시론이 전제되어 있을 겁니다.

예술가 19인의 인터뷰를 담은 고백 같은 이 책이 위의 질문들에 대한 어떤 답이 될 수 있기를 바랍니다. 물론 늘 그렇듯 절대 쉬운 고백은 없습니다. 이 열아홉 개의 글은 감히 예술가의 인생과 철학과 작업을 망라하겠다는 부질 없는 욕심을 버리는 과정과, 그럼에도 ‘이 작가를 다시 만나지 않아도 좋다’는 심적 배수진을 치고서야 겨우 첫 문장을 쓰곤 했던 나름의 고뇌를 반영합니다. 그러니 『보그』와 『바자』의 피처 디렉터로, 그리고 국제갤러리의 디렉터로 일터를 바꾸며 만난 수많은 예술가 중 일부만을 천신만고 끝에 선택할 때 얼마나 심사숙고했을지 짐작할 수 있을 겁니다.

예술가의 유명세나 작품의 완성도도 중요하지만, 이를 절대적인 기준으로 삼고 싶진 않았습니다. 시장의 숫자와 이론을 바꾼 예술가들은 이미 숱하고, 제가 그들 모두를 만나는 건 불가능할뿐더러 저의 한마디를 더하기에는 그 객관적 가치가 너무나 공고하며, 그들 모두가 유명한 것도 아닙니다. 오히려 다소 의아할지언정 저의 편견과 주관을 적용하는 편이 더 흥미로울 거라 믿었습니다. 잘 알려져 있지 않더라도 실로 유의미한 세계를 구축해 온 예술가, 강력한 유명세 덕에 실체보다 거대한 이미지에 둘러싸인 예술가, 아끼는 친구에게 꼭 소개하고 싶은 예술가, 누가 뭐라 해도 그냥 좋은 예술가…. 이런저런 기준으로 모아 놓고 보니, 한 가지 공통점이 생기더군요. '나의 예술가들'이라는 사실입니다.

저는 비평가도, 평론가도, 학자도, 컬렉터도 아닙니다. 언급했듯 어쩌다 예술을 좋아하게 되었고, 예술가를 관찰하며 이를 글에 담는 사람일 뿐이지요. 물론 국내 최고의 상업 갤러리에서 일하는 지금도 스스로를 내부인이라 여긴 적 없습니다. 솔직히 처음엔 예술가와의 관계가 변질되었다는 생각에 괴롭기도 했습니다. 좋은 이야기와 산뜻한 인상만을 인터뷰하면 되던 전과는 달리, 작가들도 지극히 평범한 인간일 뿐임을 가까이에서 깨닫게 한 너무 많은 정보와 크고 작은 사건이 당혹스럽기까지 했지요. 스스로 여전히 관찰자임을 분명히 자각하고서야 평소처럼 이들을 대할 수 있었습니다. 관찰자는 호명받거나 권한을 부여받을 필요가 없는 독립된 개체입니다. 신실한 관찰자만이 사심 없이 예술가들을 지지할 수 있고, 뜨겁게 응원할 수 있습니다.

감히 '나의 예술가들'이라 칭할 수 있는 이유도 여기서 비롯됩니다. 근대로의 이행은 오직 신의 권능이라 여긴 창조성을 예술가라는 인간들에게 부여함으로써 현실화될 수 있었다지요. 즉 지금 우리 앞의 예술은 태생적으로 주관적일 수밖에 없습니다. 실제 예술의 가치도, 가격도, 쓰임새도 어떻게든 정의되고 평가받아야 합니다. 이런 상황은 예술 중에서도 제가 몸담고 있는 이 세계에서 더 두드러지는데, 현대미술이 전통적 미술과 차별화되는 지점은 작품 자체가 아니라 현장과 현상, 관계에 대한 담론이라는 겁니다. 예술은 한 번도 작품 자체로 박제되길 원한 적 없습니다. 그리고 작가의 품을 떠나 세상에 나온 예술에 생명력을 더하는 건 보고 듣고 생각하고 되새기고 기억하는 우리 같은 관찰자 같은 존재입니다. 그러므로 저에게는, 우리에게는 '나의 예술가'를 가질 권리가 있습니다.

이름만 대면 알 만한 국내외 예술문화 후원 프로젝트를 진행 중인 어느 기업 임원 분과 인터뷰를 한 적 있습니다. "저는 동시대의 주요 이슈를 자기 통찰력과 철학으로 표현하는 예술가들을 만나는 과정에서 더 나은 대안과 솔루션을 찾고자 한 '디자인 싱킹(design thinking)'을 넘어 사회와 미래에 의미 있는 질문과 과제를 찾는 '아트 싱킹(art thinking)'을 접하게 되었습니다." 아트 싱킹이 비단 시장과 고객을 이해하고자 하는 기업에만 적용될까요. 예술이 나의 안녕에 어떤 기여를 하는가의 인식, 예술이 왜 시대를 초월해 존재하는지의 문제의식과도 일맥상통합니다. 예술가들의 만남은 제게 아트 싱킹을 가장 가까이에서 실현 가능하게 한 행운의 사건입니다.

이러한 아트 싱킹이 하루아침에 발현되는 건 아닐 겁니다. 사유하기 위해 먼저 느껴야 한다는 게 말처럼 쉽다면 미술교육도 필요 없을 테지요. 저는 아트 싱킹의 출발점은 바로 자기만의 감성으로 예술에 감응하기, 즉 '예술감수성'이라 믿습니다. 감수성이 타자와 세상을 수용하고 이해하고 질문하고 실천할 수 있는 숨은 힘이라면, 예술감수성은 예술 앞에서 내 심신의 세포를 활짝 열어 둘 수 있는 자유로운 상태를 의미합니다. 물론 안 하던 생각을 하다 보면 머리가 지끈거릴 수도 있습니다. 안 쓰던 근육을 쓰면 다음날 몸살이 나듯이 말이죠. 하지만 '다른 생각'을 하며 살 수 있다는 건 생각보다 꽤 짜릿한 일입니다. 요즘을 살면서 무언가를 마음껏 느낀다는 것이 얼마나 대단한 능력인지 저는 매일 깨닫고 있습니다.

"예술은 복원이다. 그 아이디어는 사람들의 삶에 가해진 손상을 복구하고, 공포와 불안으로 조각난 것을 어떤 전체로 만드는 것이다(2007년 10월 14일자 『가디언*The Guardian*』)." 2010년에 작고해 만나지 못한 탓에 이 책에는 빠져 있지만, 제1의 나의 예술가인 루이즈 부르주아의 말이 잊히지 않습니다. '예술'과 '복원'의 목적어를 모호하게 남겨 둔 이유를 짐작해 보자면, 그것이 예술가와 비예술가 모두에게 공히 적용되기 때문일 겁니다. 실제 저는 이들 작업을 통해 몰랐거나 모른 척했거나 알고 싶지 않았거나 몰라도 상관없었을 저와 세상의 필연적인 관계를 목격하고, 해외 토픽으로도 접하지 못했을 지구 반대편의 진실을 만납니다. 엄혹한 현실인으로 살아내느라 놓친 세계의 일부를 만나는 일은 때로 괴롭지만, 때로 더없이 즐거운 일이기도 합니다. 모든 변화는 제가 경험하거나 아는 게 전부가 아니라는 사실을 자각하는 데서 시작되니까요.

보통 예술은 무용하고 아름다운 것으로 여겨집니다. 그러나 아이러니하게도 '나의 예술가들'은 무용하고 아름다운 것을 좇는 대신 개념과 아이디어, 현상을 만듭니다. 예컨대 박찬욱 감독은 아름다움의 영역을 확장해야 한다고 했고, 디자이너 마탈리 크라세는 스스로를 아름다운 걸 만드는 사람이 아니라 어떤 프로젝트와 세상 사이의 산파로 정의했지요. 예술가들에게 아름다움은 예술 세계로 들어가기 위한 손잡이일 뿐, 실은 정형화된 아름다움을 해체하는 이들이라 해도 과언이 아닙니다. 글 쓰는 행위 자체가 정치적이라는 조지 오웰의 말에 동의하는 이유이겠죠. 아름다움의 범주가 흔히 통용되는 그것 이상임을 증명한다는 건 쓸모=가치의 등식을 파괴하고, 더 나아가 모든 고정관념에 저항하는 행위이니까요. 나는 '나의 예술가들'을 통해 정치란 다름 아닌 고유하고 대담한 삶의 태도임을, 나의 방식으로 우리의 인간다운 생(生)에 기여하는 것임을 배웁니다.

"삶이 곧 예술이고, 예술은 곧 삶입니다. 그리고 예술가란 바로 일상의 예술적 속성을 드러내는 사람입니다." 10년 전에 만난 김수자 작가는 이렇게 말했습니다. 이들의 유일한 임무라면 세상을 짊어지는 게 아니라 자기 사유를 흔들림 없이 진전시켜 나가는 것일 겁니다. 불확실성을 극복하는 확신, 용기라고밖에 말할 수 없는 그 확고한 상태가 대체 어디에서 비롯되는 건지 저는 늘 감탄합니다. 매일 아침 작업실로 향하는 길, 머릿속의 개념을 현실화할 수 있을지 골몰하는 이들에게 실패와 무목적성의 목적은 모닝커피만큼 자연스러울 수밖에 없겠지요. 이러한 '나의 예술가들'의 소명의식은 동시대를 살아내는 저를 위안하고 격려합니다. 덧붙여 "좋은 사람이 되어야 한다(양혜규)"는 사회화의 규칙에서 필연적으로 자유롭고자 하는 예술가가 부럽기도 합니다. 이들은 영웅이 되고, 아이가 되었다가, 바보가 되기도 합니다. 세상의 잣대로는 이 고장 난 시계 같은 존재의 가치를 가늠할 수는 없겠지요. 어쨌든 가끔은 그렇게 사는 게 나쁘지 않을 만큼 우리도 열심히 살고 있지 않나요. 저도 예술가처럼 살 수 있지 않을까 호기를 부려 봅니다.

간혹 왜 단독 책을 내지 않느냐는 질문을 받을 때마다, 썩 부지런하지도 못할뿐더러 세상엔 훌륭한 책들이 이미 너무 많다고 답하곤 했습니다. 더욱이 예술이 현대인의 일상에 영감을 선사한다는 보편타당성이 어떻게 실제 나의 개인적인 이야기가 될 수 있을까라는 고민도 한몫했습니다. 예술가들로부터 예술 이상의 것을 들을 수 있어야 한다는 생각으로 그저 기다렸습니다. 그리고 십수 년 동안 조금씩, 하나씩 더디게 축적해 온 '나의 예술가들'의 이야기가 비단 인터뷰어인 저만을 위한 게 아니라는 확신을 얻은 후에야 비로소 용기를 낼 수 있었습니다.

"동지(sister)! 4년 후에 다시 만납시다!" 4년 만에 재회했던 현대미술가 로니 혼은 인터뷰 말미에 이런 인사를 전했지요. 양혜규 작가와 10년 전 작업 이야기를 나눌 땐 그녀뿐 아니라 저의 변화도 실감합니다. 운 좋게도 어떤 만남은 거듭되었고, 켜켜이 쌓인 소통의 순간은 큰 힘이 되었습니다. 예술가가 예민하고 민감하고 난해한 인류일 거라는 편견이 아예 근거 없는 얘기는 아닙니다만, 적어도 이들은 천진합니다. 엉뚱한 질문에 눈을 반짝이고, 작업을 골똘히 사유해 준 성의에 매우 고마워하며, 독자적인 글에 행복해합니다. 그간 해 온 일 자체가 제가 쓰는 글 중심으로 세상이 돌아간다 믿지 않으면 즐겁게 해내기 힘들기도 했거니와, 이렇듯 투명한 피드백은 번번이 저를 일희일비하는 아이로 만들었지요. 하지만 어쩌면 보통의 어른은 이해하지 못할 이런 감정적인 순간들은 예술보다 더 중한 일이 많음을 알아 버린 지금도, 느끼고 좋아하고 공부하고 기록하는 등 기본에 충실히 산다는 게 무의미한 짓만은 아니라는 걸 일깨웁니다.

그 와중에 언젠가 책의 서문이란 걸 쓰게 된다면 무슨 말을 할까 상상한 적도 있습니다만, 막상 그때가 되고 보니 저 혼자 쓴 글이 아니라는 생각이 더 분명해집니다. 통번역과 리서치 등 보이지 않는 작업을 맡아 준 잡지계와 국제갤러리의 조력자들, 예술보다 다사다난한 저의 고민에 늘 귀 기울여 주는 선후배들과 친구들, 골치 아픈 예술에 기꺼이 패션 잡지의 귀한 지면을 내주었고 지금도 그러한 편집장 선후배들, 저라는 필자에게 기회비용을 치러 준 예술가들…. 계속 글을 쓰면서 살라고 독려해 주는 오랜 인연 을유문화사의 정상준 편집주간과 '나의 예술가들'을 나보다 더 순수하게 지지해 준 '천상 편집자' 정미진 님 그리고 예술가들의 인터뷰집을 가장 먼저 제안해 준 후배 김윤경에게 감사의 마음을 전합니다. 여기에 주말마다 카페에 틀어박혀 뭔지 모를 것을 쓴다던, 다른 엄마들과는 다른 엄마를 이해해 주는 딸 하윤과 아들 지원을 비롯해 영원한 응원군인 남편과 부모님에게 고맙다고 쓰고 싶다면, 많이 촌스러울까요.

얼마 전 프랑스에서 늘 우정 어린 응원을 보내 주는 김승덕 선생(비영리 미술 기관 르 콩소르시움 공동 디렉터)에게서 이런 문자를 받았습니다. "김부식이 백제의 미를 이렇게 표현했다는데, 너무 근사한 문장이라 나눕니다. '검소하지만 누추하지 않고 화려하면서 사치스럽지 않다(儉而不陋 華而不侈)'." 비단 전통예술에만 국한될 리 없는 이 멋진 문장을, 이 자리를 빌려 독자 여러분과 기쁜 마음으로 공유합니다. 이것이야말로 자기 일과 삶의 가치를 스스로 창조하며 생을 이끌어 온 예술가들이 제게 선사한 영감의 핵심이자 제가 일구고 싶은 삶의 방향이기 때문입니다.

지난 2006년부터 진행된 수십 개의 인터뷰를 품은 채 2016년에 시작된 이 책은 공교롭게도 2020년 전염병이 창궐한 전대미문의 시대에 마무리됐습니다. 디지털에 모든 권한을 위임한 듯 보였으나 실은 인간으로 생존하기가 존재하기보다 더 긴급한, 이른바 현대적 원시의 시대입니다. 지금껏 예술은 인간의 생존에 별 도움이 되지 못했지만, 예술가들의 명견만리는 인간의 존재에 결정적인 역할을 해왔지요. 예술가들의 글을 복기하고 매만지고 다시 쓰며 이 모순된 시대를 보냈습니다. 누구나처럼 늘 곤란한 현실에서 허우적거리는 저를 일으켜 깨운 '나의 예술가들'과의 한때를 이제야 조심스럽게 내어놓습니다. 예술이 수천 년간 지속되어 온 일종의 대화라면, 이 책이 언감생심 은성한 잔치까지는 아니더라도 소담스럽게 말문을 여는 시작, 오랫동안 정성스레 준비한 자리이기를 희망합니다. 그렇게 이들을 '나의 예술가'에서 마침내 '우리의 예술가'로 취하는 즐거움이 온전히 독자 분들의 것일 수 있다면, 저로서는 더할 나위 없을 겁니다.

2020년 여름

윤혜정

일러두기

1— 인명이나 지명은 국립국어원의 외래어 표기법을 따랐습니다. 단, 일부 굳어진 명칭은 일반적으로 사용하는 명칭을 사용했습니다.
2— 도서나 잡지 등은 『 』로, 그림·영상·사진·영화·건축 등의 예술 작품은 〈 〉, 전시회는 《 》으로 구분했습니다.
3— 도판 설명글은 예술가의 요청에 따라 영문 그대로 넣었고, 한국 작가의 경우에 한글로 달았습니다.
4— 해외 도서나 만화는 원작의 제작년도를, 영화나 영상 등은 개봉 날짜가 아닌 제작년도를 기준으로 괄호 안에 담았습니다.
5— 예술가의 요청에 따라 영문 이름에서 김수자는 성과 이름을 붙여 썼고, 마탈리 크라세는 소문자로, 양혜규는 성과 이름의 위치를 바꾸어 표기했습니다.
6— 국내 출간된 도서나 개봉한 영화는 원어를 병기하지 않았습니다.

01 게르하르트 슈타이들

GERHARD STEIDL

출판인

게르하르트 슈타이들 —— GERHARD STEIDL

“책은
무한 생산할 수 있는
민주적인 예술 작품입니다”

출판인

책을 예술의 경지로 끌어올리는 출판 장인

1950년 독일 출생. 1972년 자신의 이름을 딴 출판 회사를 만든 게르하르트 슈타이들은 명실상부 출판계의 전설이자 아트북의 거장으로 통한다. 콘셉트 회의부터 마지막 인쇄까지 출판의 전 과정을 한 지붕 아래에서 진행하며 책을 만드는 현시대의 귀한 출판 장인으로, "책이야말로 가장 민주적인 예술 작품"이라 믿는다. 그러므로 패션, 회화, 사진, 문학 등 각 예술 분야에서 세기를 풍미한 아티스트들의 책 표지에 찍힌 'Steidl' 표식은 예술가의 존재감뿐 아니라 종이와 책으로 표현할 수 있는 최고의 가치를 담고 있음을 뜻하는 가장 믿을 만한 보증서다. 중요한 건 슈타이들이 평생 몰두해 만든 아름답고도 지적인 책을 통해 아날로그가 유물이 되어 버린 지금의 출판이 어떠해야 하는지뿐만 아니라 우리가 어떤 태도로 책을 대해야 하는지 등 책을 둘러싼 사유 자체를 독려한다는 점이다. 슈타이들은 자신만의 서재를 과감히 구축해 보라 권하고, 귄터 그라스 책의 저작권료를 젊은 창작자들을 발굴하는 데 쓰며, 100퍼센트 친환경적인 방식으로 인쇄한다. 국내에서는 칼 라거펠트의 사진전 《워크 인 프로그레스Work in Progress》 기획과 본인의 작업 인생을 담은 전시 《하우 투 메이크 어 북 위드 슈타이들How to Make a Book with Steidl》로 큰 호응을 얻었다.

독일 괴팅겐의 슈타이들빌레 전경, 사진: 최다함

독일의 작은 도시 괴팅겐에는 지도에 없는 마을이 하나 있다. 이름하여 슈타이들빌레(Steidlville). 이곳의 수장은 자신의 이름을 딴 '슈타이들'이라는 출판사에서 40년 넘는 긴 세월 동안 책을 만들고 있는 게르하르트 슈타이들이다. 하지만 모르긴 해도 이곳 사람들은 그가 조약돌이 가득 깔린 길을 걸으면서 한가롭게 괴팅겐 지방의 오리지널 고딕 양식의 건축물을 음미하거나, 근처 식당에서 여유롭게 책을 읽으며 식사를 하는 모습을 좀처럼 볼 수 없을 것이다. 왜냐하면 그는 이 간판도 없는 건물에서 아예 나오지 않거나, 모습을 드러낸다 해도 다른 도시로 바쁘게 이동 중일 테니 말이다. 대신 슈타이들은 이 작은 도시로 수많은 유명 아티스트들을 불러 모은다. 하지만 그 아티스트들도 슈타이들빌레에 들어서는 순간 감쪽같이 존재를 감추어 버린다. 대체 이 슈타이들빌레에서는 무슨 일이 벌어지고 있는 걸까?

게르하르트 슈타이들은 명실상부 출판계의 살아 있는 전설이자 아트북의 거장이다. 쉽게 말해 세상에서 가장 책을 잘 만드는 사람으로 통한다. 사실 '잘 만든다'는 말보다는 '제대로 만든다'는 표현이 더 정확할 수도 있겠지만, 슈타이들에게 '제대로 만든다'는 '완벽하게 만든다'는 것과 동의어이니 결국은 '잘 만든다'는 사실로 귀결된다. 완벽해지기 위해 그는 모든 공정 전체를 진두지휘한다. 책의 시작부터 마무리까지, 기획부터 바인딩까지 모든 생산 공정을 수작업으로, 한 지붕 아래에서 원스톱으로 진행하는 것이다. 이를테면 아티스트들과 건물 맨 꼭대기 미팅 룸에서 아이디어를 논의하고(한 번에 끝날 수도 있고, 몇 년이 걸릴 수도 있다), 종이를 고르며(획기적인 재료 혼합을 통해 오래 보관할 수 있는 질 좋은 친환경 종이를 개발하는 데 적극 참여했다) 잉크를 선택하고(잉크 종류는 물론 미세한 농도까지 조절한다), 이미지 작업을 진행하고(사진이든 그림이든 원본보다 더 원본 같은 이미지로 만든다) 서체와 레이아웃을 결정하며(역시 아티스트들이 함께한다), 맨 아래층에서 24시간 가동 중인 인쇄기로 찍어 내 책 한 권을 완성해 내는 식이다. 이곳에 한 번이라도 방문해 본 아티스트들 사이에서 가장 인기 있는 운동은 '나선형 계단을 뛰어 올라갔다 내려가기'라는 농담이 있을 정도다.

놀라울 정도로 시대착오적인 이런 과정은 사실 완벽주의자 슈타이들에게 딱히 특별할 것도 없다. 그는 아름다운 책을 만들기 위해서 화학약품을 일체 사용하지 않음은 물론 천연 소재의 비율, 에너지 사용량까지 최적화해 친환경적인 제작 환경을 구축했다. 그의 신념은 투철하고 비전은 정확하다. "당신이 책을 만든다면 모든 창의성, 에너지, 돈을 투자해야 한다. 그래야 사람들이 구입할 수 있는 책이 탄생할 것이다. 그러나 싸구려 종이에 최소의 돈만 투자하고 제대로 된 이미지 작업을 하지 않으며, 페이지 수를 줄이고 저렴한 재질의 커버를 쓴다면, 아무도 당신이 만든 책에 흥미를 가지지 않을 것이다." 결국 100년 혹은 200년 후 더욱 가치 있을 좋은 책을 만드는 슈타이들의 완벽주의는 초심으로 돌아가 "좋은 책을 만든다"는, 기본에서 한 치도 벗어나지 않는 태도에서 나온다.

이쯤해서 외골수 장인 슈타이들과 합숙 훈련이라도 할 태세로 고행을 사서 하는 용감무쌍한 아티스트를 소개하자면 다음과 같다. 짐 다인, 고든 파크스, 아서 엘고트, 기 부르댕, 에드 루샤, 로버트 고어, 낸 골딘, 루 리드, 로니 혼, 워커 에번스, 제프 월, 카르티에 브레송, 마이브리지, 로버트 카파, 랠프 유진 미트야드, 사울 레이터, 아우구스트 잔더, 펠릭스 곤잘레스 토레스, 데이비드 베일리, 세이두 케이타, 미치 엡스타인, 알렉 소스, 유르겐 텔러, 패트릭 드마셸리에, 브루스 데이비드슨 그리고 수십 권의 사진집을 함께 만든 로버트 프랭크와 귄터 그라스를 포함한 수십의 소설가들. 여기에 샤넬과 펜디의 로고가 찍힌 종이로 만들어진 모든 것들. 그리하여 이 작은 마을을 현대미술과 예술의 요람이자 도서관으로 만드는 주인공들. '세계 최강 아티스트들의 히어로' 슈타이들은 이렇게 말하곤 했다. "예술작품이, 그리고 아티스트들이 있어야 우리 출판사도 존재할 수 있다. 그들에게 무한한 존경을 표하고 싶다."

그중 특히 짐 다인, 요제프 보이스, 귄터 그라스 같은 이들은 "이 분야 최고의 예술가가 되겠다"고 마음먹은 열일곱 살의 패기만만한 슈타이들에게 좋은 스승이 되어 주었다. "슈타이들은 내게 항상 경험하지 못한 기쁨을 줍니다. 그가 만든 책을 보면 정말 이건 만들기 쉽지 않았겠구나 하는 생각이 절로 들어요. 모든 아티스트는 슈타이들과 함께 작업하길 원합니다. 그는 항상 재료의 중요성을 강조하는데, 그래서 나도 그에게서 종이, 잉크, 인쇄 등의 공정에 대해 많이 배울 수 있었죠. 지금도 나는 일 년 중 몇 달간은 괴팅겐에서 슈타이들의 이웃으로 살고 있습니다. 슈타이들빌레가 내게는 일종의 창조적 센터인 셈이죠. 슈타이들은 책을 만드는 거장입니다. 그와 함께 시간을 보내는 건 나로서도 큰 영광이에요." 대림미술관에서 열린 슈타이들의 전시 중 한 코너를 직접 도맡은 덕에 서울을 함께 찾은 1935년생 짐 다인(Jim Dine)이 내게 말했다.

슈타이들은 늘 슈타이들빌레를 잠수함으로 비유하곤 한다. “아티스트가 들어오면 문이 닫혀요. 그리고는 함께 수면 아래로 들어가는 여행을 시작합니다. 우리는 미션을 완수한 후에야 비로소 수면 위로 나올 수 있어요. 이 빌딩에서 벗어나지 않는 건 아주 중요한 일입니다.” 이렇게 하루 종일 그를 기다리느라 햇빛도 못 본 채 속만 까맣게 태우는 아티스트들을 위로하는 건 전속 요리사 루디 셸롱의 막중한 임무 중 하나다. 그가 제공하는 건강하고 맛있고 사랑스러운 가정식 백반, 맛있다고 정평이 나 있는 커피 등은 기다림 혹은 배고픔에 지친 아티스트들을 달래 준다. 간혹 슈타이들과 책에 대한 의견도 나누고 서로의 성향과 정체성을 파악할 수 있는 천금 같은 런치 타임을 갖기도 하는데, 이 과정 자체가 예술이 포함된 요리책 혹은 메뉴, 레시피를 담은 아트북과 다름없다. 실제 슈타이들빌레를 거쳐 간 아티스트들은 이곳에서의 에피소드들을 모아 『슈마츠*Schmatz!*』라는 책을 냈다. 제목은 ‘냠냠’ 정도의 의미, 출판사는 당연히 ‘슈타이들’이다.

종종 한잠을 자다 가도 일어나 인쇄실로 달려가야 하는 아티스트들은 이 건물에서 도보로 45초 정도 떨어진 곳에 묵는다. 너그러운 슈타이들은 각국의 손님들을 위해 예술가 이름을 딴 방을 만들어 두었다. 새가 그려진 짐 다인 방, 당연히 패셔너블한 라거펠트 방, 노벨문학상 수상자 귄터 그라스의 책으로 가득한 방, 설치작품부터 비디오작품까지 자리한 요제프 보이스 방. 재미있는 건 이들의 창문이 이곳과 얼마 떨어지지 않은 슈타이들의 집 창문과 마주보고 있다는 사실이다. 작가들은 슈타이들이 자신들을 감시하기 위한 장치라며 낄낄거린다. 하지만 이들 중 어느 누구도 이 순간을 즐기지 않는 사람은 없을 것이다. 『온 더 로드*on the Road*』(2009)라는 엄청난 책을 이곳에서 만든 거장 에드 루샤(Ed Ruscha)는 어느 인터뷰에서 말했다. "슈타이들에 어울릴 만한 단어를 마침내 알아냈어요. 바로 마법사! 우리는 마법의 세계에 살고 있죠. 그리고 그 세계의 시계처럼 그저 째깍째깍 흘러가고 있어요."

슈타이들과 오래 작업해 온 사진작가 파스칼 단긴(Pascal Dangin)의 말은 그중에서도 명언이다. "슈타이들이 아니면 할 수 없는 거? 바로 슈타이들처럼 사는 거죠." 슈타이들의 24시간은 상상을 초월한다. 심할 때는 하루에도 몇 개의 도시를 다니기도 하는데, 이럴 땐 뒷좌석을 침대로 개조한 아우디 로드제트기를 애용한다. 그는 라거펠트를 만나기 위해 샤넬의 F/W 오트 쿠튀르 쇼 백스테이지로 직행한다. 10분 후에 쇼가 시작하겠지만 이때만큼은 책이 먼저다. 그는 아수라장 같은 백스테이지에서 선과 그림자 등으로만 이뤄진 건축 사진 등을 의논한 후, 자신이 만든 초청장으로 연신 부채질하는 모델들을 지나쳐 그곳을 유유히 빠져나온다. 곧바로 전용기를 타고 바다 건너 캐나다에 사는 거장 로버트 프랭크를 만나러 가고, 책 얘기가 끝나면 다시 파리로 발길을 옮긴다. 샤넬의 가을 카탈로그를 놓고 종이 무게와 색을 논하다 이렇게 말한다. "이 종이 냄새 한 번 맡아 봐요." 그리곤 다시 전용기를 타고 괴팅겐으로 날아가서는 책 만들기에 몰두한다. 참고로 이 도시에서 나고 자란 슈타이들은 다른 도시에서 살아본 적이 없다.

그러므로 만약 서점에서 '슈타이들(Steidl)'이라는 인장이 찍힌 책을 보게 된다면, 그건 슈타이들이라는 책에 미친 어느 남자의 기막힌 스케줄과 완벽주의자적 성미를 모두 견디고 탄생한 소명 의식의 결과물이라 생각하면 된다. 책 만드는 일을 천직으로 아는 슈타이들은 책의 존재를 가장 아끼는 데다 가장 강렬한 연심을 품은 로맨티스트다. 1년에 400여 권의 책을 만드는 그는 책을 볼 때마다 "아버지의 마음이 된다"고 고백했다. 책을 향한 신념과 애정이 담긴 그의 시간은 철학이 되었고, 철학은 역사가 되고 있다. "우리 회사의 계단마다 책을 쌓아 뒀습니다. 내 꿈은 언젠가 책 무게 때문에 계단이 모두 무너지는 현장에 있는 거예요. 난 여기 이렇게 서 있다가 책 아래 묻히겠죠." 그는 은퇴 후 언젠가, 그러니까 더 이상 책을 만들지 않을지도 모르는 시대 혹은 시절에 대한 질문에 이렇게 답했다.

슈타이들이 서울에 다녀간 이후(2013년) 잡지 에디터들 사이에서도 '슈타이들 신드롬'이 거세게 일었다. "우리가 만드는 책은 무한 생산할 수 있는 민주적인 예술 작품"이라고 말하는 그를, "디지털은 잊기 위함이고 아날로그는 간직하기 위함이라는 캐나다 건축 사진작가 로버트 폴리도리의 말을 좋아한다"는 그를 매달 잡지라는 독특한 물성의 대상을 만드는 자들이 좋아하지 않을 도리가 없었다. 급변하는 매체 환경에서 불확실한 미래를 직면할 때면 몇 년 동안 바닥 청소만 하더라도 "슈타이들의 어시스턴트가 되고 싶다"고 푸념했다. 슈타이들만큼 요즘 세상에 책의 절대적 가치를 믿는 최초이자 최후의 존재로 깊이 각인된 자는 없었다. 게다가 그의 말은 현실적으로도 꽤 설득력 있었는데, 그의 회사 직원 50여 명 중 30여 명은 독일 사람, 나머지 20여 명은 전 세계로부터 왔다는 것이다. "슈타이들에 와서 1~3년 정도 수련 과정을 거치며 노하우를 배운 후 한국에서도 슈타이들과 같은 출판사를 만들기 바랍니다"라고 자못 진지하게 말하던 그를 떠올리면 지금도 설렌다. 물론 누구도 모든 걸 그만두고 돌연 슈타이들빌레로 갔다는 소식은 듣지 못했지만, 내겐 언제까지나 유효한 이상향이다.

당신이 만든 책 중 매우 아끼는 책이 있다는 이야기를 꼭 하고 싶군요. 안도 다다오의 비트라 컨퍼런스 파빌리온(Vitra Conference Pavillion)를 칼 라거펠트가 찍은 사진집입니다. 사진을 찍은 사람보다 책을 만든 사람이 더 궁금해지기는 처음이었어요.

그 책을 만들 땐 칼 라거펠트가 의도한 하메르스회(Hammershoi, 덴마크 화가인 빌헬름 하메르스회의 그림 스타일 같은 옐로 모노톤—편자주) 컬러를 표현해 내는 것이 관건이었어요. 사실 이 색감은 독일의 북쪽 지방에서 온 어느 직원이 만들었다고 해도 과언이 아니지요. 또 다른 예로, 스웨덴에서 온 이미지 오퍼레이터는 사진을 보는 눈이 다른 나라 직원들과 다릅니다. 각 나라별로 빛이 다 다르기 때문이에요. 그래서 난 항상 다양한 나라에서 온 직원들을 찾고 있습니다.

'슈타이들'이라는 로고가 찍힌 책은 아무런 의심 없이 언제든 구입하고

THE AMERICANS
Photographs by ROBERT FRANK Introduction by JACK KEROUAC
STEIDL

STEIDL Fr
STEIDL
Herbst 2008

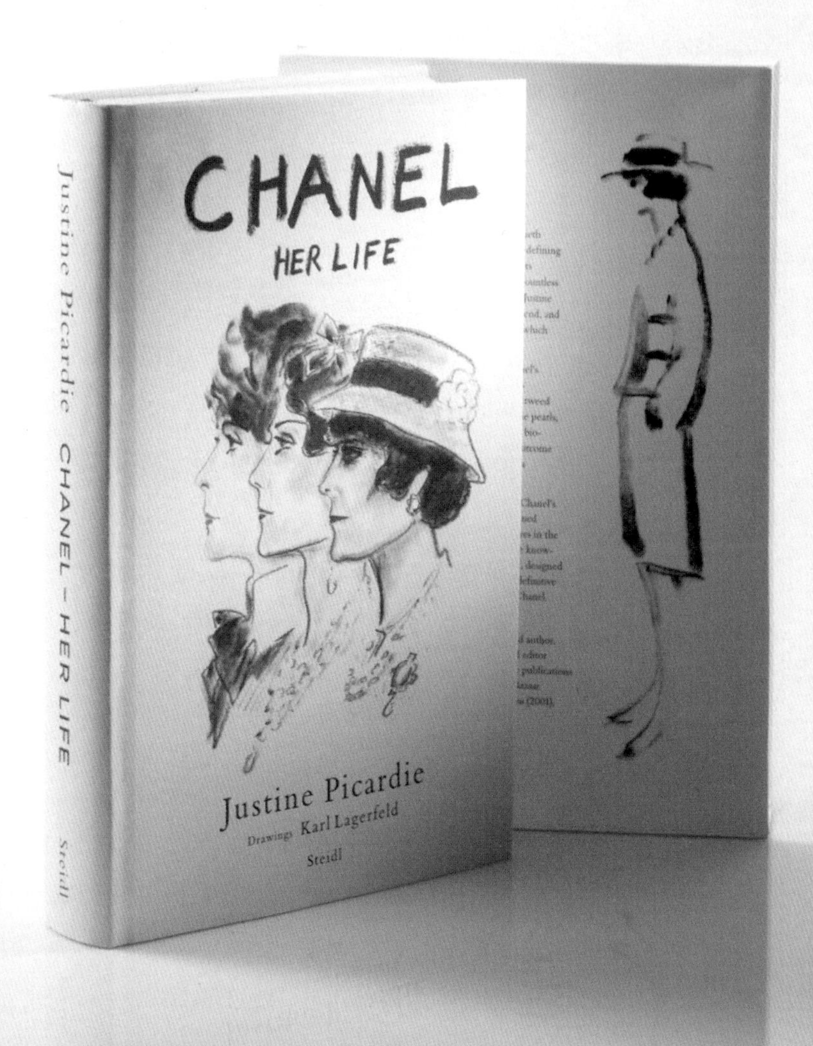

좌상. 사진작가 로버트 프랭크의 『디 아메리칸스*The Americans*』, 개정판, 2008
좌하. 슈타이들이 사랑하는 소설가 귄터 그라스의 『더 헤르프스트*The Herbst*』, 2008
우. 칼 라거펠트와 함께한 『샤넬: 허 라이프*Chanel: Her Life*』, 초판, 2011,
사진 제공(공통): 대림미술관 《하우 투 메이크 어 북 위드 슈타이들》 전 싶은 대상입니다. 슈타이들은 책의 품질보증서나 다름없어요. 출판사의 정체성을 만들기 위해 어떤 특별한 노력을 하고 있습니까?

우리는 세상에서 몇 안 되는, 거의 모든 생산 과정(북바인딩을 제외한)을 한 지붕 아래에서 진행하는 출판 회사 중 하나입니다. 이는 구텐베르크의 전통에 기인해요. 구텐베르크야말로 성경을 인쇄할 목표를 추구하던 중 그에 필요한 기술을 발명했고, 인쇄, 디자인, 바인딩, 판매까지 모두 해냈으니까요. 만약 책이 어떤 대기업에서 생산된다면, 당신은 어떤 출판인이 어떤 책을 좋아하는지, 어디서 인쇄되었는지 등을 알 도리가 없을 겁니다. 책이 다른 물건들과 마찬가지로 익명의 제품이 되어 버리는 거죠. 그건 아무도 책임지지 않는다는 의미이기도 해요. 하지만 나는 다릅니다. 그것이 슈타이들이라는 브랜드가 구축한 믿음의 정체이기도 해요. 이 일은 아티스트, 디자이너, 인쇄업자, 출판업자가 함께 만드는 크리에이티브한 과정의 공생입니다.

이런 방식이 실제로 더 효율적이기도 합니까?

인하우스 시스템으로 일을 하니 예술가들의 바람이 그대로 반영되고, 또 1년에 400여 권 넘는 책도 만들 수 있죠. 아이디어가 인쇄되기까지 일주일이면 충분합니다. 왜 세계 최고라는 미국 출판사들이 책 한 권을 내는 데 몇 달씩 걸리는지 정말 모르겠어요. 대도시에서 책을 기획하고, 홍콩에서 교정을 보고, 중국에서 인쇄해서 판매하는 분업화된 출판 시스템이 마냥 효율적인 건 아니라는 얘기예요.

달리 생각하면 슈타이들이라는 브랜드 때문에 책의 주인공인 아티스트보다 책 만드는 사람이 더 돋보일 수도 있을 것 같은데, 그 사실이 부담스럽진 않나요?

내 목표는 아티스트들을 위해 기술적인 지원을 전폭적으로 제공하는 한편 그의 직관과 의지를 따르는 겁니다. 물론 그렇다고 내가 입을 다물고 있겠다는 얘기는 아니고요. 만약 어떤 아티스트가 내게 무엇을 요구하거나 강요한다면, 그건 실수일 거라 확신해요. 이미 오래전에 그런 시행착오를 겪었기 때문이에요. 그래서 나는 아티스트들에게 같은 실수는 되풀이하고 싶지 않다고 말합니다. 중요한 건 내가 가진 기술을 활용해 그들이 원하는 대로 해 주는 겁니다. 내가 만드는 건 슈타이들의 영혼이 아니라 아티스트의 영혼이 담긴 책이죠. 그 상관관계를 이해해야만 나와 파트너십을 맺고 일할 수 있습니다.

책을 아름다운 예술품처럼 다루는 장인의 태도는 누구에게서 배운 건가요?

난 언제나 요제프 보이스가 나의 스승이라 말하곤 합니다. 1972년부터 그가 세상을 떠날 때까지 그의 복합적인 작업을 늘 함께해 왔어요. 그는 소재에 얽매이지 않고 오히려 확장하기 위해 의식을 전환해야 하는 필요성을 알려 주었어요. 그 이후로 난 진부하지 않은 재료를 이용하는 기술을 찾아내고 발견하는 데서 스릴과 쾌감을 느끼게 되었죠. 물론 실크스크린 기법은 앤디 워홀에게 배웠지만 말입니다.

놀랍게도 열일곱 살에 처음 자신의 이름을 내건 출판사를 차렸습니다. 아주 강력한 동기가 있지 않고서야 그 나이에 자신의 의지대로 산다는 건 거의 불가능한 일 아닌가요?

정확하게는 열다섯 살 때 첫 번째 인쇄물을 만들었어요. 최고의 예술가가 되겠다는 엄청난 포부를 갖고 일을 시작했지만, 겨우 그 나이였죠. 이 작업에 대한 이해도가 전혀 없었어요. 요제프 보이스, 짐 다인, 귄터 그라스 같은 아티스트에게 멍청하기 이를 데 없는 질문을 던지면서 답을 얻곤 했습니다. 게다가 열여섯 살 때부터 지역 극장의 광고 촬영을 하면서 만난 어느 인쇄업자는 내게 번번이 이렇게 말했죠. "꼬마야, 너는 우리 작업을 전혀 이해하지 못해. 제발 우리 일을 하게 놔두렴." 그럼 난 이렇게 대답했어요. "아니요, 이건 내 직업이에요. 내가 원하는 방향으로 나올 때까지 여기서 머물겠어요."

원래 꿈이 편집자는 아니었다는 이야기로군요.

사실 나는 사진을 찍고 싶었어요. 하지만 카르티에 브레송이나 데이비드 베일리 같은 젊은 스타 사진작가들을 보면서 도저히 그만큼 잘할 자신이 없었습니다. 삼류 사진가로 남고 싶지는 않았어요. 일을 하면서 당시 후진 프린터 때문에 망치는 사진을 보고 충격을 받았고, 그때부터 나의 사진을 나의 방식대로 프린트하고 싶다는 생각을 한 것 같아요. 그래서 대학에 진학하는 대신 실전을 통해 인쇄를 배우기 시작했어요. 덕분에 나는 내 사진 대신 브레송 같은 아티스트들의 사진을 책으로 만들 수 있게 되었죠. 프린팅이 기술적인 과정일 뿐만 아니라 예술 그 자체라는 걸 깨닫게 된 겁니다.

아무래도 사진작가를 꿈꾸는 당신에게 최초의 좌절을 안긴 브레송의 책을 직접 만들었을 때는 감회가 특히 남달랐겠군요.

브레송과 세 권의 책을 만들었는데, 마지막 책을 보냈을 때 그는 병환 중에 있었어요. 그의 부인이 병상의 그에게 새 책을 보여 주었고, 그는 침대에서 몸을 비스듬히 일으킨 채 책장을 넘겼다고 합니다. "잘 했다"고 말한 얼마 후 그는 세상을 떠났습니다.

아티스트와 협업하는 과정에서 대단한 신경전이 있을 거라 예상됩니다만, 어떤가요?

이 과정을 탁구 경기에 비유하곤 합니다. 탁구공이 넘어올 때 내가 어떻게 반응해야 할지 결정하고, 공이 넘어갈 때 상대방 또한 어떻게 반응하는지를 보는 창의적인 과정이기 때문이죠.

그럼에도 슈타이들빌레만의 암묵적인 기이한 룰에 굳이 동의하면서까지 슈타이들과 일하려는 아티스트들이 지금도 줄을 서 있다고 들었습니다. 함께 작업할 아티스트를 어떻게 선정합니까?

추천을 받거나 내가 좋은 작업을 선택합니다. 책을 만드는 데 가장 중요한 건 아티스트의 지적인 아이디어와 콘텐츠예요. 아무리 질 좋은 인쇄도 나쁜 콘텐츠를 만회할 수는 없겠죠. 오래전부터 최고의 아티스트를 아예 내가 직접 찾아다니기도 했어요. 내가 이 일을 하는 이유는 60퍼센트는 열정, 20퍼센트는 필요성 그리고 나머지 20퍼센트는 최소한의 이익입니다. 그중 60퍼센트의 열정은 내가 이 일을 할 수 있게 하는 가장 큰 원동력이죠. 그래서 내가 좋아하고 그럴 가치가 있다고 믿는 아티스트의 작품을 책으로 만들고 싶어요. 잘 알려지지 않은 아티스트도 있지만, 유명하지 않더라도 우수한 품질의 책은 팔립니다. 책은 대량생산의 아이템이 아니라 예술이 될 수 있다고 생각해요. 다소 로맨틱해 보일 수도 있겠지만, 그것이야말로 시장에서 살아남는 가장 중요한 열쇠입니다.

아티스트와의 개인적인 친분도 훌륭한 책을 만드는 데 영향을 미치나요?

나는 아티스트들과 철저히 공적인 관계를 유지합니다. 이들과 함께 휴가를 가거나 펍에 가는 관계를 만들지 않는다는 거죠. 그래야 그들의 콘텐츠에 대해서 감정을 배제한 채 객관적으로 냉철하게 판단할 수 있습니다.

아날로그 마니아들에게 강력한 심정적 지지를 받고 있습니다. 이들에게 아날로그 방식으로 책을 만든다는 것에 대한 철학을 들려준다면요.

보통 책을 진행하고 디자인할 때 종종 범하는 결정적인 실수는 바로 완전히 디지털화된 방식에 의존한다는 사실이에요. 그 과정에서 물리적이며 촉각적인 측면들이 누락되었죠. 책을 둘러싼 물리적인 현상이란 책장을 직접 넘기는 걸 뜻합니다. 나는 종이 만지는 행위를 너무 좋아해요. 무게와 촉각 그리고 잉크의 퀄리티를 정확하게 볼 수 있는 가장 좋은 방법이기도 하죠. 나는 하루 종일 고생한 당신 손에 책을 얹는 경험이 있어야만 당신이 무언가를 창작할 수 있다고 생각합니다.

높은 제작비를 감수하면서도 모든 책을 수작업으로 만듭니다. 이런 책은 오직 슈타이들에서만 만날 수 있다고 해도 과언이 아니죠. 앞서 "20퍼센트의 최소한의 이익"을 남겨야 한다고 말했는데, 그만큼의 이윤이라도 벌어들이는 게 과연 가능할까 걱정될 지경입니다.

이익은 중요해요. 이를테면 인쇄 퀄리티를 언제나 최상으로 유지하기 위해 인쇄 기계를 적어도 5년 만에 한 번씩은 전면 교체해 주어야 해요. 그러는 데 보통 약 8만 유로(1억여 원)가 들고, 약 3주의 시간이 소요되죠. 예산을 훌쩍 넘어서는 책도 많습니다. 하지만 절대로 돈을 위해서만 책을 만들지는 않아요. 솔직히 말하자면 책 한 권을 만드는 데 얼마만큼의 돈이 드는지 걱정한 적도 없어요. 책은 당신이 기르는 아이와 같은 존재이며, 책 자체가 세상으로 통하는 길이 됩니다. 물론 약 70만 유로(9억5천여 원)가 초과되는 프로젝트도 있었지만. 그래도 은행이나 기관의 도움 없이 책을 만들고 있다는 게 스스로 자랑스럽습니다.

그 어마어마한 제작비로 만든 책이 대체 무엇인가요?

내 프로젝트 중 많은 부분은 우연한 사고처럼 시작해요. 어느 날 사진가이자 시인이며 언론가이자 소설가인 고든 파크스의 재단으로부터 편지를 한 장 받았어요. 혹시 그들의 소장품을 살펴볼 의향이 있냐고요. 마침 뉴욕에 있던 터라 바로 그곳으로 달려갔는데, 정말 입이 딱 벌어질 정도로 놀라웠어요. 그 자리에서 바로 책을 출판하기로 협의했죠. 그러고는 5년여 동안 오리지널 작품을 스캔하기 위해 믿을 수 없을 만큼 자주 출장 가방을 쌌습니다. 그렇게 만들어진 책이 고든 파크스의 작품을 상자에 넣은 세트였어요. 이 결과물이 고든 파크스에 대한 전시회를 열게 할 수도 있을 거라고 생각했죠.

칼 라거펠트(Karl Lagerfeld)와 아주 친밀하게 오랫동안 함께 일해 왔습니다. 패션사진으로 작업하는 걸 그다지 좋아하진 않는다고 들었는데, 그와의 협업은 어떤 점이 특별한가요?

패션만큼 책에 애정을 갖고 있거나 집착하는 아티스트와의 작업은 늘 설렙니다. 1993년 즈음부터 라거펠트와 일하고 있는데, 여전히 가슴이 뛰어요. 그는 항상 문학적으로, 시각적으로 풍성한 아이디어를 제공했어요. 최근 새삼 알게 된 사실인데, 그가 가져온 모든 책은 나의 흥미와 관심을 자극하는 재미있는 대상들이었죠. 그래서 L.S.D.라는 새로운 출판사도 차렸어요. Lagerfeld. Steidl. Druckerei. Verlag의 약자로 그의 영문, 불문 책을 독어로 출판하고 독일에서 판매하는 출판사입니다.

L.S.D.는 '약물'이라는 뜻이기도 하니 책을 통해 느끼는 그 중독적인 감각을 생각하면 적절한 이름인 듯하네요.

그래서 이 일을 하고 있는 겁니다. 책을 읽는다는 건 당신과 책 사이에서 일어나는 대단한 사건이에요. 책의 세계에 완전히 빠져들게 되는 일종의 명상 과정은 매우 흥분되죠. 손끝으로 느낄 수 있는 책의 느낌, 당신에게 지적 쾌감을 선사할 도서관을 지을 때 얼마나 기쁘겠어요. 그게 중독이죠.

책 냄새를 담은 향수가 출시와 동시에 품절되었다 해서 아쉬웠어요. 책 이외의 수많은 오브제 중 향수를 만들게 된 계기가 무엇인가요?

독일의 어느 방송사에서 나에 대한 다큐멘터리를 방영한 적 있었어요. 로버트 프랭크를 방문해서 방금 제작된 책을 한 권 가져다주는 장면이었는데, 그가 말했죠. "그래, 이게 당신의 향기야." 월페이퍼(Wallpaper)출판사에서 일하는 내 친구가 그걸 보고 책 향기가 나는 향수를 만들자는 아이디어를 내놓았어요. 문제는 애서가들뿐만 아니라 누구나 사용할 수 있어야 한다는 것이었는데, 조향사가 프린트 하우스의 향기를 절묘하게 잘 포착했어요. 누구나 갖고 있는 책에 대한 로망을 잘 이해했기에 가능했죠.

당신이 성공한 출판인인 또 다른 이유는 괴팅겐이라는 작은 도시에 수많은 책에 대한 사연을 불어넣고 있기 때문이 아닐까 합니다. 스스로 성공했다고 생각한다면, 그 동력이 무엇이라고 보나요?

성공에 대한 얘기라면 지금껏 내가 만든 수많은 인쇄물로 대신 답할 수밖에 없겠죠. 십 대 때 이 일에 뛰어든 이후 기술적 환경은 물론 크게 변화해 왔어요. 하지만 변치 않은 점이 있다면 이 모든 일이 종이를 기본으로 이뤄지고 있다는 겁니다. 많은 출판사가 대형 미디어 기업에 합병되었을 때도 난 생선 가게나 식당을 열지 않았어요. 그저 내가 원하는 걸 계속해 왔을 뿐입니다. 그것이 지금처럼 지낼 수 있도록 만들었겠죠.

칼 라거펠트, 짐 다인, 에드 루샤 등과 작업한 스페셜 에디션을 통해 '오트 퀴트르 출판인'라는 별명을 얻게 됐어요. 당신이 만든 책이 몇몇 사람들에게 한정적으로 팔리기를 바라는 건가요?

그것도 썩 나쁘진 않죠. 하지만 그보다 더 원하는 건 예술시장만을 위한 책이 아니라 일반 독자들이 존재하는 시장의 프레타포르테 같은 책을 만드는 거예요. 내게 진정한 책이란 한정적이지 않은 상업용 상품이에요. 다 팔리게 되면 우리는 완전히 똑같은 퀄리티의 새로운 것을 만들 거예요. 나는 책을 만들고 세계로 내보내는 일 자체를 좋아합니다.

혹시 40년 넘게 이 일을 계속하고 있다는 것에 신물이 날 때는 없었습니까?

출판사 '슈타이들'에서 책을 만들고 있는 게르하르트 슈타이들, 사진: 최다함

오히려 반대예요. 난 내 일이 매우 만족스러워요. 나는 매우 잘 훈련받은 인력입니다. 밤에 맥주 마시러 가지도 않고, 파티에도 참석하지 않아요. 흡연도, 음주도 안 하죠. 거의 채식주의자이고, 비교적 일찍 잠자리에 들어요. 그렇지 않으면 아마 이 모든 일을 해낼 수 없을 거예요. 그러나 동시에 난 자유를 굉장히 즐겨요. 내가 선호하는 방식으로 일이 돌아가게끔 모든 계획을 면밀히 짜기 때문이죠.

한국에는 유난히 당신의 팬이 많습니다. 이들에게 전하고 싶은 이야기가 있을까요?

그동안 여러 대학에서 강의 요청을 꾸준히 받아 왔어요. 그러나 늘 진행 중인 일이 너무 많아 거절해야 했죠. 칼 라거펠트 사진전(2012~2013)을 서울에서 진행하면서 대다수의 관객이 젊은이들이라는 걸 알았고, 책에 대한 그들의 열정에 매우 감동했으며, 이 사실을 라거펠트에게도 전할 정도였습니다. 아날로그의 가치를 다시 한 번 생각해 보고, 한 권의 책이 우리에게 얼마나 다채롭고 귀한 경험을 가져다주는지 그리고 책이 완성되기까지의 전 과정을 즐겼으면 합니다.

지금까지 만든 책 중 최고의 책을 꼽을 수 있을까요?

나의 답은 언제나 '내가 내일 작업할 책'입니다. 과거의 프로젝트와 기존에 쌓은 모든 경험이 그 다음 작품에 고스란히 담길 거니까요. 나는 미래를 위해 오늘이나 어제 했던 걸 반복하지 않습니다.

슈타이들빌레를 찍은 사진을 보고, 한동안 나는 그곳에서 당신에게 일을 배우고 싶은 욕망에 사로잡혔습니다. 과연 가능한 일일까요?

누구든 이 출판 비즈니스를 배우고자 한다면 슈타이들빌레로 오세요. 언제든 환영합니다. 나는 나의 방식을 다른 사람과 공유하는 일을 사랑해요. 그래야 이상적인 책을 만들고자 하는 나의 아이디어가 다양한 곳에서 오래오래 살아남을 수 있을 테니까요.

•
2013년 3월호 『하퍼스 바자』 인터뷰를 바탕으로 새로 작성한 글입니다.

02 김수자

KIMSOOJA

미술가

“세상에
관계 지어지지
않는 것이 있을까요?”

미술가

삶과 존재를 끝없이 질문하는 개념미술가

1957년 대한민국 대구 출생. 1990년대부터 평면, 조각, 설치, 퍼포먼스, 영상작업 등을 통해 삶과 시대 그리고 예술의 조건에 첨예한 질문을 던지는 한국의 대표 개념미술가다. 1997년부터 뉴욕 P.S.1과 모마(MoMA) 등 전 세계 미술관의 개인전 및 비엔날레를 섭렵했고, 2013년에는 베니스 비엔날레 한국관 작가로도 활약했다. 지난 20년 동안 뉴욕, 파리, 서울 등을 돌아다닌 이 노마드 작가는 세상의 모든 지리적, 상징적, 구체적, 추상적 경계를 자유롭게 넘나든다. 초창기 회화의 표면성을 탐구하던 중 발견한 '바느질'이라는 행위는 시대를 거듭하며 고유한 메타포로 끊임없이 진화 중이며, 기억과 경험, 인간과 자연, 세상과 일상, 예술과 미학 등을 모두 끌어안는 '보따리'의 존재 역시 작가 언어의 핵심이 된다. 색색의 보따리를 가득 쌓은 트럭에 몸을 실은 채 세계를 누비는 보따리 작가, 군중 속에 서서 자신의 몸을 세상과 타인을 꿰는 '바늘'로 은유하는 작업으로 '바늘여인' 등의 별칭을 얻었지만, 결코 이에 머물지 않는 관조적 시선과 명상적 실천으로 현대미술의 영역을 다시 쓰고 있다. 예술을 수렴하는 자기성찰적 태도, 시공간을 초월하는 수행적인 철학, 공고하고도 심오한 미학의 구조를 통해 김수자는 자신의 치열한 몸과 웅숭깊은 삶 그리고 진심의 예술을 관통하는 예술가의 지표를 만든다.

<보따리 트럭 – 이민자들>, 2007, 싱글채널 비디오 연속 상영, 10:00 루프, 무음, 촬영지: 파리, 프랑스, 발드마른 현대미술관(MAC/VAL) 커미션, 비트리쉬르센, 프랑스, collection of MAC/VAL, courtesy of Kimsooja Studio, 사진: Thierry Depagne, 이미지 제공: 국제갤러리

지난 2018년 겨울, 강남의 한 카페에서 김수자를 만났다. 오랜만에 만난 우리는 포옹으로 인사했다. 그때 김수자가 나를 천으로 귀한 무언가를 싼 보따리처럼 완전히 감싸 안았는데, 그 느낌이 여전히 생생하다. 두 팔이 아니라 자기 존재 자체로 나의 영혼과 몸 그리고 실존 자체를 끌어안는 느낌. 작가가 길 위에서 수십 년간 치열하게 고민해 얻었을 삶의 에너지가 발끝까지 도사리던 한기를 순식간에 거둬 갔다. 타인과 몸을 맞댔을 때 부지불식간에 서로의 세계로 진입하는 경험은 흔치 않지만, 생각해 보면 김수자와의 만남은 늘 그런 순간을 선사했다. 눈빛은 (바늘처럼) 꿰뚫는 동시에 부드럽게 어루만졌고, 특유의 낮은 목소리는 (이불보처럼) 다정하면서도 단호했다. 일견 비정한 이론으로 무장한 미술 세계에서, 그렇게 김수자는 내게 통찰과 연민의 관계로 각인되어 있었다.

지난 2017년 카셀 도큐멘타의 전시장을 둘러보다 김수자의 '보따리'를 발견했을 때도 그랬다. 난민, 이주, 전쟁, 테러, 세상의 모든 폭력에 반대하는 학구적, 정치적인 목소리가 날카롭게 공명하던 전시장, 첨예한 예술의 여정에서 길을 잃지 않을 수 있었던 건 중간중간 놓여 있던 색색의 보따리 덕분이었다. '보따리'는 현재 난민 문제나 유랑자의 삶을 은유하는 데 그치지 않았다. 현대사의 심각한 환부를 드러내며 저항과 혁명을 부르짖는 작품 모두를 끌어안는 전시의 쉼표이자 날 선 예술의 진심 어린 마침표나 다름없었다. 인간과 역사를 성찰하는 한 예술가의 웅숭깊은 세계로 모든 게 수렴되는 순간이었다.

오랫동안 김수자는 '보따리 미술가'로 불렸다. 1990년대부터 전통 이불보를 묶은 보따리가 각국의 전시장에서 모습을 드러냈고, 첨단 대도시 혹은 내전의 아픔을 겪는 도시에서 긴 생머리를 하나로 묶은 뒷모습[〈바늘여인A Needle Woman〉(1999/2009) 시리즈]은 'Bottari'라는 단어를 각인시켰으며, 보따리를 쌓아 올린 트럭에 몸을 실어 방방곡곡 다니는 영상[〈떠도는 도시들: 보따리 트럭 2727킬로미터Cities on the Move: 2727Kilometers Bottari Truck〉(1997)] 등이 미술계 안팎에서 회자되었다. 파리 시청 건물에 작가의 뒷모습이 투사되는 풍경은 대대적으로 매스컴을 타기도 했다. 그러나 보따리가 그녀에게 각별한 이유는 '백남준의 명성을 잇는 한국작가'라는 평가를 선사했기 때문만이 아니다. 보따리는 그녀에게 조각이자 회화이며, 삶의 궤적과 통시적 시간성을 간직한 오브제이자 핵심적인 조형언어다. 그리고 이는 바느질, 바늘, 이불보 같은 개념이자 행위의 중요성과 만난다.

"맨 처음 바느질 작업은 회화(캔버스)의 표면 구조에 대한 물음과 세계의 수직, 수평 구조에 대한 질문에서 비롯되었어요. 1980년대 후반에서 1990년대 초반 나의 관심사는 회화의 형식적 측면에 놓여 있었죠. 바늘은 붓을 대신하고 손과 몸의 연장선이라는 점에서 일종의 도구였어요. 이후 캔버스 대신 이불보와 헌 옷을 꿰매 평면성을 확장했습니다." 인간과 자연, 세상과 세계를 바느질의 개념으로 엮어 내게 된 연유에 대한 질문에 그녀가 말한다. 어머니와 이불보를 꿰매는 과정에서 자신의 몸이 가진 에너지가 바늘을 통해 우주와 연결되는 깨달음을 얻었다는 일화는 꽤 유명하다. 천-바늘의 관계를 우주-내 몸의 관계와 연결 짓는 개념은 곧 〈바늘여인〉

시리즈로, 땅을 걸어 대지라는 이불에 스민 역사와 기억을 관통하는 〈소잉 인투 워킹Sewing into Walking〉(1994/1997) 등으로, 그리고 자연과 인간의 실체를 보이지 않게 감싸는 비디오 작업으로 진화했다.

지난 2010년 서울 아틀리에 에르메스의 개인전 《지, 수, 화, 풍 Earth, Water, Fire, Air》에서도 김수자를 만났다. "전통 이불보는 우리가 사랑하고 꿈꾸고 고뇌하고 죽어 가는 장소, 삶의 근원이자 프레임이 되는 장소예요. 사랑, 행복, 부(富), 장수, 다산, 기쁨 같은 상징과 사회적 맥락도 있죠. 나는 경험, 기억, 미학이 담긴 천을 풀고 싸는 행위를 해 왔어요. 그 천이 자연으로 전개되고, 도구인 바늘이 인간의 몸으로 전개된 겁니다." 다시 10여 년 후 그녀는 바느질의 맥락을 다시 이렇게 정리해 주었다. "결국 바느질은 관계 짓기예요. 몸과 손, 천에 이르는 관계, 걸음과 땅의 관계, 날숨과 들숨의 관계, 내 눈과 그를 보는 거울 속의 관계를 형성하도록 해요. 세상에 관계 지어지지 않는 것이 있을까요? 특히 인터넷 시대에는 모든 일상이 '바느질하기'이기에 보이거나 보이지 않는 바느질의 망을 벗어날 수 없게 되었죠."

종종 김수자는 꽤 명확한 단어로 정의되곤 한다. 일찌감치 해외에서 활발하게 활동하고 있다는 이유로 "노마드 예술가"로, 바느질, 이불보 등이 여성의 정체성과 밀접하다는 명분으로 "페미니스트 예술가"로 불린다. 그러나 그녀가 만약 노마드 예술가라면, 그건 한자리에 머물지 않기 때문이다. "페미니스트 예술가"라는 수식어도 상식적인 의미 이상에서 쓰여야 한다. 김수자는 1990년대 초 바느질, 빨래, 청소, 요리, 다리미질, 다듬질, 장보기 등 현대미술이 도외시한 일상적 가사 노동 행위를 미술 언어로 개념화하고, 현대미술사에 미적·문화적·사회적·심리적인 면에서 예술 행위로 재정립했다. "바느질의 시초가 여성의 문제를 다루기 위해서라기보다는 평면회화 구조의 본질적 물음에서 기인했고, 그것이 삶의 문제까지 연계 및 확대되었다는 얘기"라고 김수자는 강조했다.

김수자의 작업이 삶과 예술의 경계에 놓인 것과 같은 맥락에서 일상 속 평범한 행위들도 현대미술의 영역으로 적극 도입되었다. 보기, 걷기, 숨쉬기, 미러링 등 한번도 숙고해 보지 않은 행위들. 지난 1995년 에든버러 플루마켓 갤러리 카페 테이블에 이불보를 깐 프로젝트는 사람들의 만남, 대화, 관계, 행위 등을 '보이지 않게 감싼다'는 개념이었다. 이런 비물질적 요소들은 스페인 크리스탈 팔라스에서 선보인 〈호흡: 거울여인To Breathe: A Mirror Woman〉(2006) 같은 작업과도 자연스레 연계된다. 바닥 전체에 거울을 깔아 관람객의 몸이 거울 속의 반대편 세상을 관통하게 했고, 유리창에 특수필름을 붙여 빛의 투과로 생기는 무지개 스펙트럼을 적극 끌어들였으며, 삶과 죽음의 매순간을 의미하는 호흡 퍼포먼스 사운드를 설치했다. "회화의 핵심 요소인 '색'에 대한 근원적 관심이 오방색의 탐구로, 십자가와 음양의 축으로 발전했고, 특수필름에 각인된 수많은 수직수평의 형태인 빛의 프리즘으로 고찰했으며, 이것이 태양의 빛을 싸고 펼친다는 보따리 개념의 확장으로 자연스럽게 이행"된 것이다.

지난 2013년 베니스 비엔날레 한국관 작가였던 김수자는 이 공간 역시 전체를 특수필름을 이용해 보따리처럼 감쌌다. 이렇다 할 오브제 없이 그 자체가 작품인 공간 바닥에 관람객들은 그저 앉

《호흡: 보따리》, 2013, 한국관 설치 장면 부분, 제55회 베니스 비엔날레,
협조: 국제갤러리 & 김수자 스튜디오, 사진: 정재호, 이미지 제공: 국제갤러리

아 있었다. 이미 존재하는 빛과 어둠, 소리가 전부였고, 그러므로 이곳은 단연 베니스의 심장이었다. 이 작품은 서로 강력한 자아를 분출하는 비엔날레에서 가장 현대적이면서도 인간적인 예술이 무엇인지를 보여 주었다. '빛과 소리의 보따리'는 다름 아닌 본연의 감정에 집중하도록 하기에 충분했기 때문이다. "예술가란 일상의 예술적 속성을 드러내는 사람"이라던 그녀의 이야기가 귓전에 맴돌았다.

지난 2017년 베를린 케베니히 갤러리에서 열린 전시 《숨의 기하학Geometry of Breath》의 그 고아한 공간, 완전한 진공 상태에서 나는 본질적인 친밀감을 맛보았다. 그간의 작품이 카메라(관객)로 하여금 작가 뒷모습과 어깨 너머 군중을 응시하게 만드는 '바늘여인' 같은 방식이었다면, 이 전시는 반대로 사적 시간의 흔적을 통해 자신과 타인의 정체성을 드러냈다. 주크박스에서는 작가의 숨소리가 흘러나왔고(〈숨쉬기: 만다라To Breathe: Mandala〉), 20년 입은 검은색 옷이 빨랫줄에 걸리거나(〈빨래하는 여인A Laundry Woman〉) 검은 보따리로 놓여 있었으며(〈보따리Bottari〉), 1990년대부터 모아온 머리카락(〈시간의 토폴로지Topology of Time〉)과 신체 흔적이 남은 낡은 요가 매트(〈몸의 기하학Geometry of Body〉)가 회화처럼 걸려 있었고, 날숨과 들숨을 디지털 드로잉에서 추출한 디지털 바느질(〈숨One Breath〉)이 펼쳐졌다. 작가의 삶이 각인된 작품들은 구체성과 추상성을 공히 획득하며 자연스럽게 나의 시간과도 포개어졌다.

내게 김수자의 작업은 "경계와 이면에 사는 이들에 대한 생각"을 통해 "나와 타자의 관계"를 고민하는 예술가의 선물이나 다름없다. 2019년 10월 중순 비가 오던 날, 파리에서 기차로 한 시간 반을 달려 푸아티에를 찾아갔다. 중세 아키텐 공국의 중심지이자 유럽의 개념을 정립한 아랍권과의 푸아티에 전쟁으로 유명한 도시. 오랫동안 잠들어 있던 이곳은 현대화의 방식을 예술에서 찾았는데, 그 첫 프로젝트가 《트라베르세/김수자Traversées/Kimsooja》다. 미술 축제의 주인공이 된 김수자는 직접 초청한 동료 예술가들의 작업을 자기 작품과 함께 곳곳에 배치했고, 유서 깊은 도시는 감각적인 경험의 장으로 변모했다. '트라베르세'란 가로지르기, 경계 넘기, 여정이란 뜻이다. 이 도시가 국경과 관습, 물질과 비물질의 경계를 넘나들며 예술 언어와 생의 경계를 사유해 온 노마드 예술가에게 경의를 표했다면, 작가는 도시 전체를 끌어안음으로써 이에 화답한 셈이다. 나는 푸아티에의 골목을 걸으며 완벽한 타인인 내 몸이 바늘이 되어 이 땅의 과거와 현재, 역사와 미래를 기워 내는 환대의 순간을 만끽했다.

그녀 자신의 몸과 정신, 인생을 온전히 관통하는 김수자의 작업 세계는 그래서 몇 페이지의 글로 정리하기 불가능할 정도로 도저하다. 천에 구멍을 내는 바느질처럼 삶에 필연적인 균열을 내고 순간을 성찰하며 직조한 작업은 숨 쉬듯 제 영역을 확장한다. 그러므로 그녀의 삶은 미술 개념과 형식뿐 아니라 삶과 인간에 대한 탐구로 점철되어 있다. 시대를 앞서간 김수자는 '한국 현대미술의 오늘'이라는 제목의 시대를 일구었고, 역설적으로 시대의 구획이 필요 없는 예술가가 되었다. 김수자는 날을 거듭할수록 투명해진다. 천을 꿰맨 후에는 사라져 버리는 바늘처럼, 세상 모두를 비추지만 정작 자신은 비추지 못하는 거울처럼 소실점이 되는 것이 그녀의 진화법이다. 김수자는 그렇게 내게 삶과 미술이 결코 분리된 대상이 아님을 매 순간 일깨운다.

작가님이 나를 안아 준 순간 단순한 인사나 위로를 넘어서는, 형언할 수 없는 느낌을 받았습니다. 작가로서 예술과 예술가를 어떻게 정의하는지가 그 행동에 반영되어 있기 때문이 아닐까 했어요.

동시대 인류의 한 사람으로서 세상에 연민을 갖고 있고, 이는 내 삶의 방식을 결정할 수도 있는 중요한 문제이기에 작업으로 스며 나오는 건 당연합니다. 하지만 연민의 궁극적인 출발점은 나 자신인 동시에 보는 이 자신일지도 몰라요. 사실 작업에서는 하나의 물질, 이미지, 사실, 상황, 상태만 보일 뿐 작품을 만드는 나의 심리 상태나 나 자신과의 관계는 보이지 않죠. 하지만 관객이 이를 헤아리는 순간 전이를 경험하게 되고, 그들의 주관적 관점을 통해 내 작업이 보이는 게 아닐까 싶어요. 이때 경험이라는 건 관계 즉 '바느질'이 형성될 때만 이뤄지고, 이 관계 속에서는 감성적, 이성적 작용이 동시에 드러나죠. 불안정하고 상처받기 쉬운 인간의 조건이나 삶의 일회적이고도 불가역적 운명을 공감할 때, 연민과 애정 같은 따뜻한 마음의 전이는 이를 공유하는 개인 사이의 끈처럼 작용해요. 하지만 내 작업에는 생각하고 분석하게 하는 미술 내면의 형식적 구조가 공존하기에, 감성적인 측면과 객관적인 태도 그리고 형식적 전개가 함께한다고 봅니다.

2017년 케베니히 갤러리에서 만난 개인전 《숨의 기하학》이 인상적이었던 것도 같은 이유였던 것 같습니다. 나무 계단에 놓여 있던 하얀 보따리가 내내 기억에 남았어요.

전시 일주일 전에 고(故) 케베니히 씨가 갑자기 세상을 떠나셨어요. 나를 비롯한 모두가 충격을 받았죠. 준비 단계에서 몸, 흔적, 숨, 존재와 비존재의 관계성을 묻는 작업을 갤러리에 설치하기로 정하고 전시 제목도 그와 여러 번 상의했는데, 결국 케베니히 씨의 존재를 추모하는 전시가 되어 버린 거예요. 그의 죽음을 예견하기라도 한 것처럼 말이죠. 전시를 준비하는 내내 슬픔에 빠져 있었습니다. 하얀 보따리는 그를 추모하는 상징적인 작업이었어요. 평소 사용한 이불보, 즐겨 입은 셔츠, 스웨터, 재킷, 신발, 손수건, 향수, 안경 등 케베니히 씨의 시선과 시간이 묻어나는 오브제들을 보따리로 싸맸습니다.

1990년대부터 뉴욕, 파리, 베를린 등에서 작업했고, 그래서 '노마드 작가'로 불립니다. 타지에 발을 붙이고 (땅에 꿰매듯) 산다는 건 곳곳에서 바느질의 개념을 작업으로 선보이는 입장에서 더 특별한 의미가 있어 보여요. 이런 삶을 결정한 데 특별한 연유가 있습니까?

마흔을 갓 넘긴 해에 뉴욕으로 문화적 망명을 결정했어요. 당시 각종 비엔날레를 통해 국제 무대에서 활동을 하고 있었는데, 반면 한국작가의 해외 활동은 거의 없었을 때였죠. 그러나

<보따리 – 인 더 메모리 오브 미하엘 케베니히Bottari – In the Memory of Michael Kewenig>, 2017, 고(故) 미하엘 케베니히가 사용한 침대커버·옷·신발·향수·벨트 등, 48x57(지름)cm, courtesy of Kewenig Gallery, Berlin, and Kimsooja Studio, 이미지 제공: 국제갤러리

국내에서는 내 작업에 대한 이해도가 매우 낮았고, 작품 판매도 전무했습니다. 매우 어려운 상황이었지만, 나 자신을 세상에 내던지고 한계로 내모는 일종의 드라마틱한 상황이 막연한 스트레스라기보다는 미래에 대한 도전이라고 생각했어요. 〈바늘여인〉, 〈구걸하는 여인A Beggar Woman〉(2000~2001), 〈집없는 여인A Homeless Woman〉(2000~2001), 〈빨래하는 여인A Laundry Woman〉(2000) 등 결정적인 퍼포먼스 작업들이 그 시기에 탄생했어요.

특히 파리에 대해서는 "근원적 이끌림"이라는 표현을 쓰셨죠. 현대인들은 보통 고향에 집착하지 않습니까. 그래서인지 타지에 이끌린다는 점이 낯설지만 흥미롭게 들렸습니다.

뉴욕이 내가 죽고 싶은 마지막 도시라고 늘 느끼는바 아마 조만간 내 인생의 또 다른 중요한 이동이 있을 것 같은 예감이에요. 어쩌다 프랑스는 내게 가장 지속적인 지원을 하는 나라가 되었지만, 작가 이전에 인간으로서 내가 떠도는 여러 도시 중 특히 파리에 실존적 밀착감을 느낍니다. 적지 않은 심적·물리적 타격을 받은 곳이기도 하지만, 1984년 에콜드보자르에서 프랑스 국비 장학금으로 6개월간 연수한 후 40년이 다 된 지금도 이 거역할 수 없는 느낌이 나를 끊임없이 이곳으로 유도합니다. 프랑스가 많은 사유자를 낳은 건 우연이 아닌 것 같습니다. 이 도시와의 밀착감은 어느 도시보다도 나를 나로서 존재하고 사유하게끔 만들어요.

다른 도시, 다른 공간에서 일정 기간 머물면서 작업하는 레지던시 활동도 활발히 합니다. 부러 이방인을 자처한다는 생각이 드는데요. 이런 시간을 통해 어떤 영향을 받습니까?

레지던시는 나 자신을 일상적 공간에서 유배하는 시공간이자 사물이나 문화와 행동 양식을 완전히 다르게 바라보도록 중립 상태에 놓아 두는 겁니다. 그 시공간을 통해 새로운 발상이나 시도를 가능케 하는 망원경이라고도 할 수 있죠. 〈바늘여인〉, 〈보따리 트럭-이민자들〉, 〈바늘여인-우주는 기억이었고, 지구는 기념품이다A Needle Woman-Galaxy was a Memory, Earth is a Souvenir〉(2014) 그리고 최근 세라믹 작업도 모두 레지던시를 통해 제작되었는데, 모두 내 작업의 중요한 매듭으로 새 장을 연 모멘텀들이었어요. 중요한 건 이 기간 동안만큼은 내게 전적인 자유와 지원이 주어진다는 거예요. 이방인의 눈으로 거리를 두고 보지 않는다면 어떻게 새로운 인식이나 창작이 가능하겠어요.

스스로의 몸을 스튜디오이자 프로젝트 저장소로, 질문이자 답으로, 도구이자 개념으로 삼는 작가이기 때문에 더욱 설득력 있게 들립니다. 어떤 계기로 이렇게 몸의 실존성에 주목하게 되었나요?

어린 시절부터 내 몸에 도전해 왔지만, 무엇보다 스물세 살 즈음에 꾼 꿈이 내 삶과 작업에 상당한 여진을 가져왔어요. 몸의 유한성과 삶의 순환성을 깨달은 시각적, 신체적, 음향적인 경험이었지요. 꿈속에서의 깨달음이 너무 강렬해 '모든 것이 하나다’라고 인식할 수 있었고, 그 말을 내뱉는 순간 놋쇠로 내 머리를 치는 듯한 충격을 느꼈다고나 할까요. 몸과 정신의 실존성과 일체성을 경험했어요. 꿈에서의 경험이 어머니와 바느질을 하며 느낀 경이로움 못지않게 뚜렷이 각인되었죠.

언젠가 안나 마리아 마욜리노(Anna Maria Maiolino)의 회고전에서 할머니, 엄마(작가), 딸이 하나의 실을 문 채 나란히 앉아 있는 사진을 본 적 있어요. 온 가족과 함께 브라질로 이주한 작가이니 이동의 끈이기도, 삶의 연속성에 대한 화두이기도 할 겁니다. 몸을 매개로 이어지는 가족, 과거와 현재의 연결점이라는 점에서 작가님의 시간이 연상되었습니다. 그녀들과는 무엇을 공유했습니까?

어린 시절 할머니와 살던 시기가 있었어요. 그때 은밀한 사색의 시간을 가지며 시각적, 촉각적으로 친밀한 물질, 이미지 또는 정서가 생긴 것 같아요. 내게 모시, 삼베, 홑이불 같은 천이나 마당에 핀 무궁화, 담장을 뒤덮은 찔레꽃은 할머니의 현전이었고, 깊은 초록색과 붉은색이 대비된 낡고 부드러운 비단 누비이불의 질감과 촉감은 어머니의 그것이었어요. 할머니와 어머니가 이불 호청을 빨아 다듬을 때, 나는 방망이로 리드미컬하게 두들겨 촉촉하게 길이 든 하얀 면 이불 호청을 주시하곤 했죠. 좁고 긴 다듬잇돌 위에 아주 세련되고 적절하게 얹힌 하얀 이불 호청의 비례와 두께, 부드럽게 돌아가며 접힌 가장자리, 물먹은 천의 촉감, 천의 접힘과 펼쳐짐의 향연, 그것의 기하학적 변환…. 커다란 호청을 접어 가며 마음을 맞추던 퍼포머티브한 행위들에도 매료되었어요. 우리 가족은 수없이 이사를 다녔고, 그래서 내게 문화란 가설극장과 곡예사들, 여름밤 들판에서 보던 흑백영화, 멀고도 먼 논길의 순례, 얼음조각 배의 조형성, 무겁게 깊고 푸르렀던 산정호수의 얼음판, 철원 신수리의 초가집에서 벽지 위에 가득 돋아난 성에를 손톱으로 긁던 아침의 시간, 슬라이드 쇼처럼 스쳐 지나던 산천초목과 들판 등으로 각인되어 있어요. 또 선의, 인내심, 믿음, 누구도 차별하는 법 없던 어머니의 성품에 늘 감동받곤 했죠. 그래서인지 내가 세상에서 겪은 상반된 경험들은 종종 상처가 되었고 불의, 차별, 거짓에 민감하게 반응하게 되었습니다.

건축가인 아들 정재호 씨와 함께 일하기도 합니다. 사석에서 아들이 잘 커 주어 고맙다고 했는데요. 당시 어린 아들에게 예술에 몰두하는 엄마로서의 존재와 작업을 어떻게 납득시켰나요.

납득시킬 이유는 없었고 본인이 스트레스를 받은 것도 사실이었겠지만, 잘 적응하고 인내해 주어 고마울 따름이에요. 단지 아들이 대학에 진학할 당시, 예술가는 절대 되지 않겠다 선언하는 걸 보고 그가 얼마나 힘들게 나를 보아 왔는지 짐작할 수 있었죠.

예술가의 특별한 통찰력은 삶의 자기 성찰적 태도에서 온다는 생각을 하곤 합니다. 작가님의 예술 여정은 어떤 통찰력을 동력으로 삼고 있을까요?

글쎄요. 돌이켜 보면 항상 모르는 채 도전한 작업, 알 수 없는 즉각적인 요구나 선(禪, zen)적인 한순간의 발현, 직감 또는 직관적인 반응들이 작업 전개의 중요한 순간이 되어 왔다는 걸 부정할 수 없어요. 설명할 수 없는 그 무엇 때문에 예술의지가 생겨나고 행동하는데, 논리와 개념은 작업 이후에나 발견하게 되죠. 클로드 비알라(Claude Viallat)가 "욕망이 주도한다"고 말한 적 있는데, 전적으로 동의해요. 단 그 욕망이 세속적인 욕망은 아닐 수도 있겠죠.

지난 인터뷰에서 "보따리로부터 자유로워졌다"고 했습니다. 보따리를 통한 이야기를 완결 짓고, 다른 걸 시도하겠다는 의지로 들렸어요. 어떤 작업으로부터 자유로워진다는 건 무슨 의미일까요?

더 이상 예술 할 필요를 느낄 수 없을 정도로 자족할 때까지만 일하자고 마음먹고 있었어요. 어느 순간 '과연 더 해야 할까', '공식적인 예술 행위를 해야만 할까' 싶을 때가 있죠. 새로운 개념을 탄생시킬 때 그 작업을 더 이상 할 필요가 없어지는 거예요. 헌데 그렇다 하더라도 일단락된 작업에서 또 새로운 질문이 파생할 때도 있고, 언급할 필요성을 느낄 땐 같은 형태의 작업이라도 계속합니다. 보따리가 좋은 예일 수 있는데, 한때의 보따리로부터 자유로워졌기 때문에 지금의 보따리를 싸맬 수 있다고 봐요. 예전의 보따리와 지금의 보따리가 다르기 때문이죠.

동의합니다. 이를테면 2010년 이후에는 작가님이 초창기에 만든 '00

여인' 제목의 작업이 없지 않습니까?

지난 2005년 베니스 비엔날레에서 두 번째 '바늘여인'을 (리얼 타임으로 선보인 첫 번째 시리즈와는 달리) 슬로 모드로 선보였을 때, 이 시대의 시공간성과 나의 몸의 관계를 논할 만큼 논했다는 생각이 들었어요. '00 여인'이라는 제목도, 내 몸도 관객의 시야에서 사라졌지만, 풍경과 바람의 흔적으로 보인 비디오 드로잉 작업 〈바람의 여인A Wind Woman〉(2003), 크리스탈 팔라스에서 건물 전체를 특수 필름과 거울로 감싼 설치 작업 〈거울 여인〉, 코넬대학교의 나노과학자와 건축가 아들과 협업한 의인화된 조각 설치작 〈바늘 여인-우주는 기억이었고, 지구는 기념품이다〉 등에서 지속적으로 드러나고 있어요. 이 작업들을 통해 미시적 세계와 거시적 세계, 즉 우주를 실로 꿰어 내듯 한 번에 꿰뚫는 시도를 할 수 있었습니다.

천에서 시작한 바느질은 빛, 소리, 숨쉬기 같은 비물질적 요소를 활용한 바느질로 진화했습니다. 특히 숨(호흡)은 실존의 가장 확실한 증거이자 죽음과 삶의 문턱을 의미할 텐데, 사실 작가님의 모든 작품이 실존을 확인할 수 있는 문턱처럼 다가오기도 합니다.

1979년 이윤동 작가와 지금은 사라진 사간동의 그로리치 화랑에서 《숨》이라는 제목의 2인전을 연 적 있어요. 그리고 2006년에 내 작업에 바느질 개념으로 평면을 재해석하면서 호흡을 개념화한 비디오, 사운드 퍼포먼스 작업 〈호흡-보이지 않는 거울, 보이지 않는 바늘To Breathe-Invisible Mirror,

Invisible Needle〉을 베니스의 라 페니체 극장에서 선보였죠. 작업에 사용한 나의 숨소리와 허밍 사운드 퍼포먼스인 〈직조 공장The Weaving Factory〉(2004)은 폴란드 우지(Lodz)에 있는 빈 직조공장에서 영감받아 우지 비엔날레에 출품했던 작업인데, 내 몸을 호흡으로 가동되는 직조공장으로 상정한 '숨쉬기 사운드 퍼포먼스'였어요. 이때 숨이라는 반복적 리듬은 인식의 연장이었고, 날숨과 들숨, 삶과 죽음, 그 전환의 경계를 넘나드는 보이지 않는 바느질 드로잉 작업이었어요.

한편 〈뭄바이: 빨래터Mumbai: A Laundry Field〉(2007~2008) 같은 작품에서는 시각적인 풍성함과 슬럼가의 고단한 현실이 병치됩니다. 미학적인 탐구에만 천착한 것도, 위로를 작정한 것도 아니지만 역시나 자연스레 공존하죠. 작가님의 작업이 인간의 존엄성과 존재감, 공정함과 박애 같은 기본을 전제하기 때문이 아닐까요. 폭력적인 시대란 곧 인간의 조건 자체가 사라지고 있다는 의미일 텐데, 슬픔과 희망을 관조적으로 사유하는 작가로서 전하고 싶은 이야기가 있습니까?

지난 2010년부터 2013년까지 오바마 정권이 GSA(General Services Administration)의 예술과 건축 프로그램의 커미션 작업 활성화의 일환으로 멕시코 국경 지역에 영구 설치작품을 의뢰한 적 있습니다. 그때 국경을 넘다 추방당한 여성들과 어린이들의 보호시설에 가게 됐죠. 멕시코 여성들의 탈출은 그야말로 사투였고, 국경 지대에서 죽어 간 이들을 무수한 붉은 점으로 표시한 통계 자료를 보는 순간 목이 콱 메일 정도로 처참했

<뭄바이: 빨래터>, 2007~2008, 프로덕션 스틸, 4채널 비디오 연속 상영, 10:25 루프, 사운드, 촬영지: 뭄바이, 인도, courtesy of Kimsooja Studio, 사진: Pradeep Bhatia, 이미지 제공: 국제갤러리

어요. '바늘여인' 퍼포먼스로 세계 여덟 개 도시를 돌아다닐 때도 부의 불평등을 비롯해 정치, 사회, 경제, 종교 갈등으로 파괴, 분열되는 세계의 모습을 목격했어요. 예술가로서 무력감을 느낄 정도로 착잡한 심정입니다. 다만 함께 보고 나눔으로써 바로 여기, 지금을 지각하고자 하며 누군가에게 영감을 주면서 더 나은 사회를 꿈꾸고 싶어요.

이런 바람을 가진 미술가에게 '성공'이란 무엇인가요? '살아남음'과 동의어일까요?

결국 무엇을 성공으로 보느냐에 달려 있겠죠. 예술가가 창조하고 표현할 방법이나 장이 없다면 무척 숨 막힐 겁니다. 지속성이 작가의 생명력과 관련 있다 보는데, 창조력을 뒷받침해 줄 수 있는 여력과 조력이 없다면 평가 이전에 어쨌든 작품을 지속할 수도 없습니다. 거의 40년을 활동해 온 나조차 어떻게 또 한 해를 생존하며 새 작업을 계속할 수 있을까 걱정합니다. 저는 미술시장에 최적화된 작가가 아니니까요. 이런 난관에도 불구하고 현재에서 끝나지 않는 지속성을 보인다면 일단 성공적이라 할 수 있겠죠. 시간이 흐를수록 작품의 의미가 각인되고 회자되는 작가, 작품의 존재가 영영 생명력을 가질 수 있다면 그 역시 성공입니다. 문제는 누가 역사 속에서 살아남는가인데, 역사는 지속해서 다시 쓰여지기에 결코 단순하지만은 않은 가치 설정입니다.

이 모든 질문의 원형으로 돌아가 보죠. 그럼에도 왜 예술가로 살고 있다고 생각합니까?

인생처럼 예술에도 정답이 없어요. 그렇지만 나름의 입장에서 최선의 경지라 여기는 삶과 작품의 방식이 있지요. 흥미로운 질문에 관심을 두며, 예술이건 삶이건 열심히 성찰하고 답하고자 노력해 왔어요. 앞으로도 그렇게 할 거고요. 이렇게 생각의 끈을 흔드는 인터뷰에도 삶을 살듯, 예술을 하듯 답을 써 보려 합니다. 이렇게 길을 찾는 해방의 순간이 없다면 어떻게 살아 갈 수 있으며, 예술을 계속할 수 있을까요. 내가 추구하는 건 명성이 아니라 진실되고 정직한 가치입니다. 자신과 타인을 속이는 거짓된 예술계의 행태는 개인과 사회를 기만하는 행위이며, 나는 이를 예의주시할 겁니다. 예술 하는 행위 자체로 영혼의, 사회의 등대가 될 수 있다면 더 바랄 게 없지 않을까요.

작품 제목에서 낫싱(nothing), 제로(zero), 나우웨어(nowhere) 등의 단어가 보이는데, 그런 수행적인 뉘앙스도 위의 답변과 연결 지을 수 있겠군요. 없다는 게 아니라 모든 것, 동시에 덧없음을 의미한다는 점에서요.

그렇죠. 낫싱(nothing), 제로(zero), 나우웨어(nowhere)는 에브리싱(everything), 토탈리티(totality), 에브리웨어(everywhere)라 해석해도 좋을 거예요. 난 모든 것을 함유하는 언어에 한계를 느낍니다. 그 언어를 오히려 희석하고 무화(無化)했을 때 의미가 더 암시적으로 전달된다고 봐요. 소거해도 더 이상 소거할 수 없는, 추가해도 더 이상 더 추가할 수 없는 형상성을 지닌 숫자, 양 혹은 공기 같은 시공간성에 관심이 많습니다.

그것이 작가님이 종종 이야기해 온 "삶과 예술의 통합(the totality of life and art)"일까요.

뿌리 깊은 보편의 입장에서 가능한 한 다각도로 삶과 예술을 깊이 명상하고 통합하려고 시도해 왔어요. 아니, 저절로 그렇게 되었다는 말이 더 맞겠네요. 보따리, 바느질, 실의 궤적이나 연역적 오브제 등 모든 작업이 통합의 길목에 있어요. 갈 때까지 가다 보면 결국 하나가 되지 않을까요.

어떤 예술가로 기억되길 바랍니까?

시간을 초월하는 통시적 질문자(questioner)로 남고 싶습니다.

만약 30년 전으로 돌아간다면, 무엇을 하고 싶은가요?

초등학교 5학년 때인가, 담임선생님이 훗날 희망하는 두 가지 직업을 쓰라고 하셨어요. "말하는 자와 화가"라고 적었죠. 저에게 말하는 자란 곧 지혜를 설파하는 철학자였어요. 2002년에 한 어느 인터뷰에서 "만일 당신이 다시 그 질문을 받는다면 무엇이라 답하겠냐"라는 질문에 "a lover or a monk(사랑하는 사람 혹은 수도승)"라 답했어요. 그로부터 17년이 지난 지금, 다시 30년 전으로 돌아간다면 아무래도 '철학'이라 답해야 할 것 같군요.

<마음의 기하학>, 2019, 《트라베르세 / 김수자Traversées / Kimsooja》 전시 전경, 푸아티에 궁전 대합실, 프랑스, 2019, courtesy of Ville de Poitiers for 《트라베르세 / 김수자Traversées / Kimsooja》 and Kimsooja Studio, 이미지 제공: 김수자 스튜디오

요즘도 종종 푸아티에에서의 시간을 떠올리곤 한다. 나는 옛 아키텐 공국 궁전에 놓인 거대한 테이블에 앉아 찰흙을 빚었다. 각국의 관객들이 빚어 만든 구가 모여 우주가 되는 풍경이 눈앞에 펼쳐졌다. 사실 그 순간 내가 무슨 생각을 했는지는 기억나지 않는다. '빚는' 행위는 구복을 상징하기도, 기억을 소환하기도 하지만 무엇보다 무한히 생득적인 느낌이기 때문이다. 구를 만들려면 찰흙덩이를 손바닥 위에 놓고 일정한 압력과 방향으로 계속 어루만져야 한다. 이렇게 나의 손과 타인의 손에서 파생하는 수많은 선, 지름과 반지름이 일종의 드로잉이라고 작가는 말했다. 과연 그녀의 말처럼 그곳에 앉아 구를 빚었을 때, 나는 누군가와 연결된 듯한 느낌을 받았다. 보따리를 싸고 펼치고 스스로 바늘이 되어 인파 사이를 걷는 등의 몸과 예술을 잇는 (보이지 않는) 기하학의 선들이 세상을 돌아 평범한 사람들 그리고 나의 손끝으로 돌아왔다. 그 순간, 미술가를 인터뷰하고 미술 기사를 쓸 때마다 대면하는 막연한 갈등, 과연 현대미술이 인간의 일상에 어떤 영향을 줄 것인가의 혼란한 질문에 대한 단서를 얻을 수 있었다. 불세출의 철학자 푸코의 고향에서 그의 개념인 '현실화된 유토피아'를, 김수자를 통해 체험한 셈이다.

•

2010년 2월호 『하퍼스 바자』, 2017년 8월호 『보그』, 2020년 『나의 사적인 예술가들』 인터뷰를 바탕으로 새로 작성한 글입니다.

03 다니구치 지로

TANIGUCHI JIRO

만화가

다니구치 지로 TANIGUCHI JIRO

"시시한 일상도
깊이 관찰하다 보면
하나의 이야기가 떠오릅니다"

만화가

만화의 길을 우직하게 걸은 고독한 구도자

1947년 일본 돗토리현 출생. 지난 2017년 2월 세상을 떠날 때까지 일본보다 유럽에서 더 사랑받는 작가주의 만화가로 살았다. 2011년 프랑스 문화예술공로훈장인 슈발리에장을 받은 그는 앙굴렘 국제만화페스티벌을 비롯한 유수의 국제만화제에서 다양한 상을 수상했다. 다니구치 지로가 인정받은 이유는 일본만화의 정의를 다시 썼을 뿐만 아니라 확장했기 때문이다. 자연, 동물, 가족, 인간의 근원적 존재감 등을 조용히 응시하며 얻은 도저한 세계관은 세밀하고도 서정적이며 차분한 화풍으로 보여지고, 극적인 드라마 대신 잔잔한 감성과 감흥이 자리한다. 보는 이들에게 사색의 시간을 선사하는 그의 작품에는 대책 없는 희망도, 출구 없는 절망도 없다. 다만 그 시간을 살아내는 누군가가 있을 뿐이며, 우리와 다를 바 없는 그의 극중 인물들은 “당신은 무엇으로 사는가”라고 묻는다. 우직하고 치열하게 한평생 만화가의 외길 인생을 걸어온 그가 살아생전 그려 낸 ‘선량한 자들을 위한 소나타’와도 같은 작품들은 어른들의 만화이자 일상의 철학서다.

만화 『개를 기르다犬を飼う』의 원화 ©PAPIER

다니구치 지로가 쓰고 그린 책 『개를 기르다』(1992)에는 탐이 등장한다. 링거를 맞아 가며 네 발로 서서 죽음을 기다리는 개. 또한 제 몸뚱이밖에 몰랐던 고양이 보로는 새끼를 낳고 거두면서 어미가 된다. 실제 이들을 이미 먼저 보낸 바 있는 작가는 죽고 산다는 사실에 대해서는 개와 고양이 그리고 인간이 별반 다르지 않다고 말한다. 그래서 그들을 보낸다는 것이 얼마나 마음 아픈 일인지 정직하게 말할 수 있다. “그럼에도 계속 동물을 기르는 이유는 무엇인가요?” 어느 다큐멘터리에서 그는 이런 질문을 받았다. “동물은 인간에게 위안을 줍니다. 절대적인 위안…. 많은 것을 받고 사는 내가 살아 있는 한 언젠간 죽을 그들의 죽음을 지켜 주고 싶습니다. 보로가 낳은 고양이도 벌써 열네 살이죠. 이들보다 내가 더 오래 산다는 것이 미안하고, 또 두려워요.” 그가 카메라의 시선을 피하며 낮은 목소리로 말했다. 화면 안의 계절은 겨울 초입이었다. 인적 드문 신사에 마른 바람이 불었고, 보는 나의 명치끝이 아파 왔다.

일본 만화가 특집을 기획할 때, 나는 목록 맨 위에 다름 아닌 다니구치 지로를 올렸다. 한국과 일본 내 인지도만 놓고 보자면 다니구치 지로는 함께 취재한 다른 만화가들, 이를테면 『신의 물방울』의 아기 타다시, 『미스터 초밥왕』의 다이스케 테라사와, 『천재 유교수의 생활』의 야마시타 카즈미보다 유명하다고는 할 수 없다. 그러나 더 정확히 말하자면, 다니구치 지로는 이런 단순한 비교 자체가 무의미한 예술가다. 그의 만화가 새로운 경지라 할 수 있다면 기존의 만화가 놓친 문학성, 문학이 간과한 밀도, 영화가 도외시한 여운을 선사하기 때문이다. 가만히 숨 쉬듯 가느다랗고 섬세한 선으로 그린 한 컷의 그림은 그 순간의 세상, 그 순간의 진심을 담아내고자 공들인 작가의 노력 덕분에 드라마나 스토리에 의존하지 않은 채 온전히 그 자체로 힘 있게 존재한다. 조용하고 사색적이며 단출하고 잔잔하며 차분한 화풍과, 삶을 향한 깊고도 담백한 시선에서 비롯된 그의 이야기는 시대와 국적을 관통하는 인류 보편적인 삶의 지혜를 전한다. 지금도 나는 종종 그의 작품을 꺼내 숨어들곤 한다. 나이를 먹어 갈수록 "더불어서 행복했고 남겨져 아파했으나 그 모든 기억을 사랑하며(『개를 기르다』)" 같은 문장이 그리운 때가 더 잦아지기 때문이다.

지난 2017년 2월 11일, 다니구치 지로가 향년 70세로 세상을 떠났다는 소식이 있은 지 며칠 후, JTBC의 〈뉴스룸〉의 손석희 앵커가 다니구치 지로를 언급했다. "그의 만화를 좋아하든 그렇지 않든 그가 세상에 미친 영향은 의외로 크고 깊습니다. 혼밥, 즉 혼자 먹는 밥을 대중화한 이가 바로 다니구치 지로였기 때문입니다. 『고독한 미식가』(1994~1996/2008)의 주인공은 직장생활의 고단함을 위로받으려 홀로 맛집을 순례합니다…." 드라마로 제작, 한국에서도 방영된 『고독한 미식가』는 다니구치 지로의 작품 중 대중적으로 가장 성공한 만화다. 진정한 미식은 호화로운 레스토랑이나 맛집을 좇아다니는 게 아니라 삶이 녹아든 단순하고 깊은 맛을 음미하는 데 있다는 진리를, 주인공 이노가시라 고로를 통해 피력한다. 다니구치 지로는 단 여덟 컷짜리 짧은 만화를 그리면서도 생생한 내용과 그림을 위해 조수 몇 명을 고용했다고 했다. 고독하게 혼자 무언가를 먹을 때 비로소 자유로울 수 있었던 고로와 고독하게 혼

만화 『고독한 미식가孤獨のグルメ』의 원화 ©PAPIER

자 무언가를 그릴 때 비로소 자유로울 수 있었던 지로. 만화 속 캐릭터는 우직하고 치열하게 작업해 온 작가 자신과 꽤 닮아 있다.

그의 수작들 중 『「도련님」의 시대』(1986~1998)는 단연 최고의 걸작이라 할 만하다. 나쓰메 소세키를 비롯해 후타바테이 시메이, 모리 오가이, 이시카와 다쿠보쿠, 고토쿠 슈스이 등 메이지 시대 실존 문인과 사상가를 중심으로 다양한 시대적 사건을 조명하는 작품. 다니구치 지로는 장장 12년 동안 스토리 작가 세키카와 나쓰오와 함께 일본의 감성, 정신, 갈등, 욕망의 뿌리를 메이지 시대에 두되 이 낯선 시대를 자유롭고 솔직하게 이야기하고자 시도했다. 방대한 자료와 치밀한 고증은 말할 나위 없고, 역사적 사실보다 더 정확하게 시대정신의 본질을 꿰뚫는 픽션을 섞어 내는 재주는 혀를 내두를 만하다. 그러나 『「도련님」의 시대』의 영향력은 그들에게만 국한된 게 아니다. 언젠가 이 책을 두고 한국의 철학자, 문학평론가, 만화평론가, 기자 등이 모여 나눈 콘텍스트적 대화를 읽은 적 있는데, 이들은 이 작품을 톺아보며 "우리나라에도 이 같은 만화가 나올 수 있을까?" 반문했다.

누군가에게 다니구치 지로의 작품을 추천할 때마다 나는 좋은 이야기를 전하는 진정한 즐거움을 만끽하곤 했다. 아버지의 부고 소식을 듣고 15년 만에 고향을 찾는 장면으로 시작되는 『아버지』(1994), 열네 살 시절로 돌아가 그 즈음 사라져 버린 아버지의 존재를 다시 마주하는 중년의 이야기 『열네 살』(1997), 유일한 친구이자 가족인 늑대개와 살아가는 탐정 류몬 타쿠의 이야기 『사냥개 탐정』(2011~2012), 느긋하게 산보하면서 에도 시대에 대한 옛 이야기

를 청해 듣는 듯한 『에도 산책』(2011), 빙하기를 맞은 미래 세계를 그린 SF판타지 만화 『지구빙해사기』(1987~1990), 산에 오르는 사람들과 산에서 내려오지 못한 사람들에 대한 이야기로 앙굴렘 국제 만화페스티벌에서 최우수 작화상을 수상한 걸작 『신들의 봉우리』(2000~2003), 겨울 동물원의 담담한 풍경과 풋풋한 젊은 시절의 자전적 이야기를 빗대어 녹여 낸 『겨울 동물원』(2005~2007), 산책의 자기성찰적 의미를 전하며 감성과 공감을 이끌어 내는 『산책』(1990~1991, 국내 출간작은 2010년에 나온 『歩くひとplus』이다—편자주) 등. 다니구치 지로는 "시시한 일상의 사소한 일로 보이는 것도 깊이 관찰하다 보면 거기서 하나의 이야기가 떠오릅니다. 저는 그 이야기를 포착해서 한 편의 만화로 표현할 수 있다는 것을 배웠습니다(『산책』)"라는 문장으로도 위로의 말을 전하는 예술가다.

다니구치 지로의 도쿄 작업실은 오래된 빌라였다. 전 세계에서 수집해 온 듯한 다채로운 책 덕분에 무척 비좁은 서재는 그 자체로 온갖 생명체로부터 기운을 받고 있는 고요한 호수였다. 『내셔널 지오그래픽』, 『보그』의 사진집 『더 트웬티스 인 보그*The Twenties in VOGUE*』, 영화 〈스타워즈〉와 〈어비스〉 이미지북, 재패니메이션 〈스팀보이〉, 『권투선수의 모든 것』, 『지식인 99명의 죽는 법』, 『마운틴 라이언*Mountain Lion*』 등의 각종 동물기와 그림책이 쌓여 있었다. 한편에는 1980년대 이전부터 사용해 온 듯한 카세트 라디오와 모차르트, 슈베르트 등의 클래식 음반이 자리했다. 내 시선은 에드워드 호퍼의 작품집에 가닿았다. 알려진 바대로 에드워드 호퍼는 사람들의 외로움을 그리는 화가다. 호텔방이든, 극장이든, 거리에서든 진공의 시간을 살고 있는 듯한 호퍼의 사람들처럼, 다니구치 지로도 그들 중 하나가 되어 이 공간에서 그저 그릴 뿐이다.

“언제나 일본 관객을 만나고 싶다”고 조심스럽게 고백했지만, 평생 다니구치 지로는 유럽에서 더 인정받았다. 2011년에는 프랑스 문화예술 공로훈장인 슈발리에장을 수여받으며 장인으로 자리매김했다. 프랑스 작가 뮈리엘 바르베리가 쓴 소설 『고슴도치의 우아함』에서 천재 소녀 팔로마는 바둑을 두고, 다니구치 지로의 작품을 읽는 소녀로 등장한다. 세상의 속셈이 너무 빤히 들여다보여서 사는 게 고된 소녀 팔로마에게 지로의 작품은 곧 철학책이자 안식처다. 실제 작가 바르베리는 프랑스에서 출간된 그의 책 서문을 썼을 정도로 팬이다. 2007년 겨울, 나도 그를 만난 후 더욱 열렬한 팬이 되었다. ‘만화’라는 매체가 어떻게 이럴 수 있을까 싶을 정도였는데, 직접 그를 만나보니 이럴 수밖에 없겠다 싶다. 세상이 왜 그를 두고 “만화의 길을 걸은 구도자”라 표현하는지도 알 것 같다. 이 남자의 눈에는 낯선 방문객의 호의에 무작정 넙죽 손 내밀거나 고개를 쳐들지 않는, 천성이 우직하고 착한 아이가 있었다. 그는 점퍼와 면바지 차림으로도 촬영이 괜찮겠느냐며 부끄러워했다. 순간 그의 만화를 읽고 있을 때처럼 어디선가 ‘선량한 자들을 위한 소나타’가 울려 퍼졌다.

이렇게 온 벽이 책으로 가득 찬 서재를 갖는 것이 제 꿈이에요.

그런가요…? 그냥 안 버리면 되는데…(웃음). 이 작업실에

만화 『「도련님」의 시대「坊っちゃん」の時代』의 원화 ©PAPIER

서 15년을 일했지만 이렇게 인터뷰하는 건 처음이에요. 싱크대에 걸터앉아야 할 정도로 좁아서. 미팅도 항상 찻집에서 해요.

영광입니다(웃음). 일본 출판사 담당자조차 이 집에 직접 방문하는 건 처음이라고 하더군요. 인터뷰를 자주 하시는 편인가요?

별로. 한국에서 절 만나러 작업실까지 온 적은 한 번도 없었어요. 당신이 처음입니다. 사실 정작 일본에서도 별로 날 찾지 않아요(웃음). 주로 유럽 쪽에서 많이 오는데, 얼마 전에는 프랑스 방송팀이 왔다 갔어요.

연배가 제 아버지뻘입니다(웃음). 하지만 훨씬 젊어 보여요. 비결이 무엇이라 생각하나요?

에이, 그럴 리가요…(웃음). 왜 그럴까? 스스로 젊다고 생각하진 않아요. 예전엔 밤새도록 일했는데 이젠 8시간 정도밖에 못하니까. 내가 한 거라곤 돈을 위해 만화를 그리지는 않은 것뿐입니다.

당신을 믿는 독자들은 전 세계에 있는 것 같습니다. 1992년 『산책』이 처음 프랑스에 소개된 걸로 아는데, 이후 프랑스에서 당신의 작품이 모두 출간되었나요?

1980년대 후반부터 최근작까지는요. 옛날 작품들은… 너무 부끄러워서 출간하지 말아 달라고 부탁했어요. 사실 일본에서는 거의 안 팔린 책들이었어요. 지금도 참 신기하고 이상한 일이에요(웃음). 지금(2007년)은 모르반이라는 프랑스 시나리오 작가와 함께 작품을 준비 중이에요.

담당자가 말하더군요. 당신만큼 작업하면서도 안정된 생활을 할 수 있는 만화가는 일본에도 많지 않다고요. 또 세밀화 같은 그림 한 장을 그리는 데도 며칠을 공들이는 당신을 화가로 대우한다고 말이지요. 어쨌든 그들이 '다니구치 지로'라는 작가에 열광하는 이유가 무엇이라 생각하나요?

글쎄요, 잘 모르겠어요…. 30년 전 일본만화 특유의 스타일과는 다른 걸 고민하다 우연히 프랑스만화를 발견했고, 한동안 고서점에서 살다시피 했어요. 캐릭터의 얼굴, 풍경 표현 등 당시 일본만화에는 없던 것들이 거기 있었고, 난 매일 그걸 따라 그렸지요. 그런 정서가 엿보였기 때문이 아닐까요?

이런 해석은 어떨까요. 문학적 리얼리즘과 일본에 국한되지 않는 범아시아적 향토성, 현실적이면서도 현실 이면의 희망이 묻어나는 서정적인 필치. 그것이 당신 작품의 매력이라고 생각합니다.

고맙습니다…. 하지만 일본 독자들에게 사랑받고 싶은 마음은 여전해요. 잘 안 돼서 그렇지…(웃음).

당신의 작품에는 늘 삶과 죽음이 공기처럼 부유하고, 그 가운데 가족이 존재합니다. 인간은 무엇으로 사는가를 묻는 그림 철학책 같아요.

죽음, 가족, 삶… 나는 그저 경험하고 느낀 대로 그릴 뿐입니다. 『열네 살』도 만약 혈기왕성하던 시절로 돌아가면 어떨까 하는 상상에서 자연스럽게 가족 이야기가 되었어요. 『아버지』도 고향인 돗토리에 오랜만에 내려갔다가 온 후에 작업했고요. 늘 그 자리에 있던 가족들에게서 유난히 자상함이라던가, 도쿄에서는 찾아볼 수 없는 온화함이 느껴졌고 한동안 잊히지 않았죠. 『개를 기르다』도 그들의 마지막 가는 길을 보는 건 이렇게 힘든 일이니까, 정말이지 각오하고 키우라고 얘기해 주고 싶어서 그린 거예요. 나는 어떤 이야기든 결말을 생각하지 않고, 감정이 흐르는 대로 놓아둡니다. 그렇게 닿는 결론이 진짜 결론이에요. 어차피 내 만화에는 절대적으로 옳은 것도, 나쁜 것도 없으니까요. 그것이 또 사람 사는 것이기도 하고요.

중년 남성은 갑자기 열네 살 소년 시절로 돌아가고(『열네 살』), 새로 이사 온 집의 느티나무를 통해 과거를 돌아봅니다(『느티나무의 선물』). 작품에서 시간의 의미, 특히 과거는 남다르게 다가와요. 지난 시간에 유난히 애정이 많은 분인가 짐작하기도 했습니다.

글쎄요. 나이가 들어서 그런가… 그런 것들이 가슴에 와 닿아요. 그려 보고 싶은 것이 자꾸만 보입니다. 젊을 땐 미래를 생각하느라, 중년 땐 현재를 고민하느라 과거를 돌아볼 시간이 없었어요. 하지만 단지 과거에 머무는 복고 정서가 아니에요. 과거가 현재와 미래의 토양이라는 걸 얘기하고 싶어요. 내 메시지를 설파하기보다 그저 각자 자신의 것을 느껴 주었으면

하는 거예요.

『개를 기르다』를 비롯해 『시튼』, 『사냥개 탐정』 등은 어떤가요? 동물을 그릴 땐 몸의 근육이나 움직임뿐만 아니라 표정까지 연구해야 해서 사람보다 더 그리기 어려울 것 같은데요.

만화가가 되고 얼마 후, 우연한 기회에 당대 동물을 가장 잘 그린다고 소문난 작가의 어시스턴트로 일한 적이 있어요. 그때 내가 배운 건 동물을 동물처럼 그리지 않는 법이었어요. 게다가 나는 어릴 때부터 동물을 굉장히 좋아했어요. 동물원이랄 것도 없던 당시 서커스나 이동 동물원이 동네에 오면 어김없이 거기로 달려가곤 했죠. 학교도 안 가고, 아버지에게 혼나면서도 다음 날 또 가서는 하루 종일 있곤 했어요.

그럼 과거로 돌아가 보죠. 만화도 동물만큼 좋아했었나요? 지금 일본만화의 문화가 이처럼 대중화된 건 전후 세대들의 감수성과 노력에 빚진 덕분 아닌가요?

말하자면 당시는 『아톰』의 아버지, 데즈카 오사무의 시절이었어요. 하지만 난 그의 만화책을 쉽게 구해 볼 수조차 없었어요. 1947년생인 나는 전쟁을 경험했고, 게다가 우리 집은 정말 가난했거든요. 한 방에 다섯 명이 누워 잤을 정도로요. 종이 구하기조차 힘들어서 초등학교 들어가기 전부터 벽에 그림과 만화를 그렸던 기억이 나요. 물론 매번 어머니께 혼나서 밤새 그걸 지워야 했지만요(웃음).

그때부터 만화가가 되겠다고 생각한 건가요?

무엇이 되고 싶다 혹은 될 수 있다고 생각진 않았던 것 같아요.

그렇다면 무언가를 그리면서 살겠다고 결심한 건 언제였나요?

열아홉 살 땐가, 고등학교 졸업 후 집을 뛰쳐나갈 명분이 필요했어요. 『아버지』에 나오는 그 아들처럼 말이에요. 그래서 일단 아주 작은 회사에 취직을 했죠. 덕분에 어찌어찌 독립은 했는데, 재미가 없었어요. 당연하죠. 이렇게 사는 건 아닌 것 같았어요. 마침 어떤 만화가가 어시스턴트를 구한다는 소문을 듣고서 무작정 면접을 보러 갔어요. 만화를 어떻게 그리는지도 모르면서요. 내가 그린 다른 만화를 더 갖고 와 보라고 하길래 밤새 그려 갔어요. 그렇게 만화가가 되었어요. 물론 부모님은 만화만 그려서는 먹고살 수 없으니, 제발 회사는 그만두지 말라고 하셨죠.

그래서 직장을 계속 다녔나요?

그만 뒀죠(웃음). 난 한 번에 두 가지 일을 할 수 있는 사람이 아니니까….

그렇게 엉겁결에 만화가가 된 선생님이 결국 1998년 어릴 적 우상이었던 데즈카 오사무 문화상을 받았으니 감회가 남달랐겠군요.

『「도련님」의 시대』 5부작이 완성된 해였어요. 1편이 일본 근대 문학의 아버지이자 『나는 고양이로소이다』의 작가 나쓰메 소세키가 주인공인 이야기인데, 워낙 스토리가 좋잖아요. 만화를 통해서 그런 소설가의 삶을 그의 시점에서 재해석하는 건 언제나 즐거운 일이에요. 이후 스토리를 쓴 작가 세키카와 나쓰오에게 계속 다른 시나리오를 받았고, 그렇게 12년 동안 이 작업을 지속할 수 있었어요. 그걸 그린 후부터 그림체가 지금처럼 얌전해졌어요.

강한 대비와 힘 있게 뻗어 가는 필치로 다양한 장르와 소재를 표현하던 시절이 다니구치 지로라는 작가에게도 있었겠지요.

작가의 부끄러운 부분이나 싫어하는 것, 무능함, 무식함 등 부족한 점이 작품에 고스란히 드러나기 마련이에요. 그래서 부끄러워하면서 그리면 안 된다고, 오히려 자신의 치부를 솔직히 드러내는 마음으로 그리라고 선배들이 충고하더군요.

당신이 까르띠에와 작업한 아트북(『발롱블루 드 까르띠에*Ballon Bleu de Cartier*』, 2007)을 간직하고 있어요. 샤넬이 자하 하디드와 손잡고 에르메스가 젊은 예술가들을 영입하는 동안 까르띠에는 예술의 틈새 시장인 만화에 눈을 돌렸지요. 그 기획력에 놀랐는데, 당신의 작품을 만나게 되어 한 번 더 놀랐어요. 재회한 연인 이야기로 기억합니다만.

맞아요. 물론 난 까르띠에 시계를 한 번도 가져 본 적이 없답니다(웃음). 그 책을 담당한 벨기에 출판사의 담당자가 유럽에서 번역된 내 작품을 보고 연락했어요. 뫼비우스(장 앙리 가스통 지로), 프랑수아 스퀴텐, 로렌조 마토티 같은 사람을 평소 존경해 왔기 때문에 그들과 함께 작업하는 것만으로 충분히 좋았어요.

방금 언급한 그 작가들과 어떤 특별한 친분이 있나요?

『열네 살』, 『아버지』, 『신들의 봉우리』 등이 앙굴렘과 스페인의 국제만화페스티벌에서 상을 받게 되어 그런 자리에 자주 갔었는데, 오래전 건축가인 스퀴텐을 거기서 만났어요. 마토티와는 최근에 인사를 나눴고요. 내가 그의 팬이었던지라 무작정 작업실을 보여 달라고 했어요. 어시스턴트 없이 혼자 작업하는 그가 자유로워 보이더군요. 아, 마토티는 동양에서는 많이 알려지진 않았지만 『뉴요커』나 『보그』에서 활동했던 일러스트레이터예요. 뫼비우스는 1970년대부터 이미 내가 좋아해 온 프랑스 만화가인데, 리들리 스콧 감독의 영화 〈에이리언〉의 스토리보드 작업뿐만 아니라 CF, 앨범 재킷 등 전방위적으로 활동 중이에요. 나도 영화 의뢰가 들어오면 해 보고 싶은데….

네, 미장센과 편집 등 화풍을 보면 만화적이라기보단 오히려 영화적이긴 합니다.

『아버지』에서 화재로 온 시내가 불타는 모습을 영화적으로 표현하기 위해 두 페이지를 할애했어요. 만화는 문학과 영화를 모두 포용합니다. 영화를 찍는 것처럼 그릴 수 있고, 문학처럼 쓸 수 있어요. 게다가 만화는 어려운 것도 쉽게, 과장되지 않게 작가의 마음을 전할 수 있는 가장 좋은 표현법이기도 해요.

다니구치 지로 ⓒ Motoyuki Oda

영화를 좋아하기 때문에 다양한 시도가 가능한 것 같은데, 특히 최근 흥미롭게 본 영화는 무엇인가요?

할리우드 블록버스터부터 호러, 프랑스·유럽 영화까지 가리지 않아요. 최근엔 〈선량한 사람을 위한 소나타〉를 봤어요. 독일영화일 거예요. 걸작이죠. 또… 〈나 없는 내 인생〉도, 〈르 콩트〉도 봤고요. 한국영화 중에서는 〈살인의 추억〉을 보면서 저 감독은 참 영화를 잘 찍는구나 했어요. 〈괴물〉도 재미있게 봤고요.

같은 감독이에요. 봉준호라고. 〈플란다스의 개〉도 권합니다.

아, 같은 감독인가요(웃음)? 꼭 찾아보겠습니다.

지금은 하지 못한 어떤 이야기를 마음에 품고 있습니까?

가족의 연대기 같은 거. 할아버지와 아버지 그리고 나, 이렇게 삼대와 이들이 대를 이어 기르던 개의 이야기를 하고 싶어요. 인간과 개와 함께 산 집의 이야기도 하고 싶고요. 폭격으로 무너진 오래된 집이 있다고 해서 곧 카마쿠라 쪽으로 취재를 갈까 생각 중이에요. 저는 집도 영혼을 갖고 있다고 믿는 터라 이런 집의 시선에서 이야기를 그리고 싶어요. 귀신 들린 집이 아닌 가족들의 위험을 감지하고 지켜 주는, 살아 있는 집말이에요.

동의해요. 인간만 살아 있는 건 아니니까요.

그래요. 하지만 인간은 인간만이 최고라고 생각하죠. 그게 아니라는 걸, 난 만화를 통해 말해 왔어요. 자연이든, 동물이든 인간과 함께 사는 거라고요. 하지만 아시다시피 나조차 아직도 너무 많은 걸 써 버리며 살고 있지 않나요…. 지금 내 앞에 있는 종이도, 겸손함도, 감정도….

인터뷰 말미, 다니구치 지로는 고향 돗토리에 다녀온 지 5년이나 됐다고 덧붙였다. 형수가 너무 신경을 써 주어 오히려 마음이 무겁기 때문이란다. 『아버지』 마지막 컷에는 이런 문장이 있다. “나는 생각한다. 고향에 돌아가는 것이 아니라 언젠가 고향이 우리 각자의 마음속에 돌아오는 것이라고….” 하지만 그는 자신이 그린 만화처럼 살지 못하고 있다며 또 부끄러워했다. 탐과 보로의 이야기를 할 때에는 축축해진 눈을 깜빡이며 고개를 돌렸는데, 그때 난 사람 옆모습만한 풍경이 없다는 걸 알았다. 자기 작품을 쓰면서도 종종 울 것 같은 남자. 나는 이런 어른을 만나 본 적이 없다. 그래서인가, 그의 작품에서도 마음에 오래 남는 건 바로 어른들의 표정이다. 짐작할 수 없거나 짐작 가능한 평범한 사연을 가진 표정, 의지보다는 관조가 넘치는 선한 눈빛, 세상에 적당히 길들여진 단단한 입꼬리. 헤어지기 직전, 그는 내가 내민 『아버지』 책에 캐릭터를 직접 그려 주었다. 연필로 스케치한 후 붓펜으로 슥슥 완성한, 어디서 많이 본 얼굴. 선량한 이 얼굴은 아이인지, 어른인지. 왠지 다니구치 지로 같기도 했고, 나처럼 보이기도 했다.

2008년 1월호 『보그』 인터뷰를 바탕으로 새로 작성한 글입니다.

만화 『산책歩くひと』의 원화 ©PAPIER

04 디터 람스

DIETER RAMS

산업 디자이너

디터 람스 DIETER RAMS

“디자이너에게는
미래를 바라보는
시선이 필요합니다”

산업 디자이너

좋은 디자인의 원형을 만든 전설의 디자이너

1932년 독일 출생. 브라운사(社)에 40여 년 동안 몸담으며 20세기 굿 디자인(good design)의 원형을 만든 거장이다. 유명 건축가 미스 반데어로에의 대표적인 모더니즘 경구인 "레스 이즈 모어(Less is More)"는 디터 람스의 디자인을 통해 "레스 앤 모어(Less and More)"로도, "레스 벗 베터(Less but Better)"로도 재해석되었는데, 특히 '덜할수록 좋다'는 기능적 미니멀리즘은 시대를 뛰어넘어 21세기적 디자인의 가치로 자리매김했다. 디터 람스는 한번도 디자인을 위해 디자인한 적이 없다. 그의 디자인이 지니는 단순함은 명료함에 가깝고, 혁신성은 기능과 디자인의 균형을 맞추고자 하는 정직한 노력에서 생겨났으며, 아름다움은 제품의 본질에 충실하고자 하는 순수한 시도에서 비롯되었다. 평생 한 브랜드의 디자인을 책임졌던 그는 2000년대 초 전 세계를 순회한 대규모 회고전과 그를 두고 롤모델이라 고백한 애플의 수장 조너선 아이브의 유명세 덕에 디자이너의 디자이너로 회자되기 시작했다. 그를 전설의 디자이너로 인정할 수밖에 없는 이유는 다양하지만, 특히 10여 년간 시대와 문화의 변천사를 반영하며 수정을 거듭해 완성한 '디자인 10계명'은 현시대의 디자이너들뿐만 아니라 디자인을 사랑하는 일반 대중에게도 여전히 유효하다.

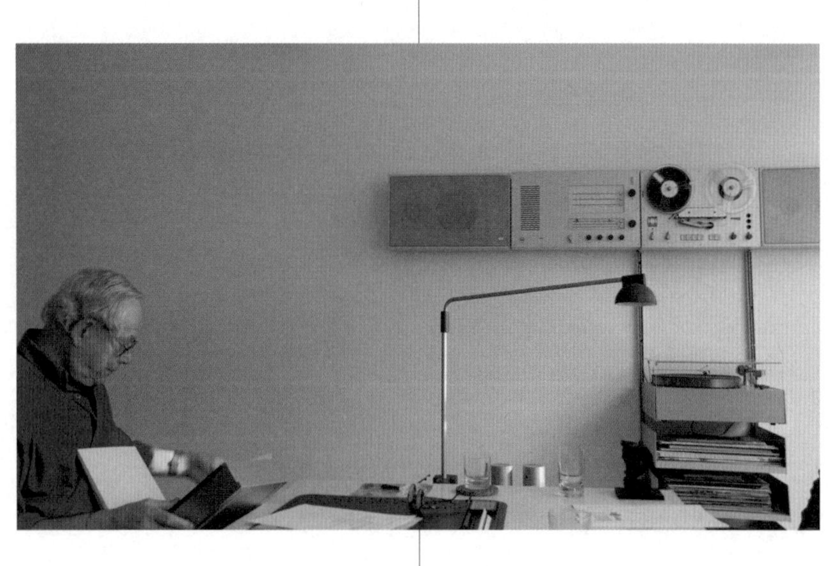

작업실에서 디터 람스 © Tamotsu Shimada, 『레스 앤 모어: 더 디자인 에소스 오브 디터 람스*Less and More: The Design Ethos of Dieter Rams*』, 2009

미국의 독립영화 감독이자 사진가인 게리 허스트위트의 디자인 다큐멘터리 〈오브젝티파이드〉(2009)에는 스타 디자이너 마크 뉴슨, 카림 라시드 등과 함께 대선배인 디터 람스가 등장한다. 독일 브라운사(社)에 1955년부터 40여 년 동안 몸담으며 20세기 디자인의 원형을 만든 거장. 디터 람스는 심플한 블랙 셔츠를 그 어떤 젊은이보다 근사하게 소화했다. 그러나 그보다 더 멋진 건 책상 옆에 1965년에 만든 자신의 야심작 TS24 테이프 레코더로 1957년에 발매된 마일스 데이비스의 음반을 꽂아 듣는 그의 취향이었다. "1950년대 프랑크푸르트에 재즈 열풍이 불었어요. 미군의 라디오 방송을 통해 재즈 밴드가 대거 소개되었거든요. 나도 부지런히 테이프를 사 모았지만 오디오 시스템이 형편없어 늘 아쉬웠지요. 이런 개인적인 욕구들이 브라운사(社)에서 더 나은 오디오와 스피커를 만들도록 독려한 것 같습니다." 그가 직접 들려준 이 일화는 한 디자이너의 손에서 탄생한 물건의 시대적 배경과 개인의 사연, 취향 그리고 물건을 사용하는 사람과의 관계를 함축적으로 말해 준다. 그러고 보면 시대를 관통하는 좋은 음악과 좋은 디자인은 결국 다르지 않다.

이 문제의 다큐멘터리에서 디터 람스는 자신의 디자인 원칙을 가장 정확히 구현하는 회사를 소개하며 마이크를 후배에게 넘긴다. 바로 조너선 아이브가 디자인을 총괄하는(2019년까지) 애플이다. 조너선 아이브의 아이폰 계산기와 디터 람스의 1977년산 브라운 계산기 ET33는 지금 봐도 꼭 닮았다. 그러나 타협 없는 직선과 곡선, 버튼의 색깔까지 균형을 맞추면서도 디자인하지 않은 듯한 의연함, 기능이라는 눈에 보이지 않는 실체를 섬세한 디테일로 표현하는 솜씨 등의 요소들은 지속하기보다 처음 시도하기가 훨씬 더 어려운 과제다. 디터 람스는 어느 강연에서 이렇게 말했다. "겸손하고 자연스러우며 조화로운 형태를 통해 기능을 눈에 보이게 만들 수 있다면 우리는 아주 기쁠 것입니다." 또한 무인양품에서 환풍기 형태의 CD플레이어를 디자인하며 브랜드 정체성에 큰 영향을 준 후카사와 나오토나 20세기 미니멀한 기능주의 디자인의 맥을 잇고 있는 재스퍼 모리슨 등 디터 람스의 추종자를 자처하고 나선 스타 디자이너들은 평생 동안 평범한 아름다움을 추구하며 살아온 이 노신사에게 오마주를 바치듯 '슈퍼노멀(supernormal)'이라는 개념을 탄생시켰다.

디터 람스는 독일의 건축가 미스 반데어로에의 '레스 이즈 모어(Less is More)' 철학을 제품 디자인으로 구현했을 뿐 아니라 이를 자신의 방식으로 재해석한 것으로 잘 알려져 있다. 그러나 '레스 앤 모어(Less and More)'나 '레스 벗 베터(Less but Better)' 모두 그의 디자인에서 발견할 수 있는 미덕이다. 포스트모던으로 전 세계가 들썩거린 시절에 건축가 로버트 벤투리가 발명한 반(反)모더니즘적 경구 '레스 이즈 보어(Less is Bore)'가 한참 유행하기도 했지만, 이 시기 또한 무사히 지나갔다. 그러나 디터 람스의 디자인은 '덜할수록 좋다'만을 고집했다기보다는 오히려 '레스(Less)', '모어(More)', '베터(Better)' 사이의 다이내믹한 역학을 탐구하고, 그 과정에서 어떤 미덕이 좋은 디자인에 더 적합한지를 고민했다는 게 더 정확하겠다. 더욱 분명한 사실은 그가 한 번도 디자인만을 위한 디자인을 한 적이 없다는 사실이다.

기능적인 미니멀리즘에 충실한 디터 람스의 제품들은 단순함을 장식으로 이용하지 않는다. 시각적으로 엄격한 디자인 언어를 구사하면서도 우아하고, 알기 쉬우면서도 아름다우며, 사용하는 재미가 있으면서 제품의 본질을 꿰뚫고, 이 모든 요소의 절묘한 균형을 맞추었다는 점에서 혁신적이다. 레코드플레이어와 다른 조작 장치의 작동을 직접 볼 수 있도록 투명한 아크릴 덮개로 덮어 '백설 공주의 관'이라는 별명을 얻은 SK4 오디오 콤비네이션, 포켓 라디오와 소형 레코드플레이어를 조합한 기술의 정도가 당시 러시아 소유즈 우주선이 살루트 우주정거장에 도킹하는 것만큼 놀라운 뉴스였던 T4, 나치즘과 세계 대전의 고립에서 벗어난 독일의 시대적 상황을 표현한 새로운 세계주의 라디오이자 기능적인 버튼만 나열한 디자인도 아름다울 수 있음을 보여 준 T1000, 미니멀리즘 예술 운동을 반영하여 보석과 금장 일색이던 테이블 라이터의 개념을 바꾼 T2 등. 디터 람스는 여전히 자기 자신을 '디자인 공학자'라 일컫는데, 그것은 제품의 본질이 모든 디자인의 출발이자 목표임을, 기능과 목적에 맞는 정직한 디자인을 고집하기 때문일 것이다.

일생 동안 회사에 속해 브라운이라는 한 브랜드의 디자인을 책임진 디터 람스가 처음부터 스타 디자이너였던 건 아니었다. 2000년대 초 서울을 포함한 전 세계 곳곳에서 열린 대규모 회고전과 그를 두고 롤모델이라 고백한 애플의 조너선 아이브 등의 유명세 덕에 본격적으로 디자이너들의 디자이너로 회자되기 시작했다. 그러나 디터 람스는 시대의 인정을 받기 전부터 이미 전설의

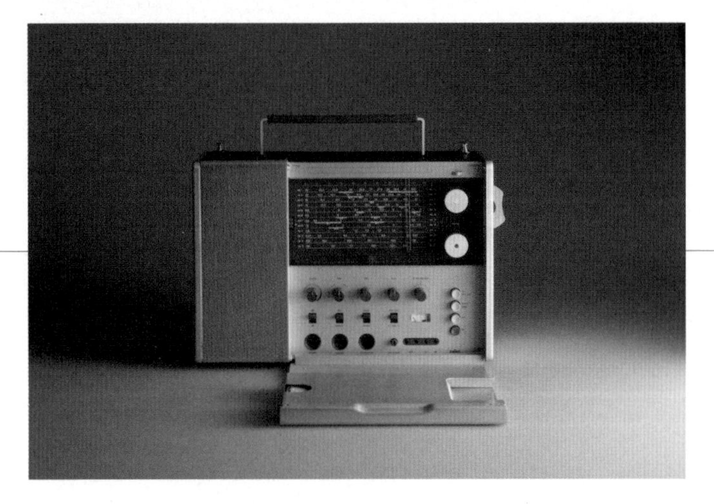

상. 라디오 오디오 포노슈퍼 SK4(Radio audio phonosuper SK4), 1956, Design: Hans Gugelot and Dieter Rams, housing: lacquered sheet steel(white) and elm side panels, lid: clear acrylic
ⓒ Koichi Okuwaki

하. 월드 리시버 라디오 T1000(world receiver radio T1000), 1963, Design: Dieter Rams, housing: anodised and lacquered aluminium with black scale(an edition of 500 with white scale) handle: metal(larely identical successor model T1000 CD of 1968 with leather handle)
ⓒ Koichi Okuwaki, 사진 제공(공통): 대림미술관 《레스 앤 모어—디터 람스의 디자인 10계명》전

디자이너가 될 자격을 갖추고 있던 사람이었다. 이유야 다양하겠지만, 무엇보다 장장 10여 년 동안 수정을 거듭해 완성한 '디자인 10계명(10 principles for good design)', 그의 시대부터 우리의 시대까지 모두 아우르는 디자인 철칙은 그를 예술 역사 한가운데에 세울 만하다. 1. 혁신적일 것 2. 제품을 유용하게 할 것 3. 아름다울 것 4. 제품을 이해하기 쉽게 할 것 5. 정직할 것 6. 불필요한 관심을 끌지 않을 것 7. 오래 지속될 것 8. 마지막 디테일까지 철저할 것 9. 환경 친화적일 것 10. 가능한 한 최소한일 것. 치열하고 묵묵하게 자신의 길을 걸어온 디자이너로서의 경험과 사유, 고민과 질문이 녹아든 이 법칙을 설사 어떤 스타 디자이너가 새로 써 보겠다고 덤볐다 해도 이를 능가할 수는 없었을 것이다.

오사카와 도쿄, 런던과 프랑크푸르트 등을 돌아 드디어 서울에 당도한 디터 람스의 전시장(2010년 대림미술관 전시 《레스 앤 모어 ― 디터 람스의 디자인 10계명》)을 둘러보다 보면 온갖 경매 사이트를 뒤져서라도 이 물건들을 갖고 싶다는 물욕이 요동친다. 당시 그가 디자인한 제품들은 오늘날 매우 값비싼 빈티지 아이템으로 각광받으며 거래되고 있거나 종종 인터넷에서 부러움의 대상이 되고 있으며, 지금 생산되는 그 어떤 오디오나 주전자, 면도기나 커피메이커보다도 훨씬 현대적이고 감각적이라는 평가를 수시로 받는다. 그러나 주객이 전도된 디자인과 기능의 관계를 경계한 것과 마찬가지로, 디터 람스는 이러한 향수 어린 감상에도 손사래를 쳤다. 서울 전시장 벽면에는 이런 문장이 써 있었는데, 목적에 충실한 디자인에 대한 찬사인 동시에 전성기 때조차 한 번도 스타로 대우받은 적 없이 묵묵히 자신의 일에 충실했던 어느 스타 디자이너의 정직한 자전적 고백처럼 느껴졌다. “집은 삶이 집중되는 장소이며, 다른 사람들과 시간을 보내는 장소여야 한다. 따라서 집안의 가구는 일련의 구체적인 기능을 충족시켜야 한다. 가구는 용도가 있는 물건이지 그 자체가 삶의 내용을 이루는 것이 아니다. 그 자체가 목적이 되고, 자신을 내세우고, 사람들의 주의를 빼앗는 가구는 숨이 막힐 듯하다(『왜 고전작품은 고전작품인가』, 2000).”

디터 람스의 디자인에는 단순히 감각 혹은 미학으로만은 설명될 수 없는 것들이 있다. 그는 “우리는 제품을 좀 더 이해하기 쉽고, 좀 더 유용하며, 좀 더 오래 가고, 좀 더 인간적으로 만드는 것이 얼마나 중요한지 알고 있다”고 늘 말했다. 환경을 개선해 삶을 풍요롭고 편안하게 만드는 것이 디자인의 진정한 임무라 믿는 바우하우스(bauhaus)의 정신과 세계 대전 후 기능성과 아름다움을 겸비한 값싸고 질 좋은 물건을 대량생산해 평범한 사람들이 쉽게 사용할 수 있도록 하겠다는 일종의 책임감이 만나 탄생시킨 디자인. 생각해 보면 그가 디자인한 제품에는 늘 브라운사의 로고가 조그맣게 들어가 있었다. 혹자는 그걸 미니멀리즘적인 트렌드라 여겼을지도 모르지만, 디터 람스에게는 최대한의 겸손이자 최소한의 윤리였다. “디자이너의 책임은 가랑비처럼 삶에 조금씩 스며들어 사회를 변화시키는 것이다”라고 말하는 디터 람스야말로 20세기가 낳은 가장 현실적이면서도 순수한 이상주의자다.

당신이 10년에 걸쳐 정립한 디자인 10계명은 지금 봐도 틀린 이야기가 없어요. 선언적이기보다는 '좋은 디자인'을 찾고자 평생 고군분투한 디자이너의 질문처럼 들립니다. 요즘도 여전히 '좋은 디자인'이란 무엇이냐고 묻는 사람이 많을 텐데, 어떻게 답하곤 합니까?

언젠가 면도기를 디자인할 때 그런 생각이 들더군요. 훌륭한 디자인은 훌륭한 영국 집사와 같다고요. 필요할 때에는 조용하고 효과적으로 적절한 서비스를 제공하지만 그렇지 않을 때에는 눈에 띄지 않게 모습을 감춘다는 점에서요. 어디서든 편안한 집처럼 느낄 기회를 제공하는 것이 바로 좋은 디자인입니다.

인상적이었던 건 면도기도, 주전자도, 라디오도 한낱 물건에 그치는 것이 아니라 당시의 문화를 그대로 반영한다는 점이에요. 브라운 디자인의 궤적을 추적하다 보니 바우하우스도, 모더니즘도, 전후 프랑크푸르트라는 도시의 분위기도 손에 잡히더군요. 당신에게 특히 지대한 영향을 준 사상은 무엇인가요?

당연히 바우하우스를 빼놓을 수는 없겠죠. 물론 언젠가부터 의도와는 달리 특정한 엘리트층을 위해서만 공유되었지만요. 또한 동양의 선불교, 젠 스타일에서도 영향을 받았어요. 그래서 나의 디자인을 한마디로 설명해 달라는 요청을 받을 때마다 나는 '와비사비(wabi-sabi)'라고 답합니다. 두 개의 단어가 모여서 평온함, 간결함, 균형을 의미하는 동시에 왠지 생동감이 느껴져서 특히 좋아하거든요. 또 누군가가 어떻게 디자인을 공부해야 하냐고 물을 때마다 옛날 철학자들이 했던 말을 기억하라고 충고해요. 이를테면 바로 괴테가 독일의 건축가나 예술가, 디자이너뿐만 아니라 일반인에게도 그런 존재일 거예요. 괴테는 "너는 누구이고, 나는 어디에 있느냐"라고 묻곤 했는데, 나도 늘 이 질문을 되뇌곤 해요.

그렇다면 저도 괴테의 질문을 빌려 보겠습니다. 당신은 누구였고 또 어디에 있었습니까?(웃음)

전 제법 유명한 건축가였어요. 2차 세계 대전이 끝난 직후에 일을 했죠. 많은 것이 변해야 했고, 정리가 되어야 했으며, 무엇보다 많은 생각이 변화해야 했던 시기였어요. 건축가로서 나는 도시계획에 참여했고, 진심으로 세상을 바꿀 수 있다고 믿었어요. 하지만 이건 비단 나만의 신념은 아니었을 거예요. 수공예 장인이든, 상인이든 모든 사람이 자신의 직업에 대한 굳건한 믿음이 있어야 하지 않을까요? 그래서 지금도 젊은 디자이너에게 너무 많은 것이 만들어지는 이 혼란스러운 도시에서 당신들의 임무를 생각해 보라고 늘 얘기하는 거겠죠.

찰스 앤 레이 임스 부부(Charles & Ray Eames)가 스스로를 디자이너가 아닌 건축가로 부른 것처럼 당신도 여전히 스스로를 건축가, 디자인 공학자라고 부르지요. 어떻게 브라운사에서 디자이너로 일하게 되었나요?

어느 날 친구가 브라운사에서 건축과 관련해 사람을 모집한다는 이야기를 했어요. 전단지 같은 걸 갖고 와서 같이 해보자고 했는데, 그땐 브라운이 뭐 하는 회사인지도 몰랐지요. 처음엔 고사했지만 친구가 극구 권하는 통에 결국 함께 지원하게 되었어요. 그런데 일을 하다 보니 내가 확실히 뭘 하는지는 모르겠지만 이 일이 너무 재미있고 흥미로운 거예요. 원래는 사무실과 전시실의 인테리어를 위해 채용되었는데, 예상 외로 내가 처음 맡은 업무는 인테리어 디자인이 아니라 소형 라디오의 색상을 제안하는 일이었으니 그럴 만도 했지요. 그나저나, 그때 함께 지원한 친구는 지금 뭘 하고 있는지 모르겠군요(웃음).

당신 내면에 무언가가 자리하고 있었기에 가능했던 거 아닐까요? 어릴 때 꿈은 무엇이었습니까?

우리 할아버지는 목수였어요. 어렸을 때부터 어떤 대상의 형태가 어떻게 만들어지는가를 옆에서 지켜보곤 했죠. 할아버지는 기계가 아닌 손으로도 뭔가를 만들어 내곤 하셨는데, 어린 눈에도 그 결과물이 매우 단순하면서도 아름다웠어요. 덕분에 막연히 목수가 되고 싶다는 생각을 했습니다. 당시엔 디자이너가 무슨 일을 하는 사람인지 알진 못했지만, 무언가를 만들고 싶다는 생각은 하고 있었던 것 같아요.

지금은 세계 디자인계의 거장인 당신도 한때는 패기 있는 젊은 디자이너였을 겁니다. 디자인의 주류와 갈등하고 부딪치느라 존재감을 알린 시점도 다른 스타 디자이너에 비해 늦은 편이었고요.

지금 내가 거장으로 대우받고 있는 건 내가 나이 들어서 혹은 늙어서 그런 게 아닐까요(웃음)? 어쨌든 내 디자인이 당시 진보적이라고 평가받은 건 사실입니다. 하지만 당신이 생각하듯 모든 사람이 내 디자인을 좋게 봐 주거나 환대했던 건 아니에요. 심지어 회사 내에서도 마케팅팀, 기술팀과 거의 매번 갈등이 있었고, 몇몇 디자이너도 내 디자인을 탐탁지 않게 생각했어요. 그들은 내가 복잡한 라디오나 하이파이 제품이 아니라 손쉽게 만들어서 되도록 많이 판매할 수 있는 주방 기구 같은 거나 디자인하길 원했으니까요. 라디오나 오디오의 기능을 단순화하고 숨겨서 심플하고 깔끔하게 만들겠다고 했을 때, 기술팀에서는 왜 그래야 하는지 의아해했어요.

당신의 디자인을 인정받게 된 본격적인 계기가 있었나요?

밀라노와 뉴욕에서 상을 받으면서 입사한 지 2년 만에 시골에서 도심의 40층 빌딩으로 초고속 엘리베이터를 탄 것처럼 급상승했습니다. 뉴욕현대미술관에 작품이 영구 소장되면서 저의 반대 세력들이 제게 무척 잘해 주었던 것 같기도 하군요(웃음). 디자인에 대한 생각을 바꾸니 디자인뿐만 아니라 브라운이라는 회사만의 확고한 정체성을 가질 수 있게 되었어요. 그때 전 고작 스물여섯 살이었어요. 그 과정에서 내가 디자이너에게는 미래를 바라보는 시선이 필요하다는 믿음을 버리지 않고, 디자이너의 길을 선택한 걸 한 번도 후회하지 않았던 건 전적으로 브라운사의 형제 CEO가 있었기 때문일 거예요. 그들을 생각하면 정말이지, 난 행운아였어요.

너도나도 디자인에 몰두하는 요즘의 기업들을 위한 꽤 현실적인 제언으로 들리기도 합니다.

좋은 디자인을 만들기 위해 가장 중요한 건 새로운 것을 시도해 보는 것이지만, 그 새로운 디자인을 시장에 내놓을 수 있게끔 서포트하는 CEO들의 안목과 결단이 무척 중요해요. 애플과 조너선 아이브, 무인양품과 후카사와 나오토도 내가 브라운과 맺었던 관계처럼 독자적으로 디자인에 주력하고 있잖아요.

브라운 형제가 문화적으로 열려 있는 이들이라는 소문은 익히 들었습니다. 당시 뜨겁게 부상했던 건축, 예술, 디자인, 음악 등에 관심이 많았고 열린 취향을 가진 이들로 정평이 나 있더군요.

무엇보다 그들은 남다른 비전을 갖고 있었어요. 요즘도 근대 디자인 역사에서 자주 거론되곤 하는 한스 구겔로트를 데려온 것도, 바우하우스의 정신을 물려받은 울름조형대학교 졸업생들을 대거 영입해 '브라운 실험실'을 만든 것도 이들이었으니까요. 심지어 브라운 형제는 이 사람들이 살 수 있는 사옥까지 지었어요. 그곳에서 디자이너들이 함께 지내면서 디자인을 하기도 하고, 토론도 참 많이 했습니다. 휴일도 없이 정말 열심히 일하던 시기였어요. 그런 과정을 통해 브라운사도 기술을 발전시키는 동시에 취향을 높일 수 있는 기회를 함께 얻었으니, 윈윈(win-win)이었던 셈이죠.

아마 플라스틱을 이용한 건 당시로선 최첨단의 취향인 동시에 시대의 거대한 흐름이었을 겁니다. 당신 작품에 사용된 플라스틱은 제품에 오히려 중성적이고 실용적인 느낌을 배가해요. 지금은 친환경적이지 못한 골치 아픈 소재로 취급받는 플라스틱에서 어떤 디자인적 가능성을 발견했습니까?

그때까지만 해도 플라스틱은 산업의 주재료가 아니었어요. 친환경적이다 아니다의 논란에도 오르지 못할 만큼 말이죠. 당시 내 고민은 이 비주류의 재료를 어떻게 하면 효율적으로 잘 쓸 수 있을까의 문제였어요. 하지만 요즘은 플라스틱뿐 아니라 심지어 나무도, 쇠도 뭐든 다 쓰레기가 되잖아요. 이젠 디자이너들이 친환경적인 재료를 많이 사용하는 데 골몰할 게 아니라 무엇이든 최소로 사용하고 오래 쓸 수 있는 디자인을 만들어야 한다고 생각해요. 그런 점에서 다행이라면 내가 만든 제품들을 요즘 사람들이 컬렉팅하고 있다는 사실이에요. 최소한 쓰레기가 되지 않고 사람들이 간직하는 무언가로 남을 수 있다는 사실이 그나마 기쁘군요(웃음).

당신이 만든 제품들은 지금 사용해도 전혀 문제가 없을 만큼 현대적이고 모던하니까요. 이베이(e-bay)를 부지런히 들락거리는 방법 이외에 당신의 제품을 컬렉팅할 수 있는 방법은 없을까요?

함부르크에서 발행되고 있는 『디자인 디자인*Design Design*』이라는 컬렉션 전문 매거진을 참고해 보세요. 독일에서는 일년에 두 번씩 디자인 옥션도 열리고 있습니다. 제가 만든 브라운 제품이나 구하기 힘든 옛날 가전제품을 구할 수도 있고, 서로 교환할 수도 있는 자리예요. 이런 일이 일어나다니, 나로선 실로 놀라운 일입니다(웃음).

비초에사(社)와 작업한 606 유니버셜 선반 시스템이나 621 테이블 등은 여전히 원래 디자인 그대로 재생산되고 있어요. 언제 보아도 매우 갖고 싶은 물건입니다(웃음). 당시에는 브라운사의 디자인을 총괄하면서 새로운 스타일의 가구 디자인까지 시도한다는 게 쉽지는 않았을 것 같은데, 어떻게 가구 디자인을 책임지게 되었나요?

당시 브라운 형제가 그 문제로 한참 갈등하고 있는 내게 이런 얘기를 했어요. 당신이 새로운 가구를 디자인해서 잘 팔린다면 사람들이 집을 다시 인테리어할 것이고, 거기에 어울리는 라디오를 찾을 거라고요. 그러니 망설이지 말고 가구 디자인에 도전하라고 말이지요. 덕분에 브라운에서 일하면서도 비초에의 디자이너로 활동할 수 있었고, 그렇게 1959~1960년 즈음에 606 유니버셜 선반 시스템 가구를 만들게 되었어요. 지금도 종종 이런 편지를 받아요. "미스터 브라운, 혹시 이 선반에 어울리는 또 다른 뭔가를 다시 디자인해 줄 수는 없나요?" 그럼 제가 답장을 이렇게 쓰죠. "이렇게 배치를 달리해 보면 새로운 느낌이 날 겁니다. 버릴 필요가 없으니 언제까지고 계속 사용해 주었으면 좋겠군요."

비초에사가 생산한 620 의자 프로그램 역시 변화하는 생활에 대응할 수 있도록 만들어진 세트 제품이지요. 각각의 의자를 연결해서 소파처럼 쓸 수 있고 등받이의 높이를 조절할 수도 있으니까요. 다른 가전제품도 똑같은 디자인으로 현대에 부활시킬 생각은 없나요?

아쉽겠지만 그건 절대 반대예요. 요즘엔 레트로, 빈티지라는 개념이 너무 남용되고 있어요. 그렇지 않아도 SK4에 디지털 같은 첨단기술을 추가해서 새 버전을 만들면 잘 팔릴 것 같다는 제안을 정말 많이 받았어요. 하지만 그런 건 다 쓸데없는 짓이에요. 잉여의 물건만 양산할 뿐이죠. 지금은 그때와 다른 시대예요. 나는 각각의 시대가 가진 다양한 요소가 축적되고 발전해서 탄생하는 제품이 가장 가치 있다고 생각해요. 내 제품을 사랑해 주는 건 좋지만, 단순히 유행이나 관심 때문에 언젠가 쓰레기가 될 수 있는 무언가를 또 만들어 낼 수는 없어요. 예컨대 중국, 인도 그리고 영국의 모든 사람이 커피머신을 가진다면 이 세상이 어떻게 되겠어요?

50년 전에 디자인을 했던 입장에서 오늘날 젊은 디자이너들이 부러운 적은 없었습니까? 아무래도 지금의 기술이라면 만들어 낼 수 있는 것들이 더 다양하고 많지 않을까요?

만약 그 당시 첨단기술이 있었으면 내가 디자인하는 제품도 완연히 달라졌을 것이고, 지금의 내가 없을 수도 있겠죠. 그리고 현재의 기술을 이용해 애플 같은 몇몇 기업이 충분히 잘해 주고 있기 때문에 굳이 지금의 것을 내가 만든 옛날의 시스템에 욱여넣을 필요는 없어요. 조너선 아이브가 여러 공식적인 자리에서 날 존경한다는 이야기를 많이 했고, 사람들이 그렇

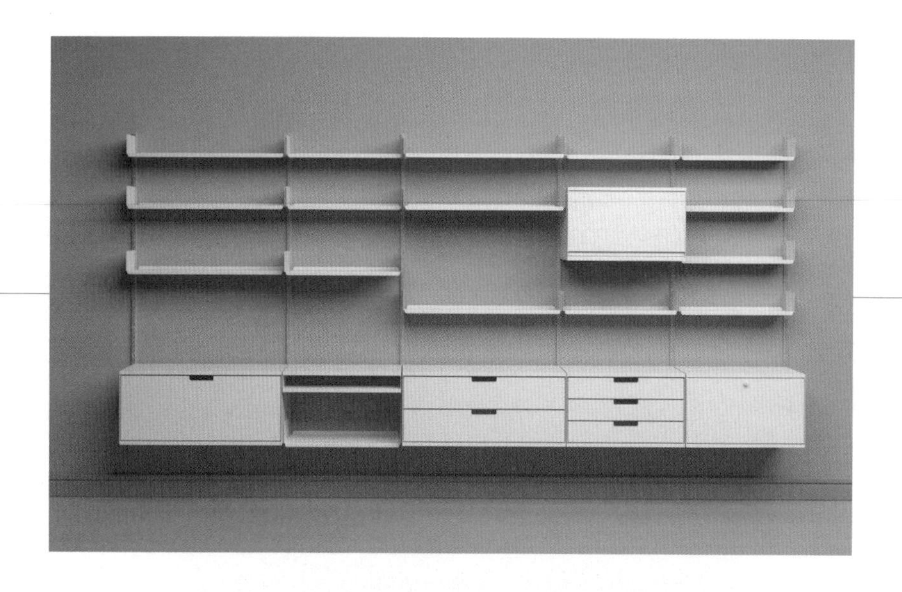

상. 606 유니버셜 선반 시스템(606 Universal Shelving System), 1960, Vitsoe, London, Design: Dieter rams ⓒ Vitsoe

하. 620 의자 프로그램(620 Chair programme), 1962, Vitsoe, London, Design: Dieter rams, Glass-reinforced polyester shell in off-white or black, Leather or fabric upholstery ⓒ Koichi Okuwaki, 사진 제공(공통): 대림미술관 《레스 앤 모어—디터 람스의 디자인 10계명》전

게 기억하고 언급한다는 사실만으로 난 이미 충분히 칭찬받은 거예요. 조너선은 날 베낀 게 아니라 나의 디자인을 발전시킨 겁니다. 나야, 젊어질 수 있다면 좋지만요(웃음).

그렇게 원하던 대로 당신의 디자인이 세상을 조금이라도 바꾼 것 같은가요?

지난 2008년 오사카에서 이 전시(《레스 앤 모어 — 디터 람스의 디자인 10계명》)가 처음 기획되었을 때, 당시 일본은 과도한 마케팅에 디자인이 중심을 잃고 있던 시점이었어요. 디터 람스라는 사람을 조명하는 전시가 디자인의 본질을, 초심을 돌아보기 위해 만들어졌다는 것, 그 자체가 변화라고 생각해요. 돌이켜 보면 나 역시 만들어 내기에 바쁜 디자이너였지만, 내가 한 일이 마냥 나쁘지만은 않았다는 생각에 위로가 되는군요(웃음).

기자 간담회의 전시 투어 중에 프랑크푸르트 응용미술관 학예실장인 클라우스 클렘프는 여행할 때마다 가지고 다닌다는 디터 람스의 자명종 시계를 꺼내 보여 주었다. “요즘 이 시계와 비슷한 짝퉁 브라운 시계가 헐값에 판매되고 있습니다. 둘의 차이는 미래를 생각했느냐, 생각하지 않았느냐의 여부일 겁입니다.” 어떤 형태도 기능에 앞설 수 없다는 철학을 고수하며, 지루한 모더니스트라는 비판에도 끄떡하지 않았던 디터 람스의 디자인은 그 어떤 화려한 디자인보다 오래도록 본질로 남아 있다. 그건 아마도 그가 물건을 만

드는 이와 사용하는 이의 관계에 큰 애착을 가졌기 때문일 것이다. 어떤 제품을 아껴 사용하고 있는 내가 외려 존중받고 있다는 느낌, 이는 사람들이 20, 30년이 지난 지금도 '미스터 브라운' 디터 람스에게 감사 편지를 보내는 이유이기도 하다. 전 세계 팬들이 보낸 팬레터에 답장을 일일이 써 준다는 디터 람스는 그의 디자인처럼 결코 나이 들지 않는다.

•

2013년 1월호 『하퍼스 바자』 인터뷰를 바탕으로 새로 작성한 글입니다.

05 우고 론디노네

UGO RONDINONE

미술가

우고 론디노네 UGO RONDINONE

"그냥 보고
느끼면 되는 거죠.
음악을 듣듯이
마주할 때 있는 그대로
느낄 수 있게"

미술가

직관적으로 사람의 마음을 움직이는 예술가

1964년 스위스 출생으로 현재 뉴욕에서 거주하며 활동 중이다. 1990년대 초부터 활동을 시작한 우고 론디노네는 고유의 조형 감각과 심오한 철학으로 현대미술을 대표하는 작가로 부상했다. 그가 다른 현대미술가와 차별화되는 지점은 현실과 비현실에 대한 치열한 탐색과 자연과 인간을 아우르는 예술 담론에 바탕하되, 이를 통해 직관적으로 사람의 마음을 움직이는 작품을 만든다는 사실이다. 이를테면 그는 뉴욕 록펠러센터 앞에 거대한 인간 형상의 돌조각을 세우고, 사막 한가운데에 네온 컬러를 칠한 거석으로 탑을 쌓고, 서울 도심에 무지개 조각을 띄우고, 전시장에 수십 명의 광대를 배치하고, 파리 방돔 광장에 2000년 된 올리브나무를 심고, 우주를 닮은 만다라를 그린다. 태곳적부터 인류에 영향을 준 돌, 무지개, 나무, 구름 등의 요소를 현대에도 유의미한 상징으로 승화시킴으로써 자연스레 명상적이고 원초적인 세계, 미술 이면의 삶을 응시하게끔 만드는 우고 론디노네는 이 소통의 과정에서 근원적인 감동과 영감을 선사한다. 자연과 인공, 현대문화와 원시성, 수동성과 능동성 등 상반된 추상적 개념을 직조하여 순수의 시대를 열어젖히는 특유의 시적 작업은 보는 이의 감성을 도외시하지 않으면서도 현대미술의 가치를 한 단계 끌어올린다.

《세븐 매직 마운틴스seven magic mountains》, 2016, Public Art Production Fund, Nevada Museum of Art, Las Vegas, Curated by Joanne Northrup, Doreen Remen, Yvonne Force Villarea, courtesy of the artist and Kukje Gallery, 사진: Matt Haase, 이미지 제공: 국제갤러리

"우고 론디노네는 꿈에서 본 걸 현실의 작품으로 만들어요." 지난 2019년 초여름, 서울 국제갤러리에서 4년 만에 다시 열린 우고 론디노네의 전시 준비 차 방문한 뉴욕 스튜디오에서 직원이 귀띔했다. 그리고 몇 년 전 암 투병을 시작한 탓에 항암치료를 받느라 서울에 오지 못한 그가 관객들에게 전한 메시지는 위의 목격담과 함께 작업 세계를 총체적으로 이해하는 데 꽤 좋은 단서가 되었다. "나는 일기를 쓰듯 살아 있는 우주를 기록합니다. 지금 내가 느끼는 태양, 구름, 비, 나무, 동물, 계절, 하루, 바람, 흙, 물, 풀잎 소리, 바람 소리, 고요함 모두." 전시장에 덩그러니 놓인, 태양을 형상화한 거대한 금빛 원형 조각과 흙으로 뒤덮인 기둥 사이를 부유하는 쉰두 마리의 물고기 무리를 보고 있자면, '솔라스탈지아(solastalgia, 철학자 글렌 알브레히트가 만든 신조어, 환경의 대대적 변화로 인한 우울감 및 괴로움을 의미한다)'의 미술적 표현이라는 어느 평론가의 의견보다는 차라리 작가의 꿈 속 풍경일지 모른다는 추측이 더 설득력 있겠다 싶다.

우고 론디노네는 자연에 영감받는 현대미술가지만, 그에게는 인류세를 가속시킨 인간을 비판하거나 선동할 의도가 없어 보인다. 그가 창조한 이 오묘한 세상 속 자연은 단순히 인간이 보호 혹은 복원해야 하는 대상이 아니라 인간이 끝내 기억해야 하는 본질적 속성에 더 가깝다.

언제 어디서든, 우고 론디노네의 작품은 순수의 시대로 진입하는 관문이 된다. 세계적인 럭셔리 패션 스페이스인 파리 방돔 광장에 그의 거대한 올리브나무가 들어섰을 때도, 스위스 바젤의 유서 깊은 성당 앞에 사람 모양의 거대한 청석 조각이 자리했을 때도, 태곳적부터 뿌리 내린 듯한 나무와 돌조각 같은 자연의 요소는 21세기인이 한 번도 살아 보지 못한 원시적이면서도 시(詩)적인 시공간, 세속과 천상의 중간계로 우리를 안내했다. 자본주의의 첨단 지대인 록펠러센터 앞에 둔 인간 모양의 거대한 석상(《휴먼 네이처human nature》)은 현대 도시의 상징인 공간에서 인간의 기본이란 무엇인가, 과연 기본으로 돌아갈 수 있는가 등의 질문을 던졌다. 그는 라스베이거스 남쪽 네바다 사막에 약 10미터 높이의 형광색 돌탑(《세븐 매직 마운틴스Seven Magic Mountains》)을 현대인을 위한 토템처럼 세우기도 했다. 황색 사막 한가운데에 들어선, 플라스틱인지 스티로폼인지 구분이 안 가는 이 돌탑은 카지노와 스트립쇼 일색이던 일대의 지형적·문화적 색을 마법처럼 바꾸며 약 1600만 명이 찾은 명소로 거듭났고, 원래 2년이었던 전시 기간은 2021년 말까지 연장되었다. 애초에 속세의 시공간에는 관심 없는 작가보다도 인스타그램을 찾아보며 네바다 사막 관광을 위시리스트에 추가한 나 같은 관객들에게 더 반가운 소식일 테지만 말이다.

가깝게는 지난 2016년 서울시립미술관 입구에서 선보인 우고 론디노네의 무지개를 떠올릴 것이다. 어디에 두더라도 누구나 이해할 수 있는 보편적 상징을 이용한 작업을 하는 데 큰 관심을 두었던 그는 첫 번째 무지개 작품에 〈크라이 미 어 리버cry me a river〉(1997)라는 제목을 붙인 후 세계 곳곳에 무지개 연작을 띄웠는데, 서울 하늘 아래에서 본 〈도그 데이즈 아 오버dog days are over〉(1998)도 그중 하나다. 만약 '개의 날들은 끝났다'라는 의미의 문장을 단초로 유명 록밴드 플로렌스 앤 더 머신의 몽환적인 음악을 떠올렸다면, 꽤 타당하다. 리드싱어인 플로렌스 웰치는 자전거를 타고 워털루 다리를 지날 때마다 마주했던 어느 은행 외벽에 설치된 론디노네의 작품에 영감을 받아 같은 제목의 곡을 만들었다. 그리고 '개의 날들'은 사전적 의미처럼 더운 날인지 혹은 힘든 날인지, '개의 날들'이 가고 '말의 날들'이 온다는 건지, 그게 대체 어떤 의미인지 여전히 열린 해석의 주제가 되고 있다. 어쨌든 우고 론디노네는 종종 본인 스스로 "대중적인 작가"라 말하는데, 고약하게 콧대 높은 미술계도 그에게만큼은 '대중적'의 의미를 곡해해 적용하지 않을 만큼 관대하다.

우고 론디노네는 1990년대 초부터 다양한 매체를 활용, 탁월한 조형 감각과 심오한 철학이 담긴 작품을 선보여 왔다. 자연과 인간사를 아우르는 정교한 논리와 순진무구한 애정에서 출발하는 그의 작업 세계 지형은 종종 공공미술로 선보이는 무지개 시리즈, 마스크 시리즈(〈문라이즈moonrise〉와 〈선라이즈sunrise〉), 올리브나무(olive trees), 기석 조각(scholar's rocks), 석탑(mountains) 등으로 더욱 선명해졌다. 한 사람의 작업이라고는 믿어지지 않을 정도로 스펙트럼이 넓은 것도 사실이나, 이렇게나 광활한 작업 세계에도 이정표는 있다. 인터뷰에서 그가 말한바 "나의 모든 작업은 19세기 독일 낭만주의에서 시작합니다"라는 문장이 선언처럼 들리는 이유다.

낭만주의는 세기말 산업혁명으로 급격히 파생된 합리성의 논리에 대항하고 인간 정신을 고양하고자 하는 움직임이었다. 당시 아티스트들은 일몰, 별, 풍경, 구름, 빛, 돌, 나무 등 길들여지지 않는(혹은 합리성으로는 설명되지 않는) 자연 요소에 심취했고, 감정이나 꿈같은 인간적 가치를 지켜 내고자 했다. 스스로를 낭만주의의 후예라 자처하는 우고 론디노네는 풍경화를 그리고, 별을 그리고, 구름을 만들고, 무지개를 만들고, 돌을 쌓아 올림으로써 이 오래된 사조를 현대에 실천하고, 이런 가치가 수백 년 지난 지금도 유효함을 피력한다. 세상이 끝날 때까지 변치 않을 요소들을 예술로 선보인다는 건 그가 단순히 동시대적인 것 이상의 무언가를 지향하고 있음을 뜻한다. 그런 점에서 그의 작품에 내재된 타임리스(Timeless)의 면모는 말 그대로 '시간의 개념이 없는'에 더 가깝다. 인간계에서 자유로운 시공간, 고대의 현재적 형상이기도, 현대의 고대적 버전이기도 한 초월적 세계. 시간이란 선형적으로 흐르는 게 아니라 순환함을 인식하게 하는 건 그의 뿌리와도 깊은 관련이 있다.

뉴욕에서 활동 중인 우고 론디노네는 스위스 브루넨 출신이다. 열여덟 살 때 예술가가 되고자 결심하며 취리히로 이동했고, 빈의 미술대학에서 공부했으며, 1980년대 후반 뉴욕으로 이주 후 곧 유명해졌다. 그러나 그는 유명세와 상관없이 가장 중요한 작업을 묻는 질문에 한결같이 올리브나무를 언급한다. 그의 부모는 그 조상이 9000년 이상 동굴생활을 했던 이탈리아 고도시 마테라(Matera, 현재는 나폴리 외곽) 출신이다. 론디노네는 이 땅에서 1000~2000년 동안 자란 나무를 주형으로 제작해 작품으로 만든다. 나무들은 각기 다른 땅으로 옮겨져 그의 시간, 그의 부모의 시간, 그의 조상의 시간 그리고 생면부지인 이들의 시간까지 입체적으로 응축한다. "올리브나무를 통해 관객은 나무가 살았던 실제 시간, 얼어붙은 시간의 경과를 경험할 뿐 아니라 또 다른 시간성을 경험할 수 있습니다.” 대를 잇는 무의식을 기억처럼 품은 ‘시간의 기념비’ 같은 올리브나무는 작가에게 자기 존재의 원형이며, 작업 전반을 지배하는 원시성의 원천이 된다. 국제갤러리 뒷마당에도 〈스프링 문spring moon〉이라는 이름의 올리브나무가 서 있는데, 오가다 그 나무를 볼 때마다 평면적이고 선형적인 시간을 사는 나의 현재를 습관처럼 나무에 비춰보게 된다.

원시성에 스스로를 고립시킨 우고 론디노네의 공간에서 할 수 있는 일은 딱히 없다. 그의 작품 속 느림은 속도 혹은 시간의 문제가 아닌 동시에 감정과도 밀접한 관계가 있다. 이 공간에 있다 보면 이상한 무력감이 엄습한다. 활동성과 생산성을 최고의 미덕으로 통용한 세상의 시간 개념은 잊어야 하는 데서 오는 당혹스러움 같은 거다. 사실 거의 모든 미술 전시가 대체적으로 곤혹스러운 이유도 단순히 개념을 이해하기 어렵기 때문이 아니라 익숙하지 않은 리듬으로 나만의 시간을 스스로 통제해야 하기 때문이다. 우고 론디노네는 작품을 통해 이 생경한 느낌을 극대화한다. 움직임이 기능의 가치를 설정한다면, 수동성은 느림의 가치를 만든다. 그리고 그가 정의하는 느림이란 우리가 시간을 스스로 통제하는 바로 그 순간을 의미한다. 우고 론디노네식 수동성의 개념은 매우 획기적인 데다 현대인들이 긍정적으로 여겨본 경험이 없는 탓에, 이해하는 것보다 오히려 체득하는 편이 더 쉬울지도 모르겠다.

전시장(2019년 개인전 《어싱Earthing》)에 떠 있는 수십 마리의 물고기, 작가의 지문이 찍힌 최초의 생명체 앞에서 나는 작가가 일

<스프링 문spring moon>, 2013~2014, cast aluminum, white enamel, approx. 580x500x600cm, courtesy of the artist and Kukje Gallery, 사진: 박준형, 이미지 제공: 국제갤러리

일이 물고기들을 빚어내는 순간을 상상하곤 했다. 작금의 현대미술계에서는 작가가 자기 작품과 오랜 시간을 보내는 자체가 실로 수동적인 행태로 여겨진다. 그러나 그에게 예술가로 살아간다는 건 단순히 작품을 만드는 게 아니라 철학적인 일이며, 그런 면에서 그의 말은 언제나 유효하다. “내가 하는 예술이라는 건 생산적이거나 논리적인 것과는 거리가 멉니다. 내 작업의 논리는 수동성, 즉 이행할 필요가 없는 무언가에 대한 거예요. 고립, 평온과 관련된 동시에 꿈같은 겁니다. 만약 작가가 작업에 어떤 가치를 설정해 버리면 그 작업은 활력을 잃은 채 성장을 멈춰 버릴 것입니다.”

2019년에 코펜하겐 아르켄 근현대미술관에서 그의 전시 《보캐블러리 오브 솔리튜드Vocabulary of Solitude》를 본 적 있다. 올리브나무, 만다라를 연상시키는 무지개 작품, 광대 조각까지 그의 메가 히트작이 모두 모여 있었다. 특히 전시장 바닥에 앉아 있거나 모로 누워 있던 수십의 광대들은 그가 구사해 온 ‘고독의 어휘’의 중심에서 핵심 개념인 수동성을 대변했다. 작가는 이 작업을 “45막으로 묘사한 어떤 이의 하루의 초상”이라 일컬었다. 숨 쉬다, 꿈꾸다, 일어나다, 앉다, 듣다, 보다, 생각하다, 서다, 걷다, 오줌 누다, 옷 입다, 마시다, 읽다, 웃다, 요리하다, 냄새 맡다, 청소하다, 쓰다, 기억하다, 낮잠 자다, 느끼다, 중얼거리다, 사랑하다, 희망하다, 노래하다, 춤추다, 거짓말하다 등등 각각의 광대들이 행동의 대역을 맡아 구성한 24시간. 어쨌든 제 본분을 잊은 채 하릴없이 앉아 있는 광대들이 슬프거나 지쳐 보일 법했지만, 실은 그 자체로 존재함이 그려 낸 멜랑콜리하고도 초현실적인 수동의 풍경이었다. 무엇보다도 이 광경은 우고 론디노네에게 수동성이란 모든 가능성이 열려 있는 무한의 상태이자 빈 공간임을 의미했다. 광대들은 수동성을 통해 실존을 증명했고, 관객들은 이들을 통해 인간 본성을 통찰했다. 기억해 보면, 그날 내가 할 수 있는 최고의 감상도 광대들 사이에서 '수동적으로' 한참 앉아 있는 것이었다.

"예술 하는 방식이야말로 곧 예술가로 사는 동기가 됩니다." 이렇게 말하는 우고 론디노네는 분업화된 시스템으로 작품을 만들어 내는 다른 스타 예술가와는 다른 방식으로 일한다. 스스로를 사회 질서로부터 분리시키고 작업의 시간을 일종의 의식으로 받아들이며, 작가가 자기 작품과 오래 함께해야 한다고 믿는다. 낭만주의자가 비합리성으로 합리성에 대항했듯, 자신이 고안한 독특한 시간의 개념을 통해 세상의 속도에 반대한다. "나는 내 시간을 스스로 조직합니다. 고립된 공간의 상징인 나의 전시에서도 늘 사회를 배제합니다." 전혀 다른 차원의 시간이 흐르는 세상에서 존재한다는 것, 세상의 시간에 얽매일 필요가 없다는 초월적인 감동을 선사하는 그의 작품은 온갖 이론과 상업성으로 무장한 미술 현장에서는 좀체 느낄 수 없는 자유의 순간으로, 해방구로 나를 이끈다.

인터뷰를 기다리는 동안 당신의 엄청난 아트북을 보고 있었습니다(웃음).

고마워요. (1991년 전시 전경 사진을 펴서 보여 주며) 이게 나의 첫 번째 풍경 전시였어요. 외부의 풍경을 제어한 후 내가 그린 풍경화를 보여 주었죠. 보세요, 이 그림에도 돌이 들어가 있어요.

게다가 굉장히 큰데, 풍경 안으로 빨려 들어가는 느낌을 주고 싶었기 때문이에요. 제목은 늘 날짜로 구성했어요. 시간과 공간의 균형을 맞추는 걸 테마로 한 전시였죠. 그리고 1년 후 같은 갤러리에서 같은 컨디션 아래 만다라회화 전시를 했어요. 똑같이 창문이 폐쇄되어 있었고, 똑같이 시간이 제목인 작품들이었습니다.

당신의 전시를 모두 현지에서 직접 본 건 아니지만, 하나하나가 한 편의 시를 구성하는 구절 같습니다. 이런 전작들과 이를테면 청석 조각 같은 작품들은 형태는 다르지만 분명 일맥상통하는 부분이 있기 때문이겠죠. 자연의 개념이라던가, 시간의 개념이라던가…

맞아요. 방금 내가 설명한 바로 그 개념이에요. 시간과 공간. 만다라, 별, 풍경, 구름 모두 독일의 낭만주의에서 기인한 콘셉트입니다. 궁극적으로 나의 모든 전시와 작품은 자연과 낭만주의, 두 가지 키워드로 귀결되죠.

록펠러센터, 바젤의 성당 그리고 갤러리나 미술관의 화이트 큐브 등 청석 조각은 어디에 위치하느냐에 따라 각기 다른 풍경을 만들어 내지만 한결같이 말문을 막는 원초적인 감동을 선사합니다. 조각이 그것이 놓인 장소에 어떤 식으로 영향받는다고 생각합니까?

예를 들자면, 처음(2015년) 국제갤러리의 전시 공간인 화이트 큐브에서 전시하고 싶었던 작품은 훨씬 더 큰 사이즈였어요. 화이트 큐브를 사진으로 볼 때는 자연적인 있는 그대로의 뉴

《휴먼 네이처human nature》, 2013, Public Art Fund at the Rockefeller Plaza, New York, Curated by Nicholas Baume, courtesy of the artist and Kukje Gallery, 사진: James Ewing, 이미지 제공: 국제갤러리

트럴한 느낌을 보여 주고 있는 공간이라고 생각했기 때문이죠. 내게는 평범한 흰 벽이 무한의 지평선을 상징하는 것처럼 다가왔기 때문에 큰 청석 조각을 세우려 했었어요. 그런데 막상 실제 건물을 보고 나니 좀 더 작은 사이즈가 어울리겠다 싶더군요. 만약 영향을 받는다면, 그 공간에 대한 나의 느낌이 가장 먼저예요. 록펠러센터 앞에 섰을 때 가장 도시적인 장소에서 가장 기본으로 돌아가는 작업을 하자는 생각을 맨 처음 했듯이 말이에요.

보통 화이트 큐브라 하면 전시를 위한 인공적인 공간이라고만 생각하기 마련입니다. 이를테면 엘름그린 앤 드라그셋(Elmgreen & Dragset) 같은 아티스트는 이 중립적 공간이 인간의 행동을 제한한다고 가정하는데, 정반대로 무한성을 떠올린다는 점이 당신만의 고유한 시선인 것 같습니다.

카스파어 다비트 프리드리히(Caspar David Friedrich)가 그린 유명한 그림이 있어요. 〈바다의 수도승Monk by the Sea〉이라는 제목의, 끝없는 해안의 지평선을 바라보는 수도승을 그린 작품이죠. 이 화이트 큐브를 처음 봤을 때 이 회화를 떠올렸어요. 다른 전시회에서도 나는 종종 지평선을 다루어 왔어요. 리버스톤 작품을 달고, 코너에 네 개의 비디오를 설치한 적 있어요. 두 명의 남자와 여자가 같은 동작을 반복하는 장면을 내보내는 비디오작품 중간에 이 세 가지 돌이 스피커 형태로 전시되어 멜랑콜리한 음악이 흘러나오는…. 어쨌든 처음으로 돌을 사용한 전시였는데, 이때도 화이트 큐브의 벽과 바닥이 만들어 내는 선을 보며 지평선을 떠올렸어요.

청석 조각은 영국 솔즈베리 평원에 있는 스톤헨지 혹은 이스터섬의 모아이 석상을 연상시킵니다. 기존에도 사람 형상을 딴 조각을 전시해 왔는데, 이들의 공통점과 차이점은 무엇인가요?

청석 조각을 선보인 이번 전시(2015년)가 인체 형상을 사용한 네 번째 경우입니다. 첫 번째 전시에서는 내가 직접 등장했어요. 스튜디오 같은 공간 속 닫혀 있는 창문에 스크린을 설치했고, 거기에 내가 앉아서 시간의 흐름을 보여 주었죠. 두 번째는 일곱 명의 광대가 있던 전시였어요. 하루에 한 명씩 전시장에 앉아 있었죠. 세 번째 전시에는 열네 명의 인물상이 등장했습니다. 흙으로 만들어 같은 갈색이지만 미묘하게 다른 색조를 지니고 있었어요. 사람의 몸을 이용한 전시의 형태는 다 다르지만 공통점이 있어요. 항상 수동적이었다는 사실이죠. 나도, 광대도, 인물상도, 청석 조각도 그저 명상을 하는 정도의 느낌으로 존재한다는 겁니다.

글쎄요. 수동적이어서는 이 험한 세상을 살아낼 수가 없다는 게 현대인들의 숙명 아닌가요(웃음)?

나는 수동성이라는 개념을 시간을 창조한다는 느낌으로 해석해요. 맨 처음 수동성과 연관해서 떠올린 모티프는 폐쇄된 창문이었는데, 앞서 말했듯 전시에서 환경적, 사회적, 시간적인 측면을 온전히 차단하기 위해 창문을 막곤 했었어요. 그 안에 있는 작품들이 세상 시간의 흐름에 영향을 받지 않도록 말이죠. 이처럼 시간의 흐름과 연관 없는 개념으로 비춰지도록 하는 게 내가 정의하는 수동성의 콘셉트예요. 또 다른 작업 중 어떤 여자가 루프 속에서 끊임없이 도는 작품이 있어요. 루프라는 개념도 내 논리에 따르면 굉장히 수동적이죠. A에서 B, 목적지가 선형적으로 규정된 게 아니라 순환의 구조를 통해 늘 원점으로 돌아오기 때문입니다. (본인이 여장한 채 벽에 기대어 서 있는 20여 년 전 사진을 보여 주며) 이 역시 수동적이에요. 사회적인 이슈들이 다 차단되는 순간에 나의 세계를 창조하는 자리였거든요.

당신이 피력하는 수동성의 개념은 매우 추상적인 데다 복잡한 것 같은데, 이를 온전히 이해해야만 전시를 제대로 볼 수 있는 걸까요?

전혀요. 내가 원하는 건 관객들이 그냥 작품을 바라보는 겁니다. 나는 늘 당신이 굳이 예술을 이해할 필요가 없다고 이야기하곤 해요. 그냥 보고 느끼면 되는 거죠. 사람들이 그냥 음악을 듣듯이, 마주할 때 있는 그대로 느낄 수 있게 하는 게 내 바람입니다. 작업하는 내게도 예술작품이라는 결과는 빙산의 꼭대기에 불과하며, 나머지는 나 자신이 갖고 있는 끊임없는 독백이나 다름없어요.

대부분의 현대미술은 알거나 이해해야 비로소 느낄 수 있다고 여겨지기에 고안한 질문이었어요. 하지만 당신이라면 이렇게 현대미술에 대한 진실 혹은 편견과는 다른 이야기를 해 줄 거라고 기대했습니다.

예컨대 조각의 형태에 능동성을 부여한다는 건 작가인 나의 가치를 주입시킨다는 뜻입니다. 반면 내 작품이 수동적인 이유는 작품 앞에 선 관객들이 각자의 감정을 투영할 수 있도록 결말을 열어 두기 때문이죠. 이해하기 위해 애쓰는 행위는 열린 해석을 가져올 수 없게 만들어요. 예술이라는 것 자체가 우리가 현재 쓰는 언어를 반영하는 거예요. 동시에 예술은 시간을 초월하는 언어를 반영해야 한다고 생각합니다. 지금 우리가 보는 예술이 50년 후에는 또 다른 언어로 이해되겠지요. 그렇게 언어의 제한을 두지 않는 것이 중요하다고 봅니다.

각각의 청석 조각에 참견쟁이, 호기심쟁이, 순종자, 변태 같은 이름을 붙여 놓고는 전시(2015년) 제목을 《필링스feelings》라고 짓기도 했습니다. 어떻게 이런 이름을 붙이게 되었나요?

딱딱하고 무생물적인 재료에 인간적인 감정의 이름을 붙인다면 그 대비가 더욱 확실해질 거라 생각했어요. 예전에는 행복 같은 쉬운 감정으로 시작했죠. 일단 감정에 관한 어휘를 사전에서 쫙 찾아서 정리한 후 작품을 만든 순서대로 감정을 연결 짓는 식으로 이름 붙였어요. 그런데 그렇게 한 90여 개를 만들고 나니 점점 설명하기 복잡한 감정으로 관심이 향하게 되더군요. 하지만 지금은 어떤 감정이냐가 아니라 감정을 표현했다는 사실이 더 중요하고, 그래서 전시 제목도 《필링스feelings》예요. 심지어 작가인 내가 봐도 누가 참견쟁이이고, 누가 순종자인지 잘 모릅니다만(웃음).

뉴욕 스튜디오에서 우고 론디노네, 사진: Hye-Ryoung Min

나의 어느 지인은 트위터에 이렇게 썼어요. "이 세상에서 영원한 것은 건축과 돌뿐이다." 당신의 작품을 보면 그의 말이 옳았구나 싶은 생각이 들어요. 당신에게 돌은 어떤 의미의 재료인가요?

돌은 시간과 공간을 응축하는 존재인 데다 인간과 시공간을 초월해 서로에게 연결합니다. 돌에 대한 나의 접근은 훨씬 문학적이고 철학적이었는데, 돌을 갖고 실제 조각을 하면서 나의 생각도 실체화되었죠. 세상 어디에서나 쉽게 찾아볼 수 있는 요소, 공간을 초월하여 여러 다른 장소를 결합하는 요소, 모든 작품과 존재의 근간이 되는 지구의 뼈 같은 존재로 말이죠.

"예술품의 영적이고 신비로운 힘을 믿는다"고 말한 적 있는데, 그래서인지 예술을 가장 본능적으로 대했던 원시 시대의 예술가처럼 느껴졌어요. 당신이 믿는 미술의 힘이란 어떤 건가요?

그건 나의 개인사와 연관되어 있어요. 지난 1988년에 내가 사랑하는 사람이 에이즈로 사망했어요. 굉장히 상심한 나는 위안을 얻기 위해 자연으로 들어갔습니다. 그렇게 매일 숲을 보면서 그린 스케치가 바로 초기에 나온 풍경화 작업이에요. 봄, 여름, 가을에는 눈에 보이는 대로 그렸죠. 겨울이 되자 더욱 명상적인 무언가를 할 필요성이 느껴졌고, 그래서 만다라 작업을 했어요. 수채물감으로 원을 그리고 그걸 입으로 불었습니다. 어떤 생각도 할 필요가 없었죠. 그냥 시간만 보내면 되었으니까요. 그 과정에서 자연의 모습 안에 시간의 가치관이 존재한다는 걸 발견했고, 시간을 그림의 제목으로 쓰기 시작했습니

2018년 국제갤러리 3관(K3) 우고 론디노네 개인전 《어싱earthing》 설치 전경,
작품은 <더 선the sun>, 2017, 이미지 제공: 국제갤러리

다. 그 후에 자연에서의 시간에는 사회적 의미의 시간이 전혀 포함되지 않는다는 사실을 깨달았어요. 자연은 언제나 자연이니까…. 개인적인 상황에서 출발해 풍경화를 그리는 순간, 나 스스로 존재하던 그 상황이 내게는 명상하듯 영적인 시간이었던 셈이죠. 내게 영적이란 단순히 정신을 의미하는 게 아니라 무한대, 즉 과거, 현재, 미래를 아우르는 개념이에요. 그건 내가 내 삶을 다루고 관리하는 방식이기도 합니다.

2015년에 전시된 청석 조각이나 2019년 하늘을 떠받치던 (베르사유 궁전의 정원도 끌어안은) 금빛 태양이나, 우고 론디노네의 전시가 열릴 때마다 갤러리 담장 너머까지 '좋은 전시'라는 소문이 자자했다. 그러나 만약 이 작품들이 진정 기념비적이라 할 만했다면, 다른 작품과 마찬가지로 예술과 문명을 과시하기 때문이 아니라 인간 존재를 숙고하도록 하는 섬 같은 시공간을 제공했기 때문이다. 론디노네에게 자연은 인간 경험이 깊이 관여하는 소재이며, 이런 이유로 그의 작품이 놓인 곳에서는 늘 내면을 구성하는 심적 풍경이 펼쳐졌다. 어쩌면 자기 작업이 자유의 여신상 혹은 브뤼셀의 오줌싸개 소년상처럼 인식되길 바랄지도 모를 일이지만, 그러기에는 우고 론디노네는 야심만만하되 선하고, 꿈꾸되 욕망하지 않는다. 뉴욕 할렘의 오래된 교회를 개조한 아름다운 스튜디오에서 두문불출 꿈꾸어 온 예술 작품의 영적이고도 마법 같은 힘은 보는 이들의 감정적 경험과 지적인 활동의 이중주로 비로소 완성될 수 있

기 때문이다. 우고 론디노네가 만든 순수라는 이름의 다른 시간대 너머에는 인간 존재와 예술의 무한한 가능성이 아련하게 펼쳐진다. 그가 전한 이 말은 그래서 내게 어떤 위로 혹은 작은 격려가 되었다.

"바로 그 순간에 작품들과 함께 같은 장소에 있다는 것. 제 작품과 함께한 그 시간만큼은 예술과 본인에 대한 성찰이 가능했던 시간이었기를 바랍니다. 예술이란 경험되어야 하는 것이니까요. 이 생각은 앞으로도 지속될 것 같습니다."

•

2015년 10월호 『바자 아트』 인터뷰와 2019년 7월호 『바자』 에세이를 바탕으로 새로 작성한 글입니다.

06 ——— 틸다 스윈턴

TILDA SWINTON

배우

틸다 스윈턴 TILDA SWINTON

"나의 삶에
내가 도전해야 할
요소가 있다면 그건
타인에 대한 어젠다예요.
조심스레 다뤄지지 않을
경우 귀중한 에너지를
소비하기 때문이죠"

배우

모방불가, 비교불가, 규정불가의 유일무이한 배우

1960년 영국 출생. 실험영화 감독 데릭 자먼의 〈카라바지오〉(1986)에 조연으로 출연한 이래 여전히 다채로운 활동으로 압도적인 존재감을 발산하고 있다. 그래서 틸다 스윈턴이 걸어온 35여 년의 행보, 60여 편의 영화로 그녀를 정의 혹은 요약하기란 불가능하다. 분명한 건 그녀가 세상의 모든 경계를 넘나들며 지나간 자리에는 그 경계가 사라질 뿐 아니라 아예 무의미해진다는 사실이다. 실험영화부터 블록버스터까지 섭렵하고, 여성과 남성 역할을 공히 소화하며, 모마(MoMA)에서 퍼포먼스를 하는 동시에 샤넬의 뮤즈로 패션쇼에 출현하고, 한국 아역배우는 물론 세계적인 철학자 모두와 진한 우정을 쌓는 유일무이한 존재. 틸다 스윈턴은 직업, 젠더, 예술, 영화 등에 관한 고정관념과 선입견을 깨뜨리며 혁명적 존재로 자리 잡았다. 그녀만큼 우아하면서도 공고한 이미지를 구축한 배우도 없지만, 그런 자신의 이미지를 파괴하길 즐기는 배우도 없다. 더구나 틸다 스윈턴은 어떤 영화의 어떤 역할을 맡든 특정 영화의 흥행과 상관없이 평단과 대중의 지속적이고도 강력한 지지를 받는다. 모방불가, 규정불가, 비교불가, 예측불가한 배우 틸다 스윈턴은 쇼비즈니스의 세계를 초월해 예술과 삶을 관통하는 현시대의 영원한 인플루언서다. 2012년 미국 『타임』지가 선정한 '세계에서 가장 영향력 있는 100인'의 타이틀은 그중 일부일 뿐이다.

틸다 스윈턴, 사진: 최성열, 이미지 제공: 씨네21

틸다 스윈턴은 퍼포먼스에 능한 배우다. 더욱이 그녀의 퍼포먼스는 다양한 지점에서 가치를 발해 왔다. 특히 사적 영역과 공적 영역이 교차하는 지점에서 흥미로운 사건들, 즉 유명세를 공고히 하거나 그 존재에 감탄할 만한 일들이 벌어진다. 이를테면 칼 라거펠트와 함께 모마 필름 베네피트 갈라에 최초로 감독 아닌 영화인으로 초대받아 갔을 때도, 세상에서 가장 옷 잘 입는 여자(《베니티 페어》)로 꼽힐 때도, 멜트다운페스티벌 무대에서 패티 스미스와 함께 수전 손태그, 베르톨트 브레히트, 윌리엄 블레이크, 윌리엄 버로스의 텍스트를 읽는 공연에서도, 데이비드 보위의 뮤직비디오에서 그의 아내로 출연했을 때도, 모스크바 붉은광장에서 열린 동성애 탄압 반대 집회장에 나타나 '셀피'를 찍어 올릴 때도, 현대미술가 더그 에이킨의 작품 속에서 몽환적인 노래를 부를 때도 그녀는 일관되게 자연스럽다. 문득 궁금해진다. 이 여자는 틸다 스윈턴일까, 틸다 스윈턴이라는 배우 혹은 셀러브리티일까. 하지만 이런 질문은 "예순 살치고 동안인데, 피부 관리의 비결은 무엇인가요?"라고 묻는 것만큼이나 부질없다.

그나마 뉴욕 현대미술관(MoMA, 모마)에서의 퍼포먼스 〈더 메이비The Maybe〉 같은 사건은 그 모호한 의중의 윤곽을 드러내는 편이다. 그녀는 모마 전시장에 놓인 유리관에서 며칠 동안 종일 여덟 시간씩 누워 있었다. 잠을 잤고 사색에 잠겼으며 공상도 했는데, 이 행위와 상황 자체가 작품이었다. 중요한 건 스윈턴이 얼마나 대단히 작품성 있는 예술 행위에 동참했느냐가 아니라 단지 '거기 있었다'는 사실이다. 답 없는 질문을 던지는 듯한 이 기행적인 작품은 현재 그녀 본인이 세상에 보여 주는 모든 퍼포먼스의 결정판인 동시에 공인된 관음 관계, 속이고 속아 주는 관계로 결탁한 현대미술계, 예술가, 스타, 관객 모두가 공모한 빅 이벤트였다. 비슷한 맥락으로 빅터앤롤프의 패션 퍼포먼스 〈원 우먼 쇼One Women Show〉에서는 그녀를 빼닮은 도플갱어 모델들이 대거 등장한 후 마지막에 직접 모습을 드러내며 피날레를 장식한 적도 있었다. 이 모든 사건은 설사 그녀보다 연기를 더 잘하는 배우는 있을지언정 그녀만큼 정체성을 치열하게 실험하는 이는 없음을 단언한다.

'수많은 틸다 중에서 틸다 찾기'를 즐기는 고약한 취미는 필모그래피에서도 발휘된다. 나는 대학 1학년 때인 1994년, 씨네하우스에서 개봉한 영화 〈올란도〉(1993)를 통해 이런 이상한 배우가 존재함을 처음 알게 되었다. "환상 속의 400년"이라는 카피처럼, 그녀는 400년이라는 시간을 오가며 남자인 동시에 여자인 올란도를 연기했다. 시공간과 젠더의 경계를 갖고 노는 그녀를 좋아하지 않기란 불가능했다. 문제의 양성성은 그녀를 희귀한 배우로 만드는 데 크게 일조하는데, 이는 비단 성(性)의 문제를 넘어서 신의 영역이기도 했다. 연극 〈모차르트와 살리에리〉에서 모차르트 역할을, 〈콘스탄틴〉(2005)에서 양성적인 가브리엘 천사장 역할을, 〈닥터 스트레인지〉(2016)에서는 무림의 고수 에인션트 원을 연기했다. 사실 〈설국열차〉(2013)의 메이슨도 미치광이 파시스트라는 사실만 분명할 뿐 여자인지 남자인지 가늠할 수 없고 이는 짐 자무쉬가 연출한 〈데드 돈 다이〉(2019)의 장의사 젤다 스윈턴 역도 마찬가지다.

급기야 〈서스페리아〉(2018)에서 여든두 살의 남자 심리학 박사 역을 맡은 그녀는 기막힌 쇼를 꾸몄다. 페니스 보형물을 다리 사이에 넣고 다녔다는 사실보다 더 놀라운 건 이 역할을 맡은 배우를 러츠 에버스도로프라는 가상 인물로 상정, 실제 그의 역할까지 도맡았다는 점이다(사실 그녀가 맡은 역할은 몇 개 더 있다). 하마터면 러츠 에버스도로프라는 무명 배우가 존재한다고 감쪽같이 믿을 뻔했으니, 스윈턴의 정체성 실험은 나날이 고차원적으로 진화 중인 셈이다. 하긴 그녀는 세상의 모든 경계를 흐리는 데 탁월한 재주가 있는 사람이고, 양극단에 있는 듯한 이 모든 역할은 입을 크게 벌리나 작게 벌리나의 차이일 뿐이다. 〈올란도〉의 명대사처럼 말이다. "똑같은 사람. 모든 것이 똑같지."

나는 신기할 정도로 틸다 스윈턴이 선택한 작품이라면 무작정 신뢰하게 된다. 작품 선택의 구체적인 기준이 궁금하다기보다는, 설사 완벽하게 좋지 않더라도 어떤 미덕이 있을 거라 미루어 짐작하는 것이다. 마블 코믹스든, 저예산 독립영화든 분명 그녀가 옳다고 믿는 예술적 방식, 영화의 속성이 투영된 결과물일 거라는 기대라고 해 두자. 하지만 정작 그녀는 역할을 고르지 않는다고, 역할을 위해 특별한 준비를 하는지 스스로 전혀 인식하지 못한다고 말해 왔다. 그 힌트는 2013년 『보그』 인터뷰에서 찾는 편이 빠르다. "나는 매우 아마추어적인 접근법을 가졌다. 처음 영화를 접한 게 데릭 자먼의 작업이었는데, 나를 완전히 망쳐 놓았다. 가족적인 분위기에 길들여졌고, 이후로도 한번도 그렇지 않은 환경에서 일해 본 적이 없다. 나에겐 그저 (유사) 가족의 관계만 있을 뿐 프로페셔널의 관계는 의미 없다. 내게 기준은 작품이 아니라 함께하는 사람들이

틸다 스윈턴이 영화 <서스페리아>에서 맡은 클렘퍼러 박사(상)와 마담 블랑(하) 역, 2018,
이미지 제공: 더쿱

다. 내게 어울리는 역할을 찾는 게 아니라 친구들, 좋아하는 사람들과 함께할 수 있는지를 가장 먼저 고려한다." 데릭 자먼과 작업하던 시절 스윈턴은 난해하고 비판적인 비주류 컬트영화를 주로 찍었는데, 그래서 마치 무성영화의 주인공 같았다.

그러므로 틸다 스윈턴이 증명한 건 어떤 역할이라도 소화할 수 있다는 사실이 아니라 맡지 못할 역할이 없다는 거였다. 현실적이든, 판타지든, 황당하든, 혐오스럽든, 섹시하든, 뭐든 상관없다. 그러나 이조차도 그녀가 혁명적 예술가라 불리며 대중의 지지를 받는 이유의 전부는 아니다. 세상에 훌륭한 배우는 많지만 틸다 스윈턴과 비교할 수 있는 배우는 없기 때문이다. 이는 그녀가 연기를 얼마나 잘 하느냐보다(물론 그녀의 연기는 늘 훌륭하다) 어째서 그런 연기 혹은 선택을 하느냐의 문제다.

이를테면 그녀는 권위 있는 영화제에서 여우주연상의 단골이 되는 등의 전통적인 방식으로 인정받은 여배우가 아니다. 따지고 보면 주연으로 나선 작품만큼이나 조연한 영화도 많다. 그녀가 주인공으로 나섰다는 건 무언가를 강하게 표현하고 싶었다는 의미이며, 예컨대 현실의 숨 막히는 고정관념에서 벗어나기 위해 악전고투하는 인물상이 많았다. 그것이 모성애든[〈케빈에 관하여〉(2011)], 결혼과 가정이라는 안정된 제도든[〈아이 엠 러브〉(2009)], 너무 오래 살아남아 권태로운 뱀파이어의 삶이든[〈오직 사랑하는 이들만이 살아남는다〉(2013)]. 그게 아니라면 차라리 비중은 상관없이 그저 흥미로운 역할을 하는 데 도취되어 있는 것 같다. 공고한 자기 이미지를 어디까지 파괴할 수 있는지 알기를 작정한 사람처럼. 웨스 앤더슨 감독의 〈그랜드 부다페스트 호텔〉(2014)의 늙은 귀족 부인, 코엔 형제의 〈헤일, 시저!〉(2016)의 쌍둥이 기자, 〈설국열차〉의 메이슨, 〈옥자〉(2017)의 루시 미란도와 그녀의 쌍둥이 언니 낸시 미란도 등은 놀라울 정도로 천박하고 경박하며 기괴하고 우스꽝스럽다.

〈아이 엠 러브〉, 〈비거 스플래쉬〉(2015) 그리고 〈서스페리아〉로 틸다 스윈턴을 세 번이나 만난 루카 과다니노 감독은 “오직 틸다만이 원초아(id), 자아(ego), 초자아(superego)를 모두 연기할 수 있는 배우”라 말했다. 그렇다. 틸다 스윈턴은 한 번도 경험해 보지 못한 영역으로서의 여배우다. 종종 그녀는 초월적 존재처럼 느껴지기도 한다. 여배우로만 살지 않기 때문에, 역설적으로 분명 존재하지만 실재하지 않는 듯한 느낌. 언젠가 스윈턴은 스스로 외계인이라 느낄 때가 가장 편안하다고 했는데, 정말이지 카메라를 뚫어지게 응시하는 그녀가 반인반수처럼 보일 때도 있다. 나이, 성별, 미(美) 등 세속의 경계를 지워 버린 틸다 스윈턴은 주체적으로 광대이자 예술가를 자처함으로써 호명받지 않으면 살아남을 수 없는 쇼비즈니스의 세계에 종속되기를 거부한다. 그녀가 말한 바 “스스로를 열어 두고 프로젝트에 매진하는 예술적 태도”는 쌍둥이 남매를 자유로운 영혼으로 키우는 모성과 비슷하게 헌신적이며, 작은 실천으로 현실을 변화시키고자 하는 인류애와도 크게 다르지 않다. 그러므로 그녀의 연기론은 차라리 인간론에 가깝다.

이 전갈자리 여인을 만나 본 사람들은 그녀가 매우 ‘나이스(nice)’하다고 입을 모은다. 초면인데도 다정하게 안아 주고 등을 쓸어 주는데, 이상하게도 위안이 된다고 말이다. 이 인터뷰를 진행하면서 파악한바 스윈턴은 좋아하는 대상에 대한 질문에는 단번에 사로잡혀 열심히 성의를 다해 답한다. 의심이야말로 인간을 가장 인간답게 만들어 준다고 믿는다. 세상을 주체적으로 대할 수 있는 신념의 소유자다. 반면 좋아하지 않는 것은 강하게 비판한다. 부조리함을 책망하고 수정할 것을 요구한다. 기억을 떠올려 보면 그녀는 칸영화제에서 〈옥자〉를 향한 논란에 대해 말했다. “우리는 상을 타러 온 게 아니라 작품을 보여 주러 온 겁니다.” 〈설국열차〉 기자회견장에서는 한국이 어떠냐는 질문에 “예술을 논하는 데 있어서 누가 어느 나라에서 왔는지는 중요하지 않습니다”라고 응수하기도 했다. 자기 배역을 위해서는 10년도 기다리는 그녀는 지난 60년 동안 맡아 온 자신의 역할, 바로 ‘틸다 스윈턴이 된다는 것’에 가장 충실한 사람이다. 그녀는 세상을 자신의 방식대로 올바르게 사는 데 독보적인 재능과 남다른 감수성을 발휘해 왔다.

180센티미터의 장신, 귀족적인 금발, 신비로운 녹안의 소유자는 문득 다큐멘터리 〈존 버거의 사계〉(2016)에서 바람에 헝클어진 금발을 쓸어 넘기던 또 다른 그녀를 연상시킨다. 다른 감독 네 명과 함께 직접 연출하고 각본을 쓴 이 작품에서 그녀는 가족도, 친구도 아닌 오직 동지에게만 보일 수 있는 제스처로 존 버거를 포옹했다. 우리는 또 다른 생에서 만났고, 이번 생에서 만나기로 약속했다는 식의 연대감. 서로를 더욱 용감하고 대담하게 만들어 주는 우정을 믿는 자의 행동. 그때 버거와 함께 삶과 자연의 철학을 나누던 뜨거운 지성인과 패션 화보에서 샤넬 옷을 뒤집어쓰고 동상처럼 서 있는 여자는 결코 다르지 않다. 그것이 한 명의 배우가 아니라 한 명의 인간으로서 완전체인 틸다 스윈턴만이 가진 힘이다.

세상에서 내가 좋아하는 여배우는 많지만, 늘 옳다 믿는 여배우는 그녀가 유일하다. 그러므로 이 인터뷰는 어떤 영화의 홍보를 뛰어넘는, 틸다 스윈턴이 지난 60년 동안 맡은 최고의 역할, 바로 그녀 자신의 온전한 삶의 격언이라 감히 자신한다. 야생의 꽃과 숲의 향기를 품은 답이 이어졌다.

지금 어디에서 이 질문지를 보고 있나요?

반려견을 무릎에 앉혀 놓고 침대 위에서요.

제 딸도 강아지를 아주 좋아하는데 만지지를 못해요. 그녀를 위한 조언을 부탁해도 될까요?

무언가와 마음을 나누기 위해 강아지든 고양이든 꼭 손으로, 물리적으로 만져야 할 필요는 없다고, 그녀에게 말해 주는 건 어떨까요?

옥자와 소녀 미자의 모험을 다룬 영화 〈옥자〉의 첫 번째 스케치를 인천공항으로 가는 차 안에서 봤다고 했어요. 옥자와 미자 둘을 모두 껴안는 이 영화에 대한 첫인상이 어땠나요?

"예스(Yessssssssssssss)!"라 소리쳤던 기억이 나는군요. 봉준호와 나는 일본의 거장 미야자키 하야오의 작품에 대한 존경심을 늘 공유해 왔어요. 특히 토토로에 대한 애정을 꽤 자주 표하곤 했죠. 마땅히 흥얼거릴 노래가 없을 때면, 그 아름다운 작품의 테마송을 부르곤 했어요. 처음 소녀와 돼지 드로잉을 보자마자 당연히 난 이것이 메이와 토토로, 그리고 그들의 모험을 향한 오마주를 표현할 기회라는 걸 알았어요.

당신이 이해한 〈옥자〉는 어떤 영화인가요?

대단한 탈출 영화예요. 로드무비죠. 우주를 여행하는 영화입니다. 러브 스토리이기도 하죠. 부도덕한 기업을 응징하는 이야기일 수도 있겠군요. 무엇보다 우리가 먹고 있는 것이 무엇인지, 어디서 오는지 한번쯤 생각하게 될 거예요. 동물의 존엄에 대해, 우리가 무엇을 할 수 있는지에 대해서도요. 나처럼 우리 스스로를 어떻게 규정하는지, 그 정체성에 관심이 많은 이들뿐 아니라 누구든 인간의 동물성, 인간의 정체성에 대한 새로운 사고를 도출할 수 있으리라 믿어요.

이른바 악역이라는 정체성을 입는 과정에서는 어떤 즐거움을 얻습니까? 〈설국열차〉의 메이슨과 비슷한 맥락으로 루시 미란도는 자본주의의 잔인함과 폭력성을 포장하는 전형적 인간이죠.

정말 그래요. 메이슨도, 루시도 인간의 어리석음을 조합해 캐릭터로 표현하며 느끼는 특별한 기쁨이란 게 분명 있어요. 난 그 둘을 표현하는 데 다른 어떤 단어보다 "바보들"이란 표현이 알맞다고 생각해요. 그들은 자신이 가진 힘을 믿고 뻐기고 거만하게 굴지만, 사실 이는 자신들의 유약함과 무절제에 대

틸다 스윈턴이 영화 <설국열차>에서 맡은 메이슨 역, 2013, 이미지 제공: CJ ENM

한 부정이기도 하죠. 이 같은 인물의 초상을 한 번에 관통한다는 건, 바꿔 말하면 서로의 연기를 다른 인물의 그것에 레이어링하는 문제 같은 거예요. 두 인물은 모두 각자의 스토리 안에서 연기자(퍼포머)였기 때문이죠. 메이슨은 위협이 닥치면 잔혹함과 호통 뒤에 숨겨 두었던 비겁함을 드러내고 마는, 과도한 자기보호의 강렬한 욕구를 지닌 인물이었어요. 한편 루시는 그녀의 진정성 있고 건전해 보이는 외모 이면에 감춰져 있던 사랑받고 싶은 욕구, 허영심, 언니 낸시를 능가하고자 하는 끝없는 욕망을 드러내죠. 두 사람 모두 거짓말쟁이이며, 두 사람의 이야기가 그들 자신의 거짓말을 밝혀 보여 줍니다. 두 인물 모두 비극적 광대예요.

캐릭터를 창조하거나 성격을 강조하기 위해 특별히 신경 쓰는 편인가요? 구체적으로 말하자면, 특히 루시 미란도의 유난히 하얀 치아, 인위적인 헤어스타일이 인상적이었어요.

우리가 이 자본주의의 꼭두각시 캐릭터들에 접근할 때, 다름 아닌 그들의 입에서 논의를 시작한 데는 명백한 이유가 있었어요. 그들은 다른 모든 것에 앞서 소비자인 존재들이에요. 미란도뿐 아니라 메이슨의 경우에도 치아는 두 인물 모두를 그려내는 데 중요한 열쇠를 제공했어요. 그들의 입은, 특히 10년간 슈퍼 돼지 프로젝트와 함께 치아 교정기를 해 가며 미디어 친화적으로 가꿔 온 눈부시고도 화면발 잘 받는 루시의 그 가지런한 치아는 핵심적인 모티프가 되어 주었어요.

여전히 많은 기업이 부조리한 짓을 하고 있고, 이렇게 이율배반적인 이들은 일상 속 우리 주변에도 존재해요. 어쨌든 전형적인 듯하면서도 영화적인 캐릭터를 어떻게 활용하고자 하나요?

루시는 사기꾼이에요. 말과 행동이 다르죠. 이 같은 행동이 현실의 자본주의 기업들에 대한 많은 걸 단편적으로, 상징적으로 보여 주기 때문에 더 흥미로웠어요. 물론 당신 말대로 하루 이틀 일이 아니죠. 동시에 오히려 그 반대이기도 해요. 전 세계적으로 부패의 관행을 사회적으로 눈감아 주는 분위기가 만연하고 있죠. 현실을 극단적으로, 만화적으로 모방함으로써 우리가 이런 것들을 피할 수 없는 사회적 규범으로 받아들이도록 공공연히 강요하는 패턴과 권력을 조명하는 시도가 중요하다고 봐요. 루시라는 캐릭터는 그 시도의 첨병이죠.

희망적이든 절망적이든, 어쨌든 거대 담론에서 출발한 뚜렷한 주제의식을 가진 영화가 관객에게 미치는 영향 혹은 반응을 매번 어떻게 상상합니까?

사실 어떤 영화든 관객이 보일 특정한 반응에는 연연하지 않는 게 현명한 것 같아요. 궁극적으로 우리가 프로파간다를 만든 건 아니니까 말이죠. 하지만 일반적으로 말하자면… 자기중심적 태도와 탐욕의 함정에 대한 보다 넓어진 시각, 자연에 대한 존중의 마음, 그리고 모든 창조물 간에 서로 사랑해야 할 필요성에 대한 인식의 확장을 소망해 봅니다.

한 감독과 여러 번 작업하는 걸 즐기는 듯 보입니다. 혹시 루카 과다니노도, 코엔 형제도, 웨스 앤더슨도, 봉준호도 당신에게서 어떤 특정한 이미지를 바란다는 생각을 한 적은 없었나요? 배우 입장에서 그들이 기대하는 이미지를 배반해 버리고 싶은 생각은 들지 않습니까?

꼭 그렇게 생각할 것만은 아니에요. 각기 다른 영화감독들이 마법처럼 빚어내는 세계의 특별한 분위기 속으로 발을 들인다는 건, 다른 모든 이유에 앞서 내가 연기를 하면서 살게 하는 이유일 거예요. 웨스 앤더슨든, 벨러 터르든, 봉준호든 각기 다른 그들의 이질적 우주에 내가 존재할 수 있다는 것, 그 각각의 세계 안에서 마치 집에 온 듯한 편안함을 느낀다는 것은 내 삶의 큰 기적 중 하나예요. 하지만 대개의 경우 이 모든 세계는 서로가 함께 치밀하게 만들고 지어 내는 거예요. 우리가 협업으로 함께 창조하는 결과물이자 함께 고른 인물이죠. 매번 새로운 이야기에 다가갈 때마다 우리는 각자가 가진 렉시콘(어휘의 저장고)의 수준을 한 단계 더 끌어올려요. 그리고 이러한 성장의 순간은 반드시 다음 영화에 영향을 주죠.

〈비거 스플래쉬〉를 보다가 든 생각인데, 내내 목소리를 거의 내지 않아서 흡사 버스터 키턴처럼 보이기도 했어요. 후에 〈헤일, 시저!〉를 다시 봤는데 그 쌍둥이 기자 역할의 목소리가 매우 이질적이더군요. 〈설국열차〉에서 메이슨의 목소리는 정말 위압적입니다. 〈옥자〉에서 루시의 목소리는 지나치게 사교적이고요. 당신의 다양한 영화를 찾아 보다 보니, 목소리란 어떤 의미가 있는지 궁금해지더군요.

틸다 스윈턴이 영화 <비거 스플래쉬>에서 맡은 마리안 역(상, 2015)과
<오직 사랑하는 이들만이 살아남는다>에서 맡은 이브 역(하, 2013), 이미지 제공: 찬란

데릭 자먼과 함께하던 연기 인생의 초반 몇 년 동안, 슈퍼 8밀리미터 카메라를 사용한 무성영화 작업을 자주하면서 대사 없이 연기한 경험이 있어요. 그래서 내게 목소리를 내지 않는 일은 낯설지 않을 뿐만 아니라 오히려 편안한 일이에요. 침묵 속에서 연기하는 경험은 내게 목소리란 단지 커뮤니케이션을 위해 동원되는 연기의 많은 수단 중 하나라는 사실을 가르쳐 주었어요.

배우에게 가장 중요한 미덕은 무엇이라고 생각합니까?

통찰력과 유머 감각.

세상은 당신을 성공한 배우로 인정하고, 또한 그렇게 인식합니다. 성공한 배우라는 건 어떤 상태를 말하는 것일까요? 돈과 명예를 떠나서 말입니다.

난 그저 날 행복하게 만들어 주는 삶을 살고 있다고 말하고 싶어요. 진실을 말하면서도 그런 삶을 살 수 있어요. 내가 사랑하는 사람들 사이에서, 좋아하는 곳에서 그런 삶을 살고 있기도 하고요. 내게 성공이란 바로 이런 거예요.

아이들을 위한 학교를 지었다는 소식을 들었습니다. 어떤 학교인지 소개해 주겠어요?

오! 드럼듀안(Drumduan) 얘기군요? 4년 전 내가 살고 있는 스코티시하일랜드 지역에 나의 친구이자 같은 학부모인 이언과 함께 설립한 학교예요. 교육학자인 루돌프 슈타이너의 가르침을 바탕으로 우리는 유치원생부터 열여덟, 열아홉 살의 학생들에게까지 어떤 외부 시험이나 성적 체계 없는 완전한 통합교육을 제공해요. 학생들은 대부분의 시간을 교실 밖에서 보내면서 몸을 쓰는 놀이나 공작, 자연과의 상호작용, 과학에서 인문학에 이르는 각 과목 교과과정 등을 통해 배움을 얻어요. 난 새로운 세대의 교육을 위한 이 같은 선구적 시도를 도와줄 만한 후원자들을 찾고 있어요. 언젠가는 우리의 혁신적 노력이 스코틀랜드 지역의 시스템을 넘어 더 확대되고 실행되길 희망하면서 말이에요. 그 와중에 자신의 아이가 현대사회의 경쟁 스트레스를 최소화할 수 있는 건전한 어린 시절을 보내길 바라는 부모들이 많아지면서 학교의 규모도 점차 커지고 있죠. 이곳은 자율과 행복이 보상받고 자연과 함께하는 통합적 사고를 통해 자급자족과 정착 생활로 나아갈 수 있는 곳이에요. 꼭 한 번 홈페이지(www.drumduan.org)에 들러 주길 바라요.

당신의 아이들에게는 어떤 가치를 가장 강조하나요?

친절, 포용, 연민, 동정심, 공감 능력.

〈존 버거의 스케치북〉을 읽다 메모해 둔 문장이 있어요. “무언가를 다른 이에게 보여 주기 위해서가 아니라 보이지 않는 무언가가 계산할 수 없는 목적지에 이르기까지 그것과 동행하기 위해 그림을 그린다.” 이것이 그가 글을 쓰는 이유이기도 하듯, 당신이 연기하는 이유이기도 하다는 생각이 들더군요.

친구들과 나누는 대화는 늘 새로운 여정으로 나아가도록 나를 이끌어요. 나는 매번 내 연기가 마지막이라는 생각으로 작품에 임하는데, 그러고 나면 그 다음 여정이 스스로 모습을 드러냅니다.

다큐멘터리 <존 버거의 사계>를 보다 보니 궁금해졌어요. 언제 그가 가장 그리운가요?

당연히 매 순간이요. 존 버거는 지난 30여 년간 내게 매우 소중한 친구였어요. 몇 년 전 우리는 한겨울 프랑스 산골 마을의 부엌 식탁에 마주 앉아 오랜 대화를 나누었고, 나를 비롯한 몇 명의 친구들이 이런 장면을 에세이 필름으로 만들자고 의기투합했어요. 하지만 촬영을 마친 후 우리는 이 분량으로는 그를 충분히 담기 힘들다는 걸 깨달았죠. 그래서 아예 사계절로 이뤄진 네 편의 영화로 만들자고 제안한 거예요. 이후 1년간 우리는 번갈아 가며 연출을 맡았고, 그 결과 네 가지 초상의 컬렉션으로 작품을 완성할 수 있었어요. 그가 떠나고 없는 지금, 그립다는 말만으로는 내 마음을 충분히 표현할 수조차 없어요. 하지만 생전에 그를 잘 알았고 매번 그에게 감동했던 우리가 〈존 버거의 사계〉를 만들어 그토록 높이 샀던 존의 원대함과 빼어난 시각, 지혜와 유머, 인류애, 인간에 대한 존중 등을 세상에 보여 주고 남길 수 있었던 건 큰 행운이라 생각해요. 그의 글은 우리 시대 문화의 값으로 따질 수 없는 큰 공헌이에요.

존 버거처럼 당신의 친구가 되기 위한 첫 번째 요건은 무엇인가요?

친절함.

지금 당신의 삶에서 덜어내야 할 것이 있다면요?

수줍음.

모마에서 일주일 동안 잠을 잔 〈더 메이비〉 프로젝트나 록페스티벌 무대에서의 시 낭독 같은 영화 이외의 다른 활동 중 현재 계획하는 것이 있습니까?

지금도 각양각색의 프로젝트 몇 개가 서서히 진척되고 있어요. 나의 친구 올리비에 사이야르와 함께 계속 진행 중인 작업도 그중 하나죠. 지난 5년간 우리는 파리에서 가을 축제의 일부로 선보인, 현존과 시간의 일회성에 대한 라이브 퍼포먼스 시리즈를 발전시켜 왔어요. 첫 세 작품 〈더 임파서블 워드로브The Impossible Wardrobe〉(2012), 〈이터너티 드레스Eternity Dress〉(2013), 〈클록룸: 베스티에르 오블리가투아Cloakroom: Vestiaire Obligatoire〉(2014)는 나와 올리비에가 공저자로 이름을 올린 책의 주제였는데, 지난 2015년 리졸리에서 발행한 바 있어요. 아, 글래스턴베리 페스티벌의 〈필턴 팰리스 시네마 텐트Pilton Palais Cinema Tent〉를 공동 큐레이팅하는 일도 하고 있어요(2017년 인터뷰 당시—편자주).

우리는 틸다 스윈턴이라는 배우를 스크린을 통해서만 만날 수 있어요.

그래서 그녀가 실은 스코틀랜드 해안 마을에 살고 있다는 사실을 종종 잊곤 해요. 마당에서 닭을 키우고 있다는 것도, 자연을 우정만큼이나 중요하게 생각하는 사람이라는 사실도 모르는 이들이 많을 걸요. 내가 이번 인터뷰를 주변에 자랑했을 때, 많은 이들이 당신의 일상은 과연 어떤 모습일지 궁금해하더군요.

나의 일상은 내가 사는 스코티시하일랜드 지역 사람들 대부분과 그리 다르지 않아요. 내 일상을 이루는 것도 마찬가지죠. 주로 아이들, 학교, 정원, 멀고 가까운 사람들과의 다양한 대화, 글을 쓰고 읽는 일, 바닷가, 언덕과 숲을 걷는 일, 반려견, 닭, 집, 쇼핑, 요리하고 먹는 일 같은 것들….

영화와 예술을 통해 세상과 교류하려는 당신 같은 사람은 무엇에서 삶의 영감을 받습니까?

자연, 우정, 인간의 타고난 재능, 시선.

예술이 삶을 모방한다고 생각하나요? 아니면 삶이 예술을 모방한다고 생각하나요?

예술은 삶의 일부예요. 그 둘은 함께 움직이는 동시에 독립적이죠. 예술이 없는 삶은 훨씬 열악할 것이 분명해요.

차기작만큼이나 당신만의 독서 리스트도 궁금합니다. 몇 가지 추천해 줄 수 있을까요?

지금 막 떠오르는 것들은 몽테뉴의 수필, 야생 수달들 사이에 살았던 개빈 맥스웰의 작품, 셜리 잭슨과 뮤리엘 스파크의 이야기, 노먼 맥케이그와 프랭크 오하라의 시, 데릭 자먼의 저서 『모던 네이처*Modern Nature*』, 존 버거가 쓴 모든 글, 낸시 미트퍼드, P. G. 우드하우스, 그레이엄 그린의 작품이에요.

"우리 모두는 늘 자기 자신을 연기하며 살고 있다"고 말해 왔어요. 혹시 틸다 스윈턴을 뛰어넘어야 한다고 생각한 적은 없었나요?

솔직히 난 당신이 방금 '틸다 스윈턴'이라 묘사한 그 존재와 매일매일 너무 가까이 함께 살아가고 있어요. 그렇기에 그녀와 무언가를 협상해야 할 필요도, 욕구도 느끼지 못하죠. 그녀의 필요와 기쁨이 바로 나의 필요와 기쁨이에요. 다행히도 우리는 서로 조화를 이루며 살고 있어요. 간혹 그녀의 삶에 내가 도전해야 할 요소가 있다면 그건 타인에 대한 어젠다예요. 조심스레 다뤄지지 않을 경우 귀중한 에너지를 소비하기 때문이죠.

영화 선택에서부터 이외의 활동까지 온전히 '더 나은 삶'을 향해 있는 것 같습니다. 당신은 더 나은 삶을 믿나요?

내가 아는 한 더 나은 삶(Better Life)이라 불릴 수 있는 특정한 상태는 없어요. 그러나 당신이 왜 이 질문을 하는지는 나도 너무 이해해요. '더 나은 삶'이라는 건 보다 나은, 보다 정확한, 보다 만족스러운 존재가 되기 위한 탐구가 세상 모든 종(種)을 진화의 방향으로 이끈다는 것, 즉 지구상에 있는 동안 보다 밝고 보다 공정하며 보다 많은 인생 경험을 할 수 있다는 희망과도 연결된다고 생각해요. 우리는 매일 이런 상황이 개선되리라는 희망, 전쟁과 탐욕, 무례에 대한 그릇된 추종이 언젠가는 자정될 수 있다는 희망을 품으며 잠자리에 들고 아침에 눈을 뜹니다. 우리는 이 세상이 우리 스스로를 통해 보다 나아지리라는 걸 알게 될 거예요. 끝내 포기하지 않고 더 넓고 높은 곳을 바라봐야 하는 이유이기도 하겠죠. 결국 그것 말고는 대안이 없지 않을까요?

•
2017년 7월호 『보그』 인터뷰를 바탕으로 새로 작성한 글입니다.

07 아이작 줄리언

ISAAC JULIEN

영상설치작가

아이작 줄리언 ISAAC JULIEN

"자본은 우리 인생을
지배하는 알고리즘이고
우리에게는 이를 풀어낼
무기, 질문이 필요합니다"

영상설치작가

세상의 문제를 아름답게 직면하는 영상설치작가

1960년 영국 태생의 영화감독이자 필름 아티스트. 멀티스크린을 활용한 다채널 영상 작업, 즉 오디오 비주얼 필름 설치 작품을 선보이는 아이작 줄리언은 사회정치적 이야기를 감성적인 영상으로 풀어낸다. 초창기에는 흑인 문화의 내면과 정체성의 문제를 다룬 뉴 퀴어 시네마로 존재를 알렸으나 점차 시각의 폭을 넓히고 깊이를 더해 세계화, 신자유주의, 자본주의, 노동, 이주, 난민 문제, 미술시장 등 세상이 직면한 문제를 향한 근원적인 질문을 웰메이드한 영상 미학으로 제시해 왔다. 실제 영화, 춤, 사진, 음악, 문학, 회화, 조각 등 클래식과 대중문화 모두에서 모티프를 적극 차용해 고유한 시각언어를 구축했고, 덕분에 칸영화제와 터너상, 영화계와 미술계 양쪽으로부터 극찬받은 흔치 않은 예술가로 회자된다. 그가 제시하는 주제들은 실험적이고도 대중적인 내러티브, 압도적으로 스펙터클한 이미지, 실천적인 퍼포먼스 등을 관통하여 공감과 감동을 도출한다. 아이작 줄리언은 영상으로 정치보다 더 역동적인 시(詩)를 쓰며, 정치적 예술의 표본을 보여 줄 뿐만 아니라 그 가능성을 새롭게 규정한다.

2015년 베니스 비엔날레 <자본론 오라토리오Das KAPITAL Oratorio> 현장

많은 미술가를 인터뷰하면서 단 한 번도 "그래서, 이 작품은 얼마라고요?"라는 식의 적나라한 질문을 직접 던진 적 없다. 돈 얘기 따위는 제프 쿤스나 데이미언 허스트 같은 스타들을 겨냥한 직설 화법 소재로 혹은 갤러리스트들의 비밀 수첩에나 존재하면 그만이라 치부했다. 자본 없이 현대미술이 성립할 수 없음에도 불구하고, 아이러니하게도 현대미술은 자본을 직접 언급하길 꺼린다고 의심했다. 미술이 내러티브, 서정성, 아름다움 등의 보편적 주제와 공공연히 거리를 두는 것도 문학, 음악, 영화 등 다른 예술과 차별화할 수 있는 가장 효율적인 방법이기 때문이라는 혐의를 씌웠다. 그렇게 내 머릿속에 멋대로 각인되어 있던 미술 세계의 룰은 영국 출신의 예술가 아이작 줄리언과 그 작품을 만나고 나서 균열을 일으켰다. 이런 의심들이 미술세계의 숨은 진실인지 아니면 거대한 편견인지, 비로소 질문을 던지게 되었기 때문이다.

일련의 과정은 아이작 줄리언이 패션 디자이너 요지 야마모토의 블랙 슈트를 좋아하고 양말 색깔까지 맞춰 신는 멋쟁이라는 사실만큼이나 신선한 충격이었다. 현재 영국의 가장 영향력 있는 미술가 중 한 명으로 통하는 아이작 줄리언은 미술 세계가 꺼린(그렇다고 여긴) 위의 요소들을 총체적으로 활용해 웬만한 블록버스터를 거뜬히 압도할 만한 스케일의 아름다운 영상을 만든다. 예술가로서, 인간으로서 그가 지난 수십 년 동안 지속적으로 관심을 가져온 이슈들, 즉 탈식민주의, 글로벌 자본주의, 이주와 난민, 인종과 성적 소수자의 정체성 문제 등 현 세상의 이야기들이 스펙터클하거나 서정적인 이미지와 대중적인 내러티브를 통해 한 편의 시로 완성되어 수 개의 스크린에 펼쳐진다. 덕분에 그는 미국의 더그 에이킨, 중국의 양푸동 등과 더불어 최고의 영상 작가(특히 멀티스크린을 활용하는)로 회자되지만, 이것이 전부는 아니다.

지난 몇 년 동안 나는 주요 미술 현장에서 꽤 자주 그의 작품을 만날 수 있었다. 2015년 베니스 비엔날레에서 본 〈자본론 오라토리오Das KAPITAL Oratorio〉는 배우들이 6개월에 이르는 비엔날레 기간 내내 종일 마르크스의 『자본론』을 낭독하는 일종의 퍼포먼스였다. 이 작품은 그 해의 주제였던 "모든 세계의 미래(All the World's futures)"의 하이라이트로 꼽혔다. 이 작업은 마르크스주의자인 데이비드 하비가 주인공으로 나와, 볼 수도 만질 수도 냄새를 맡을 수도 없지만 누구나 존재하고 있음을 아는 자본의 속성과 역사를 정색하고 논하는 영상 〈캐피털Kapital〉(2013)에서 출발했다. 같은 해에 아트 바젤의 연계 행사로 오래된 엘리사베텐 성당에서 선보인 설치작 〈아이스 케이브Ice Cave〉에는 영상 〈스톤즈 어게인스트 다이아몬드Stones against Diamonds〉(2015)가 펼쳐졌다. 이세이 미야케 원피스를 입고 얼음 대지를 미끄러지듯 걷는 흑인 여성 주변으로 빙하가 속절없이 녹아내리는 풍경, 이 슬프고도 쓸쓸한 판타지는 실제 아이슬란드의 위험천만한 빙하에서 얻어 낸 결과물이다.

그 즈음 출장길에 우연히 들른 루이 비통 재단 미술관에서 나를 완전히 매료시킨 〈만 개의 파도Ten Thousand Waves〉(2010)는 중국 조개잡이 선원 스무 명이 영국에 밀입국을 시도하다 결국 전원 사망한 비극적인 실제 사건에서 출발한 작품이었다. 중국 설화 속 바다의 여신인 마주(Mazu, 매기 청 분)의 시점을 빌려 표현한 이 작품은 6년 동안 제작되었고, 30여 개 도시에서 소개되었으며 "스타일과 세팅의 능수능란한 기교는 기술적 성취뿐 아니라 역사적 이해에 대한 성과(『뉴요커』)"라는 평을 받았다. 마주가 중국 천지를 날아다니는 모습과 현재 상하이의 마천루 풍경, 근대 상하이를 살던 어느 여인과 깊은 산중 낚시꾼의 모습 등이 교차 편집된 이미지와 시공간을 오가는 복잡한 내러티브가 아홉 개나 되는 멀티스크린에 신출귀몰했다. 밀입국을 시도하다 죽음을 맞이한 선원들, 이들을 움직이게 한 자본, 자본에 빠르게 침식당하는 전통, 기술사회로 격변 중인 중국 사회, 그렇게 자본에 휘청거리면서도 더 나은 삶을 찾는 사람들. 〈만 개의 파도〉의 싱글 스크린 버전 영화에 "베터 라이프(Better Life)"라는 제목을 붙인 이유이기도 하다.

한편 "아이작 줄리언의 최고의 작품"이라 평가받은 70분짜리 영상 〈플레이타임Playtime〉(2014)은 "세상의 거울인 동시에 미술 세계의 단면"에 본격적으로 뷰파인더를 갖다 댄다. 작가는 자본주의의 미래를 예언한 자크 타티의 영화 〈플레이타임〉(1967)에서 제목과 주요 장면을 차용, 재해석했다. 네모난 사무실 공간에서 수많은 노동자들이 일하는 예의 장면을 사각의 컴퓨터로 대체했고 "냉난방기로 가득한 컴퓨터 창고가 시장의 중심이다"라는 대사를 넣었다. 극중 닳고 닳은 아트 딜러로 분한 할리우드 스타 제임스 프랭코는 자신만만한 목소리로 이렇게 선언한다. "이건 게임입니다! 과연 어떤 작품의 가격이 가장 오를까요?" 미술품 옥션계의 믹 재거라 불리는 스타 경매사이자 실존 인물 시몬 드 퓨리는 매기 청(장만옥)과의 가상 인터뷰를 통해 작품 가격이 매겨지는 미술시장 논리를 밝히고, 몇 마디 말로 예술의 가치를 단죄한다. 돈벌이를 위해 온 필리핀 가정부는 두바이 고층 빌딩의 창을 통해 사막이었던 시내를 하염없이 내려다보고, 대출로 드림 하우스를 지었지만 경제 위기로 집과 가족을 속절없이 날려 버린 레이캬비크의 예술가는 아이슬란드의 장대한 자연을 묵묵히 응시한다.

〈플레이타임〉은 세상이 어떻게 돌아가고, 자본은 어떻게 이동하며, 이것이 인간 삶에 어떤 영향을 끼치는지를 고찰해 온 아이작 줄리언이 급기야 본인이 몸담은 미술계조차 망설임 없이 비판과 풍자의 대상으로 삼은 한 편의 블랙 코미디다. 이 작품을 통해 "우리 삶을 지배하는 알고리즘"으로서의 자본의 영향력, 현시대 가장 논쟁적이고도 일상적인 이슈를 예술의 세계로 끌어들이는 방식은 그의 전매특허가 됐다. 자본의 이동을 즐기거나 이용하거나 상처받거나 무너지는 이들, 그리고 자본의 논리와 리듬에 몸과 생을 맡긴 채 놀아날 수밖에 없는 사람들의 이야기. 그러므로 제목 "플레이타임"은 그들의 이야기를 넘어서는 중의적 의미다.

아이작 줄리언은 대중문화의 미덕으로 여겨진 서정주의와 내러티브 등을 적극 차용함으로써 현대미술이 도외시한 감성의 영역을 작품을 이해하는 중요한 요소로 끌어들이는 데 탁월한 재능을 발휘한다. 〈플레이타임〉에 등장하는 가정부도, 예술가도 눈물을 보이진 않지만 모두 울고 있다. 덕분에 예술 분야 중 유일하게 사람을 울릴 수 없다는 미술작품을 보면서 먹먹한 감정을 대면하는 놀라운 경험을 하게 된다. 〈웨스턴 유니언: 작은 배(레오파드)Western Union Series No.7(The Leopard)〉(2007)는 또 어떤가. 정치적, 경제적

<에메랄드 시티/ 캐피털(플레이타임)EMERALD CITY/ CAPITAL(Playtime)>, 2013, Endura Ultra Photograph, 160x240cm, Courtesy Isaac Julien and Victoria Miro Gallery, London.
이미지 제공: 플랫폼엘 《아이작 줄리언: 플레이타임》전

이유로 북아프리카를 떠나 유럽으로 밀입국하려는 난민들의 위험천만한 여정이 시칠리아섬의 화려한 바로크풍 궁전과 그 앞 바다를 배경으로 재연된다. 안무가인 러셀 말리펀트는 궁 곳곳에서 춤을 추는데, 이는 차라리 몸부림에 가깝다. 삶과 죽음, 존재와 생존, 실패한 희망들 사이에서 절규하는 난민처럼 보이기도 하고, 더 나아가 저마다 자기 생의 난민이 되어 방황하는 우리 자신처럼 보이기도 한다.

"우리는 스스로의 행위에 대해 물음을 제기해야 합니다. 결국 우리가 타자와 함께 더 나은 삶을 추구할 수 있는지 질문을 던져야 합니다." 그는 실패한 역사 속의 타자들, 국경 밖의 타자들, 같은 시공간에 살면서 고통받는 타자들과 화해하며 사는 삶이란 가능한가 묻는다. 이는 흑인으로서, 동성애자로서 평생 자신 안의 숱한 타자들을 대면해야 했던 작가 자신의 경험이 만든 질문이기도 하다. 그러므로 흑인 정신분석가이자 운동가 프란츠 파농에 대한 다큐멘터리 〈프란츠 파농: 블랙스킨, 화이트 마스크Frantz Fanon: Black Skin, White Mask〉(1996)의 마지막 내레이션은 곧 작가 자신의 말이기도 하다. "나의 몸은 언제나 나를 질문하는 사람으로 만든다."

이스트런던의 평범한 가정에서 태어난 아이작 줄리언은 동성애자임을 깨닫기 전까지 또래들에게 괴롭힘을 당해야 했다. 부모의 바람과는 달리 예술학교로 숨어 들어간 그가 만든 생애 첫 영화 〈누가 콜린 로치를 죽였나?Who Killed Colin Roach?〉(1983)는 런던 북부의 경찰서에서 의문사한 흑인 청년에 대한 이야기였다. 〈루킹 포 랭스턴Looking for Langston〉(1989)은 할렘 르네상스 시대의 시인 랭스턴 휴즈를 퀴어의 상징으로 그려 낸 시적 명상록이며, 칸영화제에서 비평가 주간상을 받은 〈젊은 영혼의 반란Young Soul Rebels〉(1991)은 1970년대 후반 영국 흑인들을 중심으로 한 청춘문화운동을 반영한 극영화였다. 아이작 줄리언은 잉카 쇼니바레, 스티브 매퀸 등 흑인의 정체성을 다루며 주목받은 1960년대생 작가들 중에서도 가장 먼저, 가장 적나라하게 그 존재와 욕망을 드러냈다. 지난 2013년 뉴욕현대미술관이 발간한, 전작을 총망라한 도록 제목이 『폭동*Riot*』이라는 사실은 우연이 아니다.

누구나 아이작 줄리언이 설계한 스크린 앞에 앉으면 당황할 것이다. 수 개의 각기 다른 스크린에서는 각기 다른 장면이 펼쳐지기 때문에 눈을 어디에 두고, 어떤 스크린을 따라가야 할지 혼란스럽다. 더구나 다큐멘터리와 픽션, 실존 인물과 가상 인물, 진실과 진실처럼 보이는 것 사이의 대비를 좇으며 세상의 본질적 모순을 탐구하는 그의 작업 자체가 대단한 여정이다. 아이작 줄리언은 멀티스크린을 고집하는 이유에 대해서도 "복잡한 작품을 통해 자본주의 체제에 살면서 느낄 수밖에 없는 복잡한 뉘앙스, 복잡한 시스템을 나타내고 싶었다"고 말한다. 영상으로 정치보다 더 역동적인 시를 쓰며 정치적 예술의 표본을 보여 주는 그의 질문은 지금도 내내 나를 따라다닌다.

한 인간으로서, 예술가의 한 사람으로서 당신은 '더 나은 삶(Better Life)'을 믿나요?

완전히 믿어요. 내 부모님의 삶, 세인트루시아의 작은 섬에서

2017년 플랫폼엘 개인전에 맞춰 방한한 아이작 줄리언, 사진: 장덕화

부터 영국 런던에 이르는 그 여정과도 연결되어 있죠. 나라는 사람 자체가 그들의 '더 나은 삶'에 대한 갈망의 결과물인 셈입니다. 내 작품을 두고, 대체적으로 비평가들은 좋아하는 반면 관객들은 혼란스러워 해요. 혹자는 "더 나은 삶에 대한 이야기치고 작품이 지나치게 나이스하다"고 비꼬죠. 나는 '더 나은 삶'을 주제로 아름다운 이미지를 만들고자 하는 예술가의 갈망을 이들이 이해하지 못한다고 봐요. 이민자들의 비극적 상황을 직설적으로 보여 주는 것만이 더 나은 삶을 말하는 방식이라 생각하지 않아요. 신념을 이미지로 만들기 위해서는 특별한 감성이 필요해요. 빌리 홀리데이가 〈스트레인지 프루트 Strange Fruit〉를 통해 비극을 아름다운 시로 노래하듯이, 내 모든 작업은 '더 나은 삶'에 대한 요약입니다.

네, 〈플레이타임〉부터 〈만 개의 파도〉까지 작품 각각의 주제는 다르지만, 전체적으로 더 나은 삶을 향해 있어요. 자본, 자본주의, 난민에 대한 에피소드는 결국 현 세상이 당면한 문제라는 지점에서 만납니다. 이런 이야기에 몰두하는 이유는 무엇입니까?

나는 누군가 빛을 찾는 이야기를 다룬다면, 그 전에 먼저 이렇게 빛을 찾는 데는 이유가 있다는 걸 알아야 한다고 생각합니다. 예컨대 〈웨스턴 유니언: 작은 배(레오파드)〉를 만든 2007년은 지금처럼 난민, 이민자들이 세상의 관심을 받기 전이었죠. 하지만 지금은 어떤가요. 브렉시트가 발동했고, 트럼프는 이를 정치에 이용했죠. 우리는 트럼프가 무슨 일을 벌일지, 폴란드나 이탈리아에서 무슨 일이 일어날지 모릅니다. 당신이 난민이나 이민자가 아니라고 할지라도 더 나은 삶을 찾는 이러한 사람들에 대한 이슈가 우리 세상의 일부를 차지한다는 점에서 연결되어 있어요. 나는 해외 토픽을 통해 일상처럼 되어 버린 타인의 문제를 지루하지 않게 '나의' 문제로 관심 갖게 하기 위해 가장 좋은 표현법을 찾습니다. 혹자는 이런 심각한 이야기가 별나다고도 하지만 난 더 깊이 들어가야 한다고 생각해요. 왜 이런 일이 생기고 있는지에 대해서 말이죠.

또 다른 영상 〈캐피털〉에는 데이비드 하비의 공개 대담을 진행하는 당신의 모습이 직접 등장하기도 하는데, 어떤 이슈라도 예술의 세계로 가져오는 게 예술가의 엄연한 책무라는 의지가 엿보였습니다.

맞아요. 예술가로서의 내 역할은 다양해요. 예를 들어볼까요. 〈플레이타임〉은 엄청나게 고해상으로 만든 작품이에요. 실체적 이미지가 아니라 픽셀로 이루어져 있다는 의미죠. 엄밀하게 픽셀을 보면서 이미지를 보고 있다고 느끼는 것, 이것이 어떤 자본이 우리 삶이나 세계를 구성하는 근본적인 방식이 아닐까 했어요. 예술이 침범할 수 없는 곳은 없어야 하고, 예술은 최대한 모든 각도를 반영해야 합니다. 2008년 경제 위기 이후 사람들은 마르크스가 말한 "자본의 죽음"에 대해 관심을 갖게 되었어요. 이 거시적인 구조에 질문하는 것, 그것이 예술가로서의 나의 역할입니다. 'Capital'이 아니라 'Kapital'로 표기한 것도 마르크스의 『자본론*Das Kapital*』에서 출발했기 때문이에요.

저는 미술시장에서 돈을 말하는 방식이 바로 돈을 둘러싼 세상의 이중적인 잣대를 상징한다고 생각해요. 그렇다면 필연적으로 거대 자본으로 작품을 만드는 예술가인 당신에게 자본이란 어떤 존재인가요? 사실 당신의 영상이야말로 자본 없이는 절대 만들 수 없을 정도로 화려한 데다 규모도 크지 않나요(웃음)?

매우 흥미로운 질문이군요. 〈플레이타임〉은 자본의 움직임, 그에 따른 사람의 (어쩔 수 없는) 움직임뿐 아니라 예술계 내에서 작가인 나의 움직임까지 아우르는 이야기입니다. 회화든, 사진이든, 영상이든 예술적인 무언가를 만들기 위해서는 많은 자본이 필요하다는 건 인정해요. 따라서 예술 세계의 어떤 사람들은 영상에 대해 냉소적이기도, 그래서 더 좋아하기도 하죠. 예술, 자본 그리고 나는 모두 연루되어 있기에, 내가 자본으로부터 자유롭다고 변명하진 않겠습니다. 하지만 이로써 더 솔직한 질문을 던지고 있다고 말하고 싶어요. 알고는 있지만 말하지 않는 것, 언급되지 않는 것에 대해서. 많은 이들이 의문을 품을 겁니다. 대체 예술계의 돈은 다 어디서 오는 거지? 당신은 언젠가 자신을 위해 예술품을 구매하고 행복을 느낄 것이며, 그건 예술의 중요한 역할 중 하나예요. 내 역할은 그런 와중에도 당신이 무언가 생각하고 불편함을 느끼게 만드는 거예요. 19세기에도 자본에 대한 시가 존재했는데, 예술 이야기가 빠지지 않았다는 사실을 알고 있나요. 현재는 그때의 지속된 형태예요. 그때나 지금이나 자본은 우리 인생을 지배하는 알고리즘이고, 우리에게는 이를 풀어낼 무기, 즉 질문이 필요합니다. 게다가 눈으로 볼 수 없는 추상적인 형태의 정보, 노동, 자본의 비물질적 흐름에 형태를 부여하고 이미지화하는 시도는 작가인 내게 매력적인 도전이었어요.

〈플레이타임〉을 두고 몇몇 유명 비평가들이 "아이작 줄리언의 영화 중에서 초기작 〈젊은 영혼의 반란〉 이후 가장 야심 찬 프로젝트다"라고 평했습니다. 어떤 야심이었나요?

기본적으로 예술 세계에서 논쟁적인 이슈를 다룬다는 점에서 호평을 받았어요. 하지만 각 작품마다 이뤄 내고자 하는 건 달라요. 이를테면 〈만 개의 파도〉는 매우 시적인 작품이었죠. 자본에 대한 이야기를 장만옥이 연기한 바다의 여신인 마주의 관점으로 풀었는데, 나의 관점을 벗어난 그녀의 여정, 관점이라는 점에서 특별한 작품이었습니다. 반면 〈플레이타임〉은 〈젊은 영혼의 반란〉만큼 많은 배우가 등장하고 연기가 차지하는 비중이 크며 대사도 많아요. 상업영화의 포맷과 내러티브를 모방한 것도 사실이죠. 진지한 감정을 쉽게 보여 주는 것도, 아무 연관 없어 보이는 가정부, 작가, 경매사, 아트 딜러, 해지펀드 매니저가 결국 하나의 주제로 절묘하게 이어지는 드라마도 의도한 거예요. 그런 점에서 좀 다른 야심으로 만든 작품이라는 말이 더 맞겠군요.

현실과 허구, 과거와 현재, 실존 인물과 가상 인물을 뒤섞어 놓았다는 것도 예술적 야심이라 볼 수 있겠지요. 경매사인 시몬 드 퓨리와 장만옥이 서로 인터뷰하는 것처럼 편집하고, 제임스 프랭코에게 예술계의 논리를 읊게 만든 자체도 흥미로웠습니다. 유명인의 존재감이 미술작품을 잠식할 거라는 우려와는 달리 모두들 아이작 줄리언의 배우 역할에 충실했다고나 할까요.

제임스 프랭코는 매우 영리하고 도발적이고 재능 있는 배우입니다. 한 시간 만에 본인 분량을 완벽하게 찍었어요. 이 작품을 찍기 7년 전부터 우리가 지속적으로 대화를 나누었기에 가능한 일이었죠. 제임스는 자신이 곧 예술이 되었고, 덕분에 작품 안에서 독특한 움직임을 만들어 냈어요. 매기 청과의 작업은 〈만 개의 파도〉 이후 두 번째예요. 오래전 틸다 스윈턴이 그녀를 추천했는데, 나는 매기 청을 보자마자 바다의 여신을 연기해 주길 바랐어요. 마주가 상하이를 배경으로 한 신화적 인물이라면, 장만옥은 동서양 영화계의 산증인이라는 점에서 일맥상통하기도 했고요. 그때의 인연이 지금에 이른 셈이죠. 그리고 짐작했겠지만 시몬 드 퓨리와 매기 청은 편집을 그렇게 했을 뿐 서로 대면한 적 없어요.

돈에 인생이 완전히 휘둘리는 이들의 안타까운 에피소드를 두고 언젠가 "작업 과정은 일종의 아름다운 보상 행위"라고 말하기도 했습니다. 당신 마음속 보상의 심리학이 흑인과 동성애에 몰두한 초창기 이후에도 여전히 작품에 적용되고 있나요?

매우 그래요. 〈플레이타임〉의 가정부 에피소드는 나를 위해 일하던 분의 실제 이야기예요. 레이캬비크의 예술가 이야기도 내 친구의 이야기죠. 나는 실제 이야기를 좋아하는데, 역사적으로 매우 중요한 점을 시사하기 때문입니다. 자본 때문에 터전을 떠나야 하는 내 작품 속 이들의 이야기는 주류 미디어가 이야기하는 이동 혹은 이주와는 다른 사유의 틈을 제공합니다. 무엇보다도 슬픈 사연을 가진 이들은 어떤 영화나 드라마는 몰라도 미술작품의 주제로 언급되어서는 안 된다는 식으로 고정화되어 있어요. 일상에서 늘 다뤄지는 주제인데, 왜 미술로는 안 되는 걸까요? 마찬가지로 영상학과 사진학은 백인들을 통해 발명되었고, 때문에 흑인들에게는 동등하게 주어지지 못한 기술입니다. 영상이나 사진을 통해 흑인들이 더욱 지속적으로 다뤄져야 하는 중요한 이유이기도 하죠.

멀티스크린이야말로 전시장 자체를 세트장으로, 나를 관객이자 주인공으로 변모시키는 장치라는 생각이 들었습니다. 여러 개의 스크린을 모두 보려면 내가 끊임없이 움직여야 하기 때문이죠. 멀티스크린은 영상을 '본다'는 의미를 바꾸는 실험적인 조각 언어입니다. 멀티스크린 사용법에 관한 철학이 있다면 무엇입니까?

내게는 작품이 다름 아닌 갤러리에 걸려야 하는 이유가 필요했고, 자연스럽게 응시의 개념을 연구하게 됐어요. 요즘은 보통 모니터에 여러 개의 창을 띄워 놓고 쓰잖아요. 미술관을 찾은 관객들도 휴대폰 창을 통해 작품을 봅니다. 시선의 분산은 지금의 우리가 무언가를 보는 방식이에요. 그래서 나는 말하자면 곧 멀티스크린 조각가가 되어 여러 개의 스크린으로 시선을 분산시키고, 한곳에서 모든 이미지를 보는 게 불가능하도

<플레이타임PLAYTIME>, 2014, Seven screen ultra high definition video installation with 7.1 surround sound, 69분 47초, Installation view, Victoria Miro Gallery, Courtesy Isaac Julien and Victoria Miro Gallery, London, 사진: Stephen White.
사진 제공: 플랫폼엘 《아이작 줄리언: 플레이타임》전

록 만듦으로써 무언가를 다르게 보는 방식 혹은 언어를 개발했어요. 미술관에서 우리는 휴대폰을 보고, 메시지를 읽고, 사진 찍는 다른 관객들로 인해 방해를 받죠. 멀티스크린 작품은 내가 "방해받는 관객"이라 부르는 이들의 거울이며, 어디를 봐야 할지 모른 채 이곳저곳 이동해야 하는 혼란스러운 이 상황은 우리 사회의 거울입니다.

신자유주의, 불평등 등 현 세계가 당면한 정치적 문제를 영상으로 풀어내는 과정에서 뉴스에서나 볼 법한 이슈들이 스펙터클한 한 편의 시로 변모합니다. 덕분에 문제의 본질을 흐린다는 오해와 공격도 받았을 것 같아요. 미술작품은 설사 아름답지 않은 이야기라도 아름다운 형태와 방식으로 해야 한다고 생각합니까?

내 작업의 과정은 누군가를 대변하는 아름다움을 어떻게 표현하느냐의 문제이지만, 더 나아가 나는 아름다움이라는 질문에 다가갈 일조차 없는 누군가가 되어 작품을 만듭니다. 이를테면 대다수의 흑인들에게 아름다움 타령은 익숙하지 않을 거예요. 마찬가지로, 정치적인 주제로 시적인 콘텐츠를 만드는 것 역시 여전히 낯설 수 있죠. 그러나 나는 작품의 존재 자체로 정치적인 질문을 보여 주는 전략을 선택했어요. 1989년 〈루킹 포 랭스턴〉을 내놓은 이듬해, 마돈나가 흑인 무용수들의 몸짓과 춤을 표현한 〈보그Vogue〉 뮤직비디오로 대대적인 히트를 쳤어요. 많은 이들이 내게 물었죠. "마돈나 영상 봤어? 너의 〈루킹 포 랭스턴〉을 따라 한 거 아니야?" 이것이 내가 작품을 만드는 방식이에요. 아름다움이라는 질문에 다가가는 것. 내가 어디 출신인지, 가족들과 어떻게 관계 맺고 있는지는 물론 성적 정체성, 에너지와도 연관되어 있기 때문이에요. 기억해 보면, 처음 영상작품을 만들고자 한 이유도 내 작품 속에서 정체성과 연결된 에너지를 찾고자 했기 때문이었어요. 내가 볼 수 없는 나 자신에 대한 이미지를 확장하고 이를 통해 나 자신을 보아야만 했거든요. 이것이 내가 이미지를 만들면서 사는 중요한 이유 중 하나입니다.

이미 유명한 당신에게 무엇이 되고 싶은지 물으면 어떻게 답할 건가요?

또 다른 인생을 살게 된다면, 한 치의 망설임 없이 뮤지션이 되고 싶어요. 내 작품에서도 사운드의 비중은 매우 크죠. 내게 사운드는 또 하나의 이미지입니다. 〈플레이타임〉에서도 사운드에 포용된 듯한 느낌을 주고 싶었고, 이로써 예술 현장에 부지불식간에 연결되는 듯 느끼게 하고 싶었어요. 어쩌면 언젠가는 음악을 하며 살지도 모르겠군요. 매기 청도 내 이야기에 공감했어요. 그녀도 지금 연기 대신 음악을 하고 있지 않나요. 〈플레이타임〉 이후 절대 영화에 출연하지 않을 거라고 했는데, 그녀의 음악을 들었을 때 나는 감격했을 뿐 아니라 그 마음을 백분 이해할 수 있었어요. 비슷한 나이대라 그런가…. 사실 나는 그녀의 나이를 아직도 몰라요. 내 나이도 잘 모르겠군요(웃음).

•

2017년 4월호 『보그』 인터뷰를 바탕으로 새로 작성한 글입니다.

08 제니 홀저

JENNY HOLZER

미술가

제니 홀저 JENNY HOLZER

“내가 원하는 것으로부터
나를 지켜 줘”

한없이 아름답고 한없이 정치적인 아티스트

1950년 미국 오하이오주 출생의 개념미술가. 뉴욕 후식(Hoosick)과 브루클린에 스튜디오를 두고 활동 중이다. 소셜미디어가 일상화되기 전부터 '홀저그램(Holzergram)'을 유행시킨 장본인인 제니 홀저는 지난 40여 년 동안 현대사회의 문제점과 논쟁, 이들이 야기하는 슬픔 같은 감정을 신랄하게 표현한 문장들을 공공장소 및 전시장에서 선보여 왔다. LED 전광판을 활용한 작품으로 가장 잘 알려져 있지만, 매체의 종류는 중요하지 않다. 이미 1980년대 뉴욕 곳곳을 정치적 문구로 가득한 포스터로 도배한 그녀는 타임스퀘어 전광판부터 티셔츠, 모자, 버스, 트럭, 길거리 벤치, 건물 벽면, 패션 매거진 홈페이지, 유구한 역사의 고성 그리고 의외의 공적 장소를 모두 현실의 부조리를 폭로하고 발언하는 장(場)으로 활용한다. 현대미술이 도외시한 직설화법을 대중적, 예술적으로 풀어낸 시대의 명상록, 누구나 일상에서 공감할 수 있는 제니 홀저 미술의 영향력은 그때나 지금이나 공히 유효하다. 1990년 베니스 비엔날레 미국관을 대표한 최초의 미국 여성 작가였던 그녀는 그해 황금 사자상까지 거머쥐었다. 그러나 더 중요한 건 페미니즘이 일상화되기 훨씬 전부터 여성의 존재와 권리에 대해 적극적으로 발언했을 뿐 아니라 그렇게 예술과 삶을 같은 기조로 꾸려 갔다는 사실이다.

<서바이벌Survival> 연작 중, 1983~1985, electronic sign, 6.1x12.2m, Selection from the Survival Series 설치 전경, 타임스퀘어, 뉴욕, 미국, 1985, © 1985 Jenny Holzer, member

유비쿼터스적 예술가 제니 홀저의 작품은 다른 유명 작가들의 작품과는 달리 원본 그대로 책상 앞에 앉아 컴퓨터 모니터와 핸드폰으로도 볼 수 있다. 사상 유래 없는 신개념 전염병의 창궐에 전 세계가 멈춘 2020년 4월의 어느 날, 제니 홀저는 자신의 공식 인스타그램에 문장 하나를 띄웠다. "PROTECT ME FROM WHAT I DON'T WANT(내가 원하지 않는 것으로부터 나를 지켜 줘)." 검은 바탕에 흰 글씨가 번쩍번쩍 출몰했다 사라지기를 반복하는 형상은 글자가 이미지보다 더 강력할 수 있음을 새삼 증명했다.

40여 년 전인 1982년, 그녀는 이 문장의 원문 격인 "PROTECT ME FROM WHAT I WANT(내가 원하는 것으로부터 나를 지켜 줘)"를 세상에서 가장 비싼 타임스퀘어 전광판에 쏘아 올린 바 있다. 당시는 자본주의가 비약적으로 발전하던 시대였고, 지금은 인류역사상 처음으로 삶의 공통된 조건, 인간의 한계, 연대의 필요 등을 함께 고민하는 시기다. 예컨대 아프리카 차드의 문인인 무스타파 달렙이 "전 세계가 직면한 코로나 바이러스의 상황에서 휴머니티가 무엇인지 질문해 보자. 섭리가 우리에게 드리울 때를 기다리며 스스로를 직시하자"라는 긴 글로 사람들을 격려할 때, 제니 홀저는 단 하나의 단어(DON'T)로 모두를 표현한다. '내가 원하는 것'과 '내가 원하지 않는 것'의 차이는 그 자체로 예술가 제니 홀저의 진화이자, 절체절명의 문제지를 받아 든 인류의 역사다.

몇 년 전 『보그』 미국판과 진행한 총기 사용 반대 캠페인에서, 제니 홀저가 희생자들의 사연을 실은 디지털 작품을 홈페이지에 공개했을 때, 심지어 나는 울었다. "MY DAD WAS KILLED,

ALONG WITH 13 OF HIS COWOKERS(나의 아버지는 그의 열세 명의 동료와 함께 죽었습니다)” 같은 문장들이 색과 크기를 달리하며 나타났다 사라졌다. 그녀의 사실적 문장은 심미성과 시적 요소를 잃지 않은 예술의 형태로 태평양 건너 총기 사건과는 하등 상관없는 내 일상을 예리하게 파고들었다. 그리고는 그 짧은 시간에 전 세계, 특히 미국에서 빈번이 일어나는 총기 사고의 원인, 요원해 보이는 해결책은 물론 가족을 잃은 이들의 절절한 심정이 나를 강타했다. “보통 사람들이 쉽게 이해할 수 있도록 하기 위해 언어를 사용한다”는 미술가의 오랜 의지가 문제의식과 공감 능력, 슬픔과 행동 의지를 발동시키며 발전한 기술력으로 구현된 순간이었다.

현대미술가 제니 홀저는 텍스트로 작업해 온 대표 미술가다. 사회와 개인, 거대 담론과 일상을 관통하는 그녀만의 시대의 명상록은 전쟁, 권력, 학대, 섹스, 테러, 불평등, 공포, 탐욕 등 인류가 창조한 뿌리 깊은 비극을 정면으로 향한다. 이른바 텍스트 아트를 시도한 다른 작가들, 바버라 크루거, 세라 찰스워스, 루이즈 롤러 등의 작업에 비해 홀저의 그것은 강력한 공공성을 담보한다. 마치 그 시절의 피카소와 브라크가 신문 속 단어들을 입체주의 그림에 차용한 것처럼, 홀저는 광고판, 티셔츠, 모자, 컵, 콘돔, 건물 파사드, 버스, MTV 같은 대중적 채널로 메시지를 유통해 왔다. 다른 상업 광고와 함께 벽에 붙거나 LED 전광판에서 깜빡 거리거나 대리석 벤치에 새겨지거나 트럭에 실려 돌아다닌, 무심하고도 단호한 분노의 목소리는 그래서 더 충격적이었고 더 신선했으며, 이는 지금도 다르지 않다.

브루클린에 위치한 제니 홀저의 스튜디오에서는 맨해튼 다리와 스카이라인이 보인다. 창밖 풍경을 좋아한다는 그녀는 본래 길거리 태생이다. 1977년부터 1979년까지 그녀는 수백 개의 다양한 문장을 포스터로 만들어 밤마다 뉴욕 길거리에 붙이고 다녔다. 개념미술을 갤러리 혹은 미술관의 담장 너머 길거리로 데려간 이 작업 〈트루이즘Truisms〉(1977~1979)은 "스스로 작가인지 확신할 수 없던 젊은 예술가"의 유일한 실천법이었다. 개념미술로 일상을 도발한 제니 홀저는 부지불식간에 미술사에서 가장 영향력 있는 예술가로 자리매김했다. "ABUSE OF POWER COMES AS NO SURPRISE(권력의 남용은 놀랍지 않다)"라 쓰인 싱글렛에 짧은 청바지 차림의 여자가 거리를 활보하는 사진은 전설로 회자되었다. 사람들은 홀저의 진실게임을 읽고 대화하고 밑줄 긋고 논쟁했다. 이 현상은 기억, 경험, 정치 성향 등을 촉매 삼아 대중을 결집시키는 서사가 되었고, 호의적이든 아니든 대중들의 반응은 작가로 하여금 작업을 지속할 명분과 힘을 주었다.

오늘날의 소셜미디어처럼 일상적 참여를 이끄는 '홀저그램(Holzergram)'은 여지없이 모두 대문자다. "FEAR IS THE MOST ELEGANT WEAPON(공포는 가장 우아한 무기다)", "RAISE BOYS AND GIRLS THE SAME WAY(소년과 소녀를 같은 방식으로 키워라)", "YOU ARE A VICTIM OF THE RULES YOU LIVE BY(당신은 삶이 정한 규칙의 희생양이다)", "ROMANTIC LOVE WAS INVENTED TO MANIPULATE WOMAN(로맨틱한 사랑은 여자를 조종하기 위해 발명되었다)", "MONEY CREATES TASTES(돈

상. <트루이즘: 어 릴랙스드 맨…Truisms: A relaxed man…>, 1987, © 1989 Jenny Holzer, member Artists Rights Society(ARS), NY, 사진: David Regen

하. <트루이즘Truisms> 중, 1977~1979, 1977, © 1977 Jenny Holzer, member Artists Rights Society(ARS), NY, 이미지 제공(공통): 국제갤러리

이 취향을 만든다)", "SELFISHNESS IS THE MOST BASIC MOTIVATION(이기심이 가장 기본적인 동기다)", "IF YOU SEE SOMETHING, SAY SOMETHING(만약 무엇을 본다면, 그것을 말하라)", "A MAN CAN'T KNOW WHAT IT'S LIKE TO BE A MOTHER(남자는 엄마가 되는 것이 어떤 것인지 알 수 없다)" 등등. 심지어 이 인터뷰 질문지에 답변까지 모두 대문자로 적어 보냈기 때문인지, 단호한 문장의 면면들이 힘차게 나를 독려하는 것 같았다.

지난 2016년 미국 대통령 선거를 앞둔 어느 날, 제니 홀저의 옛 포스터를 모아온 어떤 자가 뉴욕 곳곳에 문제의 포스터를 붙여 당시를 재현하는 빅 이벤트를 벌이기도 했다. 그러나 가격이 천 배나 올랐다는 이 포스터도 그녀의 변화를 대변하기엔 부족하다. 작가가 고백했듯 "1989년부터 1990년까지 디아 예술센터, 뉴욕 구겐하임, 베니스 비엔날레 전시 모두를 해낸 것이 내(그녀) 커리어의 차이점을 만들었"을 뿐 아니라 1990년 베니스 비엔날레의 미국관을 대표하는 첫 여성 작가가 된 그해 황금 사자상까지 거머쥐었다. 배우이자 감독 데니스 호퍼가 홀저에게 영감받고 조디 포스터를 앞세워 만든 영화 〈뒤로 가는 남과 여〉(1989)가 개봉하기도 했다. 청부 살인업자가 예술가와 사랑에 빠진다는 허무맹랑한 이 영화가 흥행에 성공했는지는 모를 일이지만, 제니 홀저가 게릴라처럼 종횡무진하며 뉴웨이브의 아이콘으로 부상했음은 분명하다.

시대의 변화와 기술의 발전에 발맞추어 제니 홀저의 작업도 진화해 왔다. 〈트루이즘〉에서 더 나아간 도전적 작품 〈선동적 에세이Inflammatory Essay〉(1979~1982), 색색의 종이에 인쇄된 백 개의 단어는 스무 줄의 형태를 지키며 극단적인 사고를 풀어놓는다. 1980년대 중반부터는 공원 등의 대리석 벤치에 문장을 새겨 성찰과 토론을 위한 장소로 제공했다. 지하철역, 각종 건축물, 사막, 바다 등을 캔버스 삼아 텍스트를 투사하는 라이트 프로젝션 작업도 1990년대 중반부터 활발해졌고, 급기야 몇 년 전에는 패션 디자이너 버질 아블로의 런웨이 무대에 "ALTHOUGH YOUR BULLET WILL TEAR APART MY BODY, YOU ENEMY, WILL NOT KILL ME(네 총알이 내 몸을 찢을지라도 나의 적이여, 날 죽일 수는 없을 것이다)"라는 문장을 쏘아 올렸다. 1996년부터 LED가 홀저의 전매특허가 된 건 이 반짝임이 자본주의의 영원성을 상징하게 된 동안에 난무하는 불빛 사이에서도 효과적이고도 아름답게 발언해 왔기 때문이다. '영원한 순간성'과 '순간적 영원성'을 경계 없이 넘나드는 반짝이는 텍스트는 각 시대를 산 사람들의 뇌리에 각인되었다.

지난 2019년 겨울부터 국립현대미술관 서울관 로비에서 선보인 전시 《당신을 위하여》를 통해 한국의 관객들도 처음 한글로 번역된 제니 홀저의 작품 〈트루이즘〉, 〈선동적 에세이〉, 대리석 벤치, LED 기계 작업을 만날 수 있었다. 그녀는 2000년대 이후 안나 스위르, 헨리 콜, 비스와바 심보르스카 등 작가들의 글을 작업에 차용해 왔고, 이들의 문학적 시선이 자신을 키웠다고 말한 바 있다. 그리고 홀저는 이번 전시를 통해 새로운 작가들을 특별한 세계에 초대했다. 한국의 시인 김혜순, 소설가 한강을 비롯해 위안부 이야기를 서술한 시(詩)로 미국 사회 내에서 반향을 일으킨 젊은 시인 에밀리 정민 윤, 여성 인권과 난민 보호에 앞장서는 학자 겸 활동가

호진 아지즈, 2015년 노벨문학상 수상작이자 세계 대전 등에 참전한 여성들의 처절한 목소리에 귀 기울인 스베틀라나 알렉시예비치의 텍스트들이 홀저의 미술 세계를 만나 이 땅에 공명했다.

추상화가, 페미니스트, 개념미술가, 정치활동가, 환경운동가 등 제니 홀저를 일컫는 다양한 수식어는 일련의 텍스트가 삶에서 발화하는 지점에서 생겨났다. 하지만 홀저의 현 상태를 정의하는 가장 확실한 방법은 키키 스미스의 설명을 빌리는 것이다. 『인터뷰』 매거진과의 인터뷰에서 그녀는 언급했다. "제니 홀저는 이라크와 아프가니스탄 전쟁의 정보를 텍스트 작품으로 만드는 유일한 미술가입니다." 2001년 9·11 이후 홀저는 기밀 해제된 정부 문서, FBI의 이메일, 억류자들이 보낸 편지, 사망자의 부검 보고서, 참전 병사들의 증언들까지 차용하는 데 이르렀다. "비참함과 분노를 그렇게만 보이지 않도록 변형하고, 범죄자의 초상을 만드는 식으로 승화시킨다"는 제니 홀저의 작품은, 그러나 그 내용이 얼마나 심각하든 아름답지 않은 적 없을뿐더러 비인도주의적 야만성을 향한 비판의 중대성을 약화시킨 적도 없었다.

"나는 스스로 많은 것을 원했어요. 대중들과 예술 공유하기, 신비롭지만 질서정연한 작품의 화가가 되기, 명확하지만 교훈적이지 않기, 올바른 주제 찾기, 공간 바꾸기, 사람들을 혼란스럽게 하기, 아름다움을 제공하기, 웃기기, 절대 거짓말 하지 않기." 예술가뿐만 아니라 동시대인인 나에게조차 유용한 이런 바람을 동력 삼아 제니 홀저는 살아가고 있다. 할머니에게 물려받은 빨간색 유리 전등, 미국 가구 디자이너의 역사가 담긴 오크 찬장, 절친한 패션 디자이너 헬무트 랭이 선물한 우비, 남편 마이크(역시 작가다)의 친구이자 이름난 미니멀리스트 솔 르윗의 드로잉을 벽지로 삼은 뉴욕 후식의 집에서 작업하고, 손자와 시간을 보내고, 말을 돌보며 말이다.

시각적으로 정치화된 제니 홀저의 문장은 가장 기본적인 삶의 전제를 재고하게 한다. 정치의식은 어떤 당을 지지하느냐의 문제가 아니라 어떤 삶을 살 것인지의 질문이며, 해외 토픽은 그들의 이야기가 아니라 우리가 사는 세상의 이야기다. 그녀의 문장은 이데올로기, 욕망, 두려움, 유머, 분노, 증오 등 사회적 잠재의식을 노골적으로 자극하며 창백한 현실을 외면하려 하는 삶의 관성을 거슬러 끊임없이 각성하게 함으로써 모두를 주인공으로 만든다. 지난 수십 년간 제니 홀저는 이것이 미술로 가능하다는 걸 보여 주었다. 그리고 세상을 둘러싼 진실과 그 이면을 질문하는 용감한 예술가의 방식이 얼마나 유효한지는 현 세계를 보면 알 수 있다.

당신의 최초의 시각적(예술적) 경험은 무엇인가요?

내 어머니는 종종 "이것 보렴!"이라고 하셨죠. 하지만 언제나 그건 예술이 아니라 세상의 다른 신기한 것에 대한 거였어요.

지금 어디에서, 어떤 상황에서 이 글을 쓰고 있나요?

뉴욕주에 있는 나의 농장 겸 작업실에서요. 지금 손자가 내 사무실에서 자고 있어서 나는 침실 책상에 자리 잡았어요. 지난 1990년 어린 딸을 두고 베니스 비엔날레를 계획하느라 여념이 없을 때처럼, 내가 다시 침실에서 글을 쓰고 있다는 게 새삼 재미있네요. 이 집은 18세기에 마차 여관으로 지어졌는데, 창밖으로는 사탕단풍과 독미나리 나무가 보이는군요. 텔레비전은 켜져 있고, 채널은 뉴스에 맞춰져 있지만 소리는 꺼 두었어요.

'왜'라는 질문을 좋아하나요? 뉴스를 볼 때 늘 떠오르는 단어인데요.

물론 좋아합니다. 어떤 일의 이면을 이해하고, 적절하게 행동해 문제를 방지하거나 최소한 그럴 가능성을 주기 때문에요.

당신만의 공간에서 무엇을 할 때 가장 즐거운 편인가요?

최근 이상한 습관이 생겼는데, 시간이 날 때마다 저도 무엇인지 모를 수채화를 그리는 거예요. 그래서 요즘만큼은 이젤 가까이에 있을 때 마음이 가장 편해요. 지난 수십 년간 현대 기술과 프로그래밍을 활용해 예술을 해 온 내가 다시 물감으로 작업하고 있다니, 어쩐지 웃음이 나요. 침대에서 반쯤 잠든 채 나의 일종의 사회이자 골동품인 블랙베리로 수많은 이메일을 보는 일도 나름 즐거워요.

최근 특별히 더 몰두하는 주제 혹은 방식의 작품이 있습니까?

늘 그래왔듯, 어떻게 하면 더 잘 그릴 수 있는지 그리고 세상에 드러난 옛 국가기밀문서를 어떻게 예술이라는 이름으로 선보일지를 고민하는 데 열심이에요. 혼자 있을 땐 오로지 수채화 작업만 해요. 누군가와 함께 있으면 너무 신경이 쓰여서 그런

지 나 스스로를 너무 억누르기 때문이죠. 물론 리넨에 페인팅 작업을 하기도 하고, 유화 작업에 얇은 금속을 덮기도 해요. 정부가 대중에게 얼마나 많은 정보를 숨기는지를 보여 주기 위해 심하게 편집된 정부 문서를 골라 그림에 활용하는 방식도 꾸준히 시도하고 있어요.

반면 브루클린 스튜디오에서는 회화가 아닌 다른 작업을 주로 진행하겠군요.

스튜디오에서는 LED 전광판 작업을 끊임없이 하는 편이죠. LED 전광판이 내가 말하고자 하는 내용을 가장 매력적으로 보여 주기 위한 좋은 매체라는 걸 지금도 매번 실감해요. 특히 나는 공공 프로젝트에 강한 애착을 갖고 있어요. 흰색의 빛에는 부드러운 운율이 있고 보기에도 아름답죠. 게다가 행인들에게 바치는 예술이잖아요. 세이브더칠드런과 함께 세계 여자아이의 날(10월 11일)에 맞춰 자유의 여신상에 프로젝션을 투사하는 식의 프로젝트 말이에요.

매우 미국적이군요. 미국인인 당신은 미국적이라는 것을 어떻게 정의하나요?

내 글을 인용하는 게 그리 편하지는 않지만, 트럼프 현 정부 아래에서는 "The Future is stupid(미래는 어리석다)"라는 조지 오웰의 문장이 떠오르는군요. 미국 고유의 미덕이 다시 살아나길 바라고, 그럴 거라 믿어요. 나는 특히 행진하는 여자들과 그

가족으로부터 동기를 얻습니다.

1984년에 만든, 스티로폼 컵에 프린트한 오웰의 그 문장 “THE FUTURE IS STUPID”는 역사가 반복되고 있음을 증명합니다. 이런 시대에 작가는 무엇을 할 수 있을까요?

끈질기게 반복하려 하는 악을 개선하거나 멈추게 하는 일을 예술이 조명할 수 있어요. 예술에는 그런 열망이 있거든요!

현재 한국은 급변하고 있어요. #METOO운동, 페미니즘에 대한 다양한 담론 등이 실천 중이죠. 그래피티 아티스트 겸 협력자 중 한 명인 레이디 핑크가 당신의 〈트루이즘〉이 인쇄된 티셔츠를 입고 1983년에 찍은 사진이 #METOO 운동이 한창이던 2017년 다시 온라인에서 화제가 된 바 있습니다. 여성이자 작가인 당신은 정치성을 어떻게 발현하고자 합니까?

내가 사회정치적인 것을 작업에 자주 직접적으로 포함시키긴 하지만, 명백한 주제가 없는 예술도 엄청난 가치가 있다는 걸 꼭 강조하고 싶어요. 파시스트들이 어떻게 추상화를 매도하고 파괴했는지 생각해 보면 매우 흥미롭죠. 작가는 자신이 옳다고 생각하는 대로 작업해야 합니다. 물론 예술이 중요한 세상의 사안을 반영하고, 드러내고, 증폭하고, 명확히 하고, 외치고, 해결하려고 할 땐 더욱 멋져요. 그래서 페미니즘 예술가인 낸시 스페로의 〈토처 오브 우먼Torture of Women〉(1974~1976), 대표적이고 심미적 가치에 관한 작품인 고야의 〈검은 그림〉(1819~1823)으로 나는 번번이 되돌아갑니다. 강한 주제와 심오한 아름다움 중 반드시 하나를 골라야 할 필요는 없어요.

전대미문의 혁명기를 겪는 요즘의 여성들에게 해 주고 싶은 이야기가 있다면요?

끈질기게 계속하면 성공할 것입니다. #METOO를 위해 건배!

당신의 예술은 각성의 예술이자 실천의 예술입니다. 사회적 잠재의식을 열어 애써 무시해 온 진실을 문득문득 만나게 하죠. 예술적 정치, 정치적 예술이란 어떤 방식이어야 한다고 봅니까?

사회적 잠재의식을 열어젖히는 게 일반적이었다면 오늘날 더 굉장하지 않았을까요? 나는 규정짓는 걸 꺼리고 조언에도 능하지 않지만, 확실하게 아는 것으로 시작해 그 지식을 어떻게 유용하게 제공할 수 있는지 고민하는 게 맞는 것 같아요. 어릴 때 난 폭행당한 적 있어요. 얼마나 비참했는지를 떠나 권력의 남용에 대해 확신하게 했고, 내 작품 활동의 근간이 되었어요.

특히 전쟁 관련 문서는 너무 강렬해 오히려 픽션처럼 느껴져요. 실존하지만 실재하지는 않는 듯하죠. 이런 자료를 직접 활용할 땐 무엇을 의도하나요?

9·11 이후로 미국과 이라크 침범에 대한 정보와 아카이브를 찾으려 애썼어요. 보도된 것보다 더 많은 걸 읽고 싶었고, 이 역사를 몰랐던 이들과 실시간으로 자료를 공유하고 싶었죠. 핵심 정보를 작품 〈레드액션 페인팅스Redaction Paintings〉(2006)에

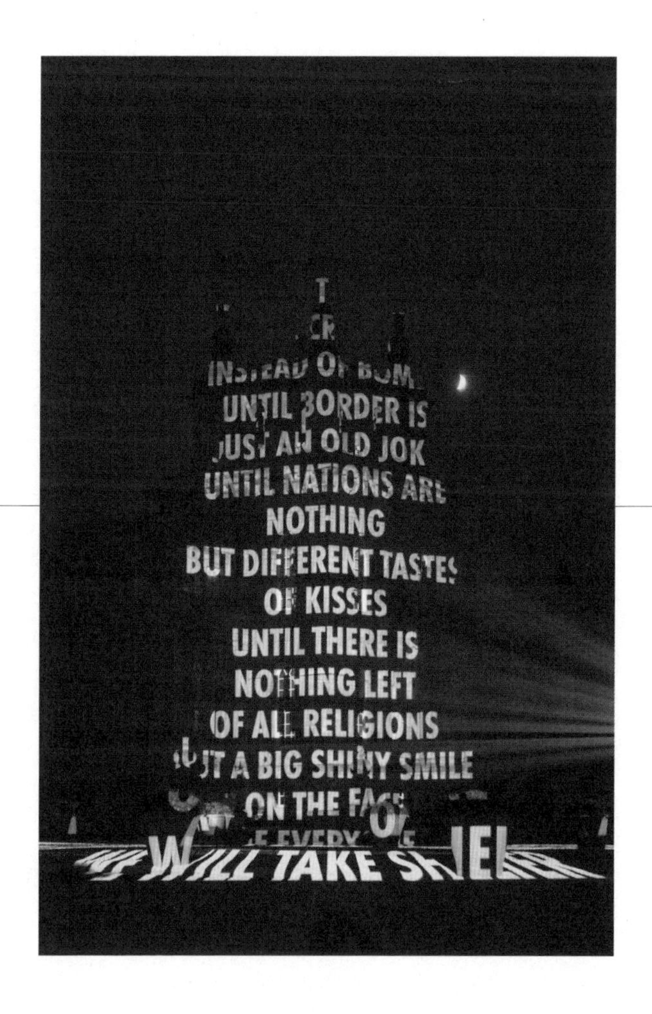

<온 워ON WAR>, 2017, text: “Untitled 4” (unpublished) by Omid Shams, © 2017 by the author, used with permission of the author, © 2017 Jenny Holzer, member Artists Rights Society(ARS), NY, 사진: Samuel Keyte, 이미지 제공: 국제갤러리

서 재생산하고 워싱턴과 뉴욕의 도서관 외벽에 투사한 적 있어요. 당신 말처럼 어떤 관객들은 그 문서가 분명 가짜일 거라 생각하더군요. 나는 이 문서가 군대, 정치인, 억류자, 민간인 등의 진짜 생각과 행동을 나타낸다고 설명해야 했습니다.

왜 희망보다 절망을 이야기하고자 하나요?

있는 그대로의 실제 세계란 객관적 사실만 뜻하는 게 아니라 이에 대한 우리 의식까지 포함된 거예요. 절망적인 것들은 관심을 요합니다. 사랑스러운 것들은 축하를 필요로 하죠. 골라야 한다면 행복한 결과를 낼 수 있다는 희망을 갖고, 끔찍한 걸 택하겠어요. 그게 나예요.

당신의 작품은 미술이 도외시해 온 슬픔이라는 감정을 야기합니다. 슬퍼해야 분노할 수 있고, 분노해야 바꿀 수 있다고 믿는 나로서는 매우 공감해요. 당신에게 슬픔은 어떤 감정인가요?

트럼프가 나를 슬프게 해요. 깊은 슬픔은 정확하고 현실적이며, 고귀하고 잘 표현되어야 합니다.

첫 번째 텍스트 작품 〈트루이즘〉으로 언어를 발견한 후 작업은 어떻게 진화해 왔다고 생각합니까?

휘트니 미술관 독립 연구 프로그램에 다닐 때 〈트루이즘〉을 선보였는데, 사실 그 전부터 언어를 수반한 개념미술에 대해 관심이 많았어요. 개념미술에 끌린 건 내가 미술보다 인문학에 배경을 두기 때문인 것 같아요. 에드 라인하르트, 마크 로스코, 브루스 나우먼 같은 추상화가가 되고 싶었지만, 더 직접적으로 소통하기 위해 텍스트를 찾았어요. 한동안 시각적인 부분을 신경 쓰지 않았지만, 최근 다시 색, 빛, 촉감, 시간 흐름의 표현까지 작업에 포함시키기 시작했어요. 이렇게 내 작업으로 돌아온 심미성을 앞으로도 온전히 남길 생각이에요.

LA의 브로드 뮤지엄에서 본 〈소랙스Thorax〉(2008)는 굴곡진 LED 사인 열두 개로 만든 작품이었어요. 〈트루이즘〉이나 〈선동적 에세이〉는 포스터라는 취약한 포맷을 의도한 것 같았고요. 이렇게 메시지 내용과 재료의 종류 혹은 물질성을 결부시킬 때의 철학이 있나요?

〈소랙스〉는 정말 가슴뼈처럼 보이기도, 무기를 닮기도 했죠. 작업할 당시엔 고문에 쓰는 케이지를 떠올리기도 했어요. 또 나의 길거리 포스터 작품들은 정치 선언문이 메아리치듯 만든 데다 할 말 있는 개개인들의 포스팅이나 다름없었기 때문에, 실제 정치·상업적 목적을 가진 진짜 인쇄물들 사이에 설치했어요. 이런 식으로 재료가 딱 맞아떨어질 수도, 그저 메시지의 한 부분일 수도 있습니다. 내용에 집중하도록 하기 위해 텍스트에 부적절해 보이거나 흔치 않은 재료를 고르는 작업은 늘 흥미로워요. 재료, 크기, 위치, 무게, 색, 표면, 내용, 맥락, 움직임 등 중요한 요소들이 많은데, 예술 작품을 위해 나는 늘 타협하거나 싸워야 합니다.

이를테면 디지털화된 문장을 대리석 벤치에 새겨서 함께 보여 주는 식으로, 디지털과 오프라인의 성향을 병치함으로써 낯선 풍경을 연출합니다. 같은 문장이라도 가로인지 세로인지 혹은 어떤 재료인가에 따라서도 달라지고요. 텍스트가 보여지는 방식과 내용 사이에는 어떤 상관관계가 있을까요?

대학 시절 내 만트라(진언)였던 "미디어는 메시지다"가 지속되고 있는 모양이에요. 각기 다른 재료가 이토록 큰 영향력을 가진다는 사실이 나를 매료합니다. 모든 걸 최대한 조리 있게 만들어 내용이 생생하게 도달하도록 하지만, 가끔은 사람들을 깨어 있게 하기 위해 일부러 어색한 조합과 병치를 만들기도 해요.

기술의 발달이 당신이 의도한 텍스트의 영향력을 더욱 증폭시켰다고 생각하나요?

VR, 앱, 로봇, 애니메이션을 실험해 왔지만 나는 최신 기술에 밝지 못해요. 나이를 실감하고 있죠. 당시 전광판을 선택한 건 뉴스를 보여 주는 일반적인 매체였기 때문이에요. LED가 자본주의의 영원성을 상징한다는 사실과 그 섬광이 사람들을 본능적으로 매혹한다는 사실에 끌립니다. 무엇보다 많은 이들이 보는 곳에 작업을 두고 싶거든요.

문구를 인쇄한 티셔츠와 미술관에서 선보일 작품을 분리하지 않는 가장 대표적인 현대미술가로서 스스로의 대중성을 어떻게 평가하나요?

나는 대중과 예술계 사람들 모두에게 깊은 존중과 신뢰를 갖고 있어요. 내 작품은 실제 혹은 상상 속 대중 없이는 존재하지 못하니까요. 읽어 주기를 바라는 동시에 보기에 매력적인 예술을 만들고 싶고, 모든 피드백을 소중히 여깁니다. 그럼에도 나는 익명으로 작업하기를 선호해요. 생김새, 셔츠, 대화, 성별, 나이가 결과에 영향을 미치지 않은 상황에서 내가 관객의 반응을 연구할 수 있도록요.

당신의 텍스트가 디지털의 물결, 인터넷의 폭풍에 휩쓸려 떠내려갈 거라는 걱정은 없었나요?

시대의 변화에 따라 조율은 필요하겠지만, 사람들이 시간을 보내고 소통하는 곳에서 계속 작업하는 게 옳다는 건 분명해요. 사람들이 소음과 광고만 예상하는 곳에 진심으로 중요한 걸 심어 놓는 일은 여전히 효과적이라고 생각해요. 절대적으로 중요한 건 내용이겠죠.

작업 방식과 메시지가 예술가라는 인종의 역할을 규정한다고 보는데, 어떻게 생각합니까?

내 작업이 나의 장점을 표현하기를 바라요. 살인해서는 안 되고, 기만적이어서는 안 되며, 위험하지 않아야 한다는 것 이외에 예술가가 어떠해야 한다는 주장은 결코 하지 않을 겁니다.

작가의 의도를 잘 이해하는 누군가를 만난 경험이 있습니까?

사람들이 나의 텍스트를 더 자세히 보기 위해 숨을 죽인 채 조

제니 홀저, 사진: Richard Choi

금씩 작품에 다가갈 때, 나는 정말 행복해요. 리우데자네이루 해변에서 고즈넉한 저녁 시간을 함께 보냈을 때도 이런 경험을 했고요. 사람들이 남아서 천천히 텍스트를 읽고, 뉴욕 구겐하임과 베를린 신국립미술관 공간의 색이 통째로 바뀌는 풍경을 한참 구경하던 모습도 기억에 남는군요.

반면 언론의 평 중 가장 공격적인 건 무엇이었나요?

베니스에서 황금 사자상을 수상했을 때 비평가 로버트 휴즈는 "똑똑한 체하는 아가씨가 파티를 열었고, 아무도 오지 않았다"는 식으로 썼어요. 베니스에서 선택한 작가가 여성이어야 했다면, 더 나은 여성 작가일 수도 있었다는 말도 생각나요.

1970년대 후반부터 1980년대 초반에 정치적 이슈에 대해 작업한 뉴욕시 예술가 그룹 코랩(Colab)의 일원으로 활동하기도 했고, 이런 협업을 즐기는 건 지금도 마찬가지로 보입니다. 다른 분야 예술가들과의 협업에서 무엇을 얻습니까?

우리는 공공장소에 작품을 실현하고, 버려진 건물 같은 색다른 공간에서 전시를 열고자 노력했으며, 무엇보다 서로를 지지했어요. 요즘은 시인, 애니메이터, 건축가, 앱 개발자, 디자이너 등 다양한 분야의 전문가들과 작업합니다. 최근엔 오프 화이트와 루이 비통의 크리에이티브 디렉터인 버질 아블로와 프로젝션 작업을 했는데, 그는 똑똑하고 재능 있고 유쾌했어요.

그간 세상에 내놓은 것 중 가장 혁신적인 문장은 무엇이라 생각하나요? 개인적으로는 “PROTECT ME FROM WHAT I WANT(내가 원하는 것으로부터 나를 지켜 줘)”라는 문장이 가장 상징적이고도 본능적이라 좋아합니다만.

내 문장 중에서는 “USE WHAT IS DOMINANT IN A CULTURE TO CHANGE IT QUICKLY(지배적인 문화를 이용해 빠르게 변화시켜라)”가 떠오르네요. 폴란드 시인 안나 스위르의 시도 빼놓을 수 없죠. “MY SUFFERING IS USEFUL TO ME. IT GIVES ME THE PRIVILEGE TO WRITE ON THE SUFFERING OF OTHERS. MY SUFFERING IS A PENCIL WITH WHICH I WRITE(고통은 내게 유용하다. 타인의 고통에 대해 쓸 수 있는 특권을 준다. 내 고통은 연필이고 나는 그걸로 글을 쓴다).”

시인 혹은 글 쓰는 이들의 특히 어떤 점에 매료되나요?

내게 언어를 평가할 자격은 없겠지만, 나의 언어가 상징적이고 본능적이라는 당신의 말에는 동의해요. 내 삶의 이런 지점은 시인이자 친구인 헨리 콜의 시를 알게 되면서 특히 향상되었어요. 비스와바 심보르스카, 안나 스위르, 체슬라브 밀로즈, 메리앤 무어, 엘리자베스 비숍도요. 나는 죽음 이면에 닿으려는 이들의 의지, 무시무시한 걸 초월하는 무언가를 만들기 위해 인내를 넘어서려는 의지를 존중해요.

한국미술을 눈여겨본 적 있습니까?

한국 추상화가 대단히 심오하고 아름답다고 얘기하고 싶어요. 형태든, 메시지든.

어디선가 '홀저리즘(Holzerism)'이라는 단어를 발견했어요. 들어본 적 있나요?

그런 용어가 있다는 게 재미있네요. 참고로 나보다 더 유명한 홀저들을 소개하자면, 앤디 워홀의 슈퍼스타 제인 홀저와 작고한 유령 사냥꾼 한스 홀저 등이 있어요.

뉴욕 구겐하임에서 전시한 1980년대의 제니 홀저와 2019년 빌바오 구겐하임에서 전시할 제니 홀저(2018년 인터뷰 당시—편자주), 어떻게 다를까요?

더 느려졌지만 더 많은 걸 알고 있을지도 모르죠. 아마 많은 작업과 메시지를 선보일 것이고, 불가피하게, 어쩌면 언젠가 후회할 정도로 나의 무언가를 죄다 드러내게 될 겁니다. 무엇보다 프랭크 게리의 비상한 건축물에 응답하고 싶은 마음은 확실합니다. 30년 전, 프랭크 로이드 라이트의 건물(뉴욕 구겐하임)에 그랬듯이 말이죠.

예술가 인생 최대의 위기가 있었다면 언제일까요?

대학원에서 제적당할 뻔했을 때는 정말이지 그만 살고 싶었어요. 예술에 전념하기로 결정한 후였죠. 나의 직업윤리와 약간의 성공이 내 사생활에 문제를 일으켰고, 혼란스러웠고 슬펐어요. 하지만 최악의 위기라면 나의 예술을 충분히 좋게 만들 수 없을 때고, 안타깝지만 대부분의 시간 동안 그랬어요. 그렇지만 예술가에게는 비참함이 곧 기회라는 이야기를 믿고 싶어요.

시대를 풍미한 당신 같은 예술가는 대체 어디에서 무엇으로부터 영감을 얻는지 늘 궁금해요.

남을 위해 열심히 생각하고 일하는, 친절하고 똑똑하고 재능 있는 사람들을 봅니다. 루이즈 부르주아, 요제프 보이스, 사이 트웜, 솔 르윗 등 선망하는 사람들의 예술을 연구해요. 안드레아 만테냐, 마사초, 피에로 델라프란체스카, 그리고 예상 가능하겠지만 다빈치로 가능한 한 자주 되돌아갑니다.

언어를 콘텐츠로 한다는 건 예술을 소유한다는 것에 대한 반발인 동시에 한편 텍스트가 적힌 굿즈를 아트숍에서 구입할 수도 있음을 의미하죠. 이 두 가지 상반된 사실의 어디쯤에 당신이 위치한다고 생각하나요?

나는 미술의 비물질화 같은 개념의 팬이었고, 지금도 그렇습니다. 동시에 예술 작품을 소장하고 원하는 만큼 작품을 바라보는 호사를 누리는 것도 좋아요. 저렴하고 무료인 예술을 만드는 것 역시 좋고요. 비싼 것을 팔아서 비영리 공공 프로젝트를 지원하는 것도 좋습니다.

여전히 궁극적으로 시도하고 싶은 작업이 있습니까?

《제니 홀저Jenny Holzer》 전시 전경, 구겐하임 미술관, 뉴욕, 미국, 1989, © 1989 Jenny Holzer, member Artists Rights Society(ARS), NY, 사진: David Heald, 이미지 제공: 국제갤러리

존 레논과 오노 요코처럼 세계 평화라는 마법을 걸자! 지구온난화를 극복하고 모두에게 동등한 권리를 세우자! 그걸 실패한다면, 내 예술 작품이라도 다소나마 더 나아졌으면 해요.

당신에게 단 하나의 진실이란 무엇인가요?

가족 중에 의사가 몇 명 있어서 그런가, '해롭게 하지 마라'가 생각나요.

어떤 예술가로 기억되길 꿈꾸고 있습니까?

의미 있고 쓸모 있는 것을 내놓고 싶어요. 나의 작업이 너그러움, 박식함, 재미있음, 끔찍함, 사랑스러움, 신비함의 알 수 없는 조합이면 좋겠습니다.

미술가 제니 홀저의 삶은 곧 엄마이자 여자의 삶이기도 하다. 말하자면 시대의 야만성을 직설적으로 표현한 작가 레온 골럽과 동시대를 산 작가인 동시에 그가 그린 마오쩌둥 그림을 아이 침대 머리맡에 걸어 둔 어머니다. 이 인터뷰를 통해 그녀는 "흔히 결정적 전환기라 부르는 그 시간은 미친 시간이었다"고 내게 고백했다. 딸을 임신했을 시기엔 디아 예술센터에, 딸이 갓난아기였을 땐 구겐하임에, 딸이 두 돌을 맞았을 무렵에는 베니스 비엔날레에 있었다는 것이다. "배우고 깨닫기에 좋은 시간이었지만" 그녀에게조차 예술은 힘들었다. 나로서는 성공한 여성 작가에게 일과 삶의 균형을 맞

추는 법을 전수받을 절호의 기회였지만, 제니 홀저는 "지금도 종종 딸에게 사과한다"는 말로 나를 실망시켰다.

"대단한 지혜를 전할 수 있다면 좋겠지만, 글쎄요… 일과 가정, 삶의 균형을 맞추는 건 불가능했고, 지금도 그래요. 딸을 위해 내가 할 수 있는 전부를 하지 않을 때면 괴로웠죠. 뒤늦게 깨달았어요. 여자가 아이를 위해 해야 하는 모든 일을 하면서 일에 빠져드는 걸, 남자들의 세상이 쉽지 않도록 만든다는 것을요. 남자의 장점으로 여겨지는 것이 여자에게는 늘 문젯거리죠. 당장에라도 국경을 초월한 이상적인 해결이 필요한 문제들이에요."

제니 홀저의 장성한 딸 릴리 홀저 그리어(Lily Holzer-Glier)에게 작가 엄마를 어떻게 생각하는지 물을 기회는 없었다. "딸은 어릴 때 제 엄마가 세상의 모든 전광판을 만든다고 생각했어요. 조금 컸을 때 네 엄마는 미술가라고 말해 주었죠. 그녀는 한동안 예술과 미술관을 싫어했는데, 나는 그럴 만했다고 생각해요. 지금 그녀는 본인의 좋은 안목을 포토저널리스트로서 발휘하고 있어요." 얼마 전 『뉴웨스트 요크*NEWEST YORK*』라는 젊은 감성의 온라인 문화 잡지에는 제니 홀저와 딸 릴리 홀저 그리어가 나란히 누운 사진과 함께 대화가 실렸다. 둘의 대화는 모녀라기보다는 친구의 그것이었고, 나는 제니와 릴리의 인생을 지지하는 것과 우리 모두의 인생을 응원하는 것의 다를 바를 찾지 못했다.

•
2018년 8월호 『보그』 인터뷰를 바탕으로 새로 작성한 글입니다.

09 프랭크 게리

FRANK GEHRY

건축가

프랭크 게리 FRANK GEHRY

"제게 가장 중요한 건
나 자신이 되는 것,
누군가가 되려고
하지 않는 것입니다"

건축가

세상에서 가장 유명하고 독보적인 건축 거장

1929년 캐나다 출생. 1947년 가족과 함께 캘리포니아로 이주해 지금까지 '게리 파트너스'라는 회사를 운영 중이다. 프랭크 게리가 현존하는 건축 거장으로 인정받는 이유는 반세기 넘는 시간 동안 세계 곳곳에 랜드마크를 세웠기 때문이 아니라, 숱한 비판과 오해에도 아랑곳 않고 건축이 사회적·문화적으로 도시와 관계 맺는 현장을 지켜 왔기 때문이다. 그의 건축이 혁신적이라 평가받는 이유 또한 비틀린 곡선으로 가득한 충격적인 해체주의적 건물을 지었기 때문만이 아니라, 다양한 소재와 기술을 도입해 건축을 전형적 구조에서 해방시켰기 때문이다. 학창 시절부터 회화, 조각, 클래식 음악 등에 심취한 그는 건축의 언어에 예술의 자유를 더하는 과정을 통해 스스로를 차별화했다. 당대 유명 건축가들과는 달리 고귀하지만 비싸지 않은 건축에 가치를 둔 그는 열린 실험을 통해 전에 보지 못한 형태의 건축을 내놓았고, 대중 애니메이션 〈심슨 가족〉에도 등장하는 등 명실상부 게리 스타일은 세상에 널리 회자되고 있다. 프랭크 게리의 건축은 화려하지만, 그의 철학은 단순하다. 진정으로 혁신적인 건축이란 세상과 인간성에 기여해야 한다는 것. 건축도 감동을 선사하는 예술이 될 수 있음을 믿으며, 그는 오늘도 즐겁게 몰두할 세상의 모든 프로젝트를 기다리고 있다.

체코 프라하의 댄싱 하우스(Dancing House), 1992~1996
© Image Courtesy of Gehry Partners, LLP

로스앤젤레스 공항에 내려 입국 심사대에 섰다. 이민국 직원이 퉁명스러운 목소리로 물었다. “LA에 무슨 일로 왔나요?” “인터뷰 때문에요.” “누굴 인터뷰하는데요?” “프랭크 게리를 만날 예정입니다.” 서류에 코를 박고 있던 예의 그 라틴계 남자는 그제야 고개를 들어 나를 바라보았다. “와우! 나도 그의 팬이에요. 부디 좋은 시간 되길 바랍니다.” 그를 비롯한 LA의 시민들은 주말마다 LA의 사우스 그랜드 애비뉴에 자리한 월트 디즈니 콘서트홀을 보며 진정한 아방가르드를 일상에서 누릴 것이다. 이 도시에서만 60년 넘게 살아온 프랭크 게리는 루이 비통 재단 미술관의 프라이빗 투어를 받는 퍼렐 윌리엄스나 그에게 집 설계를 의뢰하는 존 발데사리 같은 극소수의 VIP들뿐만 아니라 예술이나 건축이 삶의 대단한 관심사가 아닌 이들에게도 잘 알려진 인물이다.

일련의 일화는 종종 프랭크 게리를 ‘스타키텍트(Starchitect)’로 단정 짓게 한다. 물론 보나마나 그는 이 말을 싫어할 게 뻔하다. 지금 세상에서 그만큼 유명한 건축가도 없지만, 그는 스스로 빛나기 위해 반짝이는 건물을 지은 적 없다고 자부하기 때문이다. ‘스타 건축가’라는 단어의 광채는 “세상과 인간성에 기여해야 한다”는 그의 건축 철학을 종종 폄훼하곤 한다. 그러나 그가 진짜 성공한 건축가라고 단언할 수 있는 까닭은, 지금도 기나긴 삶을 관통한 현장을 지키며 자신이 단순히 스타키텍트가 아닌 이유를 스스로 증명해 왔기 때문이다.

사실 이런 태도는 건축가로서 당면한 숱한 현실적 고민을 해결하는 과정에서 생겨났다. 프랭크 게리는 예산에 천착하거나 스프링쿨러 개수에 좌절하지 않는다. 그는 미학적 기법을 끊임없이 탐구해 현실에서 구현했고, 그 과정에서 목적과 요구에 부합하되 창의적이고, 유연하되 견고하며, 세상과 소통할 수 있는 이상향의 건축이 탄생했다. 여기엔 프랭크 게리의 질문이 전제된다. 실용성을 떠나 건축이 인간의 진보에 기여하는 바는 과연 무엇일까? 건축이 예술적 감성과 문화적 사건 그리고 더 나은 세상에 어떤 영향을 줄 수 있을까? 그리고 나는, 우리는 어떤 건물을 지어야만 하는가?

자유분방한 형태와 의외의 소재가 함께 만들어 낸 거대한 조각 같은 건물, 게리의 트레이드마크는 해체주의 건축이다. 이를 구현할 때 직면한 숱한 건축적 문제를 창의적 방식으로 해결하는 과정은 늘 그의 전의를 자극했다. 그 과정에서 '별나다', '독특하다', '아방가르드하다' 식의 수식어를 얻었음에도 주류 건축가로 대우받지는 못했다. 그런 그가 20세기 대가의 반열에 올라선 건 1997년 스페인의 빌바오 구겐하임 미술관을 완공하면서부터다. 몇 년 전 『베너티 페어*Vanity Fair*』지에서 "지난 30년 동안의 가장 위대한 건물"로 꼽힌 빌바오 구겐하임은 게리의 재능이 집약된 결과물이다. 항공기, 선박, 자동차를 디자인하기 위한 삼차원 프로그램 카티아(CATIA)를 건축에 처음 접목한 그가 티타늄이라는 당시로선 흔치 않은 소재를 활용하고 도시의 환경을 적극 반영해서 만들어 낸 획기적인 건축물. 당시 건축계뿐 아니라 전 세계는 0.3밀리미터 두께의 부드러운 금빛 패널이 바람에 조금씩 움직일 때마다 뿜어내는 우아함과 섹시함, 건축에서 처음 목격한 대담한 곡선의 향연에 환호를 보냈다. 쇠락해 가던 도시 빌바오는 최고의 명소로 부상했고 빌바오 효과라는 현상을 만들어 냈다. 빌바오 구겐하임 정원 한 가운데에 서 있는 제프 쿤스의 12미터짜리 거대한 토피어리 개 조각상이 평범해 보일 정도였다.

21세기에 접어 들어서도 프랭크 게리는 도전을 멈추지 않았다. 그의 가장 유명한 작품이 빌바오 구겐하임이라면 가장 거대한 작품으로는 월트 디즈니 콘서트홀을 꼽을 수 있다. 지난 2003년 십수 년 만에 완공된 콘서트홀은 피카소 그림 속 평면적 입체주의를 스테인리스로 재현한 형국이다. 혹자는 이 별난 건축이 파이프오르간의 웅장한 소리를 수용하지 못할 거라 비꼬았지만, 콘서트홀 내외부의 구조적 탁월함은 이미 증명되었다. 프랭크 게리는 이 건물을 둘러싼 설왕설래를 이렇게 일축했다. “건축 재료를 뚫고 나오는 빛, 모형과 도안에서 볼 수 없었던 반사광을 만났을 때 당신은 복잡하고 자질구레한 일들을 잊게 된다. 이것이 곧 이들의 생명이다.”

사실 프랭크 게리의 명언은 그의 다른 대표적인 건축물들, 이를테면 르코르뷔지에의 롱샹 순례자 예배당의 영향을 받아 석고 갤러리로 만든 비트라 디자인 뮤지엄(1989), 거대 쌍안경 모양의 구조물이 양쪽 건물을 연결하는 치애트/데이(1991), 지미 헨드릭스에 대한 오마주를 부서진 금속 기타 형태로 표현한 익스피어리언스 뮤직 프로젝트(2000), 사용자의 필요에 따라 진화하는 공간을 해체주의로 펼쳐 보인 메사추세츠 공과대학의 스타타 센터(2004), 뉴욕에 지은 첫 번째 건축물 IAC 빌딩(2007), 거대한 유리 돛단배 형상의 파리 루이 비통 재단 미술관(2014), 얼마 전에 문 연, 어마어마하게 큰 정원과 둘레길이 인상적인 페이스북 사옥 건물(2015)까

한국 전통 동래학춤과 수원화성에서 영감을 받아 설계된 루이 비통 메종 서울
© Louis Vuitton / Stéphane Muratet

지 거의 모두에 적용된다.

2019년 가을, 서울 강남 한복판에 새로 생긴 루이 비통 메종 서울 건축물은 국내 최초의 프랭크 게리 작품이다. 게리의 뚜렷한 인장이 찍힌 상징적인 곡선 유리는 건물 전면을 감싸고 루이 비통을 찾는 한정된 고객뿐 아니라 이 거리를 지나는 모두의 존재를 환대한다. 평소 한국의 종묘를 매우 좋아한다고 얘기하던 프랭크 게리는 이번에는 18세기 건축물인 수원화성, 학의 모습을 형상화한 전통 동래학춤, 특히 흰 도포 자락이 너울거리는 듯한 우아한 움직임에서 영감 받았다고 했다. 이 건물은 일대에 게리 특유의 자유와 혁신의 기운을 불어넣으며, 명품 거리의 지정학적 관계와 지형적 풍경을 모두 바꾸어 놓았다.

지금과는 달리 1929년생인 프랭크 게리의 인생은 결코 순탄하지 않았다. 가난한 집안에서 태어나 트럭 배달 일을 하던 소년은 유대인이라는 이유로 차별받았고, 이후에는 성(姓)까지 바꾸게 된다. 1962년 LA에 자신의 사무소를 연 그의 수중에는 20달러(2만여 원)가 전부였다. 1980년대에 들어서도 100여 개의 프로젝트를 완성했지만 수차례 큰 경제적 어려움을 겪었고, 건축계로부터 대책 없는 이단아 취급을 받기 일쑤였다. 그러나 그는 쉰 살의 나이에 건축계의 노벨상이라는 프리츠커상을 받았고, 일흔 살에 건축가들의 로망인 미국건축가협회 골드 메달을 수상했으며, 여든일곱 살에 문화 외교관 역할을 충실히 한 미국 예술가에게만 주어지는 리어노어 앤 월터 아넨버그상을 받았다. 물론 루이스 칸, 르코르뷔지에, 미스 반데어로에 등 유명 건축가들도 대부분 오륙십 대가 되어

서야 이름을 알렸다. 그러나 여전히 혈기왕성한 프랭크 게리의 나이는 이미 거의 모든 일을 경험했거나 무엇이 세상을 움직이는지를 충분히 목격했음을 뜻할 뿐만 아니라 그럼에도 그의 건축가 인생이 끝날 기미라고는 보이지 않는다는 사실의 방증이었다. 여전히 그는 "더 좋은 건물을 지어야 한다는 법이 제정되어야 한다"고 주장하며 다음 프로젝트를 늘 기대하고 있다.

비밀 보장은 건축가의 임무 중 중요한 하나다. 때문에 어렵사리 게리 파트너스 사무실을 방문했음에도 불구하고, 애석하게도 사무실 곳곳을 촬영할 수는 없었다. 기억을 더듬어 보자면, 이 거대한 우주선처럼 깊고 둥근 형태의 공간은 1, 2층으로 나뉘어 있는데, 여기엔 그의 일과 인생이 모두 녹아 있다. 현재 진행 중인 프로젝트 수십 개의 결정적인 단서가 되는 건축 모형, 내로라하는 유명인들과 함께 찍은 사진, 건축가로 함께 일하는 아들이 어린 시절에 그린 그림, 칠십 대가 될 때까지 선수로 활약했음을 인증하는 하키 유니폼 등등. 회의실 앞에는 〈심슨 가족〉의 한 장면이 액자로 걸려 있었다. 그는 이 풍자적인 만화의 한 에피소드에 실존 인물로 등장하는데, 극중 괴팍한 늙은 건축가는 건물의 한쪽을 쇠공으로 쳐서 찌그러뜨린다. 바로 건축의 비정형성과 불규칙성이 얼마나 창의적일 수 있는지를 증명한, 프라하 역사지구에 지은 내셔널 네덜란덴 건물(1996)이다. 유럽의 지성인이라 자부하는 체코 사람들은 이 건물에 무용가 커플의 이름을 따 '프레드와 진저' 그리고 '댄싱 하우스'라는 별명을 붙여 주었다.

개인적으로 나는 프랭크 게리의 유머 감각, 특히 자기 풍자의 순간을 좋아한다. 이를테면 그는 어느 연극 무대에서 화가가 되고 싶어 했던 기념품 판매원을 연기하기도 했고, 정신분열 환자를 치료하는 병원을 보여 주며 “전 제가 이 일을 하기에 매우 적합하다고 생각했습니다”라며 좌중을 웃겼다. 테드 강연에서는 이렇게 말했다. “내가 산타모니카에 지은 이 집은 참으로 많은 악평을 얻었습니다. 심지어 성인 만화에 실리기도 했죠.” 이런 자기 풍자의 재능을 발휘할 줄 아는 소위 성공한 사람은 생각보다 그리 많지 않다. 자신을 농담거리로 삼을 수 있다는 건 실패 혹은 실패의 언급을 두려워하지 않다는 의미이며, 그 이면에는 농담 따위로는 훼손되지 않는 굳건한 목표와 철학에 대한 자신감이 존재한다. 그는 한 번도 시도한 적 없는 아이디어라 할지라도 실현할 수 있는 방법을 찾아 나섰고, 시대의 표준에 맞지 않아도 포기하지 않았다. 자신이 만드는 건물이 어떤 결과물로 나올지 미리 알아 버린다면 그 일을 하지 않을지도 모른다. 그의 건축이 위대한 이유는 건축을 해방시켰기 때문이고, 이는 실패와 도전의 질서가 평생 반복된 삶의 결과다.

지난 1960년대 젊은 프랭크 게리는 LA의 예술 현장을 바꾼 전설적인 갤러리 페루스를 중심으로 한 일군의 아티스트들과 자주 어울렸다. 건축가들보다 아티스트들과 함께 있을 때 더욱 편안했다고, 그는 다양한 인터뷰에서 말한 바 있다. 건축가들이 공장에서나 쓰는 창문을 어떻게 오피스 설계에 쓸 생각을 할 수 있느냐고 그를 비난한 반면 예술가들은 늘 그의 실험을 지지하는 든든한 동료가 되어 주었다. 다큐멘터리 〈프랭크 게리의 스케치Sketches of Frank Gehry〉(2005)에서 감독 시드니 폴락(《아웃 오브 아프리카》, 〈사브리나〉 등을 만들었다)은 말한다. “게리는 자신만의 독창성으로 늘 상식에서 벗어난 카드를 선보인다. 오랜 친구 사이인 우리는 자주 같이 앉아서 경제적 제한 속에서 어떻게 하면 자신을 잘 표현할 수 있을지에 대해 토의하곤 한다.” 미국의 미술평론가 피터 슈젤달 역시 그를 꽤 정확히 파악하고 있는 것 같다. “불완전한 인간성을 사랑하는 게리의 태도에는 완성을 향한 집념이 자리하고 있다.”

프랭크 게리를 직접 만났을 때, 내가 그의 에너지에 고양된 이유는 자기 과거와 업적에 박제될 마음이 없어 보였기 때문인 것 같다. 팔을 뻗으면 닿을 정도로의 간격으로 마주 앉은 자리에서 그는 열정적으로 일하는 것이 얼마나 더 생산적일 수 있는지를, 현재 진행 중인 프로젝트가 인생 전반의 배움과 철학, 경험의 정수를 어떻게 집대성한 결과물인지를, 그리하여 자신이 인간에 가까운 진보한 건축을 얼마나 꿈꾸고 있는지를 느릿느릿 쉴 새 없이 이야기했다. 도전 의식과 반골 기질은 여전히 날 서 있었고, 유머 감각도 그대로였다. 한 시간 전 그는 유리문에 코를 박고 짓궂은 표정을 지으며, 그를 기다리던 우리를 맞이했다. 아흔 살 거장이 건넨 순진한 첫 인사를 나는 여태 잊을 수가 없다.

몇 년 전 당신에 대한 글을 쓴 적 있어요. 당시 이 글을 읽은 한국의 1세대 패션 디자이너가 그 지치지 않는 열정에 감동받았다는 피드백을 주셨죠. 그 혁신적인 삶을 아우르는 에너지의 근원은 무엇입니까?

내가 남들보다 커피를 좀 많이 마시긴 합니다(웃음). 나는 호기심이 강해서 뭘 찾고 연구하다 보면 어떤 무언가가 다른 쪽으로 저절로 이어지는 걸 자주 경험해요. 가장 중요한 건 나 자신이 되는 것(to be oneself), 다른 누군가가 되려고 하지 않는 겁니다. 아시다시피 난 아주 가난한 집에서 태어나 교육도 제대로 받지 못한 채 자랐어요. 그러나 가족 모두에게는 일과 일상의 규칙이 있었고, 자라면서 이를 배우고 체득할 수 있었죠.

일에 대한 믿음과 자부심도 여전한 듯 보입니다만.

네, 무엇보다 나는 이 일을 매우 사랑하는 것 같아요. 내가 어디로 향하게 될지 여전히 궁금하고, 사람들이 사는 공간을 만든다는 것조차 매우 매력적이에요. 오랫동안 나는 왜 우리를 둘러싼 환경이 좋지 않고, 더 나아질 수 없는지에 대해 생각하곤 했어요. 어떤 일을 그럭저럭 평범하게 하나 훌륭하게 해내나 투자하는 건 똑같아요. 하지만 보통은 이 삶을 그냥 받아들이죠. 혼자서 바꿀 수 없으니 그저 수긍할 수밖에 없는 거예요. 나는 빌딩 하나를 디자인할 때도 항상 소수의 사람들에게 영감을 주고 흥미로운 변화를 가져올 수 있을 거라는 희망을 가져요. 건축가의 사회적 의무이자, 그래서 할 수 있다고 생각하면 행동으로 실천해야 한다고 믿어요.

크로니클 출판사의 디렉터는 어떤 책에서 작업과 배움 그리고 발견이 여든 살 이상 거장들이 삶을 살아가는 방식이라 썼는데, 한 가지 빼먹은 것 같군요. 이 일을 정말 좋아해야 한다는 사실 말이죠.

맞아요, 그냥 좋아요. 일에서 무궁무진한 에너지를 얻는 것도, 많은 사람과 만나 함께 일하는 것도 좋습니다. 다양한 지역에서 다양한 고객들이 찾아오고, 다양한 도시를 자주 다닐 수 있다는 것도 좋고요. 월트 디즈니 콘서트홀을 즐거운 마음으로 작업할 수 있었던 것도 내가 예술과 음악을 사랑하기 때문이었어요. 그리고 어떤 형태가 되었든, 다른 사람의 작품을 보면 그냥 신이 나요. 내가 더 열정적으로 일할 수 있도록 영감을 줍니다.

사무실 입구에도 회화 몇 작품이 걸려 있더군요. 예술 작품도 컬렉팅하나요?

네, 여기서 함께 자란 사람들 것만 조금요. 이를테면 크레이그 카우프만과 빌리 알 벵스턴 같은 아티스트죠.

요 근래 당신을 가장 흥분시킨 프로젝트는 무엇인가요?

그건 말로 하기보다는 오히려 페이스북에 캐주얼하게 쓰는 게 더 잘 맞을 것 같네요. 이전과는 좀 다른 스타일의 작업을 하고 있거든요. 내 창고 같기도 하고, 사무실 같기도 한 공간인데, 어쨌든 훨씬 더 자유로워요. 미안하지만, 그게 무엇인지는 아직 비밀이에요. 하지만 프랑스 아를의 마야 호프만 재단과의 프로젝트는 이 자리에서 밝힐 수 있어요. 오래 준비하다가 드디어 공사를 시작했죠. 마야 호프만은 프랑스에서 예술 발전을 위해 공헌한 분인데, 재단은 주로 사진과 조각품을 컬렉팅해요. 갤러리 공간도 있고 전시도 진행하지만, 현역 예술가들을

미국 LA의 월트 디즈니 콘서트홀(Walt Disney Concert Hall), 2003 © Frank O. Gehry.
Getty Research Institute, Los Angeles (2017.M.66), Frank Gehry Papers

위한 일종의 스튜디오라고 보면 됩니다.

이곳 LA와 직접 관련된 프로젝트도 준비 중이라고 들었어요. 선셋(Sunset) 프로젝트 또한 이 도시의 역사를 잘 알고 있기에 건축가로서의 소명의식 역시 더욱 강하게 개입한 작업처럼 보입니다.

네, 특히 나는 3년 전부터 캘리포니아주를 관통하는 로스앤젤레스강을 관심 있게 지켜보고 있었어요. 51마일(약 82킬로미터)에 이르는 이 강은 고속도로처럼 지역을 가로질러 흐르는데, 어느 날 LA 시장이 이 강을 둘러싼 넓은 땅을 살펴봐 달라고 부탁하더군요. 사람들은 이 땅을 꽃과 새의 서식지로 만들기 위해, 일상의 놀이를 위한 장소로 사용하기 위해 노력해 왔어요. 문제는 애초에 이 강이 홍수 방지용으로 조성된 터라 실은 그런 용도로 쓰일 수 없다는 거예요. 이상과 현실의 간극인 셈이죠. 그래서 우리는 문제해결을 위한 몇 가지 아이디어를 고민했어요. 주변에 예술 커뮤니티를 만들어 댄스, 음악, 조각 등을 가져오는 것도 그 일환이죠. LA 필하모닉의 음악감독이자 상임지휘자 구스타보 두다멜도 참여하고, 무용가 뱅자맹 밀피에(나탈리 포트만의 남편)와도 이야기를 나눴어요. 기대가 매우 큽니다.

그 일대는 원래 어떤 지역인가요?

LA 중에서도 가장 가난한 구역에 속하죠. 서쪽 지역에 비해 아이들의 수명이 10년이나 짧아요. 공원 같은 탁 트인 자연 공간이 없거든요. 따라서 이곳에서 생기는 문제를 해결하기 위한 복지비용도 엄청나요. 그래서 강 주변을 변화시키고 생산적인 공간을 더 많이 만들려고 하는 거예요. 사실 자진해서 하는 일이라 저는 돈을 안 받아요(웃음).

건축이 공간을 변화시킬 뿐 아니라 사람들의 삶의 질을 높일 수 있다는 점에서 매우 기대됩니다. 건축가의 사회적 의무가 바로 이런 것이 아닐까 싶어요. 그간의 건축 작품의 결정판 같은 느낌도 들고요.

그럴 거예요. 물론 저는 상업적인 활동도 열심히 합니다(웃음). 일례로 서울에 작은 루이 비통 스토어도 만들고 있어요(2019년 완공되었고 인터뷰는 2017년에 진행되었다—편자주). 청사진을 보여 줄 수는 있지만, 아직 사진을 찍을 수는 없습니다.

특히 클래식 음악에 관한 프로젝트라면 언제든 달려갈 준비가 되어 있다고 말씀한 적도 있는데요.

네, 그럼요. 베를린의 작은 콘서트홀인 불레즈홀(2017년 완공—편자주)도 생각만으로 신나는 프로젝트예요. 나는 사람들이 예술을 통해 대화할 수 있다고 믿어 왔어요. 어느 날 다니엘 바렌보임과 에드워드 사이드가 팔레스타인과 이스라엘 사람들을 모아 오케스트라를 시작했어요. 듣기만 해도 강력하지 않나요? 단원들과 부에노스아이레스 등에 함께 간 적이 있어요. 이스라엘인과 팔레스타인인이 서로 대화하고, 함께 음악을 만들어 가는 모습을 보는 게 정말이지 좋았어요. 바이올린을 연주하는 열여섯 살짜리 이스라엘 소년 옆에 시리아 소녀가 오보에를 가지고 와 앉고, 이집트 소년이 첼로를 가지고 오고, 팔레스타인 소년이 비올라를 들고 자리 잡아요. 이들이 함께 연주하는 모습은 눈물이 날 정도로 아름답죠. 그들을 위한 700석 정도의 작은 콘서트홀을 내가 만들지 않을 이유가 없었죠. 이 프로젝트 역시 따로 보수를 받지 않았어요, 선물처럼 말이죠.

공간의 크기가 그 가치와 비례하는 게 아님을 그동안 우리가 종종 기분 좋게 목격해 왔다는 점에서 말씀에 동의합니다.

비슷하게는 초등학교 프로젝트도 있어요. 턴어라운드 스쿨(Turnaround Schools)이라는 예술 교육 프로그램인데, 지난 40년 동안 유지되어 왔지요. 지금 미국의 많은 아이들은 여러 이유로 학교를 그만두고 있는 상황이에요. 그래서 학교에 예술 교육을 도입해 학생들이 손으로 뭔가를 만들게 함으로써 스스로 배우게 하고 싶었어요. 아이들은 직접 카드보드로 도시를 만들고, 색을 칠합니다. 건축과 미술에만 국한되는 이야기가 아니에요. 이렇게 만든 도시의 크기를 정확히 알기 위해 수학을 공부하고, 누가 이 도시를 운영하면 좋을지 생각하며 사회학을 배웁니다. 이 학교 아이들 모두가 예술가는 될 수 없겠지만 적어도 계속 학교를 다닐 수 있게 할 수는 있어요.

프랭크 게리라는 건축가에게 프로젝트란 곧 무언가에 공헌하는 것과 다름없군요. 캘리포니아에 이런 학교가 많은가요?

현재 열여섯 군데 정도 있어요. 미국의 교육 시스템이 엉망이라는 게, 사실 캘리포니아에만도 300여 학교가 이런 유사한 문제에 봉착해 있거든요. 제가 가는 학교 중 하나는 캘리포니아 북부 산 주위에 인도 사람들이 모여 사는 고립된 커뮤니티인데, 거긴 거의 무방비도시예요. 아이들이 마약을 한 어른들에게 강간당하고 폭행당하고, 그래서 아이들의 자살률도 높습니다. 도덕의 경계가 아예 없는 아주 위험하고 척박한 곳이죠. 그런 지역의 아이들에게 이런 예술 교육은 살아야 할 크고 작은 이유를 줄 수 있습니다.

틸다 스윈턴도 스코틀랜드에 아이들이 자기 자신으로 자랄 수 있도록 전인교육을 실천하는 학교를 지었다죠. 어쨌든 LA에서 60여 년 동안 살면서 도시가 어떻게 변화했으면 좋겠다는 철학을 가졌을 듯합니다. 이런 일련의 프로젝트가 그런 비전을 반영하고 있습니까?

사실 도시 전체를 바꾼다는 건 상상하기 힘든 일이에요. 부분이 모여 전체가 되겠죠. 만약 아까 말한 로스앤젤레스강 프로젝트가 현실화된다면 51마일 길이의 공원이 연결될 거예요. 정치적으로 가능한지는 다른 문제죠. 그래서 일단 그 3마일(약 5킬로미터)을 시작으로 조금씩 바꾸는 거예요. 그리고 제 생각에 이 도시에는 좀 더 나은 교통 시스템이 필요해요. 1947년쯤 LA에 처음 왔을 땐 전차가 돌아다녔어요. 이젠 다 없어졌죠. 멀쩡한 교통수단을 자동차와 석유 회사들이 다 갈아치운 거예요. 수십 년이 지난 지금에야 옛날 모습을 복원하려고 조금씩 손을 대는데, 늦은 감이 있어요. 서로가 제대로 연결이 안 되는 거죠. 천편일률적인 상업적 박스 모양의 건물이 아닌 진짜 건축물도 있으면 좋겠어요. 한국도 그렇죠? 어디든 그래요. 두바이도 스테로이드를 맞은 미국 같아요. 가장 나쁜 아이디어만 골라 건물을 짓거든요.

서울도 다르지 않아요. 한강변에 빽빽하게 들어선 아파트와 삐죽 올라온 로켓 모양의 건물을 볼 때마다 속상합니다. 건물이 현재 및 미래의 인간 환경에 지대한 영향을 준다는 걸 왜 생각하지 않는지 모르겠어요. 도시계획을 공부한 건축가로서 지켜야 할 한 가지의 법칙을 꼽는다면 무엇일까요?

한 가지요? 불가능해요(웃음). 하나의 규칙으로는 이런 상황을 해결할 수 없으니까요. 정치인들과 대화도 해야 하고, 그 건물에 머무는 사람과 그렇지 않은 사람 모두 더 나은 환경을 원해야만 가능해요. 일반적으로 보통 사람들은 건물 하나를 짓는 데 어느 정도의 비용이 드는지 몰라요. 그 똑같은 돈으로 더 인간적인 건물을 지을 수 있다는 사실도 알지 못하죠. 경제적으로 따져 봐도 나쁜 건물을 지을 이유가 없다는 거예요. 훌륭하다고들 칭찬하는 빌바오 구겐하임 미술관을 지을 때도 생각보다는 예산이 많이 들진 않았어요. 비싸지 않은 재료를 활용했거든요. 건축의 힘은 매우 거대합니다. 더 많은 사람이 이를 적극적으로 이용해야 해요. 왜 건축학을 활용하지 않는지 모르겠어요, 우린 다 준비되었는데. 차라리 더 나은 건물을 지어야 한다는 법을 만드는 편이 빠르겠어요.

모두들 건물을 짓는 것에 대해서만 질문하겠지요. 하지만 당신처럼 60년 넘게 일해 온 건축가라면 자신이 직접 지은 건물이 속절없이 철거되는 모습도 보게 될 텐데, 어떤 생각이 드나요?

모르겠어요. 하지만 피할 수 없는 것 같아요. 물론 제가 현장에 가서 철거 반대 시위를 하진 않습니다(웃음). 주로 대학 같은 교육용 건물이 철거되었어요. 더 큰 건물을 짓고 싶었나 보죠, 뭐. 그걸로 싸우진 않아요. 이해하지 못하는 이들을 억지로 이해시키기란 정말 어려운 일이니까요. 오랫동안 살아남은 건물도 있어요. 디즈니 콘서트홀 같은 건물은 오래 존재했으면 해요.

여전히 프로젝트가 하늘에서 떨어지길 기다리는 편인가요?

가끔 경쟁 입찰에 참여하기도 합니다. 하지만 그것도 부탁을 받는 경우고. 그냥 기다리는 게 나아요(웃음).

현대의 건축가들에게 가장 필요한 자질은 무엇이라고 생각하나요?

음… 인간성을 존중하고, 존엄성을 키워 가고, 부정적이지 않은 거요. 프로젝트의 규모가 얼마나 큰지에 상관없이, 얼마나 좋은지를 먼저 살펴야 해요. 그건 사람들과 얼마나 연결되어 있는가의 문제이기도 해요. 그래서 사람들이 어떤 건물을 싫어한다는 사실을 우린 금방 알 수 있어요. 하지만 처음엔 새로운 대상을 꺼려하거나 싫어하던 사람들이 점점 좋아하는 식의 변

프랭크 게리 © Alexandra Cabri

화도 종종 경험하곤 합니다.

건축가가 인간성을 존중한다는 건 곧 건축물이 인간과 같은 성향을 가졌다는 뜻으로 해석할 수 있을까요?

셰익스피어는 이렇게 말했어요. "세상은 연극 무대고, 우리는 모두 배우다(All the world is a stage, and we are all players)." 나는 그 말을 항상 떠올려요. 우리 모두 무대에 있고, 건축물은 삶을 위한 무대예요. 어떤 사물을 통해 느낌을 전달할 수 있죠. 모든 건축은 특정의 느낌을 갖고 있어요. 사람들이 그 감정을 느끼게 하려는 거죠. 그 안에서 일어나는 일이 파티처럼 느껴지도록, 그 공간이 감옥처럼 느껴지지 않도록. 얼마 전 내게도 새로운 무대가 생겼어요. 제 아들이 우리 집을 지었고, 이사했거든요. 1~2주밖에 안 되어서 그런지 낯설긴 하지만요.

드디어 1978년에 산타모니카에 지은 악명 높은 게리 하우스를 떠났군요(웃음)! 안과 밖이 뒤집히고 뒤틀려 있는 데다 저렴한 재료로 지은 이 집은 주인의 의사와는 상관없이 늘 논란이 되었죠. 그나저나 조각이나 주얼리 등 다른 창의적인 프로젝트를 통해서는 무엇을 얻습니까?

게리 하우스도 마찬가지였지만, 주얼리처럼 규모가 더 작은 작품을 만들 때만 느낄 수 있는 변화가 좋아요. 여성들이 이 아이템으로 인해 아름다워진다니 더욱 좋고요(웃음). 다른 종류의 교류인 셈이죠. 잠시 동안이라도 새로운 사람을 만나는 게 재미있고, 앞으로도 기회가 닿는 대로 하고 싶어요. 특히 조각품은 건축과 긴밀하게 연결되어 있어요. 건축이 다시 과거처럼 변하는 것에 대한 일종의 반응이었거든요. 보통 우리는 뒤가 아니라 앞으로 나아가야 한다고들 믿고 삽니다. 언젠가 제가 강의를 할 때 후기 모더니즘이 그리스 신전에서 온 거라고 말한 적이 있어요. 그리곤 혼자 생각했죠. '그렇게 과거로 후진하고 싶다면, 아예 30만 년 전 물고기로 돌아가는 건 어떨까?' 그래서 물고기를 그리기 시작했어요. 소피 칼과도 일하고, 곰 조각품을 만들기도 했어요. 루이 비통을 위해 하얀 말을 디자인하기도 했고요.

'세상에서 가장 유명한 건축가'라는 사실은 당신의 작업과 작품에 어떤 영향을 줍니까?

네, 좋습니다. 나쁠 이유가 없죠. 건강하고 안정적인 영향이라고나 할까요. 많은 예술가 친구들과 이런 이야기를 나누곤 하는데, 내 생각에 이런 시간은 내가 모든 걸 알지 못한다는 걸 스스로 깨닫게 하고 더욱 나아가게 하는 것 같아요. 항상 약간의 긴장감도 있는데, 그래도 좋아요. 다음 작품에 대한 긴장감이 오히려 나를 솔직하게 만드는 것 같아요. 물론 감사하는 마음이 크죠.

그것이 설사 실현 불가능할지라도 궁극적으로 표현하고 싶은 건축이 여전히 존재하나요?

글쎄요, 전 보기보다 현실적인 사람이에요. 1969년에 자전거처럼 동전을 넣으면 빌려 탈 수 있는 자동차를 제안하기도 했고, 난방·순환 시설을 집과 따로 만드는 것도 제시했었어요.

물론 다 실현된 건 아니지만. 요즘 집을 지을 때 프레임을 잘라 파이프를 넣잖아요? 그게 낭비고, 서로 분리하는 게 실용적일 것 같다, 이런 식으로는 예상을 해요. 물론 실제 세계에서는 건축학 이론이 항상 들어맞진 않아요. 그래서 건축학의 철학적인 면에 너무 집중하기보다는 실제적 영역에 접근해 만들어 가는 걸 더 좋아해요. 그에 충실하다 보면 철학적, 시적 요소는 저절로 따라오기 마련이죠.

만약 당신의 어린 손자가 할아버지가 하는 일이 무엇인지 묻는다면 뭐라고 답해 줄 건가요?

그렇잖아도 얼마 전에 둘째 손녀가 태어났지요. 아들 내외는 남매를 키워요. 잠깐만요, 사진을 보여 주고 싶은데… 제 며느리는 한국인이에요. 우리 사무실에서 디자이너로 일하는데, 정말 훌륭해요. 내가 그린 작은 낙서를 본 그녀가 이를 패턴 삼아 근사한 카펫도 만들었어요. 어쨌든 오히려 이 아이들이 제게 답을 줄 거예요. 아마 "비 유어셀프(be yourself)"라고 말해 줄 것 같군요.

저는 당신의 유머 감각을 매우 좋아해요. 그 감각은 어디서부터 오는 건가요?

글쎄요, 음… 자기 보호 아닐까요(웃음)?

•

2017년 12월호 『보그』 인터뷰를 바탕으로 새로 작성한 글입니다.

10 박찬욱

PARK CHANWOOK

영화감독 / 사진작가

박찬욱 PARK CHANWOOK

"가난하면 가난한 대로
거기에 독자적 아름다움이
깃들 수 있습니다.
아름다움의 영역을
확장해야 합니다"

영화감독 / 사진작가

독창적 미학으로 새로운 세계를 열어 주는 감독

1963년 서울 출생. ‘작고 독특하고 이상한 영화’를 만들고자 한 희망과는 달리 명실상부 대한민국의 대표 영화감독이 되었다. 스물여덟 살에 〈달은… 해가 꾸는 꿈〉(1992)으로 데뷔, 〈삼인조〉(1997)를 거쳐 〈공동경비구역 JSA〉(2000)로 흥행에 성공하며 스타 감독의 타이틀과 한국영화 르네상스의 주역 자격을 공히 얻었다. 〈복수는 나의 것〉(2002), 〈올드보이〉(2003), 〈친절한 금자씨〉(2005) 등 이른바 복수 3부작은 날선 독창성으로 부조리의 미학을 능수능란하게 다루는 ‘박찬욱 영화’를 세상에 각인했다. 그리고 〈싸이보그지만 괜찮아〉(2006), 〈박쥐〉(2009), 〈스토커〉(2013) 그리고 내용과 형식 면에서 진일보한 여성 서사 〈아가씨〉(2016)까지 박찬욱 영화는 논란의 중심에서, 자발적 재해석 및 재발견의 움직임에서 뜨겁지 않은 적 없었다. 그의 예술적 행보도 영화만큼이나 도전과 실험으로 점철되어 있다. 사진을 향한 애정과 조예, 실행력까지 갖춘 그는 사진집과 사진전 등을 통해 온전한 작가로 명성을 쌓고 있다. 동생인 미술가 박찬경과의 프로젝트 그룹 파킹찬스로서 만든 〈파란만장〉(2010), 〈고진감래〉(2013), 〈격세지감〉(2017) 등은 미술과 영화의 본질을, BBC의 TV시리즈 〈리틀 드러머 걸〉(2018)은 영화와 드라마의 차이를 사유하게 했다. 세상의 낯선 구석, 삶의 고약한 지점, 인간의 숨은 욕망을 직시하는 박찬욱 영화는 그럼에도 공감과 이해, 논란과 성찰을 가능케 한다. 이 놀라운 축지법이 비단 영화에만 국한되지 않는다는 사실이 더욱 그를 고유한 예술가로 만든다.

영화 <아가씨> 촬영장에서 박찬욱, 사진: 이재혁

박찬욱은 지난 2002년부터 영화제작사 모호필름을 운영 중이다. 언젠가 그에게 '모호'의 의미를 물어본 적 있다. "무작정 모호하기만 해선 안 되겠지만, 그런 영역이 남아 있도록 하는 게 예술의 중요한 요소이고, 그래야 한다는 생각으로 만들었어요. 발음도 쉽고, 달리 발음될 여지도 없고, 영문 표기도 편하고, 외국 사람에게 설명하기도 편해요. 영어로는 Ambiguity라고 하죠?" 2017년 여름 영화 〈아가씨〉의 아카이브북 『아가씨 아카입』 발간을 기념한 북토크 행사의 마지막 질문 "좋은 이야기란 무엇인가"에 대한 그의 대답도 일맥상통했다. "성급한 일반화, 고정관념, 인종이나 성에 대한 편견 등과 어떻게 싸워 나갈 것인가를 생각합니다. 나는 넓은 의미에서 장르영화를 만드는 사람이니까, 장르의 관습을 완전히 파괴하지 않으면서도 나 개인의 짧은 경험이나 단견과 맞서 스스로 싸우는 것이 좋은 이야기를 만드는 방법이 아닐까 생각합니다."

말해 두자면, 이것이 박찬욱을 좋아하는 감독 대열에서도 맨 선두에 둔 이유다. 지난 몇 년 사이 집중된 만남은 그가 일컫는 '좋은'의 의미가 비단 영화에 그치지 않음을 확인하는 계기였다. 영화 〈아가씨〉 개봉, 동생인 미술가 박찬경과의 프로젝트 그룹 '파킹찬스' 전시, 〈아가씨〉의 사진집 『아가씨 가까이』(2016)와 아카이브북 『아가씨 아카입』 발간, CGV 용산아이파크몰의 '박찬욱관'의 존재, BBC TV시리즈 〈리틀 드러머 걸〉 방영 그리고 사진작가 박찬욱의 사진에 대한 이야기 등등 운 좋게도 그를 만날 핑계는 무궁무진했다. 당최 가만있지 않고 문화의 전 영역을 종횡무진 '딴짓'하는 그에게 나는 매번 만남을 청했으며, 그는 "내가 이 인터뷰를 하는 게

부당하다고 생각합니다"라고 투덜거리면서도 번번이 응해 주었다.

본래 예술가가 저마다의 방식으로 세상과 소통하는 사람이라는 점을 기억한다면, 박찬욱이야말로 전통적 의미의 예술가다. 나는 할 수 있거나 해야 한다 믿는 일들을 이만큼 다채롭게, 꾸준히, 성의껏, 부지런히, 묵묵히, 쿨하게 해 나가는 이를 만나지 못했다. 그러므로 그와의 만남들은 공교롭게도 그가 진행 중인 예술적 시도의 목록이자 현 한국 문화계가 기대하는 일종의 역할을 보여 주는 일목요연한 사례다. 동시에 이런저런 시도는 그를 더욱 고유한 창작자로 만들고 있다. 관객들은 그가 어떤 영화를 재미있게 봤고, 어떤 소설을 어떻게 읽었는지 등 그의 취향과 시선이 향한 그 길마저 함께 걷고 싶어 한다. 남다른 통찰과 지식으로 무장한 영화 애호가 박찬욱이 좋은 영화의 단서를 종종 흘렸고, 독려했기 때문이다.

물론 초등학생 딸부터 칠순인 친정 엄마까지 전 세대를 아우르는 박찬욱의 유명세에는 예컨대 〈아가씨〉가 한국영화 최초로 영국 아카데미 외국어 영화상을 수상했다거나, 한국 영화감독 최초로 할리우드 영화 〈스토커〉를 촬영했다는 등의 소식도 거들었을 것이다. 그러나 예상대로 〈스토커〉 개봉을 앞두고 만난 박찬욱은 세간의 무성한 호기심에 무심한 태도로 응수했다. "할리우드에서 최초로 영화 찍은 한국감독, 이런 건 아무 의미 없어요. 나한테 처음이라는 게 중요하죠."

박찬욱을 직접 대면하기 훨씬 전부터 나는 혼자 그를 상대로 일종의 빙고 게임을 하고 있었다. 그가 만드는 영화들은 좋은 영화란 무엇인가라는 기본 질문에 대한 독자적인 답이나 다름없다 생각한 나는 그의 영화를 통해 매번 좋은 영화의 조건을 업데이트했다. 이 게임의 룰은 단 한 가지였다. 칸영화제 심사위원 대상(〈박쥐〉) 등 유명 영화제의 수상 여부나 훌륭한 비평을 문제해결의 단서로 삼지 않는다는 것. 동서고금 탁월한 예술은 모두를 비평가로 만들지만, 특히 박찬욱 영화의 큰 미덕은 멋대로 해석이 가능하다는 점이었으니까. 그의 영화를 온전히 내 것으로 만들 수 있는 방법은 산업과 이론, 삶과 허구가 결합한 총체적 결과물인 그의 영화를 관람료 가치만큼의 문화상품이 아니라 모호하고 불명확하며 중첩된 세계로 해체해 버리고는 이미 누군가가 분류해 놓은 지대가 아닌 나만의 서랍에 넣어 두는 것이었다.

혹자는 사생팬 같은 짓을 그만두라 충고했지만, 게임은 '복수 3부작'처럼 호오(好惡)가 갈릴 경우 더 흥미진진했다. 〈복수는 나의 것〉은 감독 포함 모든 이들의 기대 이상으로 처절히 참패했고, 〈올드보이〉는 해외 영화팬들에게 한국영화의 존재를 알리는 기폭제가 되었다. 어떤 후배는 〈친절한 금자씨〉를 열다섯 번도 더 봤다지만, 설사 5년 안에 작정한 듯 줄기차게 쏟아낸 세 작품 모두를 보지 않은 관객이 있다 해도 별로 이상한 일은 아니다. 누군가의 인생영화가 누구에겐 보고 싶지 않은 영화일 수 있다는 점을 박찬욱 영화는 깨끗이 인정한다.

그건, 말하자면 낯선 길 한가운데에서 수많은 뫼르소(카멜 다우드의 소설 『뫼르소, 살인 사건』의 주인공으로 악의 없이 단지 강렬한 태양빛 때문에 살인을 저지르고 사형선고를 받는다)를 만나고, 외면하고 싶은 인간과 세상의 이면을 끊임없이 직시하게 하는, 심지 굳은 영화만의 특권이다. 게다가 그의 인물들이 뫼르소처럼 "내가 처형되는 날 많은 구경꾼이 모여들어 증오의 함성으로 나를 맞이해 주길!"이라고 외치기라도 할 땐, 정말이지 황망함은 배가 된다. 본디 악할 주제도 못 되었던 인간들이 절대 선하지 않은 행위를 통해 무자비한 상황으로 폭주하는 광경은 난수표 같은 문제를 받아 들었을 때의 막막함과 아연함을 안긴다. 과정에서 숨어 있던 부조리의 감수성이 발동하는데, 적어도 내게는 이 웃을 수도, 웃지 않을 수도 없는 숨 막히는 첨예한 갈등의 순간이 박찬욱 영화를 보는 백미다.

미술 전시가 대체로 곤혹스러운 건 익숙하지 않은 리듬으로 내 사유와 행동의 동력을 스스로 찾아 일정한 시간을 보내야 하는, 무한히 능동적인 수동성의 모순에서 기인하는 불편함 때문이다. 박찬욱의 영화도 크게 다르지 않다. 그의 영화 대부분은 고민한다 해도 답하기 곤란하고, 고민하지 않으면 즐기기조차 곤란한 신랄한 질문의 결정체다. 인물들의 사연에는 선과 악, 옳고 그름, 도덕과 욕망, 인간성과 비인간성, 죄의식과 구원 같은 대립항들이 아이러니와 서스펜스, 유머와 위트의 장치를 통해 무시로 드러나고, 덕분에 얻은 배신, 복수, 각성, 연대, 참회 같은 존재론적 문제를 숙고할 기회가 도처에 깔린 이분법의 늪에서 우리를 구해 낸다. 특히 〈복수는 나의 것〉 개봉 당시 그는 이 획기적 영화에 대해 항변해야 했는데, 그의 말이 아직 기억난다. "세계는 절대 논리적으로 해명되는 질서에 따라 움직이지 않는다는 걸 보여 줍니다." 역설적으로 이는 비정한 박찬욱의 영화에서 위로 아닌 위로, 카오스를 직면할 수 있는 용기를 얻는 동기가 된다.

지금껏 파악한바 추악한 면을 들춰내기 위해 기꺼이 아름다움을 택하거나 반대도 얼마든지 가능하다는 건 감독 박찬욱의 기본 태도다. 영화를 만든다는 게 어떤 이야기를 어마한 노력으로 우주화하는 작업이라면, 그는 영화를 본다는 행위가 가진 궁극의 경험을 선사한다. 영화가 아니면 만날 일 없는 이상한 인물들, 맛보지 못할 감정의 파고, 경험하지 못할 완벽한 미장센…. 영화이기에 가능한 경이로움을 고유한 방식으로 스크린에 부려 놓으며, 특유의 미감과 통찰로 매혹의 지점을 극대화한다. 이런 요소들은 관객으로 하여금 영화에 몰입하면서도 최적의 거리를 유지하며, 현실을 다른 시선으로 보도록 한다. 게다가 어두컴컴한 극장에서 타인과 한 뼘 너비로 어깨를 맞대고 또 다른 타인의 삶을 응시하는 것만큼 관능적인 행위가 또 있을까. 심지어 그 영화가 누군가의 감성과 사유를 송두리째 흔들어 놓을 수 있다면. 이런 이상한 종류의 감동은 불세출의 뱀파이어 영화 〈박쥐〉에서 절정에 이르렀는데, 송강호와 김옥빈의 애정행각이 괴이하고 웃기면서 슬펐기 때문이기도, 당시 내가 임신 중이었기 때문인 것 같기도 하다.

비주류 문화에 대한 지극한 관심과 애정을 간직한 아웃사이더 박찬욱은 당연한 수순처럼 '소녀 성장 3부작'을 만들었다. 달콤잔인한 복수를 지나(〈친절한 금자씨〉) 해방과 탈출을 거쳐(〈싸이보그지만 괜찮아〉) 악마적 자아 성찰과 쾌락적 각성을 고루 맛본 후(〈스토커〉), 남성들의 역사와 신 앞에 짓눌려 있던 여자들의 결속과 연대에 이른 것이다(〈아가씨〉). 사실 〈아가씨〉의 비밀과 거짓말, 진실의 삼각관계는 속임수였고, 당찬 여자들과 한심한 남자들의 대치라는 점에서는 꽤 명쾌한 영화다. 한 여자의 악전고투가 아니라 두 여자가 손을 맞잡고는 탐욕에 눈먼 남자들을 엿 먹이고 월담해 들판을 내달리는 장면으로 끝나는, 박찬욱 영화 같지 않은 이 영화는 박찬욱 영화답지 않게 신실한 관객들의 열렬한 지지를 양산했다. 2019년에 방영된 TV 시리즈 〈리틀 드러머 걸〉의 주인공도 여성이었지만, 사실 내가 이 드라마의 (비공식) 홍보대사를 자처했던 건 그 때문만은 아니었다. 런던 뒷골목처럼 축축하고 흐릿한 스파이들의 세계에서 오직 그녀만이 솔직한 목소리를 냈는데, 그 유일함이 박찬욱만의 디테일과 유머, 스릴러와 서스펜스를 만나 존 르 카레의 원작과는 다른 산뜻한 빛을 발했기 때문이다. 게다가 그는 팔레스타인과 이스라엘의 화해불가한 관계 같은, 나와 전혀 상관없어 보이는 타인의 역사로 공감과 이해의 축지법을 구사하며 보편성을 획득했다.

그렇다면 이를 두고 천하의 박찬욱이 "완전히 진화했다"고 쓸 수 있을까? 글쎄. 예술가에게 발전이란 가당치 않을뿐더러 지난 10년 동안 집착한, 엄청나게 덩치 크고 믿을 수 없게 잔인한 서부영화를 곧 내놓는다 해서 결코 그가 퇴행했다고는 할 수 없기 때문이다. 박찬욱식 좋은 이야기는 나를 세계의 가장 낯선 구석, 삶의 가장 고약한 지점에 데려다 놓는 것으로 충분하다. 앞으로 그의 지독한 세계가 나를 또 어떤 궁지로 몰아넣을지, 얼마나 흥분시킬지는 모를 일이다. 분명한 건 박찬욱 영화가 '부조리와 불합리의 매혹적인 이중주'에서 '장르적 웰메이드의 성취는 물론 장르 이상의 이야기로 승천한 영화'로 제 의미를 나날이 확장 중이라는 사실이다. 그렇게 그는 자신의 영화가, 창작의 결과물이 많은 이들에게 오래오래 보이길 열망하는 순수한 야심을 명약관화한 현실로 만들고 있다.

지난 1992년 <달은… 해가 꾸는 꿈>으로 데뷔했습니다. 이십 대 젊은 감독으로서의 꿈 혹은 야망이 있었을 텐데요. 지금의 상황이 당시 생각한 스스로의 모습과 비슷한가요?

아니요. 전혀 달라요. 나는 그저 작고, 독특하고, 이상한 영화를 쉬지 않고 만들 수 있기를 희망했어요. 겨우겨우 하나하나 힘들게 만들게 될 거라 예상했고, 아는 사람이나 아는 그런 감독이 될 거라 생각했죠. 그리 큰돈은 들이지 않을 테니 계속 작품을 만들 수는 있을 정도의 입지를 예상하고 또 희망했어요. 그리고 나 스스로 반골 기질이 있는 사람, 그런 감독이라고 생각했는데, 사실 그것과도 달라졌죠. 물론 뭐, 다 좋죠. 그러나 항상 당황하고 있죠(웃음). 익숙해지지 않아서, 아직도 길을 잘못 들어선 것 같은 낯선 느낌을 받을 때가 많아요.

잘못 들어섰다 해도 걷다 보면 길이 생기고, 줄곧 나아가다 보면 길은 명료해집니다. 길을 만든 사람으로서의 책임감 때문에라도 계속 걸어야 하는 상황이 되죠.

네, 작품을 선택하고 창작하는 과정에서는 그때그때 하고 싶은 대로 할 뿐이기 때문에 책임감 혹은 사명감에 크게 영향받진 않아요. 다만 뜻밖에 부담스럽고 번거로운 일들이 자꾸 생긴다는 게 나를 좀 힘들게 하죠. 만나자는 사람이 많다거나, 오라는 데가 많다거나, 알아보는 사람이 많다거나, 영화 이외의 어떤 일을 같이 해보자는 제안이 많다거나. 뭐, 그게 나쁘다기보다는 적성에 안 맞을 뿐이에요. 이런 일에 너무 많은 시간과 에너지를 사용한다는 게 문제죠. 하지만 하는 수 없죠. 사람이 하고 싶은 대로만 살 수 없으니까요(웃음).

영화를 만들고 살면서 얻는 가장 큰 괴로움과 즐거움도 이와 같은 맥락이겠군요.

인터뷰를 포함한 홍보가 제일 괴롭죠. 내 작품과 나에 대해 말로 구구절절 설명해야 하고, 쉴 새 없이 다녀야 한다는 것. 가장 어렵고 하기 싫은 일이죠. 〈박쥐〉 땐 하와이에 도착해서 다음날 새벽부터 북미 대륙의 어느 도시에 있는 어떤 평론가와 전화 인터뷰를 시작으로 종일 말만 하고는 또 비행기로 뉴욕으로 이동해야 했는데 정말 힘들었어요. 이것만 없으면 괜찮은 직업인데, 싶을 정도로. 언젠가 마틴 스코세이지 감독한테 홍보를 안 하는 것에 대해 의견을 물었더니, 딱 잘라서 답하더군요. "안 돼." (웃음) 자기 영화를 파는 건 감독의 임무 중 하나다, 그런 이야기였죠.

가장 최근 한국에서 선보인 영화는 〈아가씨〉입니다. 『핑거스미스』를 원작으로 하되 19세기 빅토리아 시대를 하필 1930년대 식민지 시대로 가져온 이유가 있습니까?

원작에서 절대 버릴 수 없는 두 가지의 요소가 하녀-상전의 계급 문제 그리고 정신병원이라는 근대 기관이었어요. 우리 역사에서 이 두 가지를 만족시킬 수 있는 시대는 일제강점기밖에 없었기 때문에 피할 수 없는 선택이었죠. 기왕 그렇다면 원작의 인물을 그 시대에 던져 놓기만 하는 게 아니라 어떻게 살게 만들 것인가 고민했고, 그 과정에서 식민지성, 근대성 혹은 가부장적 권위, 젊은 여성들이 겪어야 했던 억압, 이런 여러 가지가 떠오르게 된 거예요.

본인이 창조한 캐릭터라 해도 유독 마음이 가는 사람들이 있을 듯합니다만.

딜레마의 상황에서 어떤 행동을 하느냐, 이렇게 해도 나쁘고 저렇게 해도 나쁜 상황에서 어떻게 행동할 것인가, 주로 그걸 묘사하는 편이죠. 투쟁하는 사람들, 탈출하기 위해, 복수하기 위해 늘 운명에 맞서 싸우는 사람들이에요. 우리가 일상적으로 겪는 딜레마나 사소한 도덕적 문제라도 극적으로 과장해 놓으면 그 본질이 드러나게 됩니다. 그게 가치 있는 작업이 되는 거죠.

영화를 만들 때 스스로에게 유독 자주 던지는 질문이 있나요?

이렇게 밖에 할 수 없다 싶은 길도 있고, 내가 만들어 낸 기존의 것과 달라야 한다는 스스로의 요구가 있죠. 두 가지가 상충

영화 <아가씨> 스틸컷, 2016, 이미지 제공: CJ ENM

될 때도 있고요. 또 예술 창작은 매 순간이 그 예술 매체의 역사 전체와의 대결입니다. 이를테면 카메라가 여기에 놓여야 맞는데, 어떤 감독이라도 그렇게 할 것 같은 느낌 있잖아요. 어떻게 조화시킬 것인가, 한순간도 어디서 본 것 같지 않은 걸 만들되 그저 다르기 위해서 달라서는 안 된다는 것, 그게 늘 고민이에요.

각 분야의 예술가들을 만나다 보면 우리가 형식보다 내용이 더 중요하다는 강박에 매여 있다는 사실을 새삼 깨닫게 되는데, 그런 편견에서 완전히 자유로우신 것 같아요.

내가 배우기로는, 예술에서 형식은 내용과 별개가 아니에요. 그러니까 카메라를 고정해서 찍냐, 움직이며 찍냐에 따라 내용 자체가 달라지는 거죠. 반대로, 어떤 내용이냐에 따라 카메라를 고정해서 찍을지 움직이며 찍을지를 선택해야 합니다. 이야기를 표현하는 데 어떤 사이즈로 찍는가, 어떤 색의 옷을 입는가의 문제는 줄거리와 대사 못지않게 중요하다는 거예요. 제 영화가 넓은 의미에서 스릴러 장르이고, 폭력성이 강하다는 면에서 비슷비슷해 보일 수 있다는 거 인정해요. 그래도 한 편 한 편 스토리와 그때그때 내 관심사에 따라 각기 다른 스타일의 영화를 만들었다고, 적어도 그렇게 노력했다고 생각해요. 복수 3부작만 해도 트릴로지로 묶여 있지만, 완전히 다른 스타일의 영화들이잖아요. 다르기 위해서 다른 게 아니라 스토리에 맞는 형식을 찾는 거죠.

그런 고민을 통해 박찬욱 스타일의 영화가 탄생하는 거겠죠. 그렇다면 박찬욱은 박찬욱 스타일을 어떻게 정의하고 있을까요?

서양 사람들은 바로크적이다, 오페라적이다, 그런 표현을 자주 씁디다만 내 생각에 '박찬욱 스타일'이란 "내용이 곧 형식이고 형식은 곧 내용이다"라는 믿음을 갖고 만드는 스타일이 아닐까, 그것 자체가 내 영화의 가장 중요한 요소가 아닐까 해요. 탐미적이라는 말도 또한 줄곧 듣지만, 단지 아름답기 위해서 아름다운 게 아니라는 게 중요합니다. 내러티브의 내적 필요에 의한 아름다움이어야 하죠. 그리고 때로는 아주 추악한 걸 보여 주는 일도 두려워하지 않아야 합니다. 〈복수는 나의 것〉에는 한 가장이 실업 후 가족 동반 자살한 집, 가난한 공장 노동자의 집 등이 등장해요. 사실주의 영역이라 해서 어떠한 아름다움도 없이 후줄근하고 구질구질하게 찍어야 할까요? 나는 그건 아니라고 생각해요. 가난하면 가난한 대로 거기 독자적인 아름다움이 깃들 수 있습니다. 아름다움의 영역을 확장해야 합니다.

이런 고유의 미학은 직접 찍은 사진에도 드러납니다. 그나저나 현장에서 사진 찍을 시간이 생기던가요?

조명을 바꿀 때라던가 잠깐씩 여유가 날 때 찍어요. 그래서 카메라도 새로 샀어요. 풍경을 찍을 때는 수동 초점렌즈가 달린 라이카를 쓰는데, 바쁠 때 인물을 찍으려면 아무래도 자동카메라가 편하겠더라고요. 배우들 찍은 사진 중에는 그 카메라로 찍은 게 많아요.

현장에는 영화를 찍는 절대적 카메라가 늘 존재해요. 같은 배우라도 공적인 카메라와 사적인 카메라로 보는 느낌이 각기 다르겠죠. 서로의 영역에 영향을 주기도 하나요?

내가 찍는 배우의 모습은 개인도 아니고 캐릭터도 아닌, 중간 상태일 때가 많아요. 혹은 개인으로 존재한다 해도 의상과 분장 같은 요소 때문에 완전히 개인의 모습은 아니죠. 그 중간 지대가 내가 배우를 찍는 상태예요. 그리고 당연히 그렇게 포착된 모습들이 영화에도 영향을 주는 경우가 생기지요. 〈아가씨〉의 조진웅의 손이라든가, 김민희의 정신 나간 듯 멍하니 있는 말간 표정 같은.

『아가씨 가까이』라는 사진집도 냈는데, 사진 관련 책 출판이나 전시 등을 늘 염두에 두십니까?

그럼요, 영화 일을 할 때보다 더 좋다고는 말하지 못하겠지만, 사진 찍을 때 그 못지않은 기쁨을 느껴요. 내게 사진은 그저 취미가 아니라 굉장히 중요한 직업이고, 평생 할 일이에요. 더 이상 내 영화가 투자를 받지 못할 때가 되면 이 일이 제 직업이 될 거예요. (미아 바시코프스카가 눈을 뒤집고 렌즈를 끼우는 모습을 찍은 사진을 보여 주며) 이건 미아가 특히 좋아한 사진이에요. 언젠가 배우들 사진으로만 책을 만들거나 전시를 열고 싶어요.

'영화 찍는다'는 것과 '사진 찍는다'는 것은 같은 '찍기'지만 실은 반대 지점에 있는 개념이 아닐까요?

어디에나 흔히 널린 대상인데도 딱 그 순간에만 드러나는 낯선 느낌이 있어요. 찰칵 하고 기록해 두지 않으면 아무도 모른 채 그냥 사라져 버릴 어떤 순간. 물론 보통의 사물은 늘 그 자리에 있지만, 특정한 계절과 시간대에 어떤 빛을 받은 순간의 모습은 덧없이 흘러가 버리는 거죠. 그 소중한 한순간을 남긴다는 건 숭고한 일이에요. 특히 영화를 만드는 나 같은 사람에게는 사진이라는 매체가 새로울 뿐 아니라 필요한 작업이에요. 내 영화는 자연스러움조차 그렇게 보이도록 철저히 꾸며 낸 결과물이지만, 내 사진은 의도적으로 미장센을 만든 것처럼 보여도 사실은 우연히 그대로를 마주친 거거든요. 그러니까 완전히 반대죠.

네, 특히 감독님의 사진은 아름다움에 대한 새로운 기준을 재고하게끔 합니다.

저 사람은 왜 저런 것에 매료되었을까, 왜 이게 기록으로 남길 가치가 있다고 판단했을까, 그런 걸 생각해 보도록 유혹하는 게 사실 예술의 중요한 존재 이유죠.

영화감독이 찍은 사진이라는 사실은 사진이란 무엇인가라는 메타사진적 성격을 넘어 좋은 사진이란 무엇인가라는 질문을 던집니다. 파킹찬스의 영화가 극장 아닌 미술관에서 보여짐으로써 영화란 무엇인가를 생각하도록 만들 듯 말이죠.

영화를 찍을 때 좋은 영화가 무엇인가를 질문하면서 찍지 않는 것처럼, 사진도 끌리는 대로 찍어요. 다만 훌륭한 사진작가들의 작품들, 명화에서 본 것들 등 여러 요인이 쌓여 형성된 좋은 사진에 대한 기준이 있겠죠. 흔히들 말하듯 사진에서 내러티브 혹은 스토리를 바라지는 않아요. 이야기를 상상하고 발전시키게끔 자극하는 단초를 제공할 수는 있겠으나, 그 자체가 목적은 아니죠. 나는 단일한 이미지 자체로 완결되는 게 좋아요. 찰나의 고착된 순간, 그때 마주친 존재, 나를 숙연하게 만들거나 기념하고픈 욕심이 들게끔 한 어떤 사물이나 피사체의 힘이랄까요.

사진을 모아 놓으면 '박찬욱 사진'이라는 뚜렷한 인장이 보입니다. 궁극적으로 어떤 사진을 찍고 싶은가요?

멋진 풍경이든 하찮은 사물이든 아주 정확히 발견되고, 잘 디자인되고, 정성스러운 보살핌을 받는 듯한 느낌이었으면 해요. 한 단어로 규정할 수 있는 단순한 감정이 아니라 그로테스크하거나 유머러스하거나 쓸쓸하거나, 혹은 이 모두를 느낄 수 있는 사진이 되면 좋겠어요. 내 사진을 보는 이들에게 전달되는 느낌이 각기 다르기를 바라요. 영화도 마찬가지죠. 복잡한 인물로 복합적인 감정을 만들 수는 있지만, 포착된 정지 이미지를 통해서도 그런 감정이 일 수 있거든요.

2018년 봄에 광주아시아문화전당에서 열린 파킹찬스 전시를 통해 사진작품을 선보이며 "사진은 세상 만물과 소통하는 방식이다"라 쓴 것도 그런 맥락일까요?

사물을 어떻게 보느냐, 어떤 관심을 가지고 보느냐, 어떤 디테일을 보느냐에 따라 무심코 지나칠 때 못 본 어떤 아름다움이나 기이함 같은 것들이 발견되는 거니까요. 그때 전시에서 선보인 시리즈 중 미술관 연작이 있는데, 그것도 별개의 세계죠. 카메라가 흔들리는 실패의 순간도 작품이 될 수 있음을 보여주는 동시에, 실패를 의도하거나 더 큰 실패를 하면 또 새로운 미학이 탄생한다는 의미이기도 하죠. 흔들린 상태나 조명이 반사되어 작품의 일부를 이루는 것 같은.

'컬러사진의 아버지'라 알려진 윌리엄 에글스턴을 좋아한다 해서 다시 찾아봤는데, 그의 사진이 매우 미국적이라는 것만 제외하면 정말 비슷한 데가 있더군요. 어떤 점을 특히 좋아합니까?

일단 아름다운 색 때문이죠. 예술사진이든, 다큐멘터리 사진이든 흑백이 더 품위 있고 격조 있을뿐더러, 어떤 경우에는 더 스트레이트한 날 것의 느낌을 성취할 수 있다는 식의 고정관념이 에글스턴을 비롯한 뉴컬러사진을 주창한 이들에 의해 깨졌어요. 그 분 작업실에서 프린트를 직접 볼 기회가 있었는데, 다이트랜스퍼(dye transfer) 기법으로 손수 만든 프린트의 색감은 충격적이었어요. 성에가 잔뜩 낀 냉동실 내부, 세발자전거를 숭고한 대상처럼 포착한 사진처럼 아무것도 아닌 하찮은 대상

사진작가 박찬욱의 작업

사진작가 박찬욱의 작업

에서 뭔가를 발견해 내는 시선도 초유의 것이었죠. 에글스턴은 내 머릿속에 데이비드 린치와도 연결돼요. 과묵한데 이상한 유머가 있고, 일상의 한 조각들인데 그의 시선을 거쳐서 보면 낯설어진다는 점에서 초현실주의적이죠. 물론 〈스토커〉 현장 스틸을 아름답게 찍은 타고난 다큐멘터리스트 메리 엘런 마크에 대한 애정도 크고, 다이앤 아버스에게도 영향을 많이 받았어요. 외젠 아제는 사진작가로서는 나의 첫사랑이고, 스티븐 쇼어도 매우 좋아해요.

스스로, 사진작가 박찬욱인가요 아니면 사진 찍는 영화감독 박찬욱인가요?

사진작가겠죠. 사진집도 냈고, 사진전도 열었으니까요. CGV 용산아이파크몰 박찬욱관에서도 내가 찍고 큐레이션한 사진을 볼 수 있어요. 극장이 존재하는 한 영원히 계속되는 개인전이죠. 관객 여러분이 극장 벽의 장식으로 알고 무심코 지나가 버릴 수도 있는데, 눈여겨봐 주십사 합니다(웃음). 사진전 제목도 있어요. "범신론."

그렇다면 사진작가 박찬욱과 영화감독 박찬욱의 교집합은 무엇일까요?

첫째, 익숙한 존재를 낯설게 본다(혹은 만든다). 둘째, 아름다운 것, 그로테스크한 것, 유머러스한 것 등이 분리되지 않은 한 몸이라는 것. 셋째, 중요하게는 피사체와 작가(나) 사이 최적의 거리를 찾으려 노력한다는 것. 영화를 만들 때나 사진을 찍을 때나 그 적정 거리를 찾기 위해 고민을 많이 해요. 나는 대충 찍은 후 후반 작업으로 해결하는 스타일이 아니고, 확대도 트리밍도 거의 안 해요. 애초에 어떤 렌즈를 사용하는가, 얼마나 거리를 둘 것인가의 조합이 중요하고, 그걸 결정하는 데 시간을 많이 써요.

〈아가씨〉의 모든 것을 기록한 아카이브북 『아가씨 아카입』의 존재도 흥미로웠습니다. 본인 영화가 분야별로 해체되어 다른 결과물로 보여진다는 건 어떤 느낌이었습니까?

보통 영화의 미술감독과 촬영감독, 의상과 분장팀들은 높은 기여도에 비해 대중에게 별로 주목받지 못하는 편이에요. 〈아가씨〉를 만든 이들의 인터뷰를 통해 그들의 생각이 정당하게 주목받는 게 가장 의미 있고 중요했어요. 두 번째로는, 다른 분야의 예술가들이 다양한 각도에서 영화에 접근하고 저마다의 견해를 제시했다는 점이 좋았고요. 감독 입장에서는 자기 영화가 정확하게 해석되는 것보다 다양하게 해석되는 게 더 즐거운 일이니까요. 부자가 된 것 같은 기분이랄까요.

기회가 닿을 때마다 "다양한 도전을 하는 감독이 되고자 한다"고 말씀했는데, 이렇게 새로운 일에 계속 도전할 수 있는 동력이 무엇이라 생각하나요?

몇 만의 관객이 들었다, 이게 상업영화 감독에게는 정말 큰 부담이자 걱정이고 무서운 일이에요. 그래서 흥행 걱정 안 하고 창작할 기회가 오면 놓치고 싶지 않아요. 그래서 파킹찬스 작업도 계속하고 있습니다. 특히 요즘은 감독으로서 어떻게든 도전을 해야 하는 혼란한 상황이에요. 예컨대 충분한 예산으로 OTT용 영화를 만들 것인가, 최소한의 예산으로 극장영화를 고집할 건가…. 〈로마〉처럼 잘 만든 영화를 작은 화면으로만 보는 게 맞는 일인지는 여전히 의문입니다만, 그 자본이 아니라면 만들 수 없었을 법한 영화, 만들 수 있더라도 턱없이 부족한 예산으로 만들어야 했을 영화라는 사실을 간과하면 안 됩니다. 현명하게 선택해야 합니다. 그 선택에 따라 또 다른 도전이 펼쳐지겠죠.

그런 점에서 TV시리즈 〈리틀 드러머 걸〉도 여러모로 도전 혹은 실험이 아니었나 싶습니다. 특히 존 르 카레의 동명의 원작 소설에서 어떤 점이 가장 인상적이었나요?

맨 먼저 여자가 주인공이라는 점. 르 카레의 다른 대부분의 작품은 남자 중심이니까요. 두 번째는 직업 스파이가 아닌 평범한 이들의 이야기라는 점. 세 번째는 쿠르츠라는 독특한 스파이 마스터의 존재. '이스라엘판 스마일리(르 카레 작품 속 대표 주인공인 그의 직업은 스파이다—편자주)'지만 전면에서 공작을 수행한다는 점에서 스마일리와는 다른 활력을 지닌 사람이죠. 내가 만든 그의 대사 중 "나는 이 쇼의 프로듀서, 작가, 감독이다"라는 문장이 있는데, 여기에 더해 배우이기도 한 사람. 내가 영화감독이라 더 친근하게 느껴진 지점이었어요. 가장 중요한 네 번째, 거듭 강조했던 게 픽션과 리얼리티 사이 혼동의 문제였어요. 진실과 거짓, 연기와 진심 사이의 헷갈림. 그 혼란이 가장 중요했죠.

소설 『핑거 스미스』를 〈아가씨〉로 만들 때 독자의 마음이 녹아들었다고 했는데, 평소 르 카레의 팬임을 자처해 온 입장이니 이번에도 다르지 않았겠군요.

그럼요. 나는 특히 르 카레의 소설을 읽을 땐 숨겨진 유머 혹은 유머러스할 수 있는 가능성을 찾아 가며, 밑줄 쳐 가면서, 감탄하면서 읽어요. 작가가 의도하지 않았더라도. 그래서 무심코 소설을 읽었다면 포착하거나 상상할 수 없었던 것들을 드라마에 심어 뒀죠. 그의 유머 감각은 상당히 심술궂은 편이라 그걸 탐색하고 가능성을 표현하는 건 굉장히 보람 있는 일이에요.

드라마의 마지막 대사가 기억에 남아요. "나는 누구였고, 너는 누구였나." 예술의 목적이 혜안이나 통찰을 제시하기 전에 질문을 던지는 거라면, 이번 텔레비전 시리즈를 통해 무엇을 질문하고 싶었습니까?

두 가지예요. 첫째, 이 끝나지 않는 분쟁은, 그 지역을 사는 이들은 과연 어떤 영향을 주고받는가, 왜 그런 일이 생기고 그들의 정신에는 어떤 상처가 남는가. 둘째, 나는 이런 사람이니까 이런 행동을 한다, 라는 단언이 과연 얼마나 진짜일까.

여자들의 성장 혹은 욕망을 위한 탈출에 꾸준히 관심을 표하고 있는데,

스스로 이를 "진화"라 표현한 바 있습니다. 어떤 면에 매료됩니까?

순전히 창작자 입장에서만 얘기하자면, 아무래도 사회적으로 약자이기에 파생될 수밖에 없는 복잡함이라는 게 있어요. 캐릭터가 강하면 강한 대로, 약하면 약한 대로, 그래서 미학적으로 더 흥미로운 결과가 나오고. 창작자야 언제나 복잡한 뉘앙스의 캐릭터를 좋아하기 마련이죠.

소문난 영화 애호가이기도 합니다. 가장 좋아하는 감독을 묻는 질문에 어떻게 답할 건가요?

너무 많은데…(웃음). 일단 좋아하는 감독은 루키노 비스콘티와 나루세 미키오죠. 요즘 눈여겨보는 사람은 요르고스 란티모스고요. 최근 본 영화 중에는 아리 애스터 감독의 〈유전〉이 가장 좋았어요. 공포영화는 잘 못 보는 터라 극장은 차마 못 갔고, 집에서 블루레이로 몇 번을 끊어 봤어요(웃음). 〈리틀 드러머 걸〉의 플로렌스 퓨가 드라마 바로 다음에 찍은 작품이 이 감독의 두 번째 영화 〈미드소마〉예요. 촬영현장 모니터를 찍은 걸 살짝 보여 줬는데, 〈유전〉과는 완전히 다르게 무섭더라고요. 대단한 감독이구나 했어요. 플로렌스가 말하기를 그 감독이 나와 비슷한 점이 있다더군요. 비전이 구체적이고, 계획이 자세하며, 원하는 것과 원하지 않는 것의 분별이 뚜렷해서 일하기 편하다는 점에서요. 이상해요. 니콜 키드먼도 란티모스와 〈킬링 디어〉를 촬영한 경험을 말하면서 내게 비슷한 얘기를 했거든요. 내가 그 두 감독의 작품을 좋아하는 것과 어

영화 <아가씨> 촬영 현장, 이미지 제공: CJ ENM

떤 관계가 있나 봐요.

동시대에서 활동하면서 같은 일을 하는 사람을 진심으로 좋아하는 것이 생각만치 간단한 건 아닐 텐데, 감독 입장에서 다른 훌륭한 감독들의 재능 중 부러운 부분이 있습니까?

어떤 특정한 비전을 갖는 것까지는 나도 잘할 수 있어요. 그런데 이를 구현할 때 대규모의 자본과 많은 사람이 동원되어야 하기에 그들이 모두 나의 비전 안에 들어와야 하잖아요? 억지로 하는 일이 아니라 자발적으로 각자 스스로의 비전이라 여기고 동참하도록 하는 거, 그게 독특하고 과감한 비전일수록 어려워지는 거죠. 그렇게 만드는 능력이 내 입장에서는 늘 부러워요. 아리 애스터나 요르고스 란티모스가 그런 사람이겠죠. 어떻게 저렇게 이상한 걸 시키지 싶은 것을 배우들이 하는데, 정작 배우들은 행복했다고 얘기하고 있으니까. "그 감독 이상해요, 막 이상한 거 시켜요" 그러질 않고.

그건 좋은 영화를 만드는 것과는 또 다른 차원의 능력이겠죠?

그렇죠. 좋은 영화의 폭은 넓으니까요. 점잖으면서 누구나 이해하고 공감할 수 있는 그런 영화들, 예를 들어 스필버그 영화들은 이상할 수 없잖아요. 그러면서 위대한 작품을 만들고 있잖아요. 하지만 좋은 영화의 범위를 너무 좁게 한정 짓진 말자는 거죠. 고전은 물론이고 용감하고 미친 것 같은 그런 영화들까지 포함되어야 한다는 거예요.

하루가 멀다 하고 새 영화가 쏟아져 나오는 상황에서 고전 영화를 봐야 하는 이유는 무엇일까요?

첫 영화를 말아먹고 조영욱(〈올드보이〉, 〈아가씨〉 등의 음악감독)과 비디오 가게를 운영했었어요. 그때 손님들을 상대하면서 늘 궁금했던 게 있었어요. 수백 배 좋은 영화를 추천해 주는데도 왜 새 영화만 찾을까? 베토벤 음악은 들으면서 왜 고전 영화는 안 볼까? 오랜 시간에 걸쳐 검증된 영화가 성공 확률이 높잖아요. 왜 재미있을지 없을지 불확실한 신작 영화를 보고 돈 아깝다고, 시간 버렸다고 불평하는지 모르겠어요.

수전 손태그는 "아무리 많은 영화가 만들어진다 해도, 아무리 좋은 영화가 만들어진다 해도 영화 애호가들이 사라지면 영화도 사라진다"고 했습니다. 시네마테크의 친구들 중 한 명으로 오래 후원해 온 이유도 여기에 있겠지요. 시네마테크 프로그램 혹은 영화사 책에 필모그래피 중 딱 한 편의 영화와 한 줄의 평만 들어갈 수 있다면 무엇을 선택하고 싶습니까?

일단 작품은 〈박쥐〉일 것 같고, 아니, 그러면 좋겠고. 부조리한 유머와 비극적인 로맨스의 결합 정도 아닐까요? 사실 내 영화 중에 유난히 더 애착이 가는 영화가 따로 있지는 않아요. 나한텐 하나같이 소중한 자식들이죠. 하지만 〈박쥐〉가 나의 높은 기준에, 그래도 내 영화들 중엔 제일 근접했다고 생각하죠.

감독으로서의 판타지가 있습니까? 혹자는 뒤샹처럼 사라지는 것이라

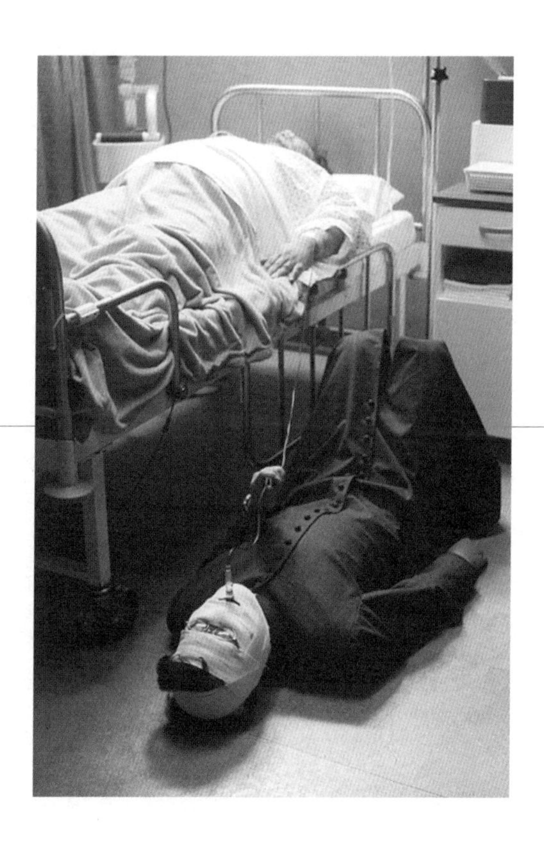

영화 <박쥐> 스틸컷, 2009, 이미지 제공: CJ ENM

고 했습니다만.

그 반대예요. 오래 영화를 만들고 싶어요(웃음). 투자가 잘 안 되면 점점 더 작은 영화를 계속 만드는 거죠. 투자가 한 푼도 안 되면 아이폰으로 단편영화를 찍어서라도 계속하는 거. 그러니까 안 사라지는 거. 가만, 그건 노력하면 할 수 있는 일이니 판타지가 아닌가? 사실 내가 가장 원하는 건 한국영화와 비한국영화를 하나씩 번갈아 가면서 찍는 거예요. 가장 행복할 것 같아요. 그런데 그게 그렇게 계획대로 잘 안 돼요. 투자, 각본, 캐스팅, 스토리가 요구하는 계절까지 내 마음대로 안 된다는 점에서 판타지가 맞겠네요.

가장 최근의 만남은 2019년 여름이었다. 박찬욱은 감독/제작, 한국영화/미국영화, 영화/TV 시리즈 등을 망라해 현재 개발 중인 프로젝트만 11개에 이른다고 했다. '사진작가 박찬욱'의 프로젝트도 수면 아래 꿈틀거렸을 테지만(실제 그는 몇 달 후인 그해 가을 라이카의 전시에도 참가했다) 그게 아니더라도 그는 밥 먹듯 사적 갤러리인 인스타그램에 사진을 올리고 아이패드에 담긴 8천 장의 사진을 매만진다. 좋은 영화란 무엇인가에 대한 박찬욱식 질문은 부지불식간에 좋은 예술이란 무엇인가로 확장되고 있다. 덕분에 그와 남모를 게임을 하는 나도 한결 바빠졌다. 이를테면 영화감독 박찬욱과 사진작가 박찬욱 모두 "예술은 리얼리티의 반영이 아니라 반영의 리얼리티"라는 고다르의 명언을 완벽히 증명함을 새삼 발견한다던

가, 이 영화를 3D로 재해석한 파킹찬스의 〈격세지감〉을 보며 미술과 영화의 차이 따위에 대해 생각하는 등의 경험은 박찬욱과의 게임에 충실해 온 자만이 얻을 수 있는 최고의 보상이다. 일례로 신입 영화기자 시절 개봉한 그의 출세작 〈공동경비구역 JSA〉를 국립아시아문화전당 전시장에서 1시간 50분 내내 서서 보던 중 생각했다. 이데올로기 타령 대신 삶의 비애와 시대의 아픔을 녹여낸, 일상에서 분단 상황을 겪어 온 동시대 어른들을 위한 이 휴먼 스토리의 네 남북 병사가 설사 진한 동성애적 코드로 얽히고설켰다 해도 나는 이 영화를 좋아했을 거라고. 물론 흥행은 꽤 힘들었겠지만, 그러거나 말거나 그는 또 다른 길을 만들었을 거라고 말이다.

•

지난 2012년부터 2019년까지 각기 다른 계기로 『하퍼스 바자』와 『보그』에 6회에 걸쳐 진행된 인터뷰를 박찬욱의 동의하에 하나의 글로 재편집했습니다. 질문 순서는 섞여 있지만 답변은 수정하지 않은 원본 그대로입니다.

11 에드 루샤

ED RUSCHA

미술가

에드 루샤 ED RUSCHA

“제가 영웅적이라고
생각하는 것에서
영감을 받아요.
제 영웅은 종종
2~4인치 크기의
나뭇조각 같은
죽어 있는 것들이죠”

미술가

예술가들의 예술가로 불리는 현대미술의 거장

1937년 미국 오클라호마에서 출생. 1957년 로스앤젤레스로 이주한 후 LA 예술 및 문화의 개척자 역할을 해 오고 있다. 에드 루샤는 특유의 시적이고도 간결한 작품을 통해 미국 서부를 무심함과 위대함이 교차하는 땅으로 그렸고, 미국적인 삶과 역사의 상징들을 기록해 왔다. 특히 로스앤젤레스의 기념비적 풍경에 직접 고안한 서체를 활용, 위트 있는 단어나 모호한 문장을 써 넣은 그림이나 66번 국도를 따라 난 주유소 같은 당시 일상의 모습을 담담하게 그린 그림은 그의 전매특허다. 회화뿐 아니라 사진, 드로잉, 판화, 아트북, 프린트, 필름 등 모든 매체를 폭넓게 아울러 온 그의 역사적 작업과 활동은 1960년대부터 이미 미국 팝아트를 이야기하는 데 가장 중요한 증거가 되어 왔다. 스스로를 개념미술가로 정의하지는 않지만, 단어, 이미지, 문장을 구성하는 그의 예술적 논리는 시공간을 초월해 신선하고도 획기적인 사유를 불러일으킨다. 다다이즘, 초현실주의, 추상표현주의 등 현대미술사를 구성한 핵심 사조가 자연스럽게 각인된 불세출의 작업과 반세기를 관통하는 통찰력의 주인공인 에드 루샤는 현재 세상에서 가장 몸값이 높은 작가 중 한 명이기도 하다. 그러나 많은 이들은 존재감과 발자취만으로도 많은 후대 예술가들에게 영감을 선사하는 단연 현대미술의 거장으로 그를 기억한다.

<파운튼, 선셋, 할리우드Fountain, Sunset, Hollywood>, 1999, acrylic on canvas mounted on board, 21 1/4x31inches, 54x78.7cm © Ed Ruscha. Courtesy of the artist and Gagosian

로스앤젤레스(이하 LA)라는 도시에 대한 절대적인 인상을 만든 몇 가지가 있는데, 그중 에드 루샤의 그림과 사진은 매우 강력하다. 캘리포니아의 황량한 이미지가 메시지를 압도하는 영화 〈바그다드 카페〉의 한 장면처럼 그의 그림 속 도시, 공허하나 야심찬 희망을 품은 광활한 땅에는 빛바랜 황금빛 꿈이 새겨져 있다. 에드 루샤식의 미국 신화가 해피엔딩으로 다가온 적은 없었다. 절망적이고 몽상적이며 외로운 느낌이 반복되는, 출구 없는 세계에 가까웠다. 그의 작품을 보다 보면 이 무방비의 도시에 고립된 것 같기도 분리된 것 같기도 하다가, 과연 이 도시가 실재하는가 의심하는 지경에 이른다. 사실 할리우드와 스타의 거대한 존재감을 덜어 내고 나면, LA의 매력은 언뜻 잘 보이지 않는다. 있긴 하겠지만, 정확히는 투명하다. 그러나 투명하다 해서 없는 건 아니다. 에드 루샤는 투명한 이 도시의 매력을 그림과 사진에 녹여내는 데 평생을 바쳤다.

그런 점에서 단언컨대, 1937년생 예술가인 에드 루샤는 LA 예술과 문화의 맨 앞에 서 있는 개척자인 동시에 가장 충실한 기록자다. 이는 실제 캘리포니아 전반의 역사와도 정확하게 맞물려 있기 때문에 미국의 역사라 해도 과언이 아니다. 1957년부터 그는 회화, 사진, 드로잉, 필름, 아트북 등의 매체를 두루 활용했다. 그리고 이를 이용해 주차장, 주유소, 수영장, 옥상 전망, 아파트, 할리우드 사인 등을 시대의 감정적 흥망성쇠를 구술하는 누군가의 미동 없는 포트레이트처럼 펼쳐 보였고, 지난 반세기 동안 미국의 삶과 풍경이 어떻게 바뀌었는지를 기록해 냈다. 그의 그림에서 종종 나타나는 시네마스코프 형식은 이 차분하고 사실적인 작품을 영화 같은 감상으로 바꾸어 내는데, 이 과정에서 우리는 엄연하게 존재했던 진실(그것이 무엇이 되었든)을 맞닥뜨리게 된다.

어떤 시대에든 기록자는 결코 주인공이 될 수 없다. 그의 그림 속 LA의 풍경은 그래서 모두 주변에서 본 것이다. 무명 시절 친구가 모는 트럭 뒤에 서서 사진을 찍을 때도, 성공한 예술가가 된 후 헬리콥터에서 내려다본 LA의 풍경을 찍을 때도 제3자의 시선을 거두지 않았다. 2016년 샌프란시스코에 있는 드 영 미술관에서는 《에드 루샤와 위대한 미국 서부Ed Ruscha and the Great American West》라는 실로 위대한 이름의 전시를 연 바 있으나, 재미있게도 에드 루샤가 활동을 시작한 1950~1960년 당시 LA는 허허벌판이었다. 몇몇 갤러리 이외에는 중요한 미술관도, 예술가로 살고자 하는 자도, 이들의 작품을 사고자 하는 이도 별로 없었다. 앤디 워홀, 로버트 라우션버그처럼 잘나가던 작가들은 모두 당연하다는 듯 뉴욕으로 내달려 갔다. 하지만 에드 루샤는 마법의 도시로 가지 않았다. 뉴욕은 너무 추웠고 복잡했으며, 무엇보다 그냥 LA가 좋았기 때문이다. 까치발을 한 채 남의 어깨너머로 세상을 봐야 하는 뉴욕이었다면, 에드 루샤가 객관적인 관찰자가 될 수 있었을까? 이렇게 산뜻하고도 초월적인 시선으로 도시를, 세상을 기록할 수 있었을까? 너무나 친숙한 것을 완벽하게 애매하게 만드는 능력을 발휘할 수 있었을까? 좀 더 빨리 유명해졌을는지는 모를 일이지만 말이다.

스튜디오에 당도했을 때, 우리는 뒤뜰부터 먼저 둘러보았다. 작가의 오두막 같은 작업 공간을 중심으로 주차장과 정원 그리고 공터가 사이좋게 자리를 나누고 있었다. 그 옆에는 족히 50~60년은 되어 보이는 포드의 빈티지 자동차가 서 있었다. “에드 루샤의 첫 번째 프린트 에디션에 등장했던 차예요. 오클라호마에서 가져왔지요. 역사도 꽤 길어요. 거미줄도 쳐져 있고 냄새도 좀 나지만, 조각품 같아 보이지 않나요?” 스튜디오 매니저의 말을 들으며, 나는 언젠가 읽었던 문장 하나를 떠올렸다. “1956년 당시 열아홉 살이던 루샤는 고향인 오클라호마를 떠나 1950 세단을 몰고 로스앤젤레스로 가서 아트 스쿨에 입학했다.” 이 문장이 미국 서부를 배경으로 한 청춘 영화의 내레이션처럼 느껴지기도 했는데, 그럴 법한 것이 이 순간이 바로 ‘아티스트 에드 루샤’의 시작이었기 때문이다. 하루에 100명씩 LA 드림을 꿈꾸며 이 도시로 넘어온다는 사실이 매일 뉴스를 장식하던 시절이었다.

“예술적 커리어의 기반이 되는 가장 중요했던 전시는 무엇이었습니까?” 에드 루샤가 나의 질문에 이렇게 답했다. “1962년 패서디나 미술관에서 열린 《더 뉴 페인팅 오브 코먼 오브젝츠The New Painting of Common Obejects》 전이었습니다.” 부연 설명이 필요 없을 정도로 이 전시는 유명하다. 팝아트에 초점을 맞춘 첫 번째 미국 내 미술관의 서베이 전시이자 미국 아트신(art-scene)에서 팝아트의 본격적인 움직임을 공식 선언한 사건이기 때문이다. 당시 재능 있고 혈기 왕성한 미국의 아티스트들, 이를테면 로이 릭턴스타인, 짐 다인, 앤디 워홀, 필립 헤퍼턴, 로버트 도드, 조 구드, 웨인 티에보 등과 함께 에드 루샤도 이 기념비적인 전시에 참여했다. 막내였던 그는 막 고등학교를 졸업하고 카슨-로버트 광고회사에서 레이아웃 아티스트로 일하고 있었다. 전시 차량 인쇄 문구나 햄버거 표지판을 그래픽으로 디자인하던 에드 루샤는 예술의 새 시대를 결정적으로 알린 이 전시를 통해서 앙팡 테리블(무서운 아이)로 주목받게 된다.

세월은 속절없이 흘렀고, 앙팡 테리블은 시대의 어른이 되었다. 약속 시간, 천천한 움직임으로 모습을 드러낸 은은한 백발의 에드 루샤는 자신의 눈 색깔과 똑같은 헐렁한 푸른색 셔츠에 구겨진 베이지색 팬츠를 입고 있었다. 정직하고 강직하며 품위 있는 농부 스타일인 그는 안경을 들고 카메라를 차분하게 바라보았다. 셔터 소리가 얼마나 요란한지, 왜 촬영이 빨리 끝나지 않는지 따위는 전혀 신경 쓰지 않는 것 같아 보였다. 그가 낮지만 젠틀한 목소리로 말했다. “내 옆에 있는 개가 사진에서 빠져야 한다면 이야기해 주세요.” 그럴 리가. 20년을 알고 지내도 속을 다 알 수 없을 정도로 미스터리한 이 남자의 기분을 가장 정확하게 아는 건, 어딜 가나 그를 쫓아다니고 점잖게 포즈를 취하던 반려견이었을 것이다. 생각해 보면, 에드 루샤가 포착한 LA의 풍경에는 사람이 없다. 그의 LA가 왜 그렇게 쿨하고 미니멀하며 영원할 것처럼 보였는지에 대한 짧은 답이기도 했다.

에드 루샤가 찍은 사진을 게르하르트 슈타이들이 엮은 책 『로스앤젤레스 아파트먼트*Los Angeles Apartment*』(2013)에는 당시에 낸 기념비적인 책 『트웬티식스 가솔린 스테이션스*Twentysix Gasoline Stations*』(1963), 『섬 로스앤젤레스 아파트먼트*Some Los Angeles Apartments*』(1965) 등의 오리지널 레이아웃이 실려 있다. 책에서 비평가 크리스티안 뮬러는 이렇게 쓴다. “루샤는 자신을 개념미술의 대표자로 생각하지는 않지만 그의 사진집은 댄 그레이엄, 로버트 스미스슨, 안드레아스 구르스키, 토마스 스트루스 등의 예술가와 사진작가들에게 상당한 영향을 미쳤다." 팝아트와 초현실주의, 다다이즘의 느낌을 모두 가진 이 예술가를 당대의 평론가들은 어떻게 정의할지 갈피를 잡지 못해 쩔쩔맸다. 에드 루샤의 작품이 의도치 않게 야기한 혼란은 기존 예술 형식과 가치를 부정하고자 하는 혹은 대안을 탐구하고자 하는 움직임에서 비롯되었고, 익숙하고도 낯선 느낌은 정의되는 데 한참 시간이 걸렸다. LA의 진보적인 갤러리 페루스에서 활동한 에드 루샤는 순수미술의 규율 따위는 애초에 염두에 두지도, 얽매이지도 않았다. 그는 미술보다는 오히려 대중문화에서, 자신의 심연보다는 일상에서 소재를 찾아냈다. 기호와 이미지로 구성된 현대의 비예술적 대상인 보통의 풍경을 어떤 확대 해석이나 감정이입 없이 캔버스에 그려 냈고, 평범한 랜드마크나 들여다보고 있던 에드 루샤 특유의 담담함은 순수미술 지상주의에 도취된 목소리 사이에서 오히려 그 자신을 전위적인 예술가로 승격시켰다.

에드 루샤의 작품을 둘러싼 일련의 혼돈이 정리되고 미술계의 지지를 받은 후부터 그의 작품 가격은 천정부지로 올랐다. 물론 세상에서 가장 비싼 미술작가 중 한 명이 되는 데는 래리 가고시안이라는 전설적인 화상의 수완이 한몫했을 것이다. 게다가 모르긴 해도 이 도시의 모든 미술관은 에드 루샤의 작품을 소장하고 있는 것 같다. LA가 이 도시의 태동부터 전성기까지 모두를 목격하고 미술을 통해 역사에 남긴 이 대단한 아티스트를 키워 냈다는 사실을 자못 자랑스러워하듯이, 그의 작품은 다른 소장품과는 아예 독립적인 섹션으로 구성, 전시되어 있다. 이번에 나는 에드 루샤가 66번 국도를 따라 있는 모든 가스 주유소를 대표하는 상징적인 작품인 〈스탠다드 스테이션Standard Station〉 시리즈 중에서도 불타는 주유소 버전 〈놈스, 라 스네가, 온 파이어Norm's, La Cienega, on Fire〉(1964)부터 사진작품인 〈파운튼, 선셋, 할리우드Fountain, Sunset, Hollywood〉(1999) 그리고 그 유명한 워드페인팅 작품 몇 점을 대거 직접 볼 수 있었다.

에드 루샤의 트레이드마크 중 하나는 그림 위에 단어를 오버랩하거나 단어만 그리는 기법이다. 그의 작품이 미국 문화에 대한 간결하고도 시적인 접근처럼 느껴지는 것도 이 단어들의 존재에 힘입은 바 크다. 'Oof', 'Boss', 'Mint', 'Desire', 'Smash', 'Heavy Industry', 'Noise', 'Won't' 같은 평범한 단어부터 'Honey··· I Twisted Through More Damn Traffic to Get Here(자기야··· 엄청난 교통 체증을 뚫고 여기까지 왔어)', 'That Was Then This Is Now(그땐 그때고, 지금은 지금)', 'Thermometers Should Last Forever(난방기는 영원해야 해)', 'Pay Nothing Until April(4월까지는 아무것도 지급할 수 없어)'처럼 뜬금없는 문장도 있다. 사람들이 하는 말, 라디오나 영화에서 건져 올린 것들 중 순간적으로 선택된 단어들이라고 했다.

에드 루샤의 작품을 본다는 건 그가 제안한 단어 게임에 부지불식간에 참여한다는 이야기인데, 이는 몇몇 흥미로운 경험을 도출한다. 단어의 본래 뜻과 그림을 연결시키려는 시스템이 내 머릿속에서 작동하지만 별 연관성을 찾을 수 없는 상태로 실패한다. 당시 작가의 심적 상태를 예측하고 단어 모양이나 색과 연결시켜 보지만, 그 역시 실패할 공산이 크다. 정답을 찾으려고 하는 순간부터가 실패이기 때문이다. 이러한 필연적인 좌절의 과정을 통해 어느새 단어는 이미지로 인식되고 읽히되 읽히지 않으며, 미술관을 떠난 후에도 유령처럼 맴돈다. 그의 워드페인팅은 마찬가지로 단어를 활용하는 로런스 와이너나 조지프 코수스 같은 작가들을 떠올리지만, 루샤의 단어들은 뜻을 전해야 하는 의도도, 목적도 없다는 점에서 이들과 다르다.

실제 에드 루샤의 스튜디오에는 시대별로 다양한 버전의 사전이 구비되어 있었다. 사실 이 스튜디오는 작업실이라기보다는 도서관 혹은 아카이브 룸에 가깝다. 모두 공개해도 되나 싶을 정도로 작가가 현재 흥미롭게 보고 있거나 구상 중인 사진, 텍스트, 드로잉, 스크랩 자료가 즐비했다. 족히 수천 권은 되어 보이는 책에서는 현존하는 아티스트 중 웬만한 이들의 이름을 다 발견할 수 있었다. 하지만 무슨 책이 있는가보다 더 놀라운 건 책 자체다. 아티스트들의 책에 대한 애정은 특별난 이야기가 아니지만, 에드 루샤는 이를 작업으로 승화시킨 사람이다. 그가 사진을 찍기 시작한 것도 책을 만들기 위해서였다. 대단히 예술적이고 값비싼 책이 아니라 그냥 책. 그는 아티스트가 직접 책을 만든다는 사실에 익숙하지 않던 시절, 즐기면서 만든 책을 통해 "대체 이게 뭐야?"라는 반응을 이끌어냈고, 그 자체로 만족했다. 〈아티스츠 후 두 북스Artists Who Do Books〉(1976)라는 문장을 그린 작품이 나오게 된 배경이다. 그리고 수십 년 후, 가고시안 갤러리는 루샤의 영향을 받은 전 세계

<스펀지 푸들Sponge Puddle>, 2015, color lithograph, 29x28inches, 73.7x71.1cm, Edition of 60
© Ed Ruscha. Courtesy of the artist and Gagosian

수백 명의 아티스트들이 직접 출판한 책을 전시의 형태로 보여 줌으로써 에드 루샤에게 오마주를 표했다.

LA 아트신의 중심에 서 있는 동안에도 에드 루샤는 매일 아침 6시가 되기 전에 기상했고, 스튜디오에서 하루 종일 그림을 그렸다. 삼라만상의 모든 진리를 꿰기라도 한듯 부산스럽게 그리는 대신 그는 오래된 시선으로 침착하게 세상을 바라보았다. 우리가 방문했을 때 목격했듯이, 고요한 스튜디오에 놓인 전시장 실물 모형을 보면서 예정 전시의 작품 배치를 고민하는 것도, 나의 질문에 유난히 간결하고도 위트 있는 대답을 제시하는 것도 여전히 그의 몫이다. 그는 그저 길을 따라 걸었을 뿐이라고 말했지만, 그건 다름 아닌 에드 루샤 본인이 만든 길이다.

백악관에 당신의 작품이 걸렸다는 뉴스를 해외 토픽면에서 본 적 있습니다. 아직도 백악관에 당신의 그림이 걸려 있나요?

아니요, 전혀요. 물론 오바마 대통령이 〈인디시전Indecision〉(1982)이라는 제목의 제 그림을 걸어 두었죠. 그는 그 작품의 제목이 자신을 정의한다고 농담처럼 말하곤 했어요. 우리의 새 대통령(2017년 인터뷰 당시 도널드 트럼프가 미국 대통령으로 선출되었다—편자주)은 금에만 관심 있어 보입니다만, 저는 금을 다루지 않아요.

이 스튜디오에서 가장 좋아하는 공간은 어디인가요? 그곳에서 당신은 주로 무엇을 하나요?

대부분의 시간을 부서질 것 같은 의자에 앉아서 보내요. 그게 꼭 제가 게으르다는 걸 의미하는 건 아니고요.

지금 현재 '미국적'이라는 걸 어떻게 정의하고 싶은가요?

세상의 모든 것을 가져와서 믹서에 넣고 돌린 후 지도의 USA 영역에 부어요. 그게 미국이죠.

내게 당신의 다양한 작업은 LA 그 자체로 각인되어 있어요. 이 도시가 앞으로 어떻게 변하든 그건 변함없을 것 같습니다. 그동안 포착해서 알린 LA의 이미지 중 수정하고 싶은 게 있나요?

LA가 스스로 끊임없이 자기 역사를 만들어 가는 걸 보고 있기가 불편하고 짜증나요. LA에 온 후 나는 이 지역의 몇몇 요소만 뽑아내서 탐구했어요. 그게 큰 그림 속 내가 어디에 있는지를 배워 가는 방식이에요.

당신의 작품이 이 도시로부터 받은 가장 중요한 것은 무엇일까요?

LA는 이미 사람과 자동차로 가득 찼어요. 그럼에도 불구하고 이곳만의 빠르고 다중적인 면이 있죠. 이 도시의 모든 것이 나의 관심을 끌고 있어요.

수십 년을 이곳에 살아온 선배로서 최근 전 세계 미술계에서 뜨거운 관심을 받고 있는 LA의 아트신에 대한 소회는 어떤가요?

LA의 아트월드에는 매일 수백의, 아니 수천의 뉴페이스들이 새로 등장하고 있어요. 아주 당황스럽고 혼란스러울 정도로 말이죠.

당신의 작품은 항상 현실적이고 객관적이며 그 어떤 대안적인 동기도 없는 듯 보입니다. 이러한 작품 경향과 예술가로서의 관점이 어떤 연관성이 있을까요?

많은 예술 작품은 이해하기 어려운 수수께끼로 구성되어 있죠. 나의 예술은 그런 수많은 것이 뒤섞인 형태라고 생각해요. 모든 것의 혼합체라고나 할까요.

최초의 시각적(예술적·미술적) 경험은 무엇이었나요?

히긴스 블랙 인디아 잉크(Higgins Black India Ink)를 깨끗한 흰 종이에 엎질렀을 때였어요. 잉크가 마르자 균열이 생기고 아름다워졌지요.

개인적으로 당신이 고안해 그린 보이 스카우트 유틸리티 모던(Boy Scout Utility Modern) 서체를 특히 좋아합니다. 이 폰트는 어떻게 만들게 되었나요?

그 글자체의 모양에는 어딘가 미숙한 면이 있어요. 곡선이 전혀 없죠. '보이 스카우트'라는 이름 역시 미숙함과 동시에 어떤 모험을 떠오르게 하죠. 내가 만들지 않았더라도, 언젠가는 누군가가 디자인해 사용했을 겁니다.

그 순진함과 미숙함 때문에 제가 그 서체를 좋아하나 봅니다. 이렇게 글자에 애착을 갖게 된 계기가 있었나요?

산산조각 난 길거리 안내판에서 우연하게도 우아한 아름다움을 목격했어요. 내게는 정말 멋진 대상이었죠.

'왜'라는 질문을 좋아합니까?

저는 '주사위를 던지다'라는 표현을 좋아해요. 각 면에 뭐가 있는지를 알아낸 후에는 어느 쪽으로 가야 할지 결정하기 위해서 그냥 주사위를 던지면 되죠.

몇 년 전 『프리즈*Frieze*』 매거진에 좋아하는 영화에 대해 쓴 글을 재미있게 읽었습니다. 〈분노의 포도〉(1940), 〈영광의 길〉(1957), 〈세비지 아이〉(1960), 〈프라이빗 프로퍼티〉(1960), 〈더 월드 그레이스트 시너The World's Greatest Sinner〉(1962)가 포함되어 있죠. 여기에서 더 추가하고 싶은 영화가 있습니까?

여기에 로만 폴란스키의 〈막다른 골목〉(1966)을 추가해야겠군요. 왜 빠뜨렸을까요? 내가 가장 좋아하는 작품이에요.

보통 단어를 직관적으로 떠올린다고 했습니다. 지금 혹시 당신의 머릿속에 떠오르는 단어가 있다면요?

프레스토(Presto)! **봘라**(Voilà, 프랑스어로 '자!' 혹은 '이거 봐!'와 같은 의미 — 편자주)!라는 단어와 비슷하죠. 무언가 발견했을 때 쓰이는 말이에요.

작업의 수많은 과정(구상, 작업 실행, 완성) 중 어떤 단계에서 가장 큰 희열을 느끼는 편입니까?

구상 단계가 가장 매력 있는 것 같아요. 그 개념을 마침내 실행에 옮겨 결국 망치기 직전의 설레는 순수함이 있잖아요.

천국으로 가는 문을 만들고 싶은가요, 아니면 지옥으로 가는 문을 만들고 싶은가요?

아마 모든 아티스트는 자신의 작품이 연기처럼 나오길 바랄 거예요.

당신의 작업이 지난 수십 년 동안 단순히 변화가 아니라 진화했다고 자신 있게 얘기할 수 있는 까닭은 무엇일까요?

나의 예술적 변화는 한 개인의 일대기와 같아요. 또한 음식이 위에서 아래로 소화되는 것처럼 순리대로 진행되었어요.

몇 년 전 당신이 게티 뮤지엄에 기증한 수많은 자료, 사진, 필름 등은 예술일까요? 아니면 역사적 도시 기록일까요?

어떻게 보면 예술과 역사적 기록은 하나예요.

수십 년 동안 사업적, 예술적 파트너로 지내고 있는 래리 가고시안과의 인연은 어떻게 시작되었나요?

1960년대 후반에 그를 처음 만났어요. 지난 30년이란 긴 세월은 제게 뭔가 꽤 괜찮다는 걸 보여 주었어요. 래리의 관객과 고객은 매우 다양했고, 덕분에 나는 넓은 세상과 접촉할 수 있었죠.

반 고흐는 이렇게 말했죠. "내 작품으로 돈을 벌기 위해 노력하는 것은 명백히 나의 의무다." 당신은 돈과 예술과의 관계를 어떻게 정의하고 있습니까?

돈은 예술가 자신이 허락하지 않는 이상, 절대 예술가를 물어뜯지 않아요.

지난 마이애미 아트 바젤 현장에서 휠체어를 타고 나타난 존 발데사리를 봤어요. 이런 행사에 가 볼 생각은 없나요?

아니요, 없어요. 마침 존 발데사리의 말이 기억나네요. "아트페어에 가는 아티스트는 당신의 부모가 침대에서 섹스하는 걸 지켜보는 것과 같다"고 했죠.

예술가 인생에서 가장 위기인 적은 언제였나요? 예술가에게 위기가 곧 기회라는 의미는 유효한가요?

크고 작은 부정적 사건이 때로는 긍정적인 영향을 줄 수도 있으니까요.

당신의 작품을 대상으로 한 비평가나 언론의 평 중 가장 인상적인 것은 무엇이었는지 기억합니까?

예술가로 사는 동안 가장 충격적이었던 사건은 생각지도 못한

LA에 위치한 작업실에서 반려견과 함께 에드 루샤, 사진: 강혜원

지점에서 일어났어요. 워싱턴 DC의 미국의회도서관에 『트웬티식스 가솔린 스테이션*Twentysix Gasoline Stations*』이라는 제 책을 기부하려고 했는데, 그쪽에서 거절하는 편지를 내게 보냈거든요. 무엇보다 나는 이렇다 할 거절 사유가 없다는 사실에 매우 실망했어요. 도서관은 어떠한 책이라도 받아들여야 하는 의무가 있다고 생각해요. 설령 그들의 비위를 상하게 하는 불쾌한 서적이라도 말이죠.

거절당했던 문제의 그 책은 컬렉터에게 사랑받는 아이템이 되었고, 잘 보관된 첫 번째 에디션의 가격은 최대 2만5천 달러(3천여 만 원)까지 매겨진다고 알려져 있습니다. 그들의 결정이 너무 근시안적이었음을 알리는 좋은 예시이자 미래적 팩트가 되겠네요. 그렇다면 당신에게 미래란 어떤 의미인가요?

미래에 대해 곰곰이 생각해 보는 것 자체가 진정한 미래로 우리를 인도하는 매력적인 일이죠.

여전히 젊은 아티스트들은 당신을 영웅으로 여깁니다. 당신을 만나기 위해 먼 곳에서 온 나 같은 이들을 볼 때 어떤가요?

그들이 그렇듯, 저도 때때로 놀라요.

젊은 예술가의 어떤 점을 존중하고, 또 어떤 점을 싫어합니까?

좋은 점, 그들은 무모하고 자신만만하다. 싫은 점, 그들은 무모하고 자신만만하다.

당신처럼 한 시대를 풍미한 예술가는 어디에서 영감을 받나요?

제가 영웅적이라고 생각하는 것에서 영감을 받아요. 제 영웅은 종종 2~4인치 크기의 나뭇조각 같은 죽어 있는 것들이죠. 결론은, 나무는 숭고한 대상으로 여겨져야 한다는 겁니다.

한 가지 일을 수십 년 동안 지속하며 산다는 건 상상조차 힘든 일입니다. 그걸 운이라고 생각하나요, 운명이라고 생각하나요?

운이든 운명이든, 나에게는 시간이 얼마나 흐르든 제 작업에 질리지 않는다는 점이 더 중요해요.

다섯 살짜리 아이가 묻습니다. "예술이 뭔가요?" 뭐라고 답하면 좋을까요?

'예술'이라는 단어는 너무 모호하고 터무니없어서 웃음이 나올 정도예요. 무엇이든 예술이 될 수 있어요. 그리고 누구나 말하는 모든 것이 바로 예술이에요.

예술가로서 어떻게 기억되고 싶은가요?

기억되지 않는 건 죽음 위의 죽음 같아요. 저의 작업과 정신을 당신의 마음 한쪽에 기억해 주시길 바랍니다.

•

2017년 12월호 『보그』 인터뷰를 바탕으로 새로 작성한 글입니다.

ANNIE ERNAUX

작가

아니 에르노 ANNIE ERNAUX

"산다는 건 온통
의문이자 미스터리인데,
사랑하는 것은
그런 현재를 가장
격렬하게 사는 방법이겠죠"

작가

오직 살아낸 삶만을 쓰는 프랑스 문학의 대가

1940년 프랑스 출생. 1974년 『빈 옷장』으로 등단한 후 줄곧 문제작을 선보여 온 아니 에르노는 프랑스 평단과 독자들 모두에게 사랑받는 작가다. 지난 40여 년 동안 마그리트 뒤라스상, 프랑수아 모리아크상 등 수많은 문학상을 섭렵했고, 전설적인 문인의 존재감을 뛰어넘으며 프랑스 현대문학의 거장으로 자리매김했다. “나는 나라는 한 여자를 이용했을 뿐이다”라고 작가 스스로가 말했듯, 아니 에르노의 소설은 허구가 아니라 자전적·전기적인 특성을 가진다. 부모의 역사, 청소년기, 결혼, 이혼, 열애, 투병 등 전적으로 자신의 경험과 기억을 토대로 한 그녀의 글이 문학적으로 높은 평가를 받은 이유는 나의 이야기에 함몰되지 않았기 때문이다. ‘나’를 화자로 하되 보편적, 객관적인 인간 삶의 드라마와 프랑스를 중심으로 한 현대사의 질곡을 고스란히 드러내며 소설이 감히 가 닿지 못한 지점의 가치를 발견했다. 지난 2011년 그녀의 작품을 모은 선집 『삶을 쓰다*Ecrire la vie*』가 갈리마르 출판사에서 출간되었는데, 이 제목이야말로 마르크시스트이자 페미니스트인 아니 에르노의 뜨거운 삶과 이를 직조한 예술의 역사를 관통한 작업 세계를 가장 정확하게 설명한다.

2018년 아니 에르노가 한국 독자들을 위해 직접 보낸 초상 사진.
사진: Catherine Hélie ⓒ Editions Gallimard

1990년대 어느 해인가, 프랑스 작가 아니 에르노와 소설가 최윤의 대담을 들으러 간 적이 있었다. 한국에서도 그녀의 책 『단순한 열정』(1991)이 꽤 문제작으로 알려진 후였다. '한 남자를 기다리는 것 이외에 아무것도 할 수 없었던 여자'가 다름 아닌 프랑스의 대학 교수이고, 그녀가 열두 살 연하인 유부남과 미친 사랑에 빠져 나눈 정염의 한때를 유례없이 솔직하게 고백한다는데, 이슈가 되지 않았다면 그게 이상하다. 그런데 대담을 나누던 중 남녀의 성적 문제를 논하던 그녀가 대체 뭐라고 답했는지, 통역자가 당황해서 어쩔 줄 몰라 했다. 아니 에르노는 자신이 신체의 일부를 일컬어 노골적인 용어를 쓴 것이 사실이라고 부연하며, 통역자가 이를 한국어로 정확하게 옮겼는지 재차 확인했다. 의학적인 용어로 완화된 표현을 썼다는 통역자의 말에 그녀가 대략 이렇게 말했다. "나도 그런 단어를 일상적으로 쓰진 않습니다. 그것이 천박한 용어인지 몰라서 사용한 게 아닙니다. 내가 느낀 현실의 적나라한 속성을 드러내는 적합한 단어이기에 사용한 거예요." 나는 그녀의 솔직함에 매료되었고, "그의 정액을 조금이라도 몸에 지니고 싶어 섹스를 한 후에는 샤워를 하지 않았다"고 쓰고, "이별 후에 혹시 바이러스라도 남겼을까 봐 에이즈 검사를 받았다(『단순한 열정』)"고 적는 이 여자가 세상에서 가장 용감해 보였다.

어쨌든 독자로서 『단순한 열정』을 옆구리에 끼고 다니던 시기는 지나갔고, 그 후에도 누구나처럼 나의 삶도 지속됐다. 그동안 글로 써서 남기고픈 사랑도 가끔 하면서 이십 대 초반에는 이해하지 못했던, 이를테면 열정은 단순할 때 더욱 치명적이라거나 열정적인 사랑 자체가 실로 무익한 사치임을 아는 나이가 됐다. 아니 에르노가 이브닝드레스보다 화이트 셔츠나 터틀넥스웨터가 더욱 잘 어울리는 근사한 여자였다는 사실도, 그녀가 아이들 앞에서 침묵과 멍한 시선 속에 육체적 욕망을 드러내던 엄마였다는 것도 까맣게 잊고 지내던 어느 날. 나는 “나는 리옹의 크루아루스 지역에 있는 한 고등학교에서 중등 교원 자격 실기 시험을 치렀다”로 시작하는 『남자의 자리』(1984)와 “어머니가 4월 7일 월요일에 돌아가셨다”라는 문장으로 시작되는 『한 여자』(1987)를 통해 다시 아니 에르노를 만났다. 이십 대 때 그녀의 도발적이고도 남사스러운 사랑 이야기에 열광했던 내가 그때에는 거들떠보지도, 궁금해하지도 않았던 그녀의 아버지와 어머니의 이야기를 읽으며 기차간에서 눈물을 질질 짜고 있는 거다. 그들의 가없는 희생을 찬사하거나 슬픔을 헌정했기 때문이 아니다. 나는 단지 “난 널 한 번도 창피하게 만든 적 없다”는 아버지의 대사나 “내가 글짓기에서 칭찬을 받아올 때마다 그리고 나중에는 시험에 합격하고 상을 받아올 때마다 딸이 자신보다는 나은 사람이 될 수 있다는 희망을 느꼈던 것이다”와 같은 대목, 혹은 “(치매에 걸린 어머니를 보고) 나는 울기 시작했다. 그녀가 나의 어머니였기 때문에, 내 유년기의 그 여자와 같은 여자였기 때문이었다. 가슴팍이 파란 실핏줄로 덮여 있었다”는 식의 단순명료한 문장이 나를 울렸다. 또한 아니 에르노가 용기 있는 여자였다면 그건 세상에 남자관계, 가족관계, 섹스라이프까지 내보였기 때문이 아니라 가족으로 대변되는 자기 자신을 냉정하리만큼 객관적으로 응시했기 때문이라는 걸 비로소 알게 되었다.

프랑스 최고의 지성으로 꼽히는 아니 에르노는 작가이되 소설가는 아니다. 등단했을 때부터 허구는 쓰지 않겠노라 선언한 그녀는 자신이 겪은 이야기, 살아낸 시대 그리고 자신의 시간을 함께한 사람들의 이야기 등 전적으로 자기 경험과 기억에 기대어 쓴다. 그녀는 자신의 과거에 매복해 있으면서 노스탤지어와 망각에서 피신한 것들을 탐색하고, 결국 정확하게 보기 위해 모든 것을 발가벗긴다. 그런 작가를 두고 『뉴욕 타임스』는 이렇게 평했다. "아니 에르노는 해부하는 작가다. 자신의 삶을 오픈하여 수술대에 눕혀 놓고, 예리한 언어를 메스 삼아 자신의 삶뿐만 아니라 아버지, 어머니, 연인, 친구 등 다른 사람들의 삶까지 해부한다." 그녀는 아버지의 인생을 서술(묘사가 아니라)하고[『남자의 자리』와 『부끄러움』(1997)], 어머니의 치매와 삶을 이야기하며[『나는 나의 밤을 떠나지 않는다』(1997)와 『한 여자』], 자신의 결혼을 고백하고[『얼어붙은 여자』(2001)], 미친 사랑의 노래를 부르고[『단순한 열정』과 『탐닉』(2001)], 낙태[『사건』(2000)]와 유방암 투병[『사진의 용도』(2005)]에 대해서도 숨김없이 썼다. 그렇게 탄생한 아니 에르노의 작품들은 프랑스의 매스컴과 평단 그리고 독자들을 비난과 찬탄 사이에서 들끓게 했다.

나는 어디선가 아니 에르노의 인터뷰 중 이런 대목에서 밑줄을 그었다. "『부끄러움』은 내가 열두 살이던 해 여름, 어머니를 죽이고 싶어 했던 아버지의 이야기로 시작된다. 내가 끼어들어 비극은 일어나지 않았지만, 그 이야기와 함께 같은 해에 처음으로 경험한 사회적인 치욕에 대해 썼다. 사립학교를 다니면서 느낀, 내가 도시 사람들로부터 모욕과 무시를 당하는 계층인 것에 대한 씁쓸한 기억이다. 『나는 나의 밤을 떠나지 않는다』는 치매에 걸린 어머니에 대한 경험담이다. 일요일마다 양로원에 보낸 어머니를 만나러 갈 때면, 내가 보고 느낀 것을 적지 않을 수 없었다. 어머니는 어린아이가 되어 갔고, 나는 어머니의 어머니가 된다는 생각에 참을 수 없었다. 나는 이 책에서 어머니와 다른 여성들의 치부, 폭력, 몸짓 그리고 말 속에서 보고 느낀 것들을 적었다. 그것이 바로 현실이다.” 아니 에르노는 자기 인생의 배를 가르고, 살을 태우고, 심장을 깎아 글을 쓴다.

가끔 아니 에르노의 글은 폭력적이고 잔인하게 느껴지기도 한다. 여자들이 스스로 이야기하지 않았던 문제나 현실, 여자만의 지난한 경험(아름답든 아니든)에서 환상을 싹 걷어 내기 때문이다. 예를 들자면, 똑같이 품격 있는 불륜 이야기라도 『늦어도 11월에는』(한스 에리히 노삭 지음, 1955)이 앞으로 내 인생에 찾아올지 모르는 새로운 사랑 혹은 연애에 대한 막연한 기대를 불러일으킨다면, 『단순한 열정』은 과거의 미친 사랑에 대한 기억을 소환하고 그 당시 나의 감정과 행동을 정확하게 대면하도록 하기 때문에 기대 따위는 애초에 있을 수 없다. 게다가 작가로서의 그녀는 심하다 싶을 정도로 완벽한 감정의 미니멀리스트다. 유려한 문체로 사실을 왜곡하거나 현실을 굴절시키는 법 없이 놀랄 만큼 간결하고 차갑고 단호하고 대담하고 명징한 문장들은 역설적으로 매우 문학적이다. 소설도, 전기도 아닐 뿐 아니라 문학과 사회학 그리고 역사 사이 어딘가에 존재하는 전혀 새로운 장르의 문학이랄까. 이렇게 아니 에르노가 꾹꾹 눌러써서 세상에 내놓은 이야기가 이역만리 다른 시간을 살아온 나의 이야기와 오버랩되는 순간, 나보다 훨씬 앞선 세대를 산 그녀도 나와 같은 생각을 했고, 비슷한 분노와 희열을 느꼈으며, 동일한 죄책감을 느꼈다는 거대한 연대감이 보드라운 감동을 훨씬 앞지른다.

아니 에르노에게 서면 질문지를 보낼 때, 나는 심지어 설레기까지 했다. 내가 마치 프레데리크 이브 자네 교수(그가 수년 동안 아니 에르노와 주고받은 이메일 대담의 결과물은 『칼 같은 글쓰기』(2003)로 출간되었다)라도 된 것 같은 착각이 들었다. 프랑스에서 내로라하는 문학상을 섭렵한 그녀의 문학에 대한 훌륭한 평론은 이미 넘칠 대로 넘치니, 내가 어설프게 한마디 더 얹는다는 건 별 의미가 없을 것이다. 다만 생을 자기 방식대로 산 그녀에게 여자로 산다는 것, 글을 쓴다는 것, 그리고 사랑한다는 것에 대한 조언을 듣고 싶다고 솔직하게 이야기했다. 그러자 그녀는 내게 이런 답을 적어 보냈다.

"불어로 된 한국 여류 작가들, 오정희, 박완서, 최윤 등의 소설을 읽을 때마다 난 우리가 문화의 차이를 넘어 예민함의 척도에서 많은 공통점을 갖고 있다고 생각합니다. 마찬가지로 당신에게 내가 전 시대를 산 다른 세대로 느껴지는 건 아마도 자연스러운 일이겠지만, 나 역시 당신이 보고 느끼는, 어떻게 될지 모르는 이 세계를 함께 살아가고 있습니다."

지금도 정확한 이유는 잘 모르겠지만, 그녀가 손수 써 보낸 이 말에 눈물이 났다. 동시에 아니 에르노라는 존재가 무념무상으로 살던 평범하고도 조용한 나의 일상에 균열을 일으킬 것만 같은 불길한 예감이 엄습했다.

지금 어떤 옷을 입고 있나요? 요즘도 하이힐에 망사 스타킹을 즐겨 신나요?

> 집이라 편한 복장으로 있어요. 허리가 잘록한 밝은 색의 나팔바지, 보라색의 줄무늬 티셔츠.

방은 어떤 형태인지 말해 줄 수 있나요?

> 서재와는 조금 떨어진 방에서 컴퓨터 자판을 치고 있어요. 장식이 거의 없고 전면 유리창으로, 정원과 직접 맞닿아 있죠. 내가 사는 집은 한적한 곳에 있는, 오래된 3층 건물이에요.

답변지와 함께 보내 준 사진 중에 당신의 손자가 태어난 날 찍었다는 그 사진은 너무 생경했어요. 내게 당신은 영원히 할머니가 아닌 여자로 기억되기 때문이죠. 손주라는 존재는 여자로서의 당신 인생에서 어떤 의미인가요?

> 손주는 자식들과는 또 달라요. 내게는 그들에 대한 직접적인 책임이 없죠. 내가 키우지 않으며, 그저 바라보고 좀 놀아 주면 내게 커다란 기쁨을 가져다줍니다. 사실 9년 전(2003년)에 첫 손녀가 태어났을 땐 마치 자연이 지상에서 나를 대체할 누군가의 탄생을 예고라도 하는 듯 느껴져서, 내 인생에서도 굉장히 혼란스러운 시기였어요.

그런 일상의 삶과 텍스트의 삶을 어떻게 병행하고 있습니까?

2012년 『바자』 인터뷰 당시 아니 에르노가 직접 보낸 스냅 사진

책 쓰기 프로젝트가 있을 때에는 의무적으로 매일 아침마다 글을 씁니다. 그래서 아침, 특히 봄과 여름의 아침이 가장 평온하고 행복해요. 그러나 그 외의 순간에도 내 머릿속에는 늘 책을 써야 한다는 생각이 도사리고 있어요.

당신은 스스로 소설가가 아니라고 말합니다. 그 선언을 깨 버리고 싶을 만큼 강렬하게 허구를 쓰고 싶은 욕망을 느낀 적은 없었나요?

내 생각을 꾸며 내는 걸 단호하게 거부합니다. 오히려 기억과 관찰로 얻어진 현실에 질문하며 쓰는 편이 더 어렵다고 생각해요. 한 번도 어떤 스토리를 만들고 싶다는 욕망을 느낀 적이 없어요. 그건 문학이 내게 의미하는 바를 스스로 배반하는 행위이기 때문입니다. 내게 문학은 자신과 세상을 알기 위한 수단이에요. 그래서 난 많은 시간을 형태 혹은 구조를 만들어 내는 데 쓰죠.

문학이 그런 수단 혹은 대상으로 자리매김한 건 언제부터였나요?

사춘기 시절 나는 사르트르의 『구토』, 시몬 드 보부아르의 『제2의 성』, 그리고 스타인벡 같은 미국 소설가들의 책을 읽으며 자랐어요. 그때부터 문학이란 숨겨진 것, 자신에게도 차마 말 못하는 것, 사람들이 보지 않으려고 애쓰는 것을 밝히는 일임을 믿게 됐지요. 지금도 내게 문학은 나와 타인의 존재를 이해하기 위해 껍질을 깨뜨리는 겁니다.

『남자의 자리』와 『한 여자』에 담긴 프랑스 시골 풍경과 그곳 사람들의 삶은 이제껏 한 번도 만나지 못한 모습임과 동시에 우리 자신의 모습이기도 했습니다. 당신의 글이 사회학적인 지표를 내포한다는 말이 비로소 이해가 됐어요. 역사와 시대를 산 사람들의 삶을 무미건조하리만치 담백하게 기록해야 한다는 의무감이 있나요?

맞아요, 그것이 바로 나의 의무예요. 문학에서 종종 가려진 진짜 삶과 사고의 방식, 대중들의 세상, 사회의 고통들을 내 책에서 발견할 수 있을 겁니다. 난 대부분의 다른 작가들처럼 사회 고위층이나 지식인 계층이 아닌 그 가려진 부분에서 글을 쓰기 때문이에요.

기억에 바탕한 시간을 글로 옮기지만, 혹시 그 기억이 허구일지 모른다는 생각을 해 본 적은 없습니까?

기억들에 관해 실수를 할 때가 있어요. 하지만 오늘까지도 『빈 장롱』에서 어느 부분이 픽션인지, 어느 부분이 실제인지 확신을 갖고 말할 수 있어요. 난 늘 진실 그리고 그 진실을 좇는 데 심혈을 기울입니다.

당신의 글이 누군가에게 상처가 될 수도 있다는 생각을 한 적 있습니까? 『얼어붙은 여자』를 쓴 후에는 이혼을 했죠. 당신의 부모님이 『한 여자』와 『남자의 자리』를 읽었다면 고통스러웠을 것 같아요. 작가로서의 죄책감은 없었나요?

『얼어붙은 여자』는 나의 자유를 다시 찾고 이혼을 하기 위해 썼다고 생각해요. 그렇게가 아니고서는 감히 할 수 없는 것들이었어요. 책 덕분에 이혼이 수월했던 것도 사실이고요. 그리고 어머니도 내 책을 읽으셨어요. 물론 처음 세 작품만. 그리고 사실 나는 내가 데뷔작인 『빈 장롱』으로 이미 그녀에게 상처를 입혔다는 사실을 인정해요. 그러나 다시 해야 한다면 나는 또 그렇게 할 겁니다.

『단순한 열정』은 평범한 독자인 내게 숨어 있던 단순한 열정의 기호들을 깨웁니다. 하지만 대학교수이자 작가인 여자와 연하의 외국인 유부남과의 불륜은 종종 열정을 거세당한 채 세간의 입에 오르내렸을 테지요. 그런 반응과 시간들이 작가 입장에서는 어떻게 다가왔나요?

나는 텍스트의 강도와 글에 대한 흥미가 그 책의 주제라고 생각하지 않아요. 그런 반응들은 내게 별로 중요하지 않습니다. 여기서는 오히려 별로 교양 없는 연하의 남자에게 강한 신체적 욕망을 느끼는 성숙한 여인이 그녀의 언어로 글을 쓴다는 그 자체가 중요했어요. 이 글에서 모든 세대의 남자들이나 여자들은 하나의 일화로 혹은 감정적으로 탈피해서 자신을 인식했고, 계속해서 그렇게 인식해 갑니다. 이것은 단지 사실적일 뿐이죠.

당신을 두고 "외설스럽지만 우아한 작가"라고 표현한 문장을 봤습니다. 동의하나요?

나의 글이나 책에 나타난 내가 외설스럽다고도 보지 않고, 우아하다고 보지도 않아요. 외설스러움은 독자들의 관점일 겁니다. 나는 누군가에게 쇼크를 주려는 의도가 전혀 없습니다. 그저 사실을 말하려고 할 뿐이에요. 우아함은 더더욱 아니고요. 내 문체는 오히려 담백하고, 이미지가 없고 간결하여 우아함의 반대말에 더 가깝습니다.

늘 등장하는 표현도 있습니다. 이를테면 '여성적 글쓰기' 같은 거죠?

아마도 비평에서 나온 이야기겠죠. 나는 실제로 그리고 상상으로도 여성들이 남성들의 그것과 다른 그들만의 경험과 삶을 가질 거라고 생각하지만, 그럼에도 여성적인 글쓰기라는 것이 별개로 존재할 거라고는 생각하지 않아요.

당신의 남자들은 당신을 통해 유명해졌다 해도 과언이 아니에요. 마흔 살 연하의 필립 빌랭은 당신 작품에 반했다고 찾아왔고, 『단순한 열정』을 모방한 『포옹』(1997)을 써서 베스트셀러 작가가 됐죠. 유방암 투병 시기에 만난 사진가 마크 마리는 섹스가 끝난 후의 모습을 찍고 글을 나눠 쓴 책 『사진의 용도』로 화제가 됐고요. 어쩔 수 없는 그런 관계의 역학들에 어떤 식으로든 영향받았나요?

그 방식이 어땠는가에 따라 많이 다릅니다. 이를테면 필립 빌랭은 스스로가 우리의 관계를 왜곡해서 드러냈고, 반면 마크 마리에게는 내가 먼저 우리가 함께한 삶에 대해 글을 쓰자고 제안했었어요. 두 사람과의 관계와 사랑의 결과물에는 큰 차이가 있습니다.

거의 서른 중반이 되어서야 등단했습니다. 글을 써야겠다고 결심하고 실현에 옮긴 중요한 계기가 있었나요?

사실 난 스무 살부터 글을 쓰기 시작했고, 스물두 살 즈음 몇 개의 출판사에 소설을 보냈어요. 물론 출판되지는 않았죠. 그 후 학업을 마쳤고 임신하고는 결혼했고 이후 한 아이를 더 얻었습니다. 난 교직 일을 했는데, 매번 글을 쓰고자 하는 욕망이 (특히 여자로서의) 고된 현실과 부딪쳤어요. 그럼에도 그 10년의 시간 동안 다양한 영향들 아래서 내가 쓰고자 하는 것이 완전히 바뀌어 있었어요. 아버지의 죽음, 교수로서의 나의 출신 계급을 배반하는 감정, 내 어린 시절로의 귀환. 여기서 『빈 장롱』이 탄생한 겁니다.

당신은 역사적 경험과 개인적 체험을 혼합한 글을 통해 자기 자신을 냉정하리만큼 철저하게 해부합니다. 그렇게 다 뒤집어 파헤침으로써 결국 무엇을 발견하게 되었습니까?

아이러니하게도, 나는 아무것도 발견하지 않았어요. 오히려 내 글을 읽는 독자들이 그들 자신에 대해, 세상에 대해 많은 것을 발견하곤 합니다. 나는 내가 내 것이 아닌 것들을 통과시켜 고정시키고 써야만 하는 중개자일 뿐이라는 인상을 받아요.

무엇보다 자신을 누구보다 객관적으로 응시하는 그 용기에 탐복하곤 했습니다. 동시에 용기를 뛰어넘는 강력한 무언가가 있다는 생각도요. 과연 그게 무엇일까요?

책을 끝까지 쓰기 위해서는 반드시 용기가 필요하지만, 이 용기는 분명 글쓰기에서 느끼는 필요성에서 출발해요. 그것을 쓰지 않고는 평화롭게 살 수 없을 거라는 생각에서 오는 절실한 필요성. 진심으로, 당신이 멀리 있기에 감히 말합니다. 나는 사랑과 질투가 섞인 고통에 관해 쓴다고.

개인의 경험을 글로 옮기는 작업이 고통스럽지는 않나요?

나는 행복하지도, 불행하지도 않아요. 그저 일을 하고 있을 뿐이죠. 진행이 잘 될 때 만족하고, 그렇지 않을 때 불만족하고, 그뿐이에요.

책을 읽다 보면 간혹 이 책이 세상에 나오지 않기를 바라는 작가의 뉘앙스가 간간이 느껴지기도 하기에 드린 질문입니다. 탈고할 때의 마음 상태는 어떤가요?

한 권의 책, 그 끝은 내게 큰 아픔이에요. 그 안에 머물기가 가능했으면 좋겠고, 끝없이 공들여 다듬어 가길 계속했으면 좋겠어요. 그러나 특히 출판은 극단적인 단절을 의미합니다. 다른 이들, 그들의 시각에 봉헌하는. 그러나 어쨌든 글쓰기는 기본적으로 늘 독자를 전제로 하는 행위예요. 어쩔 수 없이 말이죠.

플로베르도 표현할 수 없는 상처 때문에 글을 쓰게 되었고, 조르주 페렉에게도 아우슈비츠라는 상처가 있었어요. 당신도 무언가 거대한 걸 잃을 때마다 글을 쓴 것 같습니다. 누군가 죽거나 사랑이 떠나거나. 그

것 말고도 거대한 무언가가 있었다면 무엇이었나요?

당신이 말한 잃는 것에 대한 테마가 바로 내 책들의 중심이에요. 하지만 보편적인 의미에서예요. 그것이 꼭 특정 누군가를 혹은 사랑을 지칭하진 않아요. 근본적으로는 『세월』(2008)과 같이 시간을 지칭하기도 하고요. 하루하루 산다는 건 어쩌면 하루하루 잃어 간다는 의미일 수 있으니까요.

기록으로 남긴 여러 시절 중에서 특히 기억에 남는 시기가 있나요?

『세월』을 쓰면서 1940년대부터 2000년대까지 내 인생 전체를 되돌아본 것. 가장 놀라운 경험이었어요. 하지만 난 현재의 세상에 강한 호기심을 느낍니다. 과거에 대해서는 아무런 노스탤지어도 없어요.

어떤 작가로 기억되고 싶은가요?

그저 내 책이 오랫동안 읽혔으면 좋겠어요. 그것이 살아남는 방법이에요. 그러나 어떤 모습으로 남고 싶은지에 관한 구체적인 이미지는 전혀 생각하지 않아요. 그건 헤아릴 수 없이 다양할 테고, 시간이 흐름에 따라 변할 테니까요. '아니 에르노 문학상'이 생기기도 했지만, 몇 년 전에 그만뒀어요. 나는 이 명예로운 역할을 그리 좋아하지 않았거든요.

아름다운 여자란 어떤 여자인지 생각해 본 적 있나요?

얼굴에서 지성이 읽히고, 나르시시즘이 아닌 내면의 아름다움

아니 에르노의 『남자의 자리*La Place*』 한국어판 표지에는
아니 에르노의 모습이 담겨 있다(임호경 옮김, 열린책들, 2012), 이미지 제공: 열린책들

이 읽히는 여인. 미안하지만 스물다섯, 아니 서른 이전의 여자 중에서 아름다운 여인은 없다고 생각합니다. 아직 얼굴이 이런 내면을 표현하지 못하는 나이이기 때문이죠. 여성은 아흔 살에도 아름다울 수 있어요.

『단순한 열정』의 마지막 문장은 명언이 되었어요. "어렸을 때 내게 사치라는 것은 모피코트나 긴 드레스 혹은 바닷가에 있는 저택 같은 걸 의미했다. 조금 자라서는 지성적인 삶을 사는 게 사치라고 믿었다. 지금은 생각이 다르다. 한 남자 혹은 한 여자에게 사랑의 열정을 느끼며 사는 것이 아닐까." 사랑한다는 것과 산다는 것은 무엇인가요?

산다는 건 온통 의문이자 미스터리인데, 사랑한다는 것은 그런 현재를 가장 격렬하게 사는 방법이겠죠.

십수 년 전, 당신은 글쓰기에 대해 이렇게 말했어요. "글쓰기는 사랑을 하는 것과 비슷하다. 오로지 그것만을 위해 살게 되니 글을 쓸 수 있으면 죽어도 좋다." 지금도 같은 생각인가요?

글쎄, 내가 그랬었나요? 지금 내게 글쓰기란 삶을 이해하는 방법이에요. 내가 글에서 말한 삶을 그대로 살았다고 확신할 수는 없지만 글쓰기가 그 시간에, 그 사실에 현실성을 부여하는 건 분명합니다. 내 삶은 글쓰기를 통해 인도돼요. 쓰고 있는 글이 없을 때, 난 살고 있다고 할 수가 없을 거예요. 그러나 동시에 삶의 모든 것이 내게 중요한 것도 사실입니다. 아이들, 사랑, 정치….

세상의 모든 여성에게 단 한마디만 전한다면요?

아무에게도 복종하지 마라.

지금도 사랑을 하고 있나요? 당신이 새로운 형식으로, 새로운 내용의 이야기를 또 전해 줄지 모른다는 철없고 이기적인 독자의 질문이라 이해해 주길 바랍니다.

사랑을 하고 있다고 말하지는 않겠지만, 한 남자를 생각합니다. 다른 여인이 또한 관련되어 있는 이 이야기를 책으로 쓸지는 모르겠지만요.

당연하게도 『남자의 자리』를 읽으면서 내내 내가 만난 최초의 남자, 아버지에 대한 생각을 할 수밖에 없었다고 고백하고 싶어요. 당신이 계층이라고 말할 수밖에 없는 그 오묘한 차이에 대해서 이야기하고 싶었던 것처럼, 나도 그러고 싶었어요. 과연 그럴 수 있을까요?

당신의 아버지에 대한, 그리고 그에 관한 글을 쓰고 싶다는 사실이 제게는 큰 감동으로 다가오는군요.

•

2012년 8월호 『바자』 인터뷰를 바탕으로 새로 작성한 글입니다.

13 로니 혼

RONI HORN

미술가

로니 혼 RONI HORN

"의구심이야말로
새로운 무언가를 위한
시작이에요"

미술가

세상을 독립적으로 감각하는 순수예술가

1955년 미국 뉴욕 출생. 예일대학교에서 석사 학위를 취득한 후 로니 혼은 “어떤 재료로든 일할 수 있고, 재료 특정적이지 않으며, 모든 게 삼차원이기 때문”이라는 이유로 조각가로 살기로 결심했다. 하지만 그는 일생 동안 단순히 조각가라는 단어로는 규정할 수 없는 예술가임을 스스로 증명해왔다. 1970년대 중반부터 지금까지 로니 혼은 조각, 사진, 드로잉, 에세이, 책 등 다양한 매체를 통해 각 영역의 예술적 정의를 확장하고 있다. 이십 대에 아이슬란드의 광활한 풍경 속에서 보낸 고독한 시간은 이후 자연과 인간, (직업적·성적) 정체성, 언어와 텍스트 등에 관한 철학적인 화두로 이어지며 인생과 작품에 지대한 영향을 주었다. 특히 물, 빛, 날씨 등 변화하는 자연환경에서 진행되는 인간의 지각과 시각적 경험, 장소와 사물과의 관계, 재료와 주제의 상호작용 등은 그의 작업 전반을 지배한다. 어렸을 때부터 독서를 통해 세상을 배웠다는 로니 혼은 에밀리 디킨슨, 클라리시 리스펙토르, 플래너리 오코너 등의 문장을 작품에 직접 등장시키거나 제목으로 제시하는 등 작업에 시적 영감을 불어넣는다. 로니 혼의 세계를 한마디로 정의 내리기는 불가능하고 작가 자신조차 이를 거부하지만, 분명한 건 실체를 독립적으로 감각하는 그의 미술이 현 세상을 반영하는 유의미한 거울이라는 사실이다.

국제갤러리 3관(K3) 로니 혼 개인전 설치 전경, 2014, 이미지 제공: 국제갤러리

로니 혼은 국제갤러리 2관과 3관 사이, 우고 론디노네의 작품이 놓인 작은 뜰을 좋아하는 게 분명하다. 정확히 4년 전인 2014년에도 우리는 여기서 인터뷰를 했다. 그때도 5월이었고, 화창했으며, 새소리가 들렸다. 당시 나는 그의 전시가 유리 주조 조각, 아이슬란드에서 찍은 사진, 자르고 붙인 드로잉 등 현존하는 최고 현대미술가로서의 로니 혼을 규정할 만한 대표작들을 선보인다고 생각했다. 그러나 결과적으로 나는 그 작업을 통해 그를 규정하는 데 실패했음을 인정해야 했다. 작품이 야기하는 의심과 회의, 혼돈을 거친 후에야 그녀를 겨우 인식(perception)만 할 수 있었기 때문이다. 하지만 4년 만에 정확히 같은 장소, 같은 계절에 만난 그녀는 인식하는 것 이외에 그것이 실재하는 방법이 없음을, 다시 만나 반갑다는 안부 인사를 주고받는 과정에서 이미 내게 알려 주었다. 그야말로 로니 혼이 자신의 말대로 "실재의 복합성을 다루는 작가"임을 말이다.

"다시 만나 반갑다, 나는 그게 진짜 질문이라고 생각해요. 실제적 만남은 희귀해지고, 우리는 가상적으로 변하고 있기 때문이죠. 가상적이라는 것의 문제는 실제가 덜 중요해지거나 다른 식으로 중요해진다는 겁니다. 자연은 간과되고, 세상은 공원과 엔터테인먼트 같은 일종의 예시가 되죠. 어떤 사이클 선수가 그러더군요. 자전거를 집에 세워 두면 가상의 장면이 생기는데, 그 안에서 자전거를 타는 게 오히려 편하다고요. 비가 올까, 사고가 날까 걱정할 필요가 없다는 거죠. 나는 이처럼 위험의 경험을 잃는 것이 인간에게 큰 손실이라 생각해요. 가상의 현실은 실제의 현실을 제대로 느끼지 못하도록 모든 감각을 퇴화시켜요. 이로써 다른 것들이 당신과 연결되는 화두를 잃어버립니다. 결국 어떤 것에도 연결되어 있지 않다는 것, 그게 바로 가상입니다. 당신은 아무것도 묻지 않았지만, 그저 공유하고 싶었어요.”

로니 혼은 그 어떤 유명인보다 인터뷰하기 까다롭다(고 알려져 있다). 소문대로 그녀가 쇼맨십이라곤 없는 불친절한 아티스트이기 때문이 아니다. 오히려 푸른 눈과 창백한 얼굴, 소년처럼 짧은 커트 헤어의 그녀와 대화를 나누다 보면, 왜 절친한 헬무트 랭이 “로니는 직선적이고, 재치있고, 경이로울 정도로 사랑스럽다”고 표현했는지 알 수 있다. (펠릭스 곤살레스-토레스, 도널드 저드, 더글러스 고든, 유르겐 텔러 등이 모두 그녀의 친한 동료로 알려져 있다.) 다만 그렇다 하더라도 로니 혼에게 “작품을 설명해 주시오”란 금기라는 사실은 반드시 기억해야 한다. 사실 예술 창작의 세계에서는 무엇을 보여 주는가보다 보여 주지 않는가가 더욱 중요한데, 로니 혼은 더욱 그렇다. 그녀가 기자 간담회를 극구 고사하거나, 기자들에게 “나더러 내 작업을 설명하라고요?”라고 성내거나, 아무도 알아먹을 수 없는 선문답으로 일관했다는 일화는 꽤 유명하다. 작품을 봐도 무언가를 드러내지 않고자 고민한 치열한 흔적이 보인다. 해가 좋은 봄날처럼 나긋나긋한 말투로 로니 혼이 말했다. “평생을 봐도 알 수 없도록 스스로를 의도하는 작가도 있지만, 전 그런 스타일은 아니에요. 하나의 전시는 나를 구성하는 하나의 세포입니다. 전체를 알지 못해도 괜찮지만, 전체를 알아 갔으면 하는 과정이에요.”

가까운 삼성미술관 리움에서도 만날 수 있는 미니멀리즘적 연두색 유리 주조 작품은 로니 혼을 구성하는 대표적인 세포라 할 만하다. 작가에게 천재의 영예를 부여한 작품이기 때문만이 아니라 로니 혼이라는 현대미술가에 입문하기에 가장 좋은 단서이기 때문이다. 이 작품은 빛에 따라 컬러도 바뀌고, 얼마나 떨어져 보느냐에 따라 그 형태도 달리한다. 이것이 미술품인지, 물웅덩이인지, 유리인지 알 도리 없는 어린아이들은 발뒤꿈치를 들고 투명한 속을 들여다본다. 육중한 물의 덩어리처럼 보이는 이 유리는 물론 고체다. 하지만 동시에 유리는 액체다. 아름답고 모호한 이 실체는 곧 로니 혼 식의 수수께끼나 다름없다. 그녀는 이렇게 묻고 있다. "이건 고체일까요, 액체일까요. 연약할까요, 강할까요. 그것은 이것일까요, 다른 걸까요? 당신은 지금 보고 있는 걸 이미 잘 알고 있다고 생각하겠지만, 글쎄, 과연 그럴까요?"

현대미술은 좀 고약한 데가 있어 '이걸 대체 왜, 어떻게 만들었지?' 식의 혼란을 야기하며 머릿속을 진공으로 만든다. 로니 혼의 작품은 그런 의구심을 일게 하는 동시에 그런 부질없는 질문 따위는 그만 접어 두라는 압도적인 뉘앙스를 품고 있다. 그건 앞서 언급한 유리 주조 작품이나, 불면의 밤을 지새우며 수채물감으로 그린 숱한 동그라미와 그 아래 적힌 무슨 뜻인지 모를 단어들[Rebus(그림 수수께끼), sissy(겁쟁이), humpback(꼽추), bogus(가짜), unface(노출), soapy(미끈미끈한), pollute(오염시키다), hallucinogen(환각제), cervix(자궁경부), Agnes Moorehead(아그네스 무어헤드), butt plug(항문 플러그), waddle(뒤뚱뒤뚱 걷기), hydrophobia(광견병), ugh(웩), hirsute(털 많은), twat(멍청이), runt(가장 약한 녀석), 그리고 이보다도 더 야하고 직설적이고 평범하고 문학적이고 터무니없는 단어들 간의 상관관계를 찾는 건 불가능하다]로 구성된 드로잉 작품이나 마찬가지다.

로니 혼의 드로잉은 보통의 그것과는 달리 영어 단어 drawing의 사전적 의미를 연상시키곤 했다. 선으로 그리다, 부드럽게 끌어당기다, 뽑아내다, 돈을 뽑다, 끌다, 커튼을 치다, 이동하다, 움직이다, 겨누다, 이끌어 내다, 생각 등을 도출하다…. 흥미롭게도 드로잉의 다채로운 의미는 예술이 유도하는 갖가지 행위로도 해석할 수 있다. 드로잉만의 변증법적이고도 이중적인 관계는 그의 말대로 "상호성에서 출발하는 나와 작품 사이, 관객과 작품 사이"에 존재하는 작업(드로잉을 포함한)의 본질이다.

이 혼란에는 난감한 작업의 제목들도 크게 한몫한다. 이를테면 지난 2014년 국제갤러리 전시에서 선보인 다섯 점의 유리 주조 작품의 제목은 모두 "무제(Untitled)" 아래 소제목을 갖고 있었다. "바람을 거슬러 나아가는 빛(The light that moves against the wind)", "유성우 속에서 잠들었던 것에 대한 슬픔의 감각(The sensation of sadness at having slept through a shower of meteors)", "개들을 겁먹게 하는 햇빛의 변화들(Changes in daylight that frighten dogs)", "여자들만 거처했던 주거지 안의 달리 설명할 길 없는 불(An otherwise unexplained fire in a dwelling inhabited only by women)", "하나의 색감으로 변질된 무지개(The arc of a rainbow defective in a single hue)." 느끼는 것 말고는 달리 해석할 길 없는 제목들이 나른한 햇빛을 품은 전시장에서 고즈넉하게 찰랑거렸다.

"전시장의 모든 작품은 그저 경험하는 것으로 충분하다"던 작가의 말은 어쩐지 위로가 된다. 작가에게도 자기 작품을 구구절절 설명하지 않아도 된다는 사실은 지난 수십 년 동안 자유 혹은 특권이었을 것이다. 예컨대 그가 미술 역사상 오랫동안 아마추어 혹은 여성적 미술가가 선호하는 분야로 폄하된 드로잉과 수채물감을 활용하는 것도 일종의 자유의 표현이다. 드로잉은 타인에게 위탁할 수 없는 자기중심적 작업이며, 절대적 시간 동안 노동집약적으로 해낼 수밖에 없다는 점에서 시간 자체인 동시에 시간의 흔적이다. 드로잉의 미술적 가치를 묻는 질문에 그가 반색했다. "얼마나 뛰어난 작품이든, 드로잉은 높이 평가되지 않죠. 난 그에 절대 동의할 수 없었고, 내 작업의 주요 형식으로 취하겠다고 다짐했어요. 드로잉은 거의 모든 양식에 존재할 뿐 아니라 정말 심오한 형식입니다. 게다가 경제적으로도 덜 중요하게 취급받죠. 요즘 대형 드로잉 작업을 하고 있는데, 만약 그게 회화였으면 아주 값비쌌을 거예요. 그렇지만 나는 여전히 드로잉을 고집해요. 야망까지는 아니지만, 젊었을 때 나는 아무것도 내 주지 않을 거라고 생각했어요(웃음). 순진하게도 그런 마음으로 드로잉이 중요하게 여겨지길 바랐고 가치를 부여하고 싶었어요." 2018년 국제갤러리에서의 개인전 제목 "리멤버드 워즈(Remembered Words)"나 2019년 휴스턴에서 열린 개인전의 제목 "웬 아이 브레스, 아이 드로우(When I Breathe, I Draw)"는 공히 자신을 향한 독백이자 선언인 셈이다.

현대미술가 중에서도 손꼽히는 로니 혼이 세상의 인정을 받기 위해 애쓴 적 없듯, 그의 작품도 관습에 얽매이지 않는다. 아이슬란드의 원시적인 지형에서부터 플래너리 오코너의 단편소설까지, 세상을 읽어 내고자 하는 그녀의 방식은 영감의 원천들 이상으로 다양하다. 공공연하게 자신의 뮤즈이자 '엘 도라도'라 밝힌 아이슬란드에서 오래 머물면서 찍은 사진으로 책을 출간하거나 빙하의 물이 담긴 24개의 유리 기둥이 인상적인 설치작 〈라이브러리 오브 워터Library of Water〉(2007)를 만들고, 박제된 새의 머리 사진을 찍고 나르시시즘이라고는 찾아볼 수 없는 자기 초상을 작품으로 내보이는 데다, 시인 겸 소설가 거트루드 스타인의 문구를 드로잉한 후 수천 조각으로 잘게 쪼개어 재조합하기도 한다.

나무나 숟가락 같은 것에 감동받던 아이는 아름답거나 아름답지 않은 것들로부터 고유의 미학을 이끌어 내는 거장이 되었다. 그중에서도 언어의 아름다움과 모호성, 이중성과 복잡성은 로니 혼에게 매우 주요한 도구다. "사회적이지도 않았고, 대부분의 상황에 잘 적응하지 못했던" 로니 혼은 책으로 세상을 배웠고 세상을 가졌으며 세상에서 도피하기도 했다. 그는 트럼프가 미국 대통령으로 당선되었을 때도 작업실에 두 달 동안 처박혀 『전쟁과 평화』를 읽었다고 내게 귀띔했다. "아름다움과 좋은 글, 그리고 시간이 지날수록 변하고 소멸하는 것이 좋다"는 로니 혼이 에밀리 디킨슨, 클라리스 리스펙터, 앤 칼슨 등 문학가들의 명문장을 알루미늄 혹은 플라스틱에 새긴 작품을 선보이는 건 당연한 일이다.

시적 대상이 가질 수밖에 없는 유동성과 취약성에 대한 특유의 관심은 아이슬란드에서 작업한 〈유 아 더 웨더, 파트 2 You are the Weather, Part 2〉(2010~2011) 같은 작품에서 상징적으로 확장된다. 몸을 물에 담근 채 얼굴만 내밀고 있는 여자의 얼굴 100장이 펼쳐진다. 눈을 가늘게 뜨고 있는 여자의 얼굴은 햇살, 바람, 기온의 정

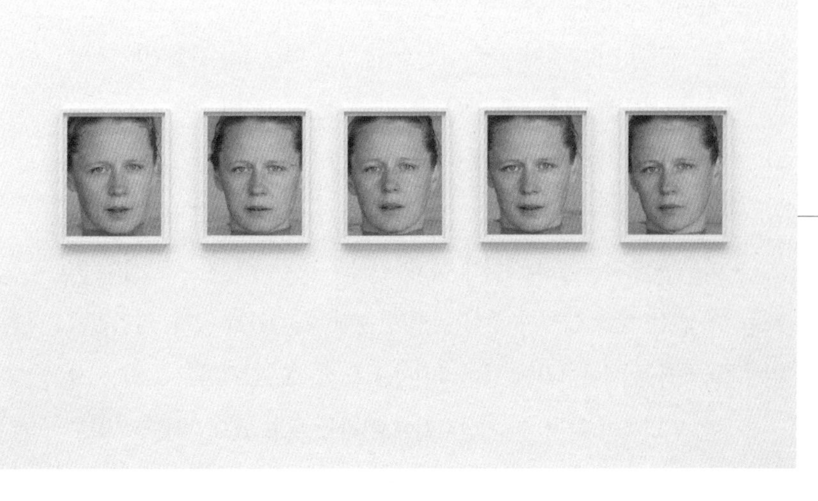

<무제(웨더)Untitled(Weather)>, 2011, inkjet/pigment print on paper: 5 color prints, mounted on sintra, 31.11x26.03cm, courtesy of the artist and Hauser & Wirth
ⓒ Roni Horn, 이미지 제공: 국제갤러리

도를 표정으로 반영하듯 매우 미묘하게 달라 언뜻 그 차이를 감지할 수 없다. 이 변화와 차이의 역학, 세상의 보이지 않는 것을 작품으로 실제화해 보여 줌으로써 보이지 않되 존재하는 수많은 것이 가진 고요한 힘을 기록하는 작품이다. 더불어 100개의 얼굴과 관객이 서로를 대면하는 형국이니 서로가 서로의 날씨(환경)가 되고, 오히려 관객이 자신을 보는 100개의 시선, 관음증적 상황에 놓이기도 한다. 작품, 관객, 작가의 상호작용을 통해 실제 관계의 정의를 바꾸어 버리는 셈이다.

"만약 어떤 것이 일정 기간 동안 당신 머릿속을 간질거리고 있다면 내면에 깔린 것을 알아내야만 해요. 왜냐하면 그 아이디어란 것이 결국 생각할 가치가 있는 것이 되어 버리니까요." 어쩌면 사소하기 짝이 없는 이런 사유들이 시간과 기억, 지각 등 인간계를 이루는 요소들을 자각하게 하고, 결국은 인간을 인간으로 살아 있게 하는 것이 아닐까 수십 년째 반문해 오고 있는 작가. 끊임없이 굴러가는 세상이라는 덩어리에서 독립적으로 감각하고자 하는 사람. 인터뷰가 끝난 후 개념주의에 뿌리를 두고 있으면서도 무섭도록 직관적인 이 예술가의 정체가 (신뢰는 곧 의심이라는 그녀의 말을 빌리자면) 더욱 의심스러워졌다.

나이가 든다는 사실이 작업에 미치는 영향이 있습니까?

작업이나 글에 대해서는 더욱 이기적으로 변하는 반면 세상과는 원활한 관계를 가질 수 있게 되었어요. 나 자신이 누구인지,

그 정체성에 대해 덜 노심초사하게 되었죠. 나이 든다는 건 정말 신기한 경험이에요. 현재 실존하고 존재할 수 있는 새로운 방법을 찾는 것과도 같습니다.

외롭진 않은가요.

외롭다고 생각한 적은 없어요. 나는 늘 혼자예요. 게다가 난 혼자인 게 좋습니다. 물론 때로는 혼자이고 싶지 않을 때도 있지만, 번번이 혼자인 것이 좋은 상태로 돌아가곤 합니다. 외로움은 내 경험의 일부가 아니에요. 사람들을 그리워하진 않거든요. 내게 더 알맞은 단어는 아마 '홀로 있는, 고독한(solitary)'인 것 같아요. '외로움'이 타인과의 관계에 대한 얘기라면, '홀로 있는'은 그냥 혼자 있는 행위 혹은 상태에 관한 거죠.

그런 당신에게는 드로잉이야말로 실존하고 존재함을 확인하는 방식이 아닐까 생각합니다. 드로잉처럼 자기 본질에 가까운 이야기 혹은 방식일수록 외력에 취약할 수밖에 없으니까요.

나는 늘 스스로를 그리는 사람이라고 말해 왔어요. 드로잉은 도구가 아니라 인식의 문제이자 관계함의 한 형태이고, 나 자신과의 관계입니다. 조각이나 사진 작품은 관객을 필요로 하지만, 드로잉은 달라요. 누구에게 보여 주기보다는 내가 꼭 해야 하는 것임을 의미해요. 나 자신을 알고, 다른 대상에 거리 혹은 관점을 갖고, 휴식하고, 다른 종류의 세상에 갈 수 있도록 하죠. 드로잉은 일종의 밀고 당기는 변증법적 관계입니다.

그들이 작품과 어떻게 상호작용하는지, 내가 했다고 생각하는 것과 얼마나 떨어져 있는지 볼 수 있도록 하죠. 어느 면에서는 내게 필수적인 심리적 요소예요. 나의 드로잉 솜씨가 훌륭하진 않지만, 그래서 더 운이 좋다고 느껴요. 능력과는 상관없이 자유롭게 드로잉을 한다는 건 내가 가질 수 있는 행복이에요. 물론 국제갤러리에서 선보인 〈리멤버드 워즈Remembered Words〉 작업들은 모두 제가 불면증에 걸렸을 때 밤새워 그린 것들이지만요.

〈리멤버드 워즈〉 드로잉은 시간의 영속성에 색색의 얼룩을 남기고, 단어로 그 찰나의 순간을 호명한 듯한 느낌입니다. 드로잉을 구성하는 동그라미 아래 적힌 단어들은 어디에서 기인한 건가요?

이 작품은 자서전적 풍경화예요. 개인적이라고만 할 수는 없지만, 내 인생에서 나온 것임은 분명하죠. 명상하듯 최면에 걸린 것처럼 거의 잠든 상태에서 단어를 떠올렸어요. 1만 개의 단어를 읊어 내는 작업을 한 온 카와라(On Kawara)처럼, 녹음실에서 우연히 의식의 흐름대로 단어를 마구 읊어 본 게 발단이 되었죠. 이런 식이에요. 내가 뉴욕에서 자주 가던 식당인 스퀘어 다이너(Square Diner)를 생각해 내고 보니 여기서 파는 형편없는 음식에 대한 기억과 Greasy Spoons(기름 낀 스푼)이라는 단어가 연달아 떠오르는 거죠. Traduce(비방하다)란 단어는 카프카의 「재판」 첫 문장 "누군가 K를 비방하는 게 분명하다"에서 왔는데, 무슨 뜻인지 몰라서 찾아봤던 기억이 나요. 십대 초반

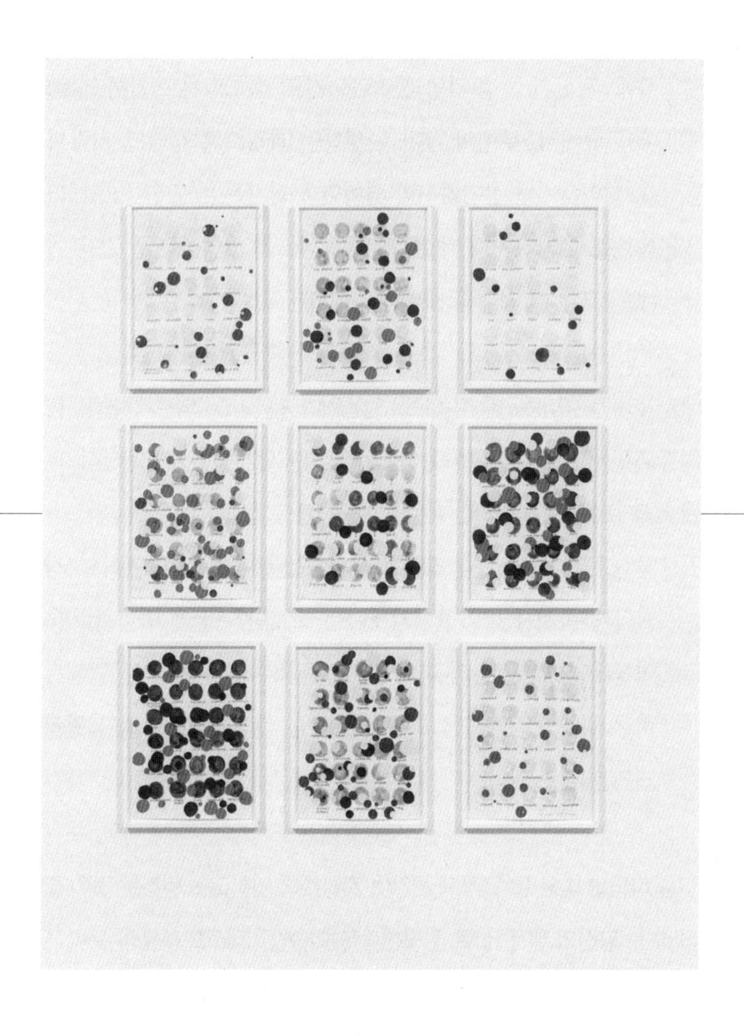

<리멤버드 워즈 — (선플라워)Remembered Words — (Sunflower)>, 2012~2013,
watercolor, graphite, and gum arabic on paper, 38.1x27.9cm
© Roni Horn, 사진: Tom Powel Imaging, 이미지 제공: 국제갤러리

에 사랑에 빠진 에드거 앨런 포의 소설에서 malodorous(악취가 나는)이라는 단어를 발견했죠. 얼마나 좋은 단어인가요. 이런 단어들은 삶의 지점을 붙잡고 레퍼런스처럼 작용하지만, 동시에 내 삶의 특정 기억과 연관되지도, 축소되지도 않아요. 내 마음 속에서, 무에서 유가 탄생하는 과정으로 생겨난 거랄까요. 기억하거나 상기하지만 경험한 무언가는 아닌 일종의 패러독스죠. 데자뷰처럼 가 본 적 없는 장소를 기억하는 일 같은 거예요. 그게 이 작품의 재미라고 봐요.

에밀리 디킨슨의 문구를 작품으로 만들거나 시에 버금가는 제목들을 붙여 두기도 했어요. 보통은 제목이 작품에 대한 단서를 주기 마련인데, 이런 시적 요소들은 즐겁지만 혼란을 가중하기도 합니다.

사실 제목을 통해 내 작품을 설명하는 데는 관심이 없어요. 정확하게는 시를 좋아한다기보다는 시적인 문장을 좋아합니다. 이를테면 "현실 속의 휴가" 같은 문장. 디킨슨의 문장 중에는 이런 재미있는 것도 있죠. "내가 죽을 때 파리 한 마리가 윙윙거리는 걸 들었다."

"아름다움과 좋은 글 그리고 시간이 지날수록 변하고 소멸하는 것이 좋다"라는 당신의 말은 실로 절묘한 역설이었습니다. 그 특유의 문학적, 철학적 감수성은 무엇으로부터 기인한 건가요?

어렸을 때부터 인용문을 수집하곤 했어요. 문학, 시, 어떤 건 뉴스에서 가져오기도 했죠. 한 번은 라디오에서 팔레스타인 여자아이에 대한 기사를 들었어요. 그녀는 아주 어렸을 때부터 아버지에 의해 감금당하며 하녀처럼 살았다고 했어요. 그녀가 풀려났을 때 이렇게 말했죠. "나는 공기가 두려웠다, 두려웠다, 두려웠다. 나는 공기가 두려웠다." 생각했어요. 공기가 두려워? 또 유리 작품들에 붙여진 제목들은 1980년대에 작고한 영화감독 홀리스 프램프턴의 노트에서 따온 문장이에요. 당신이 더 관심을 쏟아서 본다면 에바 가드너, 오드리 헵번의 뻔한 대사에서도 아름다운 아이디어, 아름다운 방식으로 그 순간을 잡아내는 인용문들을 캐치할 수 있을 거예요.

당신의 시각적 작업에서 언어가 중요한 역할을 할 거라고 생각하거나 의도했나요?

아니요. 의식적인 게 아니었어요. 하지만 언제나 독서는 내게 매우 중요했어요. 사람을 상대할 필요 없이 하나의 세상을 가질 수 있기 때문이에요. 왜냐하면 나는 사회적이지도 못했던 데다 다양한 이유로 대부분의 상황에 잘 적응하지 못했어요. 글에서 심오한 세상을 배웠죠. 이쯤 해서 앤 칼슨의 문장을 당신에게 소개하고 싶군요. "꿈꾸는 세상에서 꾼 꿈은 꿈이 아니다. 하지만 꾸지 않은 꿈은 꿈이다(A dream dreamt in a dreaming world is not really a dream. But a dream not dreamt is)." 이 유토피아적 문장이 만들어 내는 공간에 존재하는 것이 마치 실제에 있듯 감동적이에요.

대표작인 유리 주조 작품 이야기를 해 볼까요. 모두들 이 작품을 두고 반드시 낮에 보길 권했어요. 과연 그렇더군요. 게다가 유리 덩어리들은 별개의 작품이 아니라 마치 팽팽한 긴장감을 자아내는 하나의 작품처럼 느껴져요. 작품의 색과 형태를 통해서 내가 지금 위치해 있는 시간도 짐작할 수 있고요.

다섯 개의 유리 덩어리가 한 덩어리의 작품이 되는 과정, 나는 이걸 일종의 풍경, 랜드스케이프라 생각해요. 다른 시각에서 보자면 하나의 작품 구조가 가지는 여러 개의 측면들이죠. 관객들이 온전히 본인들의 경험을 통해 개별적인 물체의 복합성, 공간 간의 관계를 느꼈으면 해요. 10년 동안 나는 이러한 오브젝트를 작업하면서 이를 가장 잘 느끼고 경험할 수 있도록 하기 위해 기술이라는 옵션을 발전시킬 수밖에 없었어요. 사실 필요 이상의 어떤 것도 하지 않는다는 것이 평소 나의 지론이에요. 어쩌면 이 작업이 이렇게 오래 지속된 이유도 기술을 완성하기 위해서였다고나 할까요. 어쨌든 이 사이클은 끝난 건지도 모르겠어요. 이젠 다른 단계로 가야 할지도 모른다는 직감이 들어요.

일련의 작업이 끝났다는 건 어떻게 알게 되나요?

작업이 더 이상 생산되지 않을 때, 그것을 다 마쳤다는 걸 내가 완전히 인식하게 될 때. 결국 어떤 작업이 마무리된다는 건 여러 부분들이 결국 하나로 통합되는 작업이며 시간을 들여 더 개발해서 다음 단계로 점프하는 듯한 상태를 의미합니다. 결국 내가 가야 하는 곳을 찾아 다시 그쪽으로 향하는 거랄까요.

당신의 작품에 공통적으로 전제된 사실도 있습니다. 이를테면 물이라는 대상에 남다른 애정을 갖고 있죠. 물이 등장하는 작품도 많고, 유리 작품도 물처럼 보여요. 아이슬란드를 사랑하는 것도, 〈라이브러리 오브 워터〉라는 작품을 설치한 것도, 수채물감으로 그림을 그린 것도 물의 취약함과 유동성에 주목했기 때문이 아닐까 싶습니다.

네, 저는 물의 통합성에 주목해요. 물은 무수한 정체성을 가질 수 있는 역량을 의미합니다. 주변에 무엇이 있든 그 모습을 띠게 되죠. 세상을 돌아다니면서 모든 것에 연결되지만 중심을 잃지 않는 무언가로 은유되기도 하고요. 물이 투명성을 유지하는 방식은 정말 놀라울 정도입니다. 바보 과학자 같은 이야기가 아니에요. 물은 늘 침투당하고 침범당해요. 그런 생각이 나의 많은 작품에 존재합니다. 중요하게는 물은 양성적이에요. 양성성은 여성이거나 혹은 남성이거나 혹은 두 가지가 아니라 모든 것이에요. 물은 내게 궁극적인 통합의 상징입니다.

물에 몸을 담그고 있는 여성을 촬영한 100장의 사진, 그 미세한 표정과 뉘앙스의 연속적 차이의 반복이 곧 본인의 정체성임을 피력했듯이, 당신은 단순히 남자 혹은 여자로 살거나 시각예술가 혹은 조각가로 불리기를 거부합니다. 스스로에게 어떤 정체성도 명시하지 않게 된 연유가 있을까요?

당신도 알겠지만, 나는 성별의 이분법적 표현을 신경 쓰지 않습니다. 어릴 때부터 남성과 여성만 존재한다는 게 틀렸다고 생각했고, 누구나 복수의 측면을 가진다고 자각하고 살았어요. 사회를 조직하는 방식으로서 성별을 지나치게 강조하고 있다고 생각했고요. 나는 남성과 여성, 두 세계의 가장 좋은 것을 취합니다. 취약함을 수용하고 예민함을 받아들이며 동시에 앞으로 나아가고, 무언가 실현하기 위해서는 여지없이 둔감해지죠. 인정하긴 싫지만, 나쁜 놈이 아닌 이상 무언가를 해내기가 굉장히 어렵기 때문이에요. 그것이 내가 중성성을 다뤄 온 방식입니다.

확고한 정체성의 확립을 거부하는 이러한 개인적 성향이 작품에는 어떤 영향을 끼쳤을까요?

나는 거트루드 스타인의 문장을 좋아합니다. “Rose is a rose is a rose(장미는 장미이며 장미다)”는 같은 문장은 내게 정체성의 핵심, 특히 가변성에 관한 거예요. 조합을 반복하면서 계속 새로운 완전체를 만들 수 있다는 게 좋아요. 지금처럼 특히, 영화나 음악 같은 대중문화계가 특정 a, b, c, d만 중요하게 여기는 엄청나게 암울한 감옥이 되기 전부터 이런 생각을 하는 내가 주류에 포함되지 않는다는 걸 잘 알고 있었어요. 소외된다는 건 한편으로는 내게 매우 비판적일 수 있는 기회를 주었고, 그건 또 다른 특권이었죠. 날 편안하게 하는 무언가라는 표현이 더 맞겠네요. 매력적이라고는 할 수 없는 내 정체성의 한 측면인 공격성과 다른 관점에서의 성별에 대한 혼란이 오히려

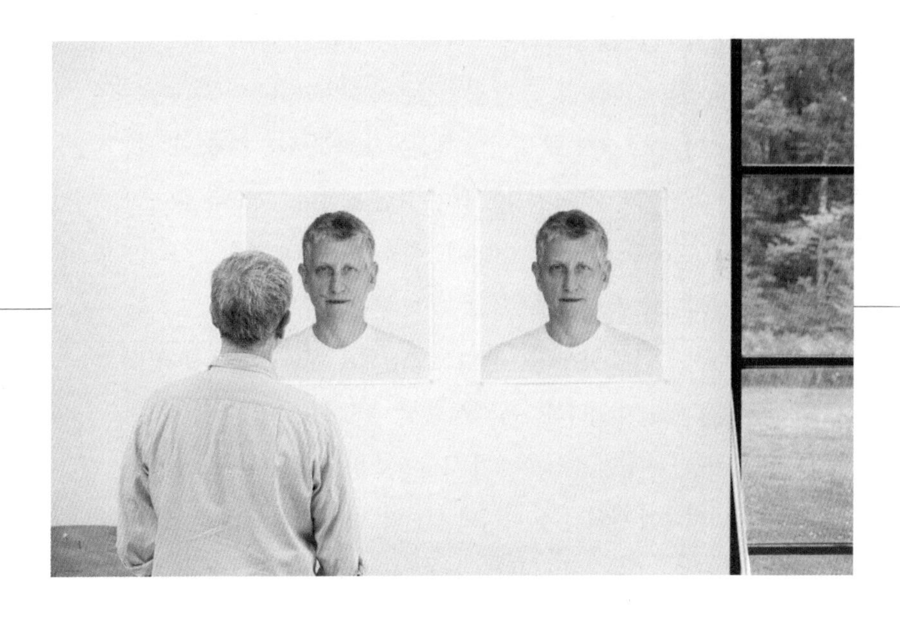

본인 얼굴이 담긴 사진 두 점을 나란히 설치한 작품을 보고 있는 로니 혼.
작품은 <데드 아울Dead Owl, v. 3>, 2014~2015, Ink jet on 100% rag paper, each 51.15x 51.15cm,
Courtesy the artist and Hauser & Wirth ⓒ Roni Horn, 사진: Jason Schmidt,
이미지 제공: 국제갤러리

예술가로서 자산이 되었어요.

세상을 거대한 덩어리로 친다면, 당신 작품은 얼핏 절대 보이지 않는 미세한 틈새에 집중하는 듯한 느낌입니다. 특히 비슷한 사진이나 작품을 두고 같음과 다름의 본질적 차이를 의심하는 방식도 그렇고요. 당신은 왜 무언가를 끊임없이 의심하게 하고자 하나요?

의심은 인간을 활발하게 하니까요. 관객들은 〈데드 아울Dead Owl〉를 볼 때마다 두 작품이 같은지 묻지만, 난 절대 대답하지 않아요. 그게 내 작업의 핵심이기 때문이죠. 바젤 바이엘러 재단에서 열린 전시에 내가 붙인 제목이 "Transparency is Hoax(투명함은 거짓말이다)"였어요. 투명함이 실제가 아니라는 의미죠. 유리 주조 조각보다 더 투명할 수는 없는데도 사람들은 그 안에 뭐가 있는지 항상 의심해요. 이와 함께 유리가 그렇게 의도에 취약하다는 사실도 날 매혹해요. 현실 정치에서는 누군가 투명한 순간 의도가 무엇인지 바로 의심받게 되잖아요. 그 역학에 반영된 것 이상의 인간의 조건이 예술에 있다고 생각해요. 그 의구심이야말로 새로운 무언가를 위한 시작이에요.

동시에 요즘처럼 빠르게 덩어리째 굴러가는 세상에서 그런 감각을 벼리고 산다는 건 참 어려운 일일뿐더러 일반 사람들에게 어떤 의미가 있을까 나조차 의심이 들기도 합니다. 작가인 당신은 어떤가요?

나는 작업을 통해 실제의 모든 복합성을 다룹니다. 순간에 미세한 변화가 다 포함되어 있는 거죠. 실제 일어난 일과 세계를 다룬다는 건 평생 동안 제게 무척 중요한 작업이자 언어였어요. 당신의 말대로 요즘 세상에서는 저조차 정치적으로나 사회적으로나 변하고 있다는 것을 감지하고 있어요. 예를 들어 볼까요? 요즘 이슈가 되고 있는 지구온난화도 제 방식으로 정의하자면, 실제에서 멀어진다는 얘기이고 디지털 역시 물리적 의미에서 세계로부터 멀어지게 하는 요소예요. 당신의 독자들도 당신에게 매일, 매월 끊임없이 간단하게 요약해 소화할 수 있는 콘텐츠를 원하지 않나요? 사실 그건 우리가 속한 세상, 경험한 세상, 지난 50~60년 동안의 세계의 방식이 아니에요. 그런 면에서 나의 작품들은 내가 추구하는 것들을 그대로의 상황에서 포착한 것이에요.

예술을 대면하는 이유는 다 다르겠지만, 제 경우에는 일상에서 사용하지 않는 감각을 사용하고, 하지 않던 생각을 하기 위해서예요. 안 쓰던 근육을 쓰면 몸살이 나듯, 안 쓰던 감각을 동원하다 보면 머리가 지끈거리죠. 하지만 이는 주어진 대로만 살지 않기 위한 최소한의 노력이라는 사실을 부인할 수 없어요.

상당히 흥미롭군요. 내가 항상 관심을 가졌던 것들이에요. 요즘은 시간이라는 개념, 경험, 자연까지도 끊임없이 초단위로 쪼개지고 소비되고 있어요. 실제 세계에서는 보이지 않는 것이 복잡하게 영향을 주고받고 있음에도 불구하고, 디지털 세계에서는 눈에 보이지 않는 것이 수치화되어 간단명료하게 드러나죠. 이런 세상에서 나의 언어가 얼마나 지속될 수 있을지의 문제가 나를 지배하는 관심사예요.

시대의 변화에 대한 관심과 고민은 예술가들에게 늘 화두가 됩니다. 요즘 같은 시대에 미술은 과연 무엇을 할 수 있을까요?

여전히 미술은 현 세계에서 가장 혁신적이어야 한다고 믿어요. 하지만 그저 새로운 걸 내 놓는다고 혁신성이 저절로 생기진 않죠. 오늘날의 많은 작품은 예술을 표준화하며, 설명적으로 가르치려고 들어요. 예술의 창의적 본능은 세상과 타협했고 엄청난 물질에 압도되고 말았지만, 우리는 여전히 그걸 예술이라 불러요. 나도 디지털 기술을 활용하려 하지만, 문제는 그것이 혁신과 직결되지는 않는다는 겁니다. 아티스트가 만들어 내는 건 소비자가 요구하는 것에서 분리되어야 하고, 여전히 경험하고 생각하게 만들어야 해요. 순간적인 정보 전달 이상의 것을 추구하면서 말이죠.

늘 "나는 비주얼 아티스트가 아니다"라고 말해 왔습니다. 비주얼이 주는 경험보다 작품 존재 자체의 경험에 몰두한다는 의미가 아닐까 짐작합니다. 그런 당신에게 아름다운 작품 혹은 미학이란 어떤 의미가 있을까요?

나는 모호함을 만들어 낸다고 생각해요. 그것은 무언가 여는 것과 마찬가지로 한편으로는 무언가를 닫아 버리죠. 내가 나의 작업을 보는 관점은 "무엇이 탐험을 강요하게 하는가"입니다. 예컨대 유리 주조 작품의 매체, 재질, 재료의 역설(패러독스)은 매우 유혹적이죠. 난 역설을 좋아해요. 이 유리 작품의 역설은

<화이트 디킨슨: 리스토어드 인 악틱 컨피던스 투 디 인비저블White Dickinson: RESTORED IN ARCTIC CONFIDENCE TO THE INVISIBLE>, 2006, aluminum and solid cast plastic, 5.08x5.08x226.06cm
ⓒ Roni Horn, 사진: 김용관, 이미지 제공: 국제갤러리

기본적으로 형태가 가면을 쓰고 다른 형태를 지니는 거예요. 유리는 고체가 아니라 굉장히 차가운 액체예요. 가면과 가면 아래 감춰진 내용물이 같은 것일까요, 다른 것일까요? 이런 사유는 내게 다양한 사유의 방향을 열어 줍니다. 결국 아름다움이란 그 길의 입구일 뿐이고, 나는 내 갈 길을 갑니다. 물론 너무나 아름다운 것 또는 누군가에게 아름답게 보여지기를 강요하는 것과 그 다음 단계 사이에서 균형을 맞추는 건 항상 고민하는 점입니다. 오늘날의 실제 세계에서 그게 어떤 의미가 있을까 하는 질문이기도 하죠. 물론 나도 답은 모르지만요. 어쨌든 오늘 질문 고맙습니다.

예술의 어원은 기술이다. 산업혁명 후 교회, 왕족, 대부호의 절대적 경제력이 약해지면서 비로소 예술가들은 요청과 의뢰에 따라 예술해 주는 기술자가 아니라 자신의 의지대로 예술 하는 존재로 거듭났다. 예술이 지금처럼 예술로 불릴 수 있었던 건 예술가가 자가목적성(혹은 자기충족성)을 가지게 되면서부터라는 얘기다. 그런 면에서 로니 혼은 개혁한 예술과 가장 가까운 의미의 작업을 하고 있을는지도 모르겠다. 4년에 걸쳐 이뤄진 두 번의 인터뷰를, 한 번은 딸아이의 손에 이끌려 간 실내 놀이터에서 그리고 동네 카페에서 완성했지만, 그게 어디가 됐든 나는 로니 혼에 대한 글을 쓰는 순간만큼은 완벽히 침묵하거나 고요할 수 있었다. “로니 혼의 작업은 침묵을 필요로 한다. 이는 당신으로 하여금 세상에 직면하는 개인

으로서의 컨디션을 항상 일깨워 준다. 이건 쉬운 일이 아니다. 기본적으로 예술이라는 이름으로 고독해야 한다. 반면 당신은 그 작업과 관계되어 있고 연결되어 있다는 것을 느낄 수 있다. 선이나 실은 거의 보이지 않지만 말이다(테이트 모던 전(前) 디렉터 빈센트 토돌리)." 그의 작업을 설명하는 명징한 이 문장이야말로 당시 로니 혼이 도록에 사인을 청하는 내게 "Roni Horn = Yoon Hei Jeong"이라고 써 준 이유였다고, 여전히 나는 생각하고 있다.

4년 만에 다시 만난 로니 혼이 변한 게 있다면 그때에 비해 조금은 더 편해 보인다는 사실뿐이었다. 내 말에 그가 반색했다. "완전 동의해요. 그동안 많은 일을 겪긴 했어요. 난 많은 것에 "그래, 될 대로 되라"는 식으로 말해 왔어요. 아무래도 나이와 상관있는 거겠죠. 어쩌면 그게 그냥 세상의 본래 방식인 것 같아요. 이렇게 미쳐 있는 세상에서 우리가 다른 무엇을 할 수 있겠어요? 동지! 4년 후에 또 만납시다."

•
2014년 7월호 『바자』, 2018년 7월호 『보그』 인터뷰를 바탕으로 새로 작성한 글입니다.

14 칸디다 회퍼

CANDIDA HÖFER

사진작가

칸디다 회퍼 CANDIDA HÖFER

"나는 나 자신에
회의를 품습니다"

사진작가

공간과 인간의 관계를 중재하는 세계적 사진작가

1944년 독일 에베르스발데 출생. 현대사진이 그 지평을 넓히며 현대미술의 주요 장르로 자리매김하는 데 큰 역할을 한 세계적인 사진작가다. 특히 칸디다 회퍼는 지난 50여 년 동안 도서관, 극장, 박물관, 미술관, 공연장 등 문화 활동의 역사 및 열망을 담은 공적 공간의 내부를 명징한 시선과 웅장한 사진으로 표현해 왔다. 공간의 기하학적 아름다움을 정확히 포착하는 그의 사진은 그러나 단순한 건축 사진이 아니라 공간의 초상에 가깝다. 회퍼 사진의 공통된 특징은 공간에 인물이 없다는 점인데, 작가는 이 부재의 건축, 즉 침묵의 공간을 통해 해당 공간의 질서, 논리, 체계를 창조한 인간의 존재를 역설적으로 강조한다. 칸디다 회퍼는 종종 “사진을 찍기 위해서가 아니라 완전한 이미지를 만들기 위해 사진을 선택했을 뿐”이라 말한다. 자신이 원하는 이미지를 위해 연출을 더하지도 않지만, 동시에 아무것도 우연에 맡기지 않고 면밀히 조율하는 견고한 작업 방식은 칸디다 회퍼의 낙관과도 같다. 회퍼의 작품 속 공간이 인간 문화를 상징하는 기념비로, 더 나아가 사진 매체의 일반적 특성을 초월해 삶의 흔적을 엄정하게 포착하는 순간으로 회자되는 이유다.

<엘프필하모니 함부르크 헤르초크 앤 드 뫼롱 함부르크 II 2016 Elbphilharmonie Hamburg Herzog & de Meuron Hamburg II 2016>, C-print, 184x174cm,
© Candida Höfer/VG Bild-Kunst, Bonn, 이미지 제공: 국제갤러리

독일 쾰른의 예술적 영광은 수십 년 전 현대음악가 마우리시오 카헬과 존 케이지가 전위적 음악을, 조나스 메카스와 앤디 워홀이 언더그라운드 영화를 소개했던 아방가르드한 과거에 결코 머물지 않는다. 나는 개인적으로 세계적인 사진작가 칸디다 회퍼가 현재를 영위하고 있다는 사실만으로도 이 도시가 여전히 존중받을 만하다고 생각한다. 1970년대부터 공간과 인간의 관계를 중재함으로써 현대사진의 세계를 고유한 방식으로 구축해 온 예술가, 칸디다 회퍼. 그녀가 가장 오래 머무는 세 공간인 쇼룸, 재단, 집까지 직접 방문하게 된 건 카셀 도큐멘타, 베니스 비엔날레, 유수의 미술관 전시, 각종 아트페어, 미술사책 등에 박제된 거장이 아니라 여전히 최선을 다해 사유하며 작업하는 동시대 예술가임을 실감할 수 있는 기회였다는 점에서 행운이었다.

"이 세 공간을 모두 아껴요. 쇼룸 건물은 100년 된 독일식 가정집이고, 재단 건물은 도서관부터 아티스트 레지던시까지 각양각색의 느낌을 갖고 있어요. 오래 살아온 이 집은 라인강을 마주하고 있죠. 저는 늘 창가에 서서 생각하곤 해요. 언제 또 강이 범람할까?(웃음) 평소 물을 내려다보는 걸 좋아하거든요. 그저 마음이 정처 없이 표류하도록 내버려 두는 그 시간이 제게는 휴식입니다."

지금까지 좀체 공개된 적 없는 칸디다 회퍼의 집 앞에는 목련 꽃잎이 눈처럼 내린 정원이 펼쳐져 있다. 사각형 건물과 필로티 형식을 접목한 구조에 미닫이문, 반투명 유리, 목재 기둥 등 젠 스타일이 가미된 단정한 거실은 커다란 창 너머 강 풍경과 천장에서 쏟아지는 햇볕 덕에 꽤 드라마틱하게 느껴진다. 회퍼의 작품 특유의 엄격함과 정확함이 오히려 편안함을 선사하듯, 그녀의 공간도 마찬가지다. 벽에 걸린 개념미술가 온 카와라의 작품 〈APR.1.2005〉는 회퍼의 사적 세계에 완벽한 방점을 찍는데, 거의 모든 예술가의 예술가 같은 존재인 온 카와라의 회화가 소재한 공간을 찍은 그녀의 작품이 생각났다. 2층 통로에는 "소중한 추억이 담긴 좋은 친구들의 작품"인 다양한 사진과 드로잉이 빼곡히 걸려 있다. 무엇보다 이 공간 특유의 이색적 경험은 각종 피규어와 소품으로 장식된 잠수함 내부 같은 1층 현관에서 난간을 잡고 좁은 나선형의 계단을 올라오는 흥미로운 행위로부터 시작된다. 회퍼는 이 좁은 계단을 능숙하게 오르며 말했다. "강이 범람하면 여기도 물에 잠겨 이 집 자체가 진짜 잠수함이 된답니다."

어떤 예술가의 인생은 늘 호기심의 대상이 되어 왔고, 사적 세계가 작품 세계를 만나는 순간은 종종 유의미한 역사로 기록되었다. 물론 칸디다 회퍼가 앤디 워홀 같은 미술계의 셀러브리티는 아니지만, 현대사진의 거장이 보낸 젊은 시절의 풍경은 전시의 소재로 부족함이 없다. 지난 2013년에 열린 《칸디다 회퍼: 뒤셀도르프 Candida Höfer: Düsseldorf》 전은 뒤셀도르프에서 활동하던 시절의 초기 사진, 작가 스스로 "나의 시작"이라 일컬은 작품을 모은 자리였다. 칸디다 회퍼의 거실에서 가장 압도적인 존재감을 드러내고 있는 인상적인 벽난로가 이 도록 속 사진에도 똑같이 등장한다. 이자 겐츠켄, 베르벨 실러, 마이클 오피츠, 벤자민 부클로 등 지금은 현대미술사를 통틀어 걸출한 예술가로 기억된 이들이 이 벽난로 주변에서 아침 식사를 하는 모습을 담은 1973년의 사진은 마치 예술과 인문의 경계를 허물고자 한 청춘들의 연대, 동지애의 기록으로 읽힌다. “당시엔 부모님 집이었지만, 제 친구들에게는 늘 열려 있었어요. 우리는 모든 형태의 예술뿐 아니라 심리학, 민속지학 같은 다양한 분야에 대해서도 이야기를 나누었죠.”

현재 칸디다 회퍼는 세상에서 가장 유명한 사진작가로 통하지만, 그녀가 본격적으로 현대사진사에 기록된 건 1970년대 베허학파 1세대로 활동한 이후부터였다. 거의 모든 글에서 회퍼와 함께 언급되는 베허학파는 독일 현대사진 계보에서 중요한 출발점이다. 베른트 베허와 힐라 베허는 1950년대 말부터 50여 년 동안 산업 건축물을 촬영해 온 작가다. 이들은 원근법, 배경, 앵글 등의 효과를 최소화하여 대상을 정직하게 바라봐야 한다고 주장했고, 20세기 초 산업화 시대의 상징인 건축물을 무미건조한 흑백사진으로 표현했다. 시대를 객관적으로 증언하는 이 유형학적 사진은 ‘산업 건축물의 고고학’이라 불렸는데, 작가의 주관적 의견이 사진을 예술로 등극시키는 유일한 방법이라 믿었던 당시 통념과는 반대되는 신선한 시각이었다. 베른트 베허는 1976년 문화, 예술의 근거지였던 뒤셀도르프 쿤스트 아카데미에 사진학과를 개설함으로써 독일 미술계 내에서의 영향력을 증명했다. 당시 스튜디오와 갤러리에서의 경력을 접고, 이 학교에서 3년 동안 영화를 공부하던 칸디다 회퍼는 당장 그들의 제자가 되기로 했다. 그리고 안드레스 구르스키, 악셀 휘테, 토마스 스트루스, 토마스 루프 등 지금은 스타가 된 작가들과 함께 각자의 방식으로 베허의 이론을 실천에 옮기고 있다.

지난 40여 년 동안 칸디다 회퍼는 도서관, 박물관, 극장, 궁, 동물원, 카페 등 인간 활동의 중심이 되는 공적 공간을 뷰파인더에 담아 왔다. 인위적인 개입을 최소화한 중립적 태도로 건축물을 재현한다는 기본 개념은 칸디다 회퍼가 베허학파라는 가장 분명한 증거가 된다. 다른 점이라면 베허의 사진이 건축물의 기능과 형태에만 집중한 반면, 칸디다 회퍼는 건축과 인간, 공간과 문화 같은 상관관계를 가장 중요하게 생각한다는 사실이다. 회퍼만의 순수하고도 고요한 시선은 공간의 생김새는 물론 보이지 않는 진리, 즉 인간이 만들어 낸 공간의 질서, 순리, 체계, 신념까지 포착한다. 그러므로 그녀의 사진은 단순한 건축 사진이 아니라 공간의 초상이다.

쾰른의 조용한 주택가, 100여 년 된 독일 전통 주택을 개조한 칸디다 회퍼의 쇼룸은 작업 구상부터 진열까지, 설계부터 보관까지 모든 단계의 과정이 진행되는 곳이다. 오로지 다양한 책과 회퍼 자신의 작품으로만 채워진 공간 가운데 특히 건축가 헤어초크 & 드 뫼롱이 함부르크의 코코아 창고를 리모델링해 만든 공연장 엘프필하모니의 모형을 찍은 사진, 현대적인 에인트호번 반 아베 뮤지엄과 전통적인 오스트리아 아드몬트 수도원 도서관 사진의 극명한 대비가 밀도를 높이고 있었다.

이 고즈넉한 쇼룸이 더욱 조용하게 느껴진 이유는 그녀의 사진 안에는 사람의 형상이 존재하지 않기 때문이었다. 쇼룸에 걸린 다양한 작품 중 사람이 등장한 작품은 터키 프로젝트 〈터키 인 저머니Turks in Germany〉가 유일했다. 당시 회퍼는 독일로 이주한 터키 사람들이 어떻게 타국에 적응하면서도 자신의 공간을 변화시키며 살아가는지 사진으로 고찰했다. 그러나 타인의 영역을 침범해 사적인 모습을 담아내는 데 근원적 불편함을 느낀 그녀는 이후부터 환경과 인간의 사회적 교류의 증거인 공적 공간의 심리학에 더욱 몰두했다(실제 그녀의 성격도 짐작과는 달리 수줍음이 많고 따뜻하다). "시간에 따라 공간이 어떻게 변화하는지, 무엇이 놓이느냐에 따라 어떻게 달라지는지" 관계를 보여 주는 과정에서 그 공간을 자유롭게 드나드는 사람의 존재는 자연스럽게 배제되었다. 회퍼의 키워드인 '부재의 건축'은 공간이 인간 대신 빛과 공기, 역사와 정신의 흔적으로 가득 차 있다는 역설의 의미다. 인간의 시시콜콜한 사연이 사라진 자리에 수 세기 동안 각인된 초월적인 인류의 이야기가 남은 셈이다. "부재는 가장 강력한 현존의 상태"라는 제임스 조이스의 명언을 인용하며 설명을 청했더니 그녀가 말했다. "굳이 조이스까지 끌어들일 필요도 없죠. 파티를 생각해 보세요. 자리에 없는 사람에 대해 더 많은 이야기를 하잖아요."

낮게 걸린 칸디다 회퍼의 큰 작품 속 공간은 눈앞에서 제2의 현실처럼 펼쳐진다. 예컨대 세계에서 가장 큰 바로크 시대의 수도원 도서관을 보고 있자면 대칭, 형태, 표면 같은 구성과 배열, 빛의 상태와 웅장한 면모에 압도되어 말문이 막힌다. 시선이 소실점으로 수렴되면서도 평면적이기 때문에, 그 간극에서 '플랫랜드'의 신비로움과 경이로움이 생겨난다. 회퍼는 건축적 질서를 고찰하되 이를 넘어서는 존재감에 몰두한다. 그녀의 작품 속 공간은 구석구석 그림처럼 선명하다. 작은 석조 장식이나 바닥 무늬 같은 모든 디테일에 공평한 긴장감을 부여하고, 인공 조명을 쓰지 않음으로써 공간의 본질이 과대평가되거나 변질될 여지를 차단한다. 회퍼

<베네딕티너슈티프트 아드몬트 III 2014 Benediktinerstift Admont III 2014>, C-print, 184x204.4cm,
© Candida Höfer/VG Bild-Kunst, Bonn, 이미지 제공: 국제갤러리

의 사진에서 관조적인 성향을 발견한다면, 그건 공간의 물리적 특성뿐 아니라 이러한 접근 방식이 야기한 것이다. 이로써 그녀의 작품은 존재도 모른 채 무의미하게 지나쳤을 사소한 공간까지 느린 시선으로 인지하며 미묘한 삶의 흔적을 찾을 여유는 물론 감상과 비평의 경험을 허락한다.

칸디다 회퍼는 "관객이 공간으로 들어가고, 장면을 인식할 수 있는 충분한 시간을 제공하는 것"이야말로 시각 예술의 역량이라고 믿는다. 그래서 당연하게도, 견고한 질서로 직조된 회퍼의 사진은 마음을 다해 보는 이에게만 공간의 의미와 비밀을 드러낸다. 생각해 보면, 그녀의 말대로 천천히 들여다본다면 중요하지 않은 건 하나도 없다. 그녀가 포착한 공간에서도, 우리의 삶에서도 말이다.

쇼룸에서 도보로 10분 거리에 있는 재단 건물은 칸디다 회퍼와 특별한 인연이 있다. "재단으로 쓸 공간을 물색하던 중 오래 전 수습 생활을 한 건물을 발견하게 된 거예요. 정말 멋진 우연의 일치였지요." 이십 대에 누군가의 작업을 돕던 그녀는 같은 공간에서 다시 누군가를 돕는다. "내겐 아이가 없기 때문에, 훗날 재단이 내 작품을 모아둘 거라 믿어요. 비록 기금의 규모가 크진 않지만, 이사회가 더욱 혹은 다시 주목받아야 하는 작가의 작품을 꾸준히 매입해요. 강의와 발표의 기회도 제공하죠." 우리가 갔을 땐 테칭 시에, 양푸동, 베르타 피셔 등의 작품이 전시되어 있었다. 2층에는 예술가들이 몸을 누일 수 있는 아담하고 깔끔한 레지던시 공간을, 지하에는 학구적인 작가에게 일용할 양식인 자료와 책이 빼곡한 도서관과 온습도를 맞춘 작품 수장고까지 마련해 두었다. 또 다른 작가

메를린 바우어의 유명 텍스트 조각 작품 〈리베 다이네 슈타트Liebe deine Stadt(Love your City)〉가 선언문처럼 걸려 있던 소담스러운 마당은 이 모두를 조화롭게 이어주는 핵심이다.

칸디다 회퍼가 주인공인 영상 〈사일런트 스페이스Silent Spaces〉(2015)는 우리가 찾은 초여름의 인상은 까맣게 잊을 정도로 인상적인 눈 내리는 겨울의 풍경을 보여 준다. 포르투갈의 감독 후이 사비에르가 2년 동안 칸디다 회퍼 곁에 머물며 작업과 전시 과정을 고스란히 담은 일종의 다큐멘터리다. 그러나 이 작품은 단순히 회퍼가 어떻게 작업하는지의 방법론이 아니라 시선과 접근에 대한 에세이에 가깝다. 우리가 매일 보는 수많은 것들 중 과연 무엇이 중요한지, 어떻게 소통할 수 있을지, 그러므로 예술이 세상과 인간의 진실된 관계에 어떤 기여를 할 수 있는지에 대한 질문을 보는 이에게 던지는 것이다. "예술은 현실에서 중요한 것을 남기는 일"이라 믿는 예술가, 시각적 언어를 소통의 방식으로 택한 회퍼의 삶과 일을 지배하는 고도로 정제된 고요함을 통해 그 답을 찾고자 한 사비에르의 매 장면에는 이 노장에 대한 존경이 담겨 있다.

"규칙과 기술의 발달은 사진 찍는 일을 더욱 형식적인 과정으로 만들어 버렸습니다. 즉흥성의 상실이죠. 그러나 나는 이를 슬퍼하지 않아요. 작업에는 현재의 조건을 적용합니다. 늘 기대되는 건 이미 한 일 너머에 이제 할 일이 있다는 사실입니다." 칸디다 회퍼가 낮은 목소리로 말했다. 무언가를 실행할 때 말은 필요 없다. 스스로의 예술 가치를 높이는 데 급급했던 사진예술의 진입 장벽은 당시 여성 작가에게 더욱 견고했을 테지만, 회퍼는 한결같이 진실한 침묵의 힘을 믿어 왔다. “사진을 다루는 예술가에게 마음의 눈을 연 채 세상에 대한 고유한 의식을 유지하는 것이 얼마나 중요하다고 생각하느냐”는 나의 질문에 그녀가 답했다. “사진에만 국한된 게 아닙니다. 그렇지 않나요? 그건 삶 전체에 관한 거예요.”

서울에서 이미 여러 번의 개인전을 개최한 바 있습니다. 각각 어떻게 다른 전시였는지 기억합니까?

지난 2005년 첫 번째 서울 전시에서 나는 한국 관객의 존재, 내 작업에 대한 그들의 관심과 지식에 깊은 인상을 받았습니다. 2011년에 국제갤러리에서 열린 전시에서는 넓은 범위에서 이 전시를 바라보고, 관객들에 대한 오마주로 추상적인 근작 몇 점을 포함했죠. ‘여기’ ‘내가’ ‘있다’는 것을 말해 주는 작품을 선보이고자 했다는 사실은 그때나 지금이나 변함없습니다. 나는 그저 이미지를 만들고자 합니다. 이미지를 만드는 최상의 매체로 공교롭게 사진을 발견한 거죠. 이번 전시(2018년)에서도 나의 희망이 당신을 초대할 수 있기를 바랐습니다.

집과 쇼룸 그리고 재단, 이 세 군데 공간은 당신의 현재 작업 세계가 결코 과거에 머물지 않는다는 증거입니다. 그런 점에서 초기작을 모은 뒤셀도르프 전시가 떠올라요.

네, 게다가 그 전시는 이미지 작업 방식을 성찰할 기회를 줬어요. 다시금 덜 형식적인 방식으로 사진을 찍도록 독려했죠. 핸

드헬드 카메라는 나를 어디로든 데려갈 수 있고, 시각적 세계의 디테일, 구조, 형태, 색 등에 직접적으로 반응할 수 있게 해요. 체계적인 접근을 필요로 하는 공간에서는 대형 카메라로 작업하지만, 이런 작업을 하면서 다시 자유를 만끽합니다. 하지만 자유는 사진이 찍히는 방식에만 적용돼요. 이를 인화하여 온전한 이미지로 만들어 내는 일은 마찬가지의 노력과 인내를 요구하죠. 하지만 이 단계를 짐으로 느낀 적은 한 번도 없어요.

1970년대 후반, 쾰른에 살던 터키 이민자들을 촬영했습니다. 이들이 새로운 문화에 적응해 가며 자신들의 공간(집, 식당, 가게, 만남의 장소)을 어떻게 변화시켰는지 탐구하기 위해서였다고요. 삶과 공간의 상관관계를 당신의 공간에 가서 온전히 이해할 수 있었어요. 공간은 역사와 철학, 일상과 일이 어우러진 결정체 같은 존재니까요.

맞아요. 연관성이 있다는 데 동의해요. 〈터키 인 저머니〉 프로젝트도 독일에 사는 터키 사람들의 생활이 가져온 변화와 환경의 중요성을 지켜보며 충동적으로 시작했어요. 궁금했거든요. 하지만 이내 사람들의 공간을 방해하는 걸 나 스스로가 편하게 느끼지 않는다는 사실을 실감한 후 내 방식대로 공간을 연구하기 시작했어요. 사람이 없는 상황에서 공적 공간을 담는 방식으로 말이죠. 개인 공간도 친구들에게서 받은 작은 선물만 놓는 등 개입을 최소화해 간결하게 꾸미는 걸 좋아해요.

당신의 작업 세계는 늘 베허학파와 함께 언급됩니다. 지금까지 늘 옳다고 느낀 가르침은 무엇인가요?

난 베허학파이기 전부터 사진을 찍기 시작했어요. 베허의 사진 수업에 지원할 때 〈터키 인 저머니〉 프로젝트를 포트폴리오로 보여 주었으니까요. 베허의 수업 스타일은 매우 자유로웠어요. 언제나 조언을 위해 곁에 있었지만, 절대 무언가를 지시하거나 강요한 적 없었어요. 그들의 가르침 중 끈기와 인내심이 필요하다는 사실을 거듭 인식하는 과정 자체가 지금도 내게 주효하게 작용하고 있어요.

도서관, 공연장, 미술관 등의 공간은 모두 'Enlightenment(깨우침)'이라는 단어로 묶입니다. 지식과 진보의 기념물이자 깨달음의 공간에 관심을 가지게 된 계기가 있었나요?

특히 미술관이 가장 접근 용이한 공공장소였어요. 도서관은 특유의 다양한 구조와 색깔 때문에 시각적으로도 매혹적이죠. 그러나 시간이 지날수록 나는 공간 자체의 목적뿐 아니라 그 너머에 역사와 용도 그리고 어떻게 깨우칠 것인지, 깨우침에 어떻게 자부심을 가질지 등에 대한 사유가 겹겹이 존재한다는 걸 알게 되었어요. 이런 공간들은 현재 상태에서 과거 혹은 미래 같은 다른 시간들을 재현한다는 특징을 갖고 있어요. 다른 종류의 공간들이 지닌 유사점과 그 유사점 안의 차이점에 대해 탐구하는 것도 흥미롭죠. 말하자면 나의 사진은 각각의 공간이 지닌 특징이 어떻게 그것의 사회적 역할과 역사적 맥락과 섞이는지에 대한 다채로운 초상이에요.

인간과 문화적 공간이 서로를 어떻게 진화시켰는지 보여 준다는 점에서도 그렇지요. 그런 점에서 넓게는 인류 역사의 성장과 발전의 초상화라고 생각합니다만.

맞아요, 그렇지만 상호 과정이에요. 공간이 우리 역사를 형성할 뿐 아니라 우리 역시 공간을 변화시키죠. 그리고 이는 겹겹의 시간을 흔적으로 남깁니다. 사진은 관찰해야 하는 매체예요. 느릿한 눈길을 공간의 시간과 용도에 불러들이죠. 오랜 세월 동안 이뤄진 문화 활동과 충돌하는 변화의 지점을 관찰할 수도 있고요. 예컨대 읽기는 늘 같은 읽기였지만, 컴퓨터의 존재감이 커지면서 다른 종류의 읽기와 연구를 가능하게 하잖아요. 그런 점에서 제 사진은 보존의 껍데기 속 변화에 대한 이야기이기도 합니다.

'부재의 건축'에 대한 이야기를 해 볼까요. 롤랑 바르트가 "존재의 부재를 증명한다"며 사진을 정의했습니다. 부재라는 개념을 통해 공간과 인간의 관계를 어떻게 중재하고자 합니까?

바르트의 말은 사진 혹은 이미지에는 실제 존재하는 것 너머로 현실을 확장시키려는 과잉의 경향이 내포되어 있다는 뜻입니다. 마음의 눈은 머리의 눈보다 더 많은 것을 보죠. 그래서 이미지에 사람이 부재할 때 우리는 즉각적으로 그들을(또한 우리를) 상상합니다. 공간의 자주성을 깨닫지 않고서는 일어날 수 없는 일이에요. 공간은 상상으로 채워지기 전 이미 그곳에 존재하기 때문입니다. 내가 (그들을 만나게) 한 게 아니에요. 내 작업에서의 느린 발견이었습니다. 내가 사람들을 피한 건 그들 삶을 침범하는 게 불편했기 때문인데, 사람들이 없을 때 내가 그들을 다시 찾는다는 사실을 알게 된 거죠.

역사적 건축물을 찍는 경우에는 가장 전형적인 모습을 취함으로써 보편적 감성을 이끌어 내는데, 작품의 크기와 물성 덕분에 대칭과 반복 같은 특성이 잘 드러납니다. 반면 현대적 건물은 추상적으로 접근한 듯하고, 크기도 상대적으로 작습니다. 어떤 차이를 의도하나요?

적어도 의도만큼은 동떨어진 것 같지 않아요. 내 접근은 다소 반복적이에요. 관객석에서 무대, 무대에서 관객석, 관객석에서 발코니와 갤러리, 서로 면밀히 닮은 건축양식. 결국 디테일이 전체를 만듭니다. 추상적으로 보이는 나의 근작은 디테일의 가치를 강조하고자 하는, 그러니까 디테일을 영예롭게 하려는 시도입니다.

그래서 당신 사진에서는 모든 디테일이 놀라울 정도로 잘 표현되어 있습니다. 샹들리에도, 벽장식도, 바닥 문양도 모두를 주인공으로 만들죠. 삶을 관통하는 작가의 시선 덕분이라고 예상해 봤습니다만.

나를 너무 높이 사는 것 같군요(웃음). 디테일과 전체를 공히 중요하게 만드는 건 나의 능력이라기보다는 당신의 느릿한 시선을 불러들이는 사진이에요.

공간을 뷰파인더에 담을 때(Input)와 촬영한 걸 다시 이미지로 전환할 때

<노이에스 무제움 베를린 IX 2009 Neues Museum Berlin IX 2009>, C-print, 183x141cm,
© Candida Höfer/VG Bild-Kunst, Bonn, 이미지 제공: 국제갤러리

(Output) 중 어떤 과정이 더욱 '회퍼다운' 작업일까요?

사진을 찍는 일과 이미지를 만드는 일은 내게 별개의 행위예요. 스크린에 뜨는 사진은 내 앞에 놓일 프린트와는 완전히 다르죠. 사진을 찍고 프린트를 보는 일 사이에는 상당한 시간차가 있어요. 중요한 건 이 테스트 프린트를 어떻게 이미지로 만들 것인지의 문제입니다. 적절한 크기, 빛, 색, 크로핑을 이미지가 말해 줘요. 나는 공간에 대한 기억에 의존해 이미지를 재구성하지 않아요. 내게 사진을 찍는 건 불가피한 행위입니다. 그렇지 않으면 프린트 자체가 없을 테니까요.

공공장소에서 시간에 따라 달라지는 빛의 정도나 작업이 끝나길 기다리는 사람들을 신경 써야 한다는 건 당신의 작업이 태생적으로 시간의 압력을 견뎌야 함을 의미하는 건가요?

나는 인내심이 없는 사람이지만, 내 작업은 인내심을 요합니다. 이 대비가 발전기처럼 내게 힘을 줘요. 하지만 내게 공간의 시간이란 그것이 만들어진 시기나 시대에 대한 것이 아니에요. 공간의 특징을 구성하는 시간의 레이어죠. 사진은 그걸 말해 주기에 이상적인 매체입니다.

샤우슈필하우스 극장의 메이크업 룸을 찍은 〈뒤셀도르퍼 샤우슈필하우스Düsseldorfer Schauspielhaus I 1997〉를 보면서 일종의 조용한 위트가 느껴진다는 생각을 했어요. 작가가 이 공간과 신뢰 관계를 쌓았을 거라는 믿음이 들죠. 공간에 작가가 직접 개입하는 것도 아닌데, 객관성과 주

<뒤셀도르퍼 샤우슈필하우스 I 1997 Düsseldorfer Schauspielhaus I 1997>, C-print, 48.2x47cm, © Candida Höfer/VG Bild-Kunst, Bonn, 이미지 제공: 국제갤러리

관성이 어떻게 교류할 수 있었을까요?

잠재의식 같은 거라 생각해요. 이런 요소는 기술적 통제 밖에서 그들만의 역할을 합니다. 역사적인 장소 또한 본래의 목적을 넘어설 때 미소를 자아내게 하죠. 어쩌면 우리 마음의 눈이 클래식한 공간에 더 너그러운 반면 현대적 공간에는 더 비판적일 수도 있고요. 그나저나 내가 자주 가고 좋아하는 그 극장을 당신이 언급했다는 게 묘하군요.

다큐멘터리 〈사일런트 스페이스〉를 보면서 빛과 구도, 비율과 패턴으로 가득한 작품이 청각을 자극한다는 사실을 새삼 인지하게 되었어요. 감각이 이성 혹은 인식과 어떤 상호작용을 일으키길 바랍니까?

저는 관객의 감각을 통제하거나 심지어 자극할 수도 없고, 그럴 의도도 없어요. 유일한 의도라면 시간을 갖고 천천히 보고, 사진 속으로 들어가라는 초대뿐입니다. 그 외 모든 건 관객에게 달려 있죠. 물론 사진이 사유와 감각을 자극한다는 사실을 부인할 수 없습니다. 하지만 내가 어떻게든 이렇게 할 수 있다고 의식한다면 (스스로에 대한) 엄청난 과대평가일 거예요. 내가 사진을 찍을 때 유일하게 활성화되는 감각은 공간 특유의 냄새입니다.

최근 새롭게 시작한 작업이 있습니까?

꽤 오래 전에 모스크바에서 찍은 사진을 근래 다시 작업했어요. 관객들이 그들만의 경험으로 이미 잘 알고 있는 공간의 이미지를 찍는다는 건 내겐 일종의 도전이에요. 최근엔 이스탄불에서 했던 작업처럼 추상적이고 즉흥적인 사진을 다시 들여다보고 있어요.

작업의 내용이 대체로 서구에 한정된 건 이방인으로서 다른 지역의 공간을 파악하는 것이 어렵기 때문인가요?

그런 공간에서 내가 이방인이라는 건 사실이고, 그것이 날 망설이거나 조심스럽게 합니다. 하지만 서구 공간에서도 이런 일이 종종 일어나요. 이국적인 것을 착취하는 것 같고, 그것이 나를 불편하게 하죠. 물론 내가 이방인인 곳으로 여행하는 건 좋아합니다. 그런 곳에서 더 세부적이고 추상적이며 캐주얼하게 접근할 수 있으니까요.

특정 장소를 선택할 때나 어떤 작업을 실행할지 결정할 때 무엇이 가장 큰 영향을 끼칩니까?

나를 움직이는 건 언제나 호기심인데, 고맙게도 나를 그다지 멀리 보낸 적은 없어요. 장소는 초대, 상황, 원하는 공간의 머릿속 목록, 우연, 조우 등을 거쳐 선택하죠. 어떤 친구가 내 상상력을 사로잡는 공간을 언급하는 경우에도 귀담아 듣습니다.

피사체인 특정 공간 중에서도 특히 어떤 부분에 주목해 카메라에 담을 것인지 어떻게 결정하나요?

가능하다면 장소를 짐작할 수 있도록 스냅사진을 요청합니다.

인터넷이나 책에서 찾은 이미지는 오래된 것일 수도, 현재 모습을 반영하지 못할 수도 있어요. 현장에서는 본능과 경험을 발휘하죠. 저는 보통 어디서부터 촬영할지 아주 빨리 찾아요. 물론 촬영 시간은 빛의 상황에 달렸지만요.

작업할 때 의식처럼 반복하는 행동 혹은 꺼리는 일이 있습니까?

나와 어시스턴트를 제외한 다른 사람이 촬영 장소에 함께 있는 걸 별로 좋아하지 않아요. 아니, 아무도 없어야 한다는 건 필수 조건이죠. 특히 바닥재가 나무인 공간에서 촬영할 땐 움직임이 진동을 일으켜 사진을 흐트러뜨릴 수 있거든요.

완성된 프린트의 흰색 테두리는 사진이 예술성을 강조하는 시도로 느껴집니다. 관객은 현실과 예술의 경계를 느끼는 동시에 없애는 장치로 이 테두리를 활용하죠. 특별히 고수하는 형식이 있습니까?

흰 테두리는 말하자면 이미지의 사진 종이입니다. 다루는 매체에 대한 기억이기도 하죠. 액자로는 보통 체리나무를 씁니다. 하지만 나는 액자를 외부와 경계라기보다 사진의 일부로 봐요. 또한 나는 예술과 현실을 반대의 개념으로 쓰기를 꺼립니다. 사진은 현실에 대한 것이 아니지만, 예술은 현실입니다.

사진에서 가장 중요한 요소가 무엇이냐는 질문에 "Stimmig"라고 답한 적 있습니다. 찾아보니 '일관된'이라는 뜻이자 이미지가 스스로 균형을 갖춘다는 의미더군요. 왜 이 단어를 꼽았나요?

독일 쾰른에 위치한 자택에서 칸디다 회퍼, 사진: 이큰아름

원래는 소리를 가리키는 단어예요. 동시에 정확함을 뜻하기도 하죠. 보통 뭔가가 잘됐을 때, 균형이 맞았을 때 느끼는 만족감을 포괄하는 정확함. 특정 이미지에 만족하기 전에 난 이 모두를 느끼고 싶습니다.

작가로서 무엇을 가장 회의하나요?

나는 나 자신에 회의를 품습니다.

서구 문화권 밖의 관객들이 당신의 작품을 어떻게 느끼는지 궁금해 한 적이 있나요?

어떤 특별한 기대는 없지만, 베이징 학생들과 나눈 대화는 또렷이 기억해요. 그들은 나를 냉담하다고 문책했어요. 그게 놀랍기는 했죠.

명작은 개인의 통찰과 시대의 흐름이 함께 만들어 냅니다. 당신이 살던 시대가 당신에게 어떤 영향을 주었다고 생각합니까?

모든 건 무의식적으로 일어난다고 생각해요. 시대정신의 좋은 점은 그 시대가 끝나야만 알 수 있다는 거예요. 그래서 말하기 어렵습니다만 기억을 떠올려 보자면, 예술 안의 경계가 사라지기 시작한 시대였다고 봐요. 예술과 음악이 흥미진진하던 시기에 마침 내가 여기에 있었죠.

궁극적으로 더 작업해 보고 싶은 것이 있습니까?

시칠리아.

현대사진의 역사를 일구어 온 장본인으로서 스스로 동시대적이라고 생각합니까?

나는 내 시대에서 살고 작업합니다. 나이를 수용하며 현재에 살고 있을 뿐이죠. 나머지는 다른 이들의 인식에 달렸어요. 이미지가 만들어진 특정 시간을 감지할 수 있을 때조차 나는 내 오브제를 시간 밖으로 꺼낸다고 생각하곤 합니다. 그래서 제목에도 장소명과 제작 연도만 포함시켜요.

한국의 열 살짜리 소녀(예컨대 제 딸 같은)가 질문한다고 가정해 보죠. 어디서 영감을 얻습니까? 또한 무려 50여 년 동안 흔들림 없이 예술가로 살아갈 수 있는 이유는 무엇인가요?

첫 번째 답은 "내 눈과 마음을 열어 두려고 노력해요." 두 번째 답은 "아쉽게도 다른 걸 배운 적이 없어서 이 일을 포기하지 않고 계속해야 했어요." 아, 언젠가 당신의 딸을 만나기를 고대합니다.

칸디다 회퍼의 인터뷰를 준비하면서 나는 큐레이터 군다 뤼켄이 쓴 글 「칸디다 회퍼: 사진적인 것 그리고 일상」 중 흥미로운 에피소드를 발견했다. 1979년에 열린 전시 《독일에서: 현대 다큐멘터리 사진의 측면들》에 베허학파 사진가들이 대거 참여했는데, 당시

큐레이터가 모두에게 동일한 질문을 던졌다. "사진작가로서 향후 작업에 바라는 게 있다면? 어떤 사진가에게 영향을 받았나?" 구구절절 의미있는 답을 내놓으려 애쓴 이들과 달리 회퍼의 답은 간결했다. "사진적인 것 그리고 일상." 회퍼가 평생 포착해 온 도서관, 미술관, 서점, 공연장 등의 공적 공간은 태생적으로 특정 행위를 하는 사람들의 일상을 내포하기에, 사진적인 것이 예술적 태도를 시사한다면 일상은 뷰포인트를 의미한다. 감정을 주입하지 않은 칸디다 회퍼의 진공의 사진이 보는 이에게 한없는 성찰과 통찰의 시간을 선사하는 이유일 것이다. 마찬가지로 이 인터뷰에 대한 칸디다 회퍼의 답변을 통해 엿볼 수 있는 명료함은 일상을 거쳐 삶 전체를 관통하며 엄정함으로 진화했고, 이는 여전히 그녀의 철칙으로서 유효하다.

•
2018년 8월호 『보그』 인터뷰를 바탕으로 새로 작성한 글입니다.

15 이자벨 위페르

ISABELLE HUPPERT

배우

"문득 스스로의
한계를 만날 때면
지나가길 기다려요"

배우

압도적 존재감으로 현재진행형 신화를 쓰는 대배우

1953년 프랑스 파리 출생. 1971년 TV 영화 〈프러시안〉으로 데뷔한 후 지금껏 한 해도 작품을 쉬지 않고 100여 편 이상의 영화, TV 작품, 연극 등에 출연해 온 명실상부 프랑스의 국민 배우. 불세출의 연기력과 압도적인 존재감으로 '위대한 여성(Grand Dammes)'이라는 영예로운 별칭을 얻었다. 세자르영화제에 가장 자주 노미네이트되었고, 세계 3대 영화제의 여우주연상을 휩쓸었으며, 그중 칸과 베니스에서는 두 번이나 여왕의 자리에 올랐다. 그러나 위페르가 국경을 초월하는 당대 최고의 배우로 평가받는 이유는 이런 수상 경력 때문만이 아니다. 이자벨 위페르가 출연한 영화는 늘 시대를 앞섰고, 그녀의 인물들은 당대 여성들의 욕망, 결핍, 정체성 그리고 혁명의 가능성 등을 맹렬하게 대변했다. 그녀의 존재는 그렇게 걸작과 범작의 경계 자체를 의미 없게 만들지만, 동시에 이토록 명감독들의 전폭적인 지지를 받은 배우도 흔치 않다. 클로드 샤브롤, 클로드 고레타, 장 뤼크 고다르, 미하엘 하네케, 마이클 치미노, 클레르 드니 등은 뮤즈 이자벨 위페르를 통해 한 번도 만난 적 없는 혁신적인 여성상을 발견했고, 파괴적인 에너지를 표출하도록 독려했다. 1970년대 누벨바그 시대부터 반세기가 흐른 지금에 이르기까지 변치 않은 열정과 재능은 이자벨 위페르라는 이름의 신화를 현재 진행형으로 써 내려가고 있다.

사진작가 천경우가 찍은 이자벨 위페르, Kyungwoo Chun, <Simultan #11-1>,
2010, 135×105cm, chromogenic print, In collaboration with Isabelle Huppert

이자벨 위페르는 화장기 없는 얼굴에 블랙 원피스를 입고 있었다. 생각보다 더 깡마르고 창백해 보였다. 최근 해외 촬영에서 돌아온 그녀는 등에 통증이 생겼다며 천천히 걸었다. 어깨를 구부리는 바람에 가뜩이나 연약해 보이는, 클로드 고레타 감독이 반했다는 그 특유의 걸음걸이가 몽환적으로 느껴졌다. 전형적인 오스만 스타일 건물의 4층에 위치한 집 거실에는 책, 잡지, 그림 등이 자유롭게 널려 있었는데, 이 클래식한 풍경 자체가 초현실적이었다. 그녀는 다른 누구도 아닌 이자벨 위페르다. 세자르영화제에 가장 자주 노미네이트되었고, 세계 3대 영화제의 여우주연상을 석권했으며, 칸영화제 심사위원장을 맡은 프랑스의 국민 배우. 인사를 나누고 소파에 앉을 때까지의 짧은 순간, 유혹당하고 버림받는 〈레이스 짜는 여인〉(1976)의 소녀부터 〈의식〉(1995)의 당찬 살인마, 〈육체의 학교〉(1998)의 자유부인, 〈피아니스트〉(2001)의 사도마조히스틱한 피아니스트, 〈내 어머니〉(2004)의 도발적인 엄마, 그리고 〈코파카바나〉(2010)의 철없는 사고뭉치 엄마까지 동시다발적으로 스쳐갔다는 표현이 결코 과하지 않다. 지난 1971년 연기를 시작한 이래 세 아이의 엄마로 살면서 단 한 해도 작품을 쉬지 않았을 정도로 열심히, 바쁘게 일하고 있는 이 초로의 배우와 인터뷰를 진행하는 동안 검은 고양이 한 마리만 한가롭게 곁은 서성거렸다.

2011년에 파리에서 성사된 만남은 같은 해 이자벨 위페르의 사진전 《이자벨 위페르—위대한 그녀Woman of Many Faces》에 발맞춘 사건이었다. 서울에서도 영화 회고전은 종종 열렸지만, 사진전은 처음이었다. 지난 2005년 11월 뉴욕 현대미술센터에서 시작한 예의 전시는 파리, 베를린, 마드리드, 도쿄, 토리노, 헤이그, 모스크바, 베이징 등을 거쳐 이곳에 상륙했다. 앙리 카르티에 브레송, 리처드 애버던, 헬무트 뉴튼, 에두아르 부바, 낸 골딘, 로니 혼, 로베르 두아노 등 최고의 예술가들이 포착한 위페르의 모습은 전 세계 60만 명 이상의 관객들에게 소개되었다. 베테랑 배우의 30년 인생을 요약한 기회이자 20세기에서 21세기로 이동한 현대사진예술의 결정체를 모은 자리였던 셈이다.

"시네마테크 프랑세즈의 제안으로 내 사진을 모으기 시작했어요. 영화배우에게 사진은 매우 중요한 매체예요. 두 명의 큐레이터가 모은 사진을 보고 전 이 포트레이트 컬렉션이 곧 포트레이트 아트가 될 거라는 걸 직감했죠." 작품을 결정할 때도 감독을 가장 먼저 고려한다는 위페르는 사진 작업에서도 호기심을 자극하는 작가들을 선택했는데, 도쿄 전시에서는 히로시 스기모토가, 서울 전시를 위해서는 천경우가 새 작업을 선보였다. 천경우는 카메라 셔터가 열렸다 닫히는 찰나의 순간을 영겁의 시간만큼 확장하는 사진작가로, 표정과 동작뿐 아니라 자아와 정체성 등 보이지 않는 사적 역사까지 담아내는 예술가로 유명했다. 그가 처음부터 끝까지 염두에 둔 건 한 가지였다. "배우 이자벨 위페르는 담지 않겠다."

독일에서 활동하던 천경우는 파리에서 이자벨 위페르를 대면했다. "가족, 일상의 이야기를 했어요. 영화 이야기는 물론 어떤 특별한 질문도 던지지 않았죠. 며칠간의 작업 동안 서로 순수한 느낌에 충실하고자 했어요." 그는 공간에 두 사람 이외에 아무도 없었으면 좋겠다는 뜻을 밝혔고, 위페르는 기꺼이 받아들였다. "평범한 의

상을 입고 올 걸 부탁했고, 말 없이 말하는 것, 움직임 없는 움직임을 제안했어요. 이 작업이 그녀에게 자신과의 대화가 되었을 거라고 믿습니다." 촬영의 비하인드 스토리를 들려주며 천 작가는 이렇게 덧붙였다. "파리에 사는 모든 '이자벨 위페르'라는 이름을 가진 이들의 삶이 궁금해졌어요." 유일무이할 것 같은 이자벨 위페르와 동명의 여자들의 존재. 이는 그녀가 애당초 반세기 가까운 시간 동안 영화라는 매체를 통해 만나 온 이들의 존재이기도 하다.

인터뷰 도중 갑자기 전화기가 울리기 시작했다. 그리고 발신자의 메시지는 이내 스피커폰으로 재생되었다. 이자벨 위페르가 웃으면서 말했다. "참, 재미있는 일이에요. 30년 전에 함께 영화를 찍었던 감독인데, 이후 아주 가끔씩 만나곤 했죠. 최근 다시 연락이 왔어요. 인종문제를 다룬 〈뒤퐁 라주아Dupont Lajoie(The Common Man)〉(1975)라는 영화였는데, 작고하신 장 카르메라는 배우와 출연했죠. 이 작품으로 제가 당시 젊은 배우들 사이에서 주목받기 시작했어요. 어쨌든 그가 무슨 말을 하려는지 좀 있다가 들어봐야겠군요." 〈레이스 짜는 여인〉의 클로드 고레타 감독으로 하여금 이자벨 위페르라는 배우를 발견하게 한 바로 그 영화다.

프랑스의 영화전문지 『프리미어』의 1982년 5월호(62호)에 프루스트 질문지에 대한 위페르의 답변이 게재된 적 있었는데, 나는 여태껏 이만큼 그녀를 보여 주는 순수하고 명료한 단서를 만나지 못했다. 이를테면 이런 거다. "당신이 맡은 캐릭터들의 특징은 무엇인가? 인내력. 당신의 결함이라고 할 수 있는 것은? 불만족. 남성에게 중요시하는 부분은? 여성성. 여성에게 중요시하는 것은? 미스터리. 어떤 감독을 선호하나? 나를 선호하는 감독들. 거짓말을 할 때도 있나? 거의 항상. 이기적인가? 아니다, 자기중심적인 사람이다." 그리고 "누가 당신을 좋아해 줬으면 좋겠는가"라는 질문에는 "시몬 드 보부아르"라 답했다. "여성은 애초 자신에게 허락되지 않은 신뢰를 쟁취하기 위해 끊임없이 노력해야 한다"고 말한 프랑스 최고의 여류 철학자. 이건 "세상에서 연기가 가장 쉽다"는 이 대배우가 "여배우로 살아남기가 가장 어렵다"고 고백한 이유이기도 하다. 이자벨 위페르는 여배우로 커리어를 쌓는 데는 "용기와 힘, 결단력과 완고함을 필요로 한다"고 말한다.

붉은 머리칼에 창백한 피부, 그래서 종종 얼굴이 아예 없는 것처럼 느껴지기도 했다는 어린 소녀. 그녀가 TV영화 〈프러시안〉으로 우연히 연기를 시작한 후 평범한 인상만큼이나 밋밋한 커리어를 쌓아갈 거라는 편견을 깨고 세상의 신뢰를 얻기 위해 택한 방법은 위험하고, 예측불가하며, 복잡미묘한 캐릭터를 맡는 거였다. 프랑수아 오종의 〈8명의 여인들〉(2002)에서 맡은 천덕꾸러기이자 과대망상증 이모 오귀스틴 역이 그나마 귀여운 축에 속했을 정도고, 홍상수 감독의 〈다른나라에서〉(2011)에서 해변을 거닐고 총총 걸음으로 뛰는 안느의 모습은 매우 사랑스러웠기 때문에 오히려 낯설었다. 이런 캐릭터가 그녀의 소소한 일탈처럼 느껴지는 건 나머지 인물들이 코페르니쿠스적 사고의 전이를 선사한 강력한 캐릭터였기 때문이다. 장 뤼크 고다르의 〈인생〉(1980)에서는 창녀, 〈룰루〉(1980)에서는 젊은 건달에게 육체적으로 끌리는 상류층 여성, 할리우드 진출작인 마이클 치미노의 〈천국의 문〉(1980)에서는 매음굴의 포주, 더 이상 무슨 말이 필요한가.

특히 클로드 샤브롤의 〈비올렛 노지에르〉(1978)에서는 청교도적인 강박과 부도덕한 부모에게 벗어나기 위해 결국은 부모를 살해하는 열여덟 살 소녀를 연기했는데, 이 영화로 처음 칸영화제 여우주연상을 수상했다. 그렇게 샤브롤의 뮤즈가 된 이자벨 위페르는 "얼음처럼 냉소적이기로 유명한 샤브롤이 자신을 배우가 아닌 딸처럼 대해 줬다"고 종종 회상했고, 샤브롤은 그녀를 두고 "교활함마저도 장점이 되는 배우"라고 평했다.

얼마 전 나는 우연히 클로드 샤브롤의 또 다른 걸작 〈여자 이야기〉(1988)를 다시 보게 되었다. 누벨바그 기수 중 한 명이었던 샤브롤은 우아한 서스펜스를 무기로, 당대 중상류층 부르주아의 위선에 균열을 내고 그 일상을 전복함으로써 프랑스의 사회상을 반증한 감독이다. 그의 영화에서 위페르는 두 아이의 엄마이자 생계를 위해 불법 낙태를 시술하다 결국 사형당하는 실존 인물 마리를 연기했다. 하지만 제목이 시사하듯, 이 영화는 시대를 초월하는 여자들의 이야기이기도 하다. 원치 않은 아이를 가진 여자나 결혼생활 7년 동안 여섯 명의 아이를 낳은 여자나 세상이 강요하는 엄마의 역할과 여자의 본성 사이에서 갈등하긴 매한가지이며, 그 한가운데에서 최고의 가수를 꿈꾸면서 마음껏 일탈하는 마리는 가장 본질적인 갈등을 상징한다. 역사상 가장 우울하고 잔인하며 어두웠던 전후의 프랑스, 당시 지배층의 도덕적 결벽증과 전체주의에 희생당한 마리의 인생이 수십 년 지난 지금도 공감할 수 있는 이야기로 다가오는 건 전적으로 이자벨 위페르였기 때문이다.

이자벨 위페르의 영화 중에서도 특히 불편한 작품들이 왜 그렇게 끌렸는지를 돌이켜 본 적도 있다. 사실 여전히 정답을 찾긴 힘들다. 다만 일상의 젠더 감수성이 지금만큼도 발달하지 못했던 시절, 그러니까 TV 프로그램인 〈토요명화〉나 〈일요시네마〉 등을 통해 〈베드룸 윈도우〉(1987) 같은 (이자벨 위페르가 출연한) 스릴러를 보던 그 시절부터, 그리고 어쩌면 훨씬 이전부터 그녀는 도덕적 잣대를 걷어 낸 채 당대 여자들의 욕망과 위악을 가장 극단적으로, 초현실주의적으로 표현해 냈다는 것만은 알고 있다.

지난해 파리 출장 중 이자벨 위페르와 명장 미하엘 하네케의 〈피아니스트〉를 TV로 보느라 썰렁한 호텔방에서 뜬눈으로 밤을 새운 적이 있다. 세계적인 피아니스트 에리카와 젊은 제자와의 사도마조히스틱한 사랑이 그 기억의 중심에 있지만, 다시 봐도 끔찍한 건 그녀로 하여금 사랑을 할 수 없게 만든 엄마와의 관계였다. 감독은 에리카가 엄마를 덮치는 장면을 찍으면서 그녀에게 짐승처럼 혹은 막 태어난 아기처럼 울부짖기를 요구했다고 한다. 영화를 보다가 졸도해 실려 나가는 관객들이 속출했지만, 동시에 칸영화제는 최초로 이 논쟁적 영화에 대상과 남녀주연상을 모두 안겼다. 위페르의 수상 소감은 아직도 회자되는데, 이는 그녀가 쉽지도, 편치도 않은 영화를 스스럼없이 택하는 이유와도 일맥상통한다. “이 세상엔 당신을 두렵게 만들고 모든 것을 빼앗아 가는 듯한 영화들이 있습니다. 그러나 이런 영화들이야말로 우리에게 모든 것을 줍니다.”

50여 년 전 이자벨 위페르의 필모그래피는 마치 꽤 신선한 질문으로 가득 찬 설문조사처럼 시작해 곧 거침없는 무언가로 발전했다. 100여 편에 이르는 출연작들을 일일이 거론하는 건 전기가 아닌 이상 불가능하다. 그러나 오랜 여정 속에서 그녀는 아무리 시간이 지나도 절대 잊히지 않을 몇몇 장면을 뇌리에 각인시켰다. 당대의 배우들이 제 빼어난 연기력을 증명해 보이는 방식은 매우 다양하다지만, 어떤 파격 변신도 특히 이자벨 위페르의 무표정을 능가하긴 힘들어 보인다. 나는 이렇게 다채로운 무표정을 본 적이 없다. 작지만 다부진 몸에서 느껴지는 차갑고도 지적인 이미지, 너무 연약해서 너무 강렬한 카리스마는 시적이거나 병적이거나 외설적이거나 부적절한 모습으로 표현되곤 했는데, 이에 무표정이 방점을 찍는다. 고집스럽게 앙 다문 얇은 입술, 상대를 꿰뚫는 서늘한 눈빛, 텅 빈 상태로 수렴되는 미묘한 웃음, 항상 약간 치켜들어 날선 오만한 턱선 등이 해가 갈수록 드라마틱해지는 건 사실이지만, 그건 나이만의 문제가 아니다.

클로드 고레타가 연출한 〈레이스 짜는 여인〉에서 그녀는 사회문화적인 배경 차이 때문에 사랑하는 이에게 버림받고 절망에 빠지는 여자를 연기한다. 마지막 장면, 정신병원 휴게실에 앉아 조용히 레이스를 뜨다가 천천히 고개를 돌려 카메라를 쳐다보던 그녀의 무표정한 얼굴은 선뜻 응시하기가 겁이 날 지경이었다. 연민, 경멸, 동정, 쾌감, 수치심, 두려움, 해방감 등 인간만이 가질 수 있는 온갖 감정을 한꺼번에 담아내는 동시에 돌연 새하얀 백지 상태가 되어 버려 그 무엇도 읽히지 않는 기이한 무표정. 수십 년 후 젊은 여성에 집착하는 사이코[〈마담 싸이코〉(2018)]도, 어쩌면 가장 비참

영화 <다가오는 것들>에서 이자벨 위페르가 맡은 나탈리 역, 2016, 이미지 제공: 찬란

한 고통을 한꺼번에 겪어내는 중년 여인[〈엘르〉(2016)]도, 삶의 쓸쓸함과 애틋함, 고단함을 덤덤하게 견디며 살아내는 여인[〈다가오는 것들〉(2016)]도, 심지어 21세기 버전의 백설 공주 계모[〈스노우 화이트〉(2019)]도 특유의 무표정이 완성한 캐릭터다. 걸작과 범작의 경계 자체를 무화하고, 끝내 외면하고플 정도로 뼈아프게 낯선 타인의 이야기에 빠져 들게끔 설득력을 발휘하는 불세출의 표정이다.

그러므로 사진전의 원제목 "우먼 오브 매니 페이스(Woman of Many Faces)"는 그 위대한 무표정을 향한 찬사였을지도 모르겠다. 동시에 시대는 변화했지만 불변의 진리를 증명해 가고 있는 이자벨 위페르가 보내는 여자들을 향한 존중의 메시지이기도 하다. 그렇기에 출처도 없이 인터넷에 떠돌아다니는 이자벨 위페르의 명언은 그녀가 수많은 여성들의 삶을 대신 사는 이유처럼 읽힌다. "연기는 (누구나 갖고 있는) 정신이상을 해결하는 방법이다(Acting is a way of living out one's insanity)."

이렇게 수많은 예술가들이 당신을 사랑하는 이유가 무엇이라고 생각하나요?

제가 특별히 사랑받는다고 생각하진 않아요.

그럴 리가요. 아마 당신은 지구상에서 가장 많은 사진가들의 카메라 앞에 서는 여배우일 겁니다.

아니에요. 오히려 제가 먼저 사진작가들을 찾아 간 경우도 많아요. 『마담 피가로』의 특별호를 작업했을 때에도, 『카이에 뒤 시네마』와의 작업 때도 제가 직접 편집장을 찾아 갔어요. 나 스스로 사진 작업에 큰 의미를 둘 때마다 카르티에 브레송, 부바, 로베르 두아노, 윌리 로니스와 같은 휴머니스트 작가들을 찾아 갔었어요. 그들은 마치 어떤 세계를 포착하려는 시인들 같았어요. 우린 며칠 동안 걷고 또 걸으면서 사진을 찍고 이야기를 나누곤 했죠. 그들이 상상하는 작품 세계에 나를 연관시키는 것 자체가 흥미로웠어요. 어쨌든 다행히도 제안을 거절당한 적은 한 번도 없어요.

충분히 자신감을 가질 만한 작업이었죠. 작가들의 작업에서 당신은 스스로 예술 작품의 대상이 되니까요. 그렇다면….

제 스스로가 예술 작품이라고요? 아니에요. 난 그저 포트레이트의 한 인물일 뿐이에요. 오히려 61명의 사진작가가 120여 장의 사진에 한 사람의 이자벨 위페르를 담은 거죠. 이들은 각자 다른 분야의 다른 캐릭터를 가진 작가들입니다. 사진에 담긴 인물은 나 하나지만, 핵심은 이 전시를 통해 각각의 작가가 어떻게 자신의 의도를 전달하고 보여 주느냐는 거겠죠.

영화 카메라가 아닌 또 다른 카메라 앞에 서 있다는 행위는 배우인 당신에게 어떤 즐거움과 흥분을 안겨 주었나요?

가장 흥미로웠던 건 카메라 앞에 서 있을 때면 언제나 이자벨 위페르라는 개인은 점점 사라져 간다는 점이었어요. 그 텅 빈 것으로 무언가를 만들어 내는 작업인 거죠. 사진이 시간을 초월한 예술인 이유도 비슷할 거예요. 동시에 그런 면에서 배우의 사진 작업은 일종의 직업의 연장이라고 볼 수 있어요. 영화배우란 감독이 만들어 낸 세계로 점점 녹아 들어가는 사람이고, 그래서 실제 그녀가 누구인지 점점 모르게 된다고나 할까요. 사진 작업에서도 내가 그들의 세계에 속하게 되길, 그리고 내게 있는 '나를 닮은 모습'을 포착해 주길 기대했어요. 그러니까 이번 전시는 영화배우라는 사실과 사진작가라는 사실이 만들어 낸 또 다른 흥미로운 이야기라고도 볼 수 있어요.

요즘 함께 작업하고 싶은 마음에 눈여겨보는 사진작가가 있나요?

색 폴이라는 캐나다 작가에 관심이 가요. 그는 매우 개인적이면서도 특별한 작업 세계를 펼쳐 보이거든요. 타인으로서의 한 개인의 세계에 내가 어떻게 들어갈 수 있을까, 그런 궁금증이 흥미를 끌어요.

미하엘 하네케와 다시 새로운 영화를 찍는다고 들었어요(2011년 인터뷰 진행—편자주). 당신에게 잔인한 주문을 했던 그와의 재회가 무척 기대되는데요.

〈아무르〉(2012)라는 작품이에요. 이번에는 부모가 죽어 가는 모습을 보는 딸로 출연해요. 매우 단순하면서도 깊이 있고 거대한 영화죠. 사실 나이 든다는 건 그렇게 단순한 일이 아니거든요. 게다가 부모님이 늙어 가는 걸 보는 건 더욱 그렇죠. 내

미하엘 하네케 감독과 함께한 영화 <피아니스트>(상, 2001)와 <해피엔드>(하, 2017) 스틸컷,
이미지 제공: 블룸즈베리리소시스리미티드(상), 그린나래미디어(하)

가 그들의 지극히 평범한 딸을 연기합니다.

(영화 〈아무르〉는 미하엘 하네케 감독에게 두 번째 칸영화제 황금종려상과 아카데미 외국어 영화상을 안겼다. 5년 후 그는 인간의 위선과 이중성을 동시대적으로 그린 〈해피엔드〉의 주인공 역으로 또 다시 이자벨 위페르를 선택했다.)

지금처럼 페미니즘이 동시대의 지지를 얻기 훨씬 전부터 당신은 이미 페미니스트가 아니었을까 생각해 봤어요. 결코 남자들의 욕망의 대상이 되는 여자를 연기하지 않았으니까요. 언젠가 어느 인터뷰에서 "여자는 남자의 미래라고 믿는다"고 말한 대목도 봤습니다만.

맞아요. 하지만 누군가가 페미니스트다, 아니다를 언급하는 건 결코 간단한 일이 아니에요. 하지만 적어도 영화에 출연하는 어느 여자 배우가 남자 배우를 통해 그 가치를 인정받는다거나 남자 배우 뒤에 들러리로 나서는 건 내게 절대 용납될 수 없는 상황이죠. 클로드 샤브롤, 미하엘 하네케 감독과 여러 편의 영화를 함께 찍으며 동료애를 발휘할 수 있었던 것도, 당신이 말했듯 그들은 나를 욕망의 대상이 아니라 주체로 그렸기 때문이에요. 물론 나 스스로도 늘 어떠한 스토리의 중심이 될 수 있도록 노력했어요. 아시다시피 제가 맡아 온 역할들은 삶의 최고의 위치에 있는 여자들이 아니에요. 누군가의 혹은 삶 자체의 희생자이거나, 가끔은 이루 말할 수 없는 고통을 갖고 살아가죠. 하지만 난 언제나 이들에게서 작은 불꽃을 봤고, 이를 이야기의 중심에 세우고 싶었어요.

그런 복잡미묘한 캐릭터에 특히 애정 혹은 애착을 가지면서 역할에 임하는 편인가요?

난 내 캐릭터를 동정하거나 이상적으로 만들지 않아요. 오히려 이해하고 공감하려고 할 뿐이죠. 사실 캐릭터들을 동정한다면 그들을 관객들의 심적인 지지를 강력하게 받는 로맨틱한 인물로 만들 수 있을 거예요. 하지만 난 항상 진실에 다가갈 수 있을 만큼 다가가려 하고, 그들을 오히려 평범하게 만들어 버려요. 불쌍해 보이지 않도록, 멋있어 보이지도 않도록 그냥 있는 그대로. 애매하고 복잡하고 그늘진 현실처럼 말이죠. 좋은 면도, 나쁜 면도 모두 갖고 있는 게 바로 인간이잖아요? 어쩌면 등장인물을 연기하는 게 아니라 한 사람의 마음상태를 연기한다는 말이 더 정확할 수도 있겠네요. 물론 그게 가능한 건 아마 내가 대답하는 쪽이 아니라 질문을 던지는 쪽에 가깝기 때문일 거예요. 그 질문을 통해 자신만의 답을 찾는 건 관객들의 주관적 의지에 달려 있어요.

예컨대 보들레르와 헤밍웨이의 글도 책상 위가 아닌 삶의 여정에서 나왔잖아요. 마찬가지로 우리는 스크린에서 만나는 이자벨 위페르라는 배우의 연기가 너무나도 극적이기에, 그녀의 본래 삶이 자연히 궁금해집니다. 그것이 착각이든, 환상이든 말이죠.

왜 그런지 저도 모르겠어요. 하지만 그게 바로 제가 할 줄 아는 것이라는 건 알아요. 그러니까 매우 사실적으로 보이는 연기를 할 줄 아는 배우라는 거죠. 그게 재능인지는 잘 모르겠지만, 그 자체가 행복한 건 사실이에요. 어떻게 보면 내게 영화와 삶은 별 차이가 없을 거예요. 배우도 공인이고 영화도 공적인 결과물이긴 하지만, 동시에 매우 개인적인 대상이기도 합니다. 내게 친밀한 영화여야 보는 이들에게도 공감을 불러일으킬 수 있는 것 같아요.

버지니아 울프의 『올랜도』를 극화한 연극작품 등 영화뿐만 아니라 다양한 무대에서 활동하고 있습니다. 이 작품에서는 자그마치 두 시간 동안 혼자 무대에 섰다고 들었습니다. (이후에는 사드나 뒤라스 등 프랑스 작가들이 쓴 글을 읽는 낭독회도 진행해 오고 있다.) 연극 무대에 서면 무엇이 느껴지나요?

영화와 연극은 많이 달라요. 제게 영화 작업은 힘들 때도 있지만 산책하는 것과 같거든요. 하지만 연극은 그렇지 않아요. 시험이에요. 매우 어렵지만 매우 근사한 시험 말이에요. 잘 치르고 나면 큰 보람과 감동을 느껴요. 마치 내가 날고 있는 것처럼요. 특히 그 연극 무대에서 처음으로 그런 기분을 느꼈어요.

영화에서와는 다른 무언가를 경험하고 배울 수 있기 때문인가요?

아무것도요. 저는 사실 무언가를 통해 배운다는 생각이 없어요. 그런 개념 자체가 없다고 할까요. 오히려 각각 다른 기회를 통해 무언가를 달리 표현해 내는 거죠. 훌륭한 감독들과 작업하면서 어떤 영향을 받았냐는 질문도 종종 받는데, 그 대답도 이와 비슷해요. 제가 어떤 감독을 존경한다 해서 그들에게 영향을 받았다고는 할 수 없어요. 배우는 자신의 다른 점을 끌어

내는 것이라고 생각해요. 누군가를 닮아서는 안 되죠. 자기 자신 같아야 해요.

그렇다면 배우로서 감독에게 가장 바라는 미덕은 무엇인가요?

감독 스스로 자신이 무엇을 원하는지 분명히 알아야 해요. 말을 다루는 기수랄까요. 배우들은 매우 동물적이에요. 기수가 그의 고삐를 쥐고 다루는 것에 따라 그대로 느끼고 달리거든요. 그러니 감독의 명확한 비전이 중요하겠죠. 이 일을 할수록 가장 근본적이고 중요한 것이 영화감독과의 관계라는 걸 깨달았어요. 저라는 배우에게 어떤 의도와 관심, 흥미를 가진 감독을 만나서 그가 그리려는 세계를 이해하고, 그가 보여 주고자 하는 세계를 연기해 내는 거죠. 그건 처음부터 지금까지 변하지 않는 제 신념이기도 해요.

죽을 때까지 기억하고 싶은 감독이 있나요?

많죠. 훌륭한 감독과의 작업은 단순히 영화를 찍는 것이 아니라 특별한 경험을 나누는 거나 다름없어요. 고다르와는 두 편의 영화 〈열정〉(1982)과 〈인생〉(1980)을 찍었는데, 그건 곧 2년을 그와 함께 보냈다는 의미죠. 배우에게 그와 일을 한다는 건 정말 축복이에요. 고다르와 작업할 땐 아무것도 하지 않아도 돼요. 그가 모든 것을 스타일리시하게 감독해 주거든요. 게다가 그가 고안한 캐릭터들은 세간의 기준으로는 정의 내리거나 표현할 수 없을 정도로 복잡해요. 정말 이상한 경험이었어요.

아직도 당신을 설레게 하는 영화가 있나요?

늘 그러길 바라는 마음에 나 스스로가 자연스럽게 놀랄 수 있도록 그냥 두는 편이에요. 최근에도 세 작품을 찍었는데, 모두 저 스스로에게 놀라움의 대상이었어요. 이 영화들이 관객들에게도 '서프라이즈'이길 바라요.

배우가 되기로 결심하게 된 특별한 계기가 있었던 겁니까?

아뇨. 하지만 분명 우연도 아니에요. 어떤 롤모델도 없었고, 영화를 그다지 자주 접하지도 않았어요. 배우라는 매력에 딱히 이끌렸던 것도 아니고요. 제가 배우가 될 수 있는 어떤 시스템 안에 들어갔던 것도 아니죠. 글쎄요, 모르겠어요…. 매우 자연스럽게 강한 내면의 어떤 본질적인 힘에 의해서라고 얘기해 두죠. 극히 내면적이고 개인적인 거예요. 분명한 건, 배우가 되고 싶다는 건 배우가 되는 것 이외에는 다른 어떤 일도 할 수 없다는 의미라는 겁니다.

지난 수십 년의 세월 동안 당신을 여전히 카메라 앞에 서게 하는 강력한 힘이 무엇인지 생각해 본 적 있나요?

그것 자체가 늘 즐겁고 유쾌한 일이에요. 저를 지탱하기 위해 어떤 특별한 힘의 도움을 받을 필요도 없이 말이죠. 기쁨을 누리는 순간에 뭐가 더 필요하겠어요. 어떻게 들릴지 모르겠지만, 어쩌면 제게는 연기하는 게 가장 쉬운 일일지도 몰라요.

연기를 시작할 무렵 같은 집에서 함께 살았다던 이자벨 아자니는 어깨를 드러낸 드레스를 입고는 2009년 칸영화제의 시상자로 나왔어요. 그해 당신은 칸의 심사위원장이었죠. 오래 함께 활동해 온 동료들과는 어떤 관계를 유지하고 있나요?

아, 프랑스 여배우들이요? 같은 분야에서 함께 고군분투하는 동료죠. 만나면 인사하고 서로 잘 지내는지 묻고요. 세상의 모든 여배우는 서로 조금씩들 닮아 있어요. 더 재미있는 건 서로의 다른 점을 알면 알수록 서로 뭉치게 된다는 거예요.

무엇이 당신에게 영감을 주나요?

세상 모든 것이 내 마음을 동하게 만드는 것도 사실이지만 동시에 그 어떤 것도 영감을 주지는 않아요. 제게 영감은 오직 내 머릿속, 자율적인 나만의 상상 속에 있는 것 같아요. 그래서 내가 영감받는 그 어떤 것도 실재하지 않아요.

문득 당신이 스스로 한계를 만날 때면 어떻게 헤쳐 나가는지 궁금해집니다.

지나가길 기다려요. 보기보다 꽤 낙천적인 성격이거든요(웃음).

영화 〈코파카바나〉에서는 실제 딸인 롤리타 샤마와 함께 출연했어요. 그래서인지 모녀지간의 감정적 사건, 사고들이 더욱 설득력 있게 다가오더군요. 스스로 좋은 엄마라고 생각하나요?

아, 아이들에 관한 질문인가요? 분명한 건 그 아이들이 좋은 자녀들이라는 거죠. 좋은 자녀가 좋은 부모를 만드는 건지, 좋은 부모가 좋은 자녀를 만드는 건지는 늘 의문이에요. 동시에 롤리타는 매우 훌륭한 배우라고 믿어요. 다음에는 모녀관계가 아닌 다른 걸 연기해 보고 싶어요. 우리 둘 모두에게 즐거운 모험이 될 겁니다.

다양한 시대를 풍미한 배우로 산다는 건 어떤 의미인가요?

나는 어떤 카테고리에도 속하지 않아요. 한 시대를 풍미한 배우의 세대에도 속하지 않죠. 나르시시즘이라던가, 대중에게 인식되고자 하는 나만의 방식에 관한 생각이 아예 없는 건 아니지만 스스로 스타에 포함시키지도 않아요. 어쩌면 그게 저의 저력인지도 모르겠어요. 나라는 배우가 대중에게 어떤 모습을 보이는지 스스로 인식할 필요는 있어요. 그런 인식이 전혀 없다면 종종 오해를 불러일으킬 수 있거든요. 배우란 그들이 연기한 역할을 대변하는 사람이니까요. 어쨌든 내게 시대를 풍미한 배우보다 더 중요한 건, 막 연기를 시작한 배우 같은 배우라는 사실이에요.

•

2011년 5월호 『바자』 인터뷰를 위해 윤혜정 에디터가 작성한 질문으로 『바자』 한국어판 파리 통신원 마윤정 씨가 현지에서 진행했으며, 이를 바탕으로 새로 작성한 글입니다.

16 마탈리 크라세

matali crasset

디자이너

마탈리 크라세 matali crasset

“자기만의 감수성을
발전시킬 기회를 만드세요”

디자이너

디자인계의 잔 다르크이자 감각의 탐험가

1965년 프랑스 살롱앙상파뉴 출생. 1993년부터 5년 동안 필립 스탁의 디자인 스튜디오에서 일하다 서른이 되던 해에 독립한 마탈리 크라세는 현재까지도 산업 디자인, 가구 디자인, 공간 디자인, 건축 디자인, 그래픽 디자인, 전시 디자인 등의 영역에서 종횡무진 중이다. 디자이너로서의 마탈리 크라세의 삶은 곧 디자인이란 행동과 사고를 변화시키고, 가치 있는 세계와 세상을 일구는 획기적인 방식임을 증명하는 여정이다. 오브제부터 건축까지, 대중성과 예술성의 구분 없이 이성과 감각을 반영하고 이상과 현실을 다루는 균형 감각은 타의 추종을 불허한다. 어른과 아이, 남자와 여자의 경계는 애초에 없다는 삶의 철학처럼, 그녀의 디자인 역시 본래의 형태와 기능을 자유롭게 전복하여 감각의 탐험가로 자리매김했다. 이에 그치지 않고 지역 장인, 공동체 일원, 예술가, 사업가, 출판사 등과의 긍정적이고도 생산적인 협업을 통해 신념과 경험 그리고 삶의 본질을 공유하는 라이프 시나리오도 충실히 써 가고 있다. 더 나은 미래와 성숙한 공동체를 향한 확고한 의지와 실천으로 완성한 혁신적인 작업들은 '디자인계의 잔 다르크'라는 그녀의 별명을 합당하게 만든다.

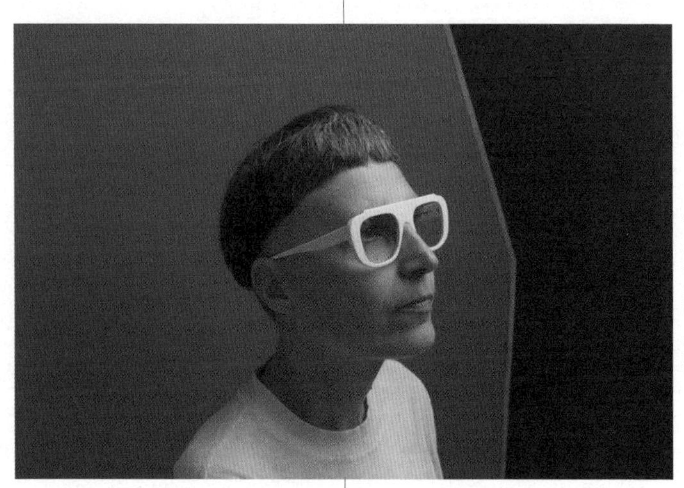

마탈리 크라세, 사진: Julien Jouanjus

프랑스에서 가장 유명한 디자이너가 마탈리 크라세냐고 묻는다면 확실히 답하긴 힘들다. 그러나 동시대의 혁신적인 디자이너를 꼽으라면 주저 없이 나는 마탈리 크라세를 떠올릴 것이다. 20세기 산업혁명 이후 비약적인 발전을 거듭해 온 디자인 산업의 태생적 특성상 디자인의 혁신성을 판단하는 기준은 흔히 오브제라 부르는 어떤 물건이나 사물에 머물기 일쑤다. 그러나 그녀는 디자인을 '아름다운 오브제'의 문제로 고착하지 않는다. design(디자인)의 어원이 dessin(데생, 밑그림)과 dessein(구상)이라는 사실, 곧 삶을 구상하는 밑그림이었다는 점을 떠올려 보면 디자이너라는 직업이 생기기 훨씬 전부터 자신의 삶을 영위하는 모든 이들이 곧 디자이너였던 셈이다. 마탈리 크라세는 이러한 전통적 디자인 개념을 삶 전체로 무한히 확장하고, '오래된 미래'로서의 디자인을 통해 인간과 세상을 변화시키고자 하는 용감한 실천가다.

사실 지난 2009년 마탈리 크라세와 처음 인터뷰할 때만 해도 이런 점을 미처 깨닫지 못했다. 말할 나위 없이 그녀는 매력적인 디자이너였다. 유명 상업공간과 호텔, 주방용품과 가구, 조명과 가상공간 전시장까지 경계 없이 다루며 관습을 해체 및 재조합하고, 새로움을 창조하는 성공한 디자이너로 각광받고 있었다. 2006년 '파리가 선정한 올해의 디자이너'로 화제가 되었고, 직접 디자인했다는 뿔테 안경과 특유의 버섯처럼 봉긋한 헤어스타일은 호기심을 배가했다. 더욱이 셀럽 디자이너 필립 스탁에 의해 발탁, 그의 스튜디오에서 5년 동안 톰슨의 전자제품을 다루는 디자인팀을 이끈 이십대 팀장 출신이라는 점도 유명세를 드높이는 데 한몫했다.

필립 스탁이 아끼던 동료 마탈리 크라세는 서른이 되던 해에 독립했고, 감각적인 오브제로 전 세계 디자인계에 본격적으로 존재감을 각인시켰다. 이를테면 꽃이 없어도 충분히 가치 있는 꽃병 'Transplant(이식)', 여성주의적 섹스토이 '여덟 개의 하늘', 누구든 입주하기 좋을 비둘기 집 'Capsule(캡슐)', 꽃잎의 형태와 질감을 건축적으로 재해석한 공감각적 조명 'Evolute(에볼루트)', 반찬과 밥을 한 번에 담는 친환경적인 그릇 'City Brunch(시티 브런치)', 잠자는 공간이 아니라 밤을 위한 공간인 'When Jim Goes to Paris(짐이 파리에 갈 때)'라는 흥미로운 이름의 매트리스 등등. 혹자는 마탈리 크라세를 "여자 필립 스탁"이라 칭하며 청출어람의 주인공으로 추켜세웠다. 이 평가가 꽤 일리 있었던 이유는 필립 스탁의 히트작인 외계 생명체 모양의 레몬 스퀴저가 빠뜨린 걸 그녀의 작품은 잊지 않고 챙겼기 때문이다. 아이와 엄마가 나누는 선문답 같은 동심의 철학, 즐거움의 미학 말이다.

마탈리 크라세를 인터뷰한 당시 나의 뱃속에 있던 딸은 올해 열두 살이 되었다. 길다면 길고 짧다면 짧은 지난 11년이라는 시간 동안 마탈리 크라세의 소식을 종종 접했고, 그녀의 놀라운 성취와 성공은 일과 육아 사이에서 악전고투하던 나의 일상에 알람 역할을 했다. 꾸준히 진행 중인 이케아와의 협업이나 제네바 공립도서관 리모델링 소식은 그나마 평범한 축에 속했다. 2016년 뉴욕디자인위크 기간 동안에는 프랑스 지역 장인들과의 협업 결과물을 선보였다는 소식이 들렸고, 퐁피두의 프로그램 〈살뤼 에 레 우피 Saule et les Hooppies〉는 예술이 아이들의 어떤 놀잇감으로 거듭날 수 있는지 기대하게 했다. 그 즈음 광주아시아문화전당(ACC) 내부에 작품을 선보인다는 소식도 들었는데, 실제 모습이 더욱 근사했다. 그녀 스스로 "디지털 시대의 만남을 주선하는 인터페이스"라 칭한 이 구조물에 앉아 보낸 시간은 일대의 풍경과 경험, 이미 익숙한 도시 광주에 대한 나의 기억을 바꾸어 놓았다.

마탈리 크라세의 감각적인 디자인 언어가 사유와 깊이를 더해 가고 있다는 확신은, 이를테면 튀니지의 사막 도시 네프타의 다르 하이(Dar HI), 바스티유 광장의 호텔 하이 매틱(HI Matic) 등을 통해 그녀 자신의 전작인 니스의 하이 호텔(HI Hotel)이 획득한 '가장 진화한 호텔'의 기준을 스스로 업그레이드했다는 사실 때문이 아니다. 감각적인 부티크 디자인 호텔은 이미 숱하게 많은 데다 그녀는 자기복제를 즐기지 않는다. 그보다 흥미로운 것은 마탈리 크라세가 다르 하이 호텔을 지을 때 네프타 사막 주변의 생태 시스템과 인적·물적 자원의 활용 등을 핵심으로 삼았다는 사실이며, 여기에서 파생된 가능성이다. 그녀는 이탈리아 수입산이 아닌 튀니지 파우사나 지역의 대리석을 골라 해당 마을 여성들과 함께 욕실을 만들었고, 덕분에 이 프로젝트는 디자인과 수공예 그리고 지역의 인프라가 협업한 성공적 사례로 회자되고 있다.

실력파 갤러리 타데우스로팍에서 지난 2013년 열린 그녀의 개인전 《유크로니아로의 여정Voyage to Uchronia》은 크라세의 진화에 대한 더욱 명백한 증거였다. 형태와 소리 등을 접목시킨 신개념의 이 디자인 전시 중 특히 외딴 숲에서 유크로니아 거주민의 모습과 행동을 담은 15분짜리 동명의 실험영화는 사실상 디자인과는

튀니지의 사막 도시 네프타의 에콜로지 프로젝트 '다르 하이' 호텔(Dar HI, ecolodge, Nefta, Tunisia,
사진: Jérôme Spriet

전혀 관련 없어 보인다. 유크로니아란 말 그대로 '없는 시간'인 동시에 '궁극적으로 좋은 시간'을 의미한다. 유토피아가 공간 개념의 이상향이라면, 유크로니아는 시간 개념의 이상향이다. 즉 유토피아가 끝내 발견할 수 없을 거짓말 같은 곳인 반면 유크로니아는 집중과 몰입으로 닿을 수 있는 시간 혹은 물리적 시간 이면에 존재할 수 있는 시간이라는 점에서 내 안에, 우리 사이에 존재할 법도 하다. 유크로니아의 상대적인 시간 개념을 빌려 건네는 공동체와 이상향, 자기성찰의 화두는 언젠가부터 그녀의 디자인을 관통하는 묵직한 주제로 뿌리내리고 있다.

불세출의 디자인이 인간 행동을 변화시켜 온 건 명실상부한 진실이지만, 그녀의 디자인은 행동이 아니라 시선을 먼저 바꾼다. 이는 마탈리 크라세가 디자인을 통해 현 세상과 소통하는 방식이다. 지난 2015년 그녀는 프랑스 재단과 손잡고 주민이 300여 명 정도인 작은 마을 트레베당에 밀밭학교(Le Blé en herbe)를 디자인했다. '학교를 디자인한다'는 건 건축의 본질부터 디자인의 역할까지 고민하는 과정을 의미한다. 그런 점에서 밀밭학교는 아이의 경험이나 부모의 사고 등 안팎의 콘텐츠 모두를 디자인함으로써 거대한 제도가 되어 버린 학교를 새롭게 정의하는 좋은 실천적 예가 된다. 장장 7년 동안 밀밭학교 작업에 매달린 마탈리 크라세는 학교의 의미부터 건축의 방향, 가구의 쓰임새까지 고심했고, 세상을 향해 열린 사회문화적 공간을 디자인했다. 그렇게 밀밭학교의 건축과 디자인 언어는 (그녀 자신이) 무엇을 만들 수 있고, (아이들이) 어떻게 자랄 수 있으며, (우리가) 어떻게 더불어 살 수 있는가의 가능성으로 전환되었다.

가장 결정적인 진화는 더 이상 마탈리 크라세가 디자인과 예술, 오브제와 건축, 형태와 기능 등의 원론적인 차이에 연연하지 않는다는 사실이다. 대신 삶이라는 주제 아래 모두가 등장인물인 '라이프 시나리오'를 써 가며, 디자인으로 자간과 행간을 채운다. 본인이 발 딛고 선 세계와 사회의 진화에 대한 관심은 더 커졌고, 공동체에 대한 신념은 더 확고해졌다. 여전히 그녀는 모든 걸 디자인하지만, 이는 목적이 아니라 과정이다. 또한 함께 살고자 하는 사람들에게 영감을 주기 위함이라는 면에서 디자인은 라이프 시나리오의 서문이기도 하다. 처음부터 그녀를 따라다니던 '디자인계의 잔 다르크'라는 별명은 나날이 타당한 생명력을 더해 가고 있다. 10년만인 2019년, 마탈리 크라세를 다시 인터뷰했다.

당신의 놀이방 같았던 스튜디오는 여전한가요.

네, 그대로예요. 여전히 이곳에서 가족들과 함께 살고, 작업하고 있죠. 내가 작업하는 환경과 사는 공간은 나의 직업과 작업을 나타내는 시각적 이미지나 다름없어요. 아무래도 개인과 대중의 거리는 내부와 외부와의 관계만큼이나 불투명하기 마련이죠. 그런 면에서 내 작업실이 일종의 고치로 보일 수도 있을 거예요. 하지만 나는 코쿤(cocoon) 트렌드에 대항해 왔어요. 그와는 반대의 에너지로 가득 차 있다는 얘기죠.

우리가 만나지 못했던 지난 10여 년 동안 당신의 작업 세계에서 가장 결정적인 변화는 무엇이라고 생각하나요.

가장 중요한 동력이 프로젝트라는 사실은 변치 않았어요. 달라진 점이라면 프로젝트를 통해 내 직업 자체를 객관적으로 면밀히 들여다볼 수 있게 되었다는 사실이에요. 형태나 미학에 대한 관심은 덜해지고, 공통의 목적, 가치, 기술, 사회성, 네트워크에 집중한다고나 할까요. 대부분의 프로젝트가 협업이라는 것도 특징적이죠. 파리의 '104 작은 집의 거실(Masion des Petits au 104)', 네프타의 다르 하이 호텔, 예술가들을 위한 아를의 워크숍 프로젝트인 히포미디어(Hippomedia)처럼요. 특히 다르 하이 호텔을 지을 땐 그 지역 여성들과 함께 지역에서 구한 돌을 활용했어요. 지역 공동체의 이야기는 여전히 흥미로워요. 요즘의 현대성은 도시만 누릴 수 있는 특권이 아니에요. 난 여전히 오브제를 디자인하지만 그건 무언가를 창조하는 과정의 핵심도, 목적도 아니에요. 사고의 시스템을 확장하는 걸 도울 뿐이죠. 아, 지난해에는 톰슨과 협업하며 전자기기를 다시 디자인하는 기쁨을 얻기도 했어요.

당시 "엄마로서의 삶에서 일터와 삶터는 별개가 될 수 없다"고 했는데, 지금도 마찬가지인 듯 합니다. 당시 아이들로부터 영감받아 만든 작품이 무엇이었죠?

첫 번째 디자인 프로젝트인 소파예요. 나도 다른 아이들처럼 항상 부모님의 잔소리를 듣고 살았어요. 소파에 신발 신고 올라

예술가들과 함께하는 아를의 루마 아틀리에 프로젝트 '히포미디어'(Hippomedia, mobile project for workshop, Luma Atelier, Arles, France), 사진: Jean-Baptiste Marcant, Luma Atelier

가지 마라 등등…. 하지만 소파는 어른들만의 전유물이 아니에요. 아이들도 소파에서 술래잡기나 닌텐도 게임을 할 수 있죠. 내 소파에 금지라고는 없어요. 색이든 모양이든, 기분에 따라 배치를 달리할 수도 있고요. 쇼핑백 손잡이 모양의 고리가 달려 있어 이동도 편리해요. 그래서 제목도 '빌딩 퍼미츠(Building Permits, 건축 허가)'죠. 의미가 통하는 오브제를 제작해야 한다고들 하지만, 난 오히려 특정한 기능의 색다른 모습을 찾는 작업을 선호해요. 라디오를 토스트기처럼 만들자는 게 아니라 오히려 상상 속에서 발휘하는 힘이 중요하다고 생각해요.

동의해요. 만약 위대한 디자인이 존재한다면, 인간의 행동과 삶을 바꾸기 때문이에요. 테이블의 형태가 가족이 모여 앉는 방식을 좌우하고, 조명 형태가 그 아래에서의 행위를 정의하곤 하죠.

사실 '빌딩 퍼미츠'가 딱히 아이들을 위한 소파처럼 보이진 않았을 거예요. 정확히는 아이들에게도 열려 있는 중립적이고 유연한 오브제라고 해 두죠. 난 아이와 어른이 함께 즐길 수 있는 걸 디자인하는 데 관심이 많았어요. 예를 들어 어떤 소파는 서로 다를 수밖에 없는 이들의 시간을 연결해요. 텔레비전 감상용으로 소파 역할을 제한한다면 나머지 시간 동안 소파는 죽은 거나 다름없겠죠. 일상의 제약으로부터 우리를 더욱 자유롭게 두는 가구를 만들고 싶었어요.

그런 면에서 퐁피두에서의 예술 디자인 프로그램 〈살뤼 에 레 우피

Salue et les Hooppies〉가 더욱 궁금했어요. 당신의 디자인에서 아이들의 존재가 얼마나 중요한지 잘 알고 있기 때문일 겁니다.

이전에도 두 번 정도 퐁피두와 협업을 진행했는데, 모두 대중적으로 큰 성공을 거두었어요. 현재도 진행 중이고요. 특히 〈살뤼 에 레 우피〉는 다섯 살부터 열 살까지의 어린이들에게 예술과 문화의 존재와 역할을 일깨우는 뮤지컬 투어예요. 디자인, 스토리텔링, 음악 그리고 춤을 연결하는 이 프로젝트는 일종의 작품이기도, 노래하는 희곡이기도 해요. 지구라는 행성을 안전하게 지키려는 모든 이의 역할을 다루는데, 참여자인 아이들과 부모들이 이 테마를 삶 속으로 가져오도록 독려하는 프로그램이라고 할 수 있죠.

파리 근교 시골에 지어 준 비둘기 집 '캡슐(Capsule)'도 기억납니다. 과학적일뿐 아니라 꽤 근사해 보여서 내가 들어가 살고 싶을 정도였어요. 당신의 기발한 디자인은 일상의 리듬을 재발견하게끔 하는데, 그것이 사람이 지내는 공간이라면 더욱 흥미로워지죠.

아무래도 누군가를 위한 공간을 만드는 데는 선입견이나 제약이 따를 수밖에 없는데, 다행히도 그런 프로젝트를 발전시킬 수 있는 좋은 파트너들을 만나 왔어요. 나는 이들과 강렬한 관계를 맺어요. 가장 어려운 점은 공간을 디자인하는 게 아니라 최고의 연금술(비법)을 찾는 것이고, 끝까지 상상력을 발휘하는 겁니다. 그렇게 탄생한 게 바로 니스의 하이 호텔이에요. 내게 영원히 끝나지 않는 작품을 만드는 것 같은 기분을 선사한

아이들을 위해 만든 퐁피두센터의 뮤지컬 투어 ‘살뤼 에 레 우피’(saule et les Hooppies with Dominique Dalcan, Centre Pompidou, Paris), 사진: Philippe Piron

작품이자, 이미지뿐 아니라 음악, 미술, 투숙객의 동선까지 모두 디자인한 진짜 호텔이죠.

그런 면에서 애초에 당신은 디자이너라기보다는 예술가였던 것 같습니다. 산업 디자인, 가구 디자인, 인테리어 디자인, 그래픽 디자인, 전시 디자인, 아트 디렉션까지….

디자인과 예술의 차이점에 대한 이야기라면 그만두죠. 정말 재미없는 구분이에요. 나는 주택, 펫숍부터 네덜란드의 공장 모양 박물관까지 모든 공간의 아트 디렉팅을 해요. 동시에 갤러리에서 개인전도 열고, 미술관의 내부를 디자인하기도 하죠. 누구를 위한 작업이냐의 문제가 달라질 뿐, 모두 디자인을 통해 아이디어를 현실화하는 일이에요. 인간과 공간, 인간과 사물, 사물과 공간의 커뮤니케이션에 귀를 기울이면서 말이에요. 컬러를 인간 심리와 연결시켜 활용하는 것도 같은 논리죠. 컬러가 선사하는 감각에 충실한다면 어떤 색이든 사랑할 수 있어요.

여성이라는 자기 정체성은 어떻게 디자인에 반영해 왔나요?

물론 남성성은 나를 불편하게 만드는 권력이었어요. 그러나 여성 디자이너로 활동하는 것 자체에 대한 질문은 별로 중요하지 않아요. 다만 여성에게 더 편한 영역에 갇히고 싶지 않았기 때문에 첨단기술을 활용하는 디자인 작업에 더욱 매료된 건 사실이죠. 어떤 일이든 나만의 고유한 감성으로 접근했고, 이런 태도는 전자제품을 다루는 프로젝트에도 유용했어요. 그 시기에 처음 인정이라는 걸 받았으니까요. 나는 모든 이들에게 자기만의 감수성을 발전시킬 기회를 만들라고 조언하고 싶어요. 위험을 감수하길 꺼리는 시대지만, 여성이라서 더 잘할 수 있는 걸 찾기보다 더욱 명확한 동기를 가지라고 말이죠.

매번 등장하는 그 남자 얘기를 해 볼까요. 필립 스탁과 보낸 시간은 어떤 의미가 있었나요?

필립 스탁과 일하기 전에 밀라노에서 데니스 산타키아라라는 예술가와 함께 건축과 디자인, 전시 크리에이션 작업을 했었어요. 동화 같은 시간이었죠. 물론 스탁과의 작업은 동화가 아니었지만요. 이십 대, 생물학적으로 어린 나이에 대량으로 생산되는 많은 물건을 디자인하고 기술을 발휘하는 건 가치가 있겠지만 흔한 일은 아니었기 때문이죠. 치열한 시간이었어요.

“부자를 위해 2억 달러짜리 요트도 디자인하지만, 가난한 사람도 살 수 있는 2달러짜리 우유병도 디자인한다”는 필립 스탁의 말은 꽤 유명하죠. 그에게서 다른 무엇을 배울 수 있었나요?

그는 현시대의 디자이너 중 한 명인 동시에 어떤 디자이너도 될 수 있는 마법의 문을 내게 열어 주었어요. 1년에 120개의 제품을 디자인하는 동안 한 번도 스탁의 아이디어로 작업한 적이 없었어요. 내가 아이디어를 내면 그가 조언하는 정도였다고나 할까요. 하지만 디자인을 통해 처음 세상에 나오고, 실제 생산되어 온전한 제품으로 완성되기까지의 전반적인 과정을 익힐 수 있었죠. 그리고 프로젝트가 프로덕트로 완성되길 원한다면 모든 파트너와 영리하게 일해야 한다는 것을, 그 필요성을 실감했죠.

당신은 내가 만난 디자이너 중 필립 스탁과 조르주 페렉을 함께 거론할 수 있는 유일한 사람이에요. 나도 페렉의 소설 중 『사물들』을 매우 재미있게 읽은 터라, 오브제와 삶의 관계를 디자인을 통해 탐구한 당신은 그로부터 어떤 영감을 받았는지 궁금했습니다.

조르주 페렉은 디자인의 본질을 고민하는 나의 여정에 늘 동행해 주었어요. 그의 인류학적 접근에 끌렸는지도 모르겠네요. 하지만 나의 흥미는 매우 다양한 영역에 포진해 있어요. 노벨 평화상을 수상한 사회학자이자 철학자인 제인 애덤스, 현대인들의 로망 헨리 데이비드 소로, 교육학자 존 듀이, 홍콩의 퀴어 영화 〈유토피안즈〉(2015)까지요.

타데우스로팍 개인전 전시장에 그중 제인 애덤스의 문장 "The Spirit of Youth and the City Streets(젊음의 영혼과 도시 거리들)"을 복사해 두었었죠. 그녀의 어떤 점에 매료되었나요?

삶과 역사 그리고 성취 모두 인상적이었어요. 세틀먼트 운동(Settlement movement)의 대표격이자 일종의 사회운동센터인 헐하우스(Hull House)를 만들었다는 점에서 특히 말이죠. 2012년에 나는 그녀를 위한 작품인 〈A 트리뷰트 투 제인 AA Tribute to Jane A〉'를 헌사하기도 했어요. 그녀 덕분에 대안적

교육의 지지자가 된 나는 실용주의 철학의 창시자인 존 듀이도 연구했는데, 두 사람이 정치적으로 연대했을 뿐 아니라 꽤 가까운 사이였기 때문이죠. 듀이는 헐하우스의 단골 방문객이었고, 1935년 애덤스가 작고했을 때 자신의 책 『자유주의와 사회적 실천』을 그녀에게 바쳤어요.

경험과 행동을 촉진하는 실용주의는 발명과 창의력을 위한 철학이라고 알고 있어요. 디자인을 통해 행동하는 디자이너로서 실용주의와 디자인의 관계를 정의한다면요?

무언가를 이해하는 데 그치지 않고 실험하고 행동한다는 점에서 디자이너는 본질적으로 실용적일 수밖에 없어요. 또한 개인적, 감각적 접근으로 개념을 발전시키고 구조를 진화시키는 사람이기도 하죠. 그러나 이것이 반드시 대규모 프로젝트를 통해 이뤄져야 할 필요는 없다고 봐요. 틈새라 할 만한 작은 실험을 통해서도 능력을 발휘하고, 에너지를 모으고, 새로운 관계의 네트워크를 형성할 수 있어요. 사실 실용주의적 방법론은 사회적·정치적·미적 영역을 두루 다뤄요. 누구나 실제 세계에 대한 확고한 이해를 기반으로 오늘날 직면한 문제에 대항하는 저마다의 효율적인 도구들을 찾지 않나요. 나 역시 고정관념에서 벗어나기 위해 다른 시선과 방식으로 행동하려고 노력하는데, 모두가 실용주의 소산이에요.

밀밭학교야말로 이런 철학이 집대성된 결과입니다. 틸다 스윈턴도 열린

아이들을 위한 대안학교이자 공공시설인 '밀밭학교'의 내부(L'école le blé en herbe, Trébédan, France), Programm New Patrons: Fondation de France, mediator: Eternal Network, 사진: Philippe Piron

개념의 학교를 만들었다고 하니, 과연 학교는 혁신의 요람인 것 같아요. 이상적인 학교의 요소를 어떻게 디자인으로 반영하고자 했나요?

밀밭학교는 그 자체로 작은 세상이에요. 학교의 고착화된 기능에서 해방된 휴먼 스케일의 학교죠. 환경과 소통하고 모험을 시도하며 지역 공동체와 교류할 수 있는 곳. 일반적으로 아이들은 수업 시간 동안 얌전히 앉아 있기를 강요받지만 학교는 아이들을 가두는 곳이 아니에요. 사고든 행동이든, 몸과 마음을 마음껏 움직일 수 있는 공간을 만들고 싶었어요. 담장을 낮춰 언제든 너머의 세상을 보고 상상할 수 있도록 했고, 내부 구조나 설치 가구, 빛이 드는 방향이나 입구의 형태까지 모든 요소에서 선생님과 아이들 그리고 부모의 자율성을 살리고자 했어요. 창조의 과정이 종종 마법의 순간으로 연결됨을 새삼 깨닫게 해 준 프로젝트였죠.

당신이 시골 출신이라는 점이 이렇게 공동체에 기반한 프로젝트에도 영향을 끼쳤나요?

내 부모님은 농부였어요. 나는 주민이 고작 80명인 노르망디의 작은 마을에서 태어났고요. 그러니 시골 지역 학교의 특수성을 재고하기에 적당한 경험을 갖고 있었을 거예요. 특히 어떤 공동체에서 중요한 건 단지 무엇을 경험할 수 있는지가 아니라 무엇을 믿을 수 있는가, 앞으로 나아가기 위해 무엇이 필요한가를 고민하는 것임을 깨닫게 되는 데도 도움이 되었어요.

이후 현재 설레는 마음으로 매진하고 있는 프로젝트는 무엇인가요?

프랑스 소도시 디종에 있는 비영리 미술기관 르 콩소르시움과의 협업이에요. 30년 넘게 드나들었고, 엄청난 애착을 갖고 있는 곳이죠. 여기 서점에서는 출판사 레프레스뒤레엘의 출판물을 전시하고, 일종의 문학 프로그램 '아포스트로피(Apostrophes)'를 운영하기도 해요. 이 프로젝트는 프랑수아 트뤼포가 영화화한 레이 브래드버리의 소설 『화씨 451』에 대한 일종의 오마주예요. 『화씨 451』에서 고전들이 불태워지던 그 아득한 장면을 기억하나요? 요즘 나는 이 장면에 매우 공감해요. 문화는 위기에 처해 있고, 대중들을 스스럼없이 만날 수 있는 공간이 절실하죠. 그래서 개인에 집중할 수도, 타인을 만날 수도 있는 열린 동시에 닫힌 공간으로 디자인하고 싶었어요. 이 공간이 공동체에 대한 문제의식, 문화적 유토피아에 대한 질문을 불러일으키는 일종의 은유가 되었으면 해요.

르 콩소르시움과의 협업 소식은 광주아시아문화전당에 설치된 리플렉시티의 존재를 통해 한국에 소개되었어요. 이 구조물은 명상도 할 수 있고, 독서도 할 수 있고, 아무것도 하지 않을 수도 있는, 다양한 경험을 가능하게 하는 구조물이죠. 동시에 일대에 기하학적인 색감을 불어넣으며 디자인이 공간 정체성에 어떤 영향을 미칠 수 있는지 보여 주는 생생한 사례였어요.

타데우스로팍에서의 전시 《유크로니아로의 여정》에서 확장된 프로젝트예요. 리플렉시티는 일종의 환경이자 픽션이 발전하는 탁월한 시공간이죠. 어쿠스틱한 커다란 접시 안테나는 무언가를 포획하거나 공간 너머에 어떤 메시지를 전달하려는 듯 보이고, 메탈릭한 재질은 유리로 쏟아지는 자연광 덕분에 시시각각 다른 종류의 빛을 만들어 내요. 무엇보다 이 작품을 통해 존재의 다양성과 공존에 대해 말하고 싶었어요. 당신이 이 안에서 즐거운 시간을 보냈다니 정말 기쁘군요. 물리적으로나 상징적으로나 리플렉시티의 중심에 모든 프로젝트의 공통 질문인 인간을 두고 싶었기 때문에 더욱 그래요.

밀밭학교나 리플렉시티 등 최근의 행보는 당신이 진화했다는 심증을 굳힙니다. 어떤가요?

단순히 무언가를 만드는 사람이 아니라, 내가 개입한 모든 프로젝트를 세상에 내어놓는 산파가 되었다는 사실은 분명해요. 미적 관점의 중요성은 점점 덜해지고 있지만요. 오히려 기능과 형태에 공통된 가치를 부여하는 기술, 관계, 연대 등을 구성하는 게 훨씬 더 중요하다는 걸 알게 되었거든요. 무엇보다 나는 '함께 살아가기'로 결정했어요.

어떤 물건이든 자유롭게 사용해 보라던 11년 전의 제언에 내가 머물러 있는 동안, 정작 당신의 관심사는 오브제와 공간을 훌쩍 넘어 삶 자체로 확대된 것 같아요.

요즘 인테리어에 지나친 투자를 한다고 생각해요. 오브제와 구조를 특별하게 만들기 위한 과도한 노력은 삶을 구성하는 논리의 유일한 기준이 편안함인 양 그 외의 것들을 등한시했죠. 그저 푹신한 가죽으로 모든 걸 덮어 버리는 공간은 위험해요. 물론 현대인들이 적극적으로 인테리어에 개입하는 건 자연스러운 일이에요. 문제는, 거기에만 지나치게 치중하면서 공간에 대한 종합적 시각을 삶과 연계할 기회도 박탈당했다는 거예요. 물건을 소유할 자유는 생겼지만, 자기 인생의 자율권을 획득하기는 더 어려워졌다는 거죠. 내가 계속 공간을 작업하는 이유는 삶의 관점에서 보기 때문이에요. 중요한 건 색깔도, 재료도, 형태도 아니에요. 편안함은 변화와 진화, 가정의 진정한 풍요로움을 위한 잠재력이 되어야 해요. 이것이 내가 말하는 라이프 시나리오예요.

그런 당신이 여전히 믿고 있는 단 하나의 진실이 있다면 무엇일까요?

프랑스 예술가 로베르 필리우의 "예술은 인생이 예술보다 더 흥미롭다고 생각하게 만든다"라는 문장이 떠올라요. 나는 이를 내 디자인에 적용하고자 해요.

지난 11년 동안 파리의 도심, 중국 레스토랑이 즐비한 벨빌 지역에 위치해 있던 마탈리 크라세의 스튜디오는 내게 '주체적인 삶을 사는 여성의 공간'의 표본으로 각인되어 있었다. 아이와 어른의 경계가 없는 무중력의 공간이자 여자와 남자의 편견을 벗어난 무공해 지점인 이 공간은 분명, 따뜻하고 발랄한 수수께끼 같은 마탈리 크

라세식 디자인의 원천이었다. 사무실과 거실, 키 높은 책장과 부엌 선반이 그녀의 삶처럼 균형을 맞추고 있었고, 어른들의 작업 테이블 옆 벽에는 아이들이 그린 그림이 붙어 있었다. 당시 그녀는 어떤 작업이 끝나면 아무 설명 없이 아이들에게 보여 주고는, 간단하고 정직하며 솔직한 의견을 듣는다는 이야기를 전하며 이렇게 덧붙였다. "나는 세상을 바꾸길 원하지 않아요. 호기심 많은 이들에게 특별한 것을 제시할 뿐, 바꾸는 건 그들의 몫이죠. 사실 별난 걸 디자인하고자 하는 포부도 없어요. 내 꿈은 늘 꿈꾸던 동화를 현실로 바꾸고자 하는 보통 사람들의 조력자가 되는 거예요." 한발 더 나아가 제대로 가치 있는 삶을 살고자 하는 보통 사람들의 조력자가 된 마탈리 크라세는 훌쩍 자라 버린 아이들과 여전히 이 스튜디오에 딸린 집에서 산다. 오래간만의 인터뷰 끝에 나는 야망보다 동심을 존중하는 감각의 탐험가 마탈리 크라세가 나이가 들면서 진지해진 게 틀림없다는 의심을 거두었다. 그녀는 더 자유로워졌을 뿐이다.

•

2009년 8월호 『바자』와 2020년 『나의 사적인 예술가들』 인터뷰를 바탕으로 새로 작성한 글입니다.

17 양혜규

HAEGUE YANG

미술가

양혜규 HAEGUE YANG

"소통의 근본은
이해가 아니라
무지, 무시, 무관심,
낯섦과 간극이라
생각합니다"

미술가

지금 세계에서 가장 주목받는 현대미술의 주술사

1971년 서울 출생. 현 미술계에서 가장 영향력 있는 작가 중 한 명으로 손꼽히는 현대미술가. 양혜규는 서사와 추상, 시간과 공간 등 이분법을 초월한 대담한 조형 언어와 다감각적 설치작품을 통해 방대한 사유를 현대로 소환하고 동시대를 해석해 왔다. 자신이 속한 문화 및 시대와 지속적으로 분투해 온 그는 정체성과 공동체에 대한 고유한 담론, 타자와 혼성의 세계를 향한 열린 태도, 이국적 요소를 심화시켜 보편성으로 도출해 내는 능력으로 일종의 현상을 만들어 낸다. 개념적, 형식적으로 밀도 높은 양혜규의 작업이 부지불식간에 공감의 순간으로 수렴되는 건 아무리 추상적인 작업도 존재론적인 고민에 태생하기 때문이다. 현대미술사를 다시 쓰는 동시에 영역을 넘어 세상의 논리와 관계를 통찰하는 소통의 미학은 테이트 세인트 아이브스(2020), 뉴욕 현대미술관(2019), 런던 테이트 모던(2018), 쾰른 루트비히 미술관(2018), 파리 퐁피두센터(2016), 베이징 울렌스 현대미술센터(2015), 베니스 비엔날레 한국관(2009) 등 숱한 전시를 통해 증명되었고, 양혜규를 독보적인 존재로 각인시켰다. 1990년대 중반부터 서울과 베를린을 오가며 활동해 온 그는 2018년 아시아 여성 작가로는 처음으로 독일의 권위 있는 미술상인 볼프강 한 미술상을 수상했으며, 현재 모교 프랑크푸르트 슈테델슐레에서 순수미술학부 교수로 있다.

《양혜규: 손잡이》 전시 전경, 뉴욕 현대미술관(MoMA) 마론 아트리움 커미션, 미국, 2019, 사진: Denis Doorly, 이미지 제공: 국제갤러리

"오프닝 동안 말을 안 하려 합니다." 지난 2019년 9월 국제갤러리에서 열린 개인전 《서기 2000년이 오면》의 오프닝 행사 직전, 양혜규는 내게 이렇게 속삭이고 총총 사라졌다. 몇 시간 내내 그는 정말 한마디도 하지 않았다. 하지만 말만 안 했을 뿐, 모든 걸 했다. 작가 얼굴이 표지를 장식한 『바자 아트』지에 사인을 받으러 길게 줄 선 관객들과 기념사진을 찍었고, 쇄도하는 축하 인사에 함박 미소를 얹은 복화술로 화답했다. 모두가 이 묵언의 속내를 궁금해했겠지만, 끝내 답을 들을 수는 없었다. 이 기행은 예컨대 친구네 집에서 열렸던 그의 첫 독일 전시 오프닝에서 검은색 코스 요리를 제공했다던 일화를 연상시키는 한편 과대평가나 과소평가, 무관심이나 과도한 관심, 오해나 곡해 등 어쩌면 그가 이제까지 경험했을 혹은 앞으로 경험할 모든 걸 감수하겠다는 선언처럼 보였다.

어쨌든 행사는 놀라울 정도로 성황이었고, 나는 한참 후에야 수전 손태그가 저서 『급진적 의지의 스타일』(1996)에서 언급한바 그 침묵의 의미를 상기할 수 있었다. "침묵은 예술가들의 비장의 카드, 궁극적인 정적의 움직임이었다. (…) 그는 침묵함으로써 자기 작품의 후원자, 의뢰인, 소비자, 적대자, 조정자 혹은 왜곡자 등의 모습으로 나타나는 속세의 예속으로부터 해방된다."

한편 양혜규는 스스로의 해방을 위한 급진적 의지의 발현에도 능하다. 그는 원령공주처럼 붉게 칠한 얼굴로 기자간담회에 등장했다. "왜 이렇게 했냐고 물으시면 '저도 살고 싶어서'라고 답하고 싶군요. 전시를 열고 나면 제 역할은 사라져요. 하지만 현실적으로 작가의 존재가 전시를 대표하는 물성으로 남는 이런 행사라는 상황에서 어떻게 살아남을 건가를 고민해야 했어요.” 그러고는 덧붙였다. “몇 년 전, 멕시코에 갔었는데 마침 망자의 날이었어요. 사람들이 얼굴에 온통 뭘 그리고 다니길래 저도 해골 분장을 했죠. 그날 편안하고 즐거운 하루를 보냈어요. 유럽의 카니발에서도, 광대나 무당이 초자연적 힘을 발휘해야 할 때도, 슈퍼히어로조차 뭔가를 떨쳐입고 나오잖아요? 많은 문명이 변신술, 용맹함, 비상 등의 염원을 담은 탤리즈먼을 간직하고 있죠. 어쩌면 작가도 내적으로 끊임없이 이런 변신을 상상 혹은 추구하는 존재일 겁니다.” 이후 양혜규를 현대미술의 주술사라 부를지언정 트집을 잡는 기자는 없었다.

이상하게 들리겠지만, 양혜규는 원래 그렇다. 심지어 나는 작가의 변(辯)이 절묘하게도 그의 핵심 사유를 반영한다고 생각했다. 작가의 부재가 작가의 현존으로 작동하는 전시의 논리는 대부분의 시간을 외국 호텔에서 잠을 청하는 유랑자의 숙명으로 공고해졌다. 노마드 예술가보다 더 중요한 건 그의 작업이 집 없음, 공동체 안팎, 고독, 기억 등을 전제한다는 사실이다. 한편 이교도적 문화에 대한 극진한 관심은 영원한 타인일 수밖에 없는 자기정체성의 문제를 풀고자 하는 노력에서 발현되었다. 서구 모더니티와 등을 맞댄 지역적인 것, 소외된 것, 연약한 것, 불안전한 것들을 작업에서 소환하되, 이를 타자화하지 않고 내부에서 도출한다. 또한 비상하고자 하는 욕망은 현대미술의 날 선 무대에 마침내 양혜규라는 이름을 각인시킨 동력이자 결과였다. 무명일 때도 그는 약했기에 역설적으로 두려움 없이 담대했다. 그의 고백은 그래서 영락없다. “내 작업이 내 인생의 결과인지, 내 인생이 내 작업의 지배하에 있는 건지 확신할 수 없다.”

매번 “양혜규가 어떤 작가인지 알려 달라”는 요청에 대한 나의 최선은 “한 작품으로 책 한 권을 쓸 수 있는 작가”라는 일종의 핑계를 앞세운 회피다. A4용지 300쪽의 10여 년 치 인터뷰 녹취본을 섭렵한 지금도 이토록 다원적이면서 토착적이고, 보편적이면서 이국적이며, 사변적이면서 정치적이고, 섬약하면서도 강렬한 작업 세계 복판에서 난감하기는 마찬가지다. “예술적 경계와 국적을 넘어 방대한 사유와 다양한 소재를 독창적으로 선보여 왔다” 같은 홍보 자료 문장이 옳긴 하나, 역시 고육지책에 가깝다. 차라리 양혜규에게 볼프강 한 미술상을 안긴 심사위원장 크리스티나 베흐의 평을 참고하는 것이 더 요긴할지도 모르겠다. “양혜규는 어제와 오늘, 동양과 서양, 모더니티와 고대, 산업과 민속, 남성적인 것과 여성적인 것, 추상, 형상화, 서사 사이의 이행과 모두스 비벤디(modus vivendi, 의견과 사상이 다른 사람, 조직 사이의 협정)에 관심을 가져 왔다. (…) 그는 충돌을 두려워하지 않으며 모순의 동시성을 찾을 뿐 아니라 환영한다.”

현대미술가 솔 르윗은 저서 『개념미술에 대한 문장들*Sentences on Conceptual Art*』(1969)에 이렇게 썼다. “개념주의자는 합리주의자라기보다는 신비주의자다. 논리로는 닿을 수 없는 결론들로 도약한다.” 게다가 세계와 접속하기 위해 끊임없이 투쟁하는 양혜규 같은 신비주의자와의 인터뷰라면, 응당 끝 모르는 추상적인 지점까지 가 닿기 위한 고투와 다름없다. 추상이란 세상을 해석하고 살아 내는 고유한 논리를 창조하는 것이고, 그래서 재현 혹은 설명 대신 추상을 언어로 삼은 그가 웅숭깊은 문화인류적 세계관과 통찰로 그려 낸 은유적 지도를 탐색하기 위해서는 두 발로 뚜벅뚜벅 걸어야 한다. 그의 세계에 내 몸을 위치시켜야만 비로소 느껴지는 진실이란 게 있다. 적어도 내게 양혜규는 축약과 상징, 비약과 상상으로 점철된 이 주관적 진실이야말로 확고부동한 객관적 진실에 맞서는 유일한 방법임을 말해 온 예술가다.

공교롭게도 이 사실은 양혜규를 인식할 때도 내 경험과 주관에 온전히 의존할 수밖에 없다는 혐의에 면죄부를 제공한다. 지금껏 나는 양혜규에 대해 써야 할 때 평론가로서의 태도나 입장을 취한 적이 한 번도 없다. 그럴 수도, 그럴 필요도 없었다. 그는 쾰른 루트비히 미술관에서 대규모 회고전의 오프닝과 독일의 권위 있는 미술상인 볼프강 한 상 시상식을 동시에 치른 후에도 자축파티 따위 없이 곧장 스튜디오로 돌아가는 직업 예술가이지만, 그의 작업은 삶의 매 순간 사유의 문턱마다 출몰했을 의심과 믿음, 의문과 답의 낙차가 만든 동력으로 완성되었다. 양가성의 불안정함을 의도한 양혜규의 작품을 마주할 때마다 드는 언캐니(uncanny)한 감정, 그 기묘함은 세상을 해석하는 나의 시선을 수정, 보완하며 그 관성에 저항하는 데 크게 기여해 왔다. 그와의 인터뷰는 그 변화의 인과관계를 파악하는 것에서 시작하거나 끝맺었고, 그의 모호한 이야기에 얼마나 공감할 수 있는지는 전적으로 나의 문제였다. 그러므로 양혜규에 얽힌 기억을 복기한다는 건 작품의 변천사와 함께 우리의 진화 상태를 엿보는 거나 다름없다.

우리가 처음 만난 계기가 된 아트선재센터의 개인전(2010년)은 그가 마르그리트 뒤라스라는 대상을 향한 생(生)을 관통하는 애정어린 깊은 고민을 선포한 자리로 기억된다. 이 젊은 작가는 자기 존재와 욕망하는 바가 하나 되지 못하는 데서 오는 결핍을 동력으로 자기 사유를 군더더기 없이 무던히 쫓고 있었다. 당시의 양혜규는 세계 미술계의 앙팡 테리블로 불리던 시기를 거쳐 제 영역을 보다 확실히 증명해야 하는 기로에 있었을 것이다. 하지만 뒤라스의 난수표 같은 소설 『죽음에 이르는 병*La Maladie de la mort*』(1982)을 일인극으로 선보인 당시의 시도는 무모한 예술가의 실천에 관한 지대한 관심의 증거였다. "뒤라스의 소설은 소비 자체가 불가능해요. 줄거리도 없고, 해결 혹은 결말도 없고, 사람을 구워삶으려 작정도 안 하죠. 우린 거기서 어쩔 줄 몰라 하는 거예요. 카타르시스 안 주기, 감정 안 싣기. 개인적으로 '엄연하다'는 말을 좋아해요. 누가 어떻게 해서 달라지지 않는 것. 거기에 다시 밑줄 쳐 본다는 정도인데, 그 밑줄을 상당히 열심히 그리고 잘 치면, 그게 예술이라고 생각해요."

5년 후 삼성미술관 리움에서의 개인전 《코끼리를 쏘다 象 코끼리를 생각하다》(2015)에서도 양혜규의 "엄연하다"라는 단어가 부유했다. 특히 나는 주차장 구석에 놓였던 허술한 살림 〈바람에는 팔이 없다〉(2015) 앞에 오래 서 있었다. 간장, 된장, 고추장, 젓갈, 게장, 동치미, 마늘장아찌, 쌀, 소금, 설탕 등이 놓인 장면. 많은 관객이 그냥 지나쳤을 테지만, 무엇을 증명하기보다는 일단은 있다라는 엄연한 사실이 더 중요했다. 헐벗은 삶을 끌어안은 듯한 살림

<바람에는 팔이 없다>, 2015/2018, 인조 짚, 전등갓 프레임, 무동력 흡출기, 젓갈, 게장, 동치미, 마늘장아찌, 쌀, 고추장, 된장, 간장, 소금, 설탕, 식초, 꿀, 홍삼 청, 세탁세제, 섬유유연제, 식기세척제, 접착제, 가변 크기, courtesy of the artist, 《양혜규: 도착 예정 시간(ETA) 1994~2018》 전시 전경, 루트비히 미술관, 쾰른, 독일, 2018, 사진: 루트비히 미술관, Sa☒a Fuis, 쾰른, 이미지 제공: 국제갤러리

은 이젠 습관이 되어 버린 생의 엄중함을 응시하는 제스처이자, 세상의 모든 '엄연하다'에 대한 질문처럼 읽혔다. 애초에 양혜규는 리움 전시에서 성공적 행보를 과시하는 대신 세상의 안과 밖 그리고 나머지의 생을 사는 자신의 가장 실질적인 상태를 보여 주기로 작정한 듯했다. 그러나 전시장에서 코끼리는커녕 경계 없이 한 몸이 된 개념적 사고와 주관적 경험의 장에 진입할 기본적인 열쇠조차 찾기 힘들었던 이들은 "어렵다"고 투덜거렸다. 물론 그는 끄떡없었다. "끼워 맞추거나 쉽게 풀려 하지 말고, 양혜규는 원래 이렇게 골치 아픈 이야기를 하는 작가라고 인정하라고, 내가 요구하는 것일지 몰라요. 몰이해 속에서 무언가를 받아들인다는 건 정말 어려운 일이거든요. 그쪽에서나 내 쪽에서나…."

그라운드 갤러리 가운데 쌓여 있던 박스 형태의 작품 〈창고 피스〉(2004)가 여전히 인상적인 이유는 몰이해를 감수한 패기가 탄생시킨 작업이기 때문이다. 제 몸도 못 가누던 젊은 작가 양혜규는 작품을 보관할 장소는 엄두조차 낼 수 없었고, 그런 상황에서 미술 작품은 부양해야 할 가족처럼 힘든 존재였다. 그래서 그는 궁여지책으로 박스도 안 푼 작품 13점을 그러모아 운송용 팔레트 위에 쌓아놓고는 "창고 피스"로 명명했다. 절박함, 결핍, 소외, 불안, 욕망 등 당면한 현실을 예술적 경험으로 전환시킨 이 작업은 가난한 예술가의 자기 풍자와 제도 비판의 원형으로 회자되었고, 컬렉터 악셀 하우브록에게 팔려 새 생명을 얻었다. "내게는 아무도 주시하고 있지 않는 상황에서도 스스로에게 도전하려는 시절이었어요. 〈창고 피스〉는 서울 사람의 모습을 담은 〈서울근성〉(2010), 이들 개별자의 미감을 보여 주는 〈VIP학생회〉(2001)와 마찬가지로 어떤 인생, 성격, 상황을 반영한다는 점에서 초상의 의미를 띠고 있죠.” 그리고는 “우여곡절 많은 작업이지만 내 작품의 안녕만을 바라는 소시민적 엄마처럼 되고 싶지는 않다”고 덧붙였다.

〈창고 피스〉가 양혜규의 초상이라면, 블라인드는 그의 상징이(었)다. 블라인드로 둘러싸인 공간은 보호하되 개방되어 기묘한 편안함을 선사하는 동시에, 내부를 감춘 채 외부를 관찰하고 안팎을 넘나드는 냄새와 소리를 느낄 수 있다는 점에서 주체성에 대한 직관적 사유를 유도한다. 양혜규의 블라인드 설치작 역시 사적·공적 영역을 가로지르며 불투명과 투명, 노출과 단절, 고립과 소통의 양가적 특징을 통해 진화했다. 특히 『순수박물관』(2008)의 작가 오르한 파묵이 말한바 “미술이란 시각을 만족시키기보다 모든 감각에 호소해야 한다는 나의 생각이 양혜규의 작품에서 확인되었다”는 블라인드의 진화 방향을 가리킨다 해도 과언이 아니다. 블라인드로 구역화된 공간 사이에 적외선 히터, 선풍기, 가습기, 향 분사기 등을 배치해 소리, 빛, 냄새, 온도 같은 비가시적 감각 영역을 끌어들이고[〈일련의 다치기 쉬운 배열-위트레흐트□〉(2006)], (한국작가로는 20년 만에 초청받아 화제가 된) 카셀 도큐멘타 중앙역에 군무를 추듯 설치된 블라인드는 기계적인 움직임으로 산업화의 폭력적 역사를 은유했으며[〈진입: 탈-과거시제의 공학적 안무〉(2012)], 미국 기자 님 웨일즈가 책 『아리랑』(1941)에서 다룬 독립혁명가 김산의 관계, 그 역사적 인물들의 불꽃 같은 관계와 서사를 추상화한 블라인드는 기록의 역사를 새로 쓰기도 했다[〈조우의 산맥〉(2008)].

제 역사를 축적해 가던 양혜규의 블라인드 작업은 리움 개인전을 계기로 정변했다. 그는 미니멀리스트 솔 르윗의 1986년작 〈세 개의 탑이 있는 구조물Structure with Three Towers〉을 말 그대로 23배 확장한 후 거꾸로 매단 작품이었다. 블라인드 정방향 큐브가 허공에서 무한 확장될 것 같은 형태를 두고, 작가는 "화이트 아웃"이라 표현했다. 흰색의 밀도 높고 불투명한 블라인드 덩어리의 형태도 그랬지만, 무엇보다 인물과 서사 구조를 블라인드에 반영하던 이전 방식을 하얗게 비워 냈다는 점에서 잘 어울리는 단어였다. 양혜규는 이 작품을 구현하고 제 눈으로 보기 위해서라면 뭐든 할 태세였고, 언젠가는 큐브의 개수를 획기적으로 늘려 보겠다고도 했다. 그로부터 4년 후인 2018년, 〈솔 르윗 뒤집기〉는 영국 《테이트 모던 소장품》 전에 소개되며 현지 관객들의 뜨거운 성원을 얻었다. 작가는 단시간에 이토록 급증한 인스타그램 팔로워 수에 놀라움을 표했다. 혁명적 전이를 겪은 이 블라인드야말로 몰이해 속 이해를 실현시킨 결정적 작품인 셈이다.

몇 달 후, 우리는 샤르자 비엔날레의 현장, 벽돌 및 환풍구의 위성처럼 쌓은 작업 〈불투명 바람〉(2015) 앞에서 재회했다. 새로운 타자를 상상하는 법을 동북아의 서울에서 중동의 샤르자로 자리를 바꾸어 토론하는 느낌이었다. 한국-중동의 긴밀한 경제사, 반면 침묵 상태인 문화사, 그리고 두 곳을 오갔던 수많은 이름 없는 아버지들의 관계가 불투명한 바람이 되어 벽 사이를 넘나들었다. 나는 장소 특정적인 샤르자에서의 작품이 결국 장소 확장적이었다고 본다. 리움 전시가 인류 공통의 혼성 문화를 가시화하고 새로운 타자

상. <창고 피스>, 2004, 포장하여 쌓은 작품 더미, 목재 팔레트, 오디오 플레이어, 스피커, 가변크기, 하우브록 컬렉션, 베를린, 《복수도착》 전시 전경, 브레겐츠 미술관, 브레겐츠, 오스트리아, 2011, 사진: Markus Tretter, 이미지 제공: 양혜규 스튜디오

하. <솔 르윗 뒤집기 – 23배로 확장 후 셋으로 나뉜, 세 개의 탑이 있는 구조물>, 2015, 알루미늄 베네치안 블라인드, 알루미늄 천장 구조물, 분체 도장, 강선, LED등, 전선, 가변 크기, 테이트 모던 전시 전경, 런던, 영국, 테이트 컬렉션, 사진 ⓒ Tate 2019

성을 상상하는 데 초점을 맞추었다면, 샤르자 비엔날레는 서로를 부정하지 않은 채 타자를 있는 그대로, 불투명하게 남겨 둔 상태 자체가 중요했기 때문이다. 양혜규식 공존법은 이 마른 땅을 떠난 후에도 내내 뇌리에 남았다.

이질적 요소들로 적대적이지 않은 환경을 창조하는 그의 전매특허는 프랑스 파리의 라파예트 백화점(2016)에서 거나한 굿판으로 극대화됐다. 수십 개의 쇼윈도, 돔 형태의 천장, 15만 개의 쇼핑백에 이르기까지 양혜규식 아방가르드에 점유된 세계 최고의 마가장(magasin)은 예술과 패션이 서로에게 복무하지도, 부정하지도 않은 채 공정하고 강렬하게 충돌하는 현장으로 변모했다. 게다가 양혜규가 누구든 알 바 아닌 프랑스의 평범한 고객들에게까지 《의사(擬似)-이교적 모던Quasi-Pagan Modern》이라는 주제가 미술적 경험으로 각인되는 풍경은 쾌감을 선사했다. '사이비' 혹은 '~와 유사하지만 ~는 아닌'이라는 뜻의 '콰지(Quasi)'에 모든 걸 위임한 양혜규는 가장 현대적이거나 가장 민속적인 다양한 모티프들을 대거 동원해 모두를 위한 기묘한(uncanny) 부적을 만들었고, 파리 8구 오스망 대로를 장식했다.

2019년 9월 《서기 2000년이 오면》의 전시장이 대폭발 직전의 우주처럼 다가온 이유 역시 전 분야를 아우르는 작가의 관심이 응축, 수렴되었기 때문만은 아니었다. 상관없는 대상을 겹치거나 병치하기 위해 발휘해야 하는 용기 혹은 완벽하게 이해하는 상태의 관성을 의도적으로 유예함으로써 확보한 반작용의 힘 덕분이었다. 고대와 현대, 민속과 문명, 산업과 자연 등 상반된 개념이 엄청난 밀도로 패치워크된 이 하이브리드적 공간에서는, 어린 시절 작가가 그린 신화적 존재로 가득한 그림 〈보물선〉 속 상황처럼 일상의 규칙을 깨는 무엇이 가능했다. 과거를 통해 미래를 느끼고, 선형적 시간대를 뒤집어 보거나 중력의 지배를 벗어나 부유하는 사물들을 목격할 수 있는 상상과 현실 사이의 헤테로토피아. 무질서가 질서로 승화되는 지점에서 이 전시의 부제가 생겨났다. "양혜규라는 작가가 어디에 와 있는지, 그의 리얼리티에 관한 솔직한 이야기."

언젠가 양혜규의 오랜 예술적 동지인 홍콩M+ 미술관의 부관장 정도련에게 어려운 질문을 청한 적 있다. "양혜규 작업 중 단 한 작품만 미술사책에 싣는다면 무엇을 추천하고 싶은가요?" 양혜규의 삶을 누구보다 잘 아는 정도련은 이런 답을 보냈다. "양혜규는 지난 10~15년 동안 마르그리트 뒤라스, 김산, 윤이상, 님 웨일즈, 페트라 켈리, 프리모 레비 등의 생과 삶을 연구해 왔어요. 저는 언뜻 연관 없어 보이는 이 인물들과 양혜규와의 공통점을 발견해요. 바로 헌신적이고 강인한 삶을 살았다는 점입니다. 이러한 삶에 대한 연구와 이로써 점철된 삶 자체가 양혜규의 작업 및 사고의 가장 큰 원동력이라 생각합니다." 여전히 내 책상 앞에는 《서기 2000년이 오면》 전에서 제공된 윤이상과 뒤라스의 연대기를 교차 편집한 텍스트 형태의 작업 〈융합과 분산의 연대기〉(2018)가 붙어 있다. 생전 아무런 연관도 없는 두 인물의 삶이 후대 예술가를 통해 조우한 셈이다. 일하다가도 하릴없이 이 텍스트를 꺼내 읽어 보곤 하는데, 그때마다 "예술적 삶과 역사적 삶이 만났을 때의 엮임 현상"에 몰입했을 양혜규의 실천이 어쩐지 고독해 보인다. 보나마나 그는 객관적으로 따지자면 아무런 효용성 없는 이 작업을 다른 예술가로 확장해 지속하겠지만 말이다.

(예술에) 헌신적이고도 강인한 삶을 사는 양혜규의 비기 중 하나가 바로 축지법이라는 걸, 그의 전시를 보면서 실감한다. 아예 축지법을 제목으로 내세운 2011년 미국 아스펜 미술관 전시 《축지법The Art and Technique of Folding the Land》뿐 아니라, 그의 모든 전시장에서 누구나 이 기술을 구사할 수 있기 때문이다. 공간 끝에서 끝으로 발걸음을 옮기는 것만으로 다른 시대 및 지대를 관통하고, 다른 주체 및 사유를 환대하는 그의 의도를 마주할 수 있다. 흔히 이분법적으로 분류되는 대상을 한데 놓고 이야기함으로써 경계를 허무는 건 양혜규가 공동체를 꿈꾸는 본질적 방식이다. 빠르게 이동할 수 있는 신기에 가까운 기술이자 시간의 문제로 통용되곤 하는 축지법은 본래 땅의 펼침과 접힘, 즉 공간의 문제다. 시공간이 결코 분리될 수 없다는 점에서 불가능한 간극을 연결하는 사고의 대전환에 가 닿는 셈이다. 나는 종종 일상에서도 양혜규의 축지법이 절실한 순간을 마주한다. 다소 황당할지언정 적어도 천지를 뒤집고 다른 세계로 가는 문을 상상하는 정도가 아니라면, 그 정도의 무모함 내지는 용기가 아니면 어떤 변화도 꿈꿀 수 없다는 사실을 깨달을 때면 종종 뼈아프다.

한편 2018년 쾰른 루트비히 미술관에서의 회고전 《양혜규: 도착예정시간(ETA) 1994~2018》(2018, 이하 《도착예정시간 ETA》)은 축지법이 필요 없는 거의 유일한 자리다. 《도착예정시간 ETA》는 그가 일생에 걸쳐 만든 1400여 점의 작품 중 천신만고 끝에 고른 작품 120여 점이 그려 낸 광연하고도 질서정연한 지형도를 따라 걷는 경험이었고, 사적 역사에 혼재된 개념과 실천, 공감과 의문, 현실과 환상, 이해와 몰이해 등 그 관계의 실마리를 풀어내는 행위와 다름없었다. 매 전시를 철저히 자기 연구 프로젝트로 활용해 온 그에게도 그래서 이 회고전은 전혀 다른 차원의 쉽지 않은 일이었다. 한때 폐기하고 싶은 부끄러운 대상이었던 1990년대 초기작을 '자기인류학'적 태도로 복원했고, 과거를 겸허히 응시하게 만드는 회고전의 속성은 끝없이 진격하려는 기질에 반했으며, 창작자에게 결코 익숙하지 않은 객관화를 체화해야 했다.

독일에서 작가 인생을 시작한 그가 바로 이 땅에서 〈소통학-어떻게 이해시킬 것인가에 관한 연구〉(2000) 같은 작업을 공개하는 데는, 말하자면 모든 작품에 거창한 제목을 붙이던 미숙한 시절의 조악한 초기작을 대거 선보이는 것만큼이나 큰 용기가 필요했을 것이다. "처음 독일에서 난 마치 귀머거리와 멍청이가 된 듯했다. 매우 공허했는데, 스스로를 이해받게 할 수 없었거니와 외부 세계를 이해할 수도 없었기 때문이다. (…) 나를 종종 성가시게 하는 건 예의 없거나 몰이해하다고 쉽게 오해받는다는 점이다. (…) 사실 늘 불안정한 상태에서 살며, 그것이 자신감을 잃지 않기 위해 싸우는 이유다." 그러므로 Haegue Yang과 Heike Jung('양혜규'를 독어로 발음하기 어려움을 시사하는) 사이, 자신의 과거, 타인의 현재, 모두의 미래와의 연대를 도모함으로써 양혜규 이면의 양혜규에 '도착'한 양혜규에게 이 회고전은 연대기(chronicle)인 동시에 연대기(a

《양혜규: 도착 예정 시간(ETA) 1994~2018》 전시 전경, 루트비히 미술관, 쾰른, 독일, 2018,
사진: 루트비히 미술관, Sa⊠a Fuis, 쾰른, 이미지 제공: 국제갤러리

record of solidarity)였다.

사실 양혜규를 향한 나의 인식은 한국 첫 개인전《사동 30번지》(2006)에서 이미 결정된 게 아닌가도 싶다. 이 전시는 당시 문화 힙스터를 구분하는 일종의 바로미터였고, 뒤질 새라 나도 지하철 1호선에 몸을 실었다. 그의 외할머니가 살던 인천 사동의 폐허에는 빨래 건조대, 종이로 접은 별 모양의 다면체 오브제, 희미한 여러 가지 조명, 낮게 걸린 벽시계 등이 흩어져 산재했고, 나는 양혜규의 존재론적 공간 혹은 기억을 탐험했다. 이 별난 존재가 제시하는 낯선 수사법은 몽롱했지만 결과적으로 나를 각성시켰다. 내 여정 자체가 전시의 일부였으며, 내가 어느새 그 작업의 공모자로 관여되어 있음을 깨달았기 때문이다. 누군가의 존재론적 성찰에 의도치 않게 깊이 관여했다는 게 당황스러웠던 동시에 내가 진일보한 미술가를 발견이라도 한 듯 득의양양했다. 책『절대적인 것에 대한 열망이 생성하는 멜랑콜리』(2009)에 실린, 유학 시절 독일을 방문한 어머니와 양혜규의 경험담을 교차 편집한「욕실묵상」의 일화도 그랬다. 어린 시절, 다른 엄마들 같지 않은 자신의 엄마가 늘 불만이었던 딸은 그리도 당당했던 엄마가 낯선 타지에서 욕조 사건으로 주눅 든 장면에 관해 "다치기 쉬운 감수성을 드러내는 것이 예술가의 용기"라 고백했다. 그러므로 "개인적인 것이 창의적인 것"이라는 명언이 있기 전, 이미 양혜규에게 개인적인 것은 창의적일 뿐 아니라 정치적이고 혁명적이며 따라서 모든 것이었다.

제 작품의 신화를 창조, 유지, 관리하는 일이 유명 작가의 숙명이라는 건 공공연히 알려진 사실이지만, 양혜규가 야심가라면 오히려 "인디애나 존즈식 좌충우돌"을 실천하며 생의 약진을 고민하는 모험가적 면모 때문이다. 최근에만도 뉴욕 현대미술관, 마이애미 배스 미술관, 테이트 세인트 아이브스(2020년 10월 예정) 등 가장 전문적으로 대중을 환대하는 현대미술계의 성지에서 전시를 여는 동시에 상대적으로 열악한 마닐라의 무명 미술 기관에서의 개인전도 기꺼이 예정한다. 지금도 전 세계 곳곳에서 열리고 있는 전시들은 그에게 단순히 작품이 진열된 상태도 아닐뿐더러 훈장은 더더욱 아니다. "작품이 생명력을 증명할 수 있는 계기를 마련할 의무"를 충실히 이행하고자 하는 작가적 책임감, "세상에 스스로를 열어두지 않는 건 미친 짓"이라는 자각, 동시대와의 접촉점에 대한 고민 등이 조직한 일종의 끊이지 않는 사건의 도미노 현상이다. 모마(MoMA) 재개관전의 제목 《양혜규: 손잡이HaegueYang: Handles》(2019)에 등장하는 매개자로서의 손잡이, 테이트 세인트 아이브스에서 예정된 개인전 제목 《양혜규: 이상한 끌개Haegue Yang: Strange Attractors》에서 등장하는 끌개라는 자연과학의 용어 등은 그래서 의미심장하다.

양혜규는 스스로를 절대 현대적이거나 통달하거나 풍요롭거나 편안한 상태에 두지 않는다. 그가 유별한 완벽주의자에 끝내주는 일중독자 아니면 '미술근본주의자'이기 때문만이 아니다. 이는 지독한 자기 참조의 의심에도 불구하고 그가 담론의 중심에서 벗어난 적 없는 이유와도 일맥상통한다. 2019년에만도 그는 4대륙, 15개의 전시에 참여했다. 생명력이란 단순히 숫자나 양의 문제가 아니다. 작가로서 그는 항상 자기 행보의 기본적인 진화라 할 수 있는 새로운 걸 내놓았고, 과감히 예전으로도 되돌아갔다. 역설적으로 그가 터득한 방식, 미술사적 성과 그리고 자기 위치를 언제든 지우거나 잊거나 아예 떠남으로써 스스로를 재창조해 왔으며, 그 방식은 다양하고 비결정적이었다. 이러한 언러닝(unlearning)의 태도는 곧 자유와 해방을 의미한다. 그간 양혜규가 정체성 문제와 분투해 온 이유도 "누군가를 평가하고 분류하는 방법"을 전환하기 위해서였고, 반시대적인(untimely) 혹은 시대착오적(anachronistic) 방식을 자처한 것도 시대를 더 리얼한 시각으로 읽기 위해서였다. 반(反)이분법적, 비(非)분류적 같은 그의 작업에 자주 등장하는 反-, 非- 등의 접두사는 아닐 수 있는 가능성에 대한 인정과 저항의 의미다. 과학이 발달할수록 우주는 확장되는 반면 인류는 중심에서 멀어지듯, 양혜규의 주관적 진실에 가까워질수록 우리는 주류에서 멀어지겠지만 상상과 연대의 가능성은 강해진다.

아래의 문답은 독일행 20주년이었던 지난 2014년부터 운영해 온 서울 스튜디오에서 진행된 '양혜규의 현재'에 관한 이야기다. "매연, 스피드, 스트레스 같은 요소가 있어야 장소성이 발현된다"고 얘기한 그는 사대문 안, 어느 대로변에 '9와 3/4정거장'처럼 약간은 숨겨진 작업실에서 이 도시의 성향과 기질을 조용히 만끽한다. 성장 환경에 따라 개체의 크기가 결정된다는 코이의 법칙에 입각해, 여기서 휴먼 사이즈의 짚풀 조각 작업인 〈중간 유형〉(2015~)이 탄생했다. 중간 유형은 문명 사이를 매개하는 존재를 뜻하지만, 베를린과 서울 사이 이 작은 공간에 대한 소회이기도 하다. 작업 세계를 망라하겠다는 야심 따위는 서로 접어둔 채 만두를 먹으며,

<중간 유형 – 꽃꽂이 드래곤 볼>, 2016, 인조 짚, 강철 스탠드, 분체 도장, 조화, 박, 너설, 바퀴, 156x125x127cm, courtesy of Kukje Gallery, 사진: 양혜규 스튜디오, 이미지 제공: 국제갤러리

작가의 최근 별명인 '동방불패'와 예술의 급진적 비효율성 그리고 이제는 방법론이 되어 버린 예술가의 고독에 대해 수다를 떨었다. 그에게서 시공간을 초월한 '양혜규라는 현상'을 목격하고 돌아오는 길, 〈스피커스 코너〉(2004)의 한 대목이 떠올랐다. 언감생심 양혜규를 정리한다는 게 가능한가 혹은 그를 정의한다는 게 과연 무슨 의미일까 하는 식의 직무유기에 알리바이를 제공하는 매우 시의적절한 기억의 소환이었다.

"소통의 근본은 이해가 아니라 무지, 무시, 무관심, 낯섦과 간극이라고 생각합니다. 비관적으로만 들리는 이 모든 소통의 출발점은 새로운 미술적 수사학을 통해 개인들에게 그리 나쁜 것만은 아니라는 일말의 느낌 정도를 제공할 수 있다면 매우 의미 있는 일일 겁니다."

처음 작가님을 만났을 때 나는 대화 중 '엄연하다'라는 단어가 내내 기억에 남았어요. 주관적으로 이 단어를 어떻게 해석하고 있나요.

어떤 현상이나 대상이 엄연하다는 것은 영어로 acknowledgement란 단어에서 출발하는 것 같아요. 처음에는 선택의 폭이 넓지 않고 일단은 받아들여야 한다는 의미예요. 그 엄연한 대상은 가타부타 얘기의 대상이 되기를 원하지 않아요. 그 점이 창조적인 일을 하는 사람들에게는 일종의 한계점으로 다가올 수 있어요. 하지만 작가가 단순히 무언가를 만들어서 시각적인 경험을 주는 기능적인 인물만이 아니고, 사고하는 자

(thinker)로서의 면모도 있다고 생각하기 때문에 엄연한 대상을 맞닥뜨렸을 때, 사고가 비약적으로 확장할 때가 있어요. 그래서 그 엄연한 대상에 맞서지 않는 태도 자체가 일종의 성장이나 성숙의 증거인 경우가 많아요. acknowledge(인정하다)든 accept(수용하다)든, 그렇게 쉬운 일만은 아니더라고요. 그럴 땐 뭔가를 온전히 느꼈다는 것에 의미 부여를 할 필요도 있지 않을까 싶어요.

작가님의 작업이 늘 어렵다는 평을 듣는다는 이야기 도중에 이 단어가 나왔던 걸로 기억합니다.

“외국에서는 당신 작업을 쉽게 받아들입니까?”라는 질문 아닌 질문도 많이 받지만, 그건 아니에요. 어디서나 저는 쉬운 작가는 아닌 것 같아요. 그런데 명백하게 이렇게 쉽지만은 않은 작업을 하는데도 여기까지 올 수 있었던 걸 보면, 현 인류가 그저 쉬운 것만을 원하는 건 아니구나 싶어, 나 자신이 인류가 다양성을 외면하지 않는다는 사실의 증거가 될 수 있겠구나 싶습니다. 저는 늘 쉬운 것, 쉽게 만드는 것에 함정이 있다고 생각해요. 교훈적인 것에는 더더욱 관심이 없죠. 만약 이 사회에 예술, 미술이 항상 존재해 왔다면 그에 주어진 역할도 있을 거예요. 물론 일부러 어렵게 하진 않습니다만, 그걸 쉽게 풀어내는 걸 경계하는 확실한 신념 같은 게 있어요.

미술계 내부에서의 양혜규와 외부에서의 양혜규, 둘 사이에 아무래도 간극이 존재하는 듯합니다. 그 사이에서 어떤 지배적인 이미지가 생겨나기도 하고요.

그 이미지란 외국에서 살면서 활동한다는 것에 대한 환상에서 기인하는 거겠죠. 어떻게 보면 참 우아하잖아요. 하지만 미술가에게도 일상이라는 게 있고, 그걸 펼쳐 놓으면 현실적인 포트레이트가 되겠죠. 저는 미술을 절대적으로 생각하는 엄청난 팬이지만, 소위 금수저도 아니고 서민적인 생활방식에 대한 애착도 굉장히 강한 사람이에요. 미술계가 글래머러스한 세계가 되면서 작가 작업실도 쇼룸처럼 통용되고 있다지만, 저는 여전히 소장가조차 작업실에 오지 못하게 해요.

언젠가 베를린 출장길에 작가님의 스튜디오에 방문하겠다 했더니, 근무시간 이후에 오라고 했던 기억이 납니다. 하지만 미술가 양혜규의 일상은 상상이 안 가요. 작가님은 베를린에서만 15년을 살았어도 맛집 추천을 못하는 분이지 않습니까(웃음).

세상에서 통용되는 일상만이 리얼리티라 생각하지 않아요. 뜬구름 잡는 개념적인 얘기도, 제 모난 성격도, 스스로를 한심해하는 감정도 모두 리얼리티의 일부죠. 그런 것까지 모두 리얼이라고 본다면, 리얼하게 살거나 보는 건 미술가에게 중요한 것 같아요. 나쁜 인간도, 허세 있는 사람도, 거짓말쟁이도 좋은 작가가 될 수는 있어요. 하지만 리얼리티가 없으면 좋은 작가가 될 수 없는 것 같아요. 분명한 건 마음이 실리지 않은 얘기를 할 수는 없다는 거고, 리얼리티만큼 또 주관적인 것도 없죠.

사전적 의미의 리얼리티, 즉 객관적 진실이 아니라 주관적으로 느끼는 진실 같은 거죠.

그래서 종종 이런 생각도 합니다. 천하의 양혜규는 세상 무서운 게 없겠지(웃음)?

네, 그런 식의 무서움은 없는 것 같아요. 다만 더 분명해졌으면 좋겠어요. 지금까지는 도전해야 할 바, 갈구해야 할 바, 각오해야 할 바가 외부에서 주어졌고, 나는 그저 모험가처럼 그걸 헤쳐 나가면 됐었어요. 선택권이 없었기 때문에, 적어도 능동적으로 움직일 수 있는 영역에서는 최선을 다했죠. 하지만 지금은 패기만 부리거나 스마트하기만 해서도 안 되고, 잘 선별한 다음 열심히 해야 하고, 그래도 그게 끝이 아니에요. 주어지는 게 아니라 스스로 만들어야 하는 데다 심지어 적절하거나 정확해야 하죠. 한편으로는 이 책임감이 자유의 다른 면인 것도 같아요. 길들여져서도 안 되지만, 인위적으로 모험과 위기를 만들어 내는 것도 그렇게 쿨하지 않겠죠.

어느 순간부터 그런 국면을 맞이한 것 같은가요?

특별한 계기는 없었어요. 모든 건 돈보다 시간, 관심보다 집중력의 문제랄까요. 거시적으로는 1990년대 세계화된 세상에서 경력을 쌓은 우리 세대 작가들이 만든 화두가 있어요. 완전히 버릴 수도, 새로 창조할 수도 없지만 적어도 다음 10년, 15년 동안 그 화두가 유효한지 검증하고 다리를 놓아야 하죠. 그게

2018년 쾰른 루트비히에서 열린 회고전 《양혜규: 도착 예정 시간(ETA) 1994~2018》 전시장에서 양혜규,
사진: 최다함

업데이트되지 않으면 현행성이 없어질 거라는 게 확실해요. 순위의 문제가 아니라 생명력의 문제랄까요. 우리 세대에 성공한 작가가 서른 명이라 가정하면 그중 차세대의 관심 대상이 되는 작가는 다섯 명 정도일 테고, 그들이 살아남는다고 봐요. 소위 성공한다는 건 돈 벌고 전시를 많이 여는 그런 차원이 아니에요. 생명력의 문제는 시장에서 절대 해결되지 않아요.

그렇다면 작가들이 스스로 해결해야 하는 혹은 해결할 수 있는 문제라는 의미인가요?

보이지 않는 손이 어떤 힘으로 누군가를 지명하는 게 아니라, 스스로 계속 회자되고 호명되어야 할 만한 관련성(relevance)을 잃지 말아야 한다는 거죠. 그래서 작가에게는 통찰력 같은 덕목이 중요하게 요구된다고 생각해요. 요즘도 난 뼈저리게 느껴요. 내가 정말 작가들을 좋아하는구나. 그렇기에 그들에 대한 의견이 완강하기도 해요. 마냥 좋아하기만 하는 게 아니라 날 세워 비판하고 분류해요. 그만큼 애정이 있다는 거겠죠. 여전히 내가 좋아하는 작가 리스트를 보니, 역시나 방금 언급한 그 가교 역할을 하는 작가들이더군요. 예컨대 아핏차퐁 위라세타쿤 같은 작가 말이에요. 지난 광주비엔날레에서 국군병원에 설치한, 극도로 시네마틱한 작품만 봐도 자기 작업에 충실하면서도 영 딴짓은 아니었고 오히려 심화됐죠. 블루투스로 움직이는 공이라던가, 외부에서 창문을 통해 들어오는 간접적 조명을 활용한 빛은 환경적이고 기술적인 이야기인 반면 국군병원이라는 장소 자체는 정말 귀신이 존재할 것 같은 정도로 역사적이었잖아요. 고전적인 것들과 현대적인 것들이 현시점에서 연결되는 걸 보며, 역시 해내는구나 싶었어요.

개인적으로는 이른바 CV라고 하는, 작가들이 작업 영역을 확장하는 방식이 놀라워요. 다르지 않은 이야기를 복합적, 실질적, 전체적으로 확 와 닿는 작품들로 확장해 꾸린다는 거. 누군가의 작품들을 전지적 시점에서 보자면 모두 연결되지만 정작 당사자는 그런 시점을 가지기 힘들죠. 작품 하나를 잘 만드는 문제가 아니라 일리 있게 연결해 간다는 것이 더 중요하지 않을까요.

그래서 제가 다른 작가들의 작업들을 열심히 들여다보는 것 같아요. 요즘은 어떤 거리를 잴 때 위성을 이용하죠. 데이터가 위성으로 올라갔다가 다시 내려오고, 그렇게 첫 번째, 두 번째, 세 번째, 네 번째 위성에서 수신한 신호의 시간차를 계산해 A-B 사이의 거리를 재는 거예요. 그게 GPS고, 길을 찾는 기본 방식이죠. 우리는 자기 관점에서 끊임없이 다른 데까지의 거리를 측정하지만 사실 그 정확한 거리는 방금 얘기하셨듯, 전지적 시점과 나의 시점을 자유자재로 왔다 갔다 할 때 산출되는 거예요. 그런 점에서 다른 작가들이 나의 이정표인 셈이에요. 이를 통해 간접적으로 거리를 재고 지도를 그리니까요. 그들에 대한 나의 관심은 애정인 동시에 일종의 방법론이에요.

얼마 전 중국 광저우에 출장을 다녀온 것도 어떤 작가를 만나기 위해서였다고요.

정궈구라는 작가예요. 광저우 근처 시골에서 나고 자란 토박이인데, 지금도 시골 동네 친구들과 함께 일해요. 너무너무 궁금해하며 기다리고 벼르다 드디어 만났는데, 너무 좋았어요. 물론 실제적으로 그와의 만남이 내게 어떤 도움을 주냐 물으면 할 말은 없어요. 그에 대해 글을 쓸 것도 아니고 깊은 우정도 어렵겠지만, 일단 심정적으로 좋아요. 작가들끼리는 그런 게 있어요. 한 번을 만났든, 매일 마주 보고 앉아 차를 마시든 일단 만남이라는 게 굉장히 중요해요. 얼굴 한 번 보면 반 이상은 선명해지니까요.

어떤 작가가 동시대의 다른 작가에게 영감받는다는 게 절대 쉬운 일은 아닌 것 같습니다만.

굉장히 조심스럽죠. 나조차 이유 없이 누군가에게 시간을 낸다는 게 쉽지 않을 뿐 아니라, 왜 그래야 하는지 생각하면 안 만나는 게 더 당연해지죠. 그래서 고마웠어요. 정궈구가 사는 도시는 굉장히 느리지만, 그는 기존의 속도 혹은 강도와는 상관없이 너무 자연스럽게 환경에 완전히 동화되어 자기만의 생태계를 상정하고 창조하더라고요. 어렸을 땐 컴퓨터 게임 중독자였고 알코올 중독자가 되었다가 지금은 차만 마시는데, 이런 삶과 작업의 변천사를 아는 상황에서 직접 만나 오라(aura)를 느껴 보면, 퍼즐이 완성되듯 하나의 이정표가 완성되죠. 난 미술 일을 하지만 미술을 통해 경외감을 느끼지 못하면 이 직업에 대한 신념을 잃을 수도 있을 같아요.

작가님은 종종 일과 일상의 구분이 없어졌다고 푸념하곤 해요(웃음). 출판하신 책『절대적인 것에 대한 열망이 생성하는 멜랑콜리』에도 이런 표현이 등장하죠. “좀처럼 분리되지 않는 일과 삶을 대변하는 작가의 작업실 겸 주거지는 생과 정치성이 사랑과 뒤얽힌 뒤라스식 삶의 형태를 닮았다. 작가는 기존의 공사 구분이 무너지고 지극히 사적인 관계 안에 공적인 의미망이 필연적으로 투입되는 현상을 뒤라스식 삶에서 발견한다.” 그래서 오랫동안 베를린 스튜디오 근처에 살다가 작정하고 다른 지역으로 이사했다는 소식은 좀 의외이기도 했는데, 소기의 목적은 달성했나요?

지하철을 타는 것만으로도 그 목적을 달성한 셈이에요. 한국에서도 지하철을 타면 출퇴근 시간에는 직장인을, 늦은 밤에는 클럽 가는 젊은이를, 주말에나 공휴일에는 또 다른 부류의 사람을 볼 수 있잖아요. 베를린도 비슷한데, 예를 들어 크리스마스나 새해 첫날에는 완전 다른 차원의 풍경이 펼쳐져요. 보통 때는 잘 감지되지 않지만, 베를린은 사실 엄청 가난한 도시예요. 너무 추운 데다 휴일이니 모든 노숙자가 지하철 안으로 들어오는데, 거기에서 벌어지는 일들이 정말 끔찍해요. 이런 모습이 일상적인 시민들이 자취를 감춘 휴일에 지하철 같은 데서 확 드러나는 거죠. 생지옥도 같은 풍경이 베를린의 숨겨진 모습이기도 해요.

베를린의 다채로운 풍경과 숨은 표정을 직접 보고 살면서 얻는 특별한 정서가 다른 곳에서도 발현되고, 이것이 작품에서 어떤 식으로든 기능하기도 하나요.

네, 비 오는 날 사람들이 짐을 들고 역으로 막 뛰어 들어오는 풍경 같은 게 주는 일종의 인상이 있잖아요. 저는 예술가에게 연구나 교훈만큼이나 인상이 굉장히 중요하다고 생각해요. 물론 제가 그들과 같은 삶을 살지는 않죠, 그렇게 살 수도 없고요. 하지만 그에 대해 온전히 느끼고, 적어도 그게 무엇인지 알고, 다르게 소화할지언정 그 접촉면을 잃지 않는 건 진심으로 중요해요. 저희 집 앞을 다니는 지하철이 'S-Bahn'이라는, 말하자면 시외선이에요. 지하철 내부에는 늘 불이 환하게 켜져 있어서 우리 집 창문에서 사람들 표정까지 훤히 다 보이는데, 그런 일상의 풍경이 가끔 징하게 와 닿을 때가 있어요.

누군가의 일상을 가까이서 보는 대신에 기차 소리라는 소음을 감수하면서 사는 거겠군요.

예를 들어 비 오는 순간, 무더위의 지속 상태, 출퇴근 풍경, 도시 거리, 미세먼지가 변화시킨 풍경 같은 것도 내게 특별해요. 그래서 내게 여행은 어떤 전시 준비를 준비하며 막연한 생각을 확인하고 다져 가는 과정인 동시에 보통 감성적이라고 일컬어지는 그 지점을 느끼는 시간이에요. 얼마 전에는 상해에 갔었는데, 계속 비만 주룩주룩 내리더군요. 세상이 그냥 회색이었죠. 정작 그들은 아무렇지 않게 여기는 그 사소하고 구체적인 부분들을 직접 느껴 보고 오는 거예요. 한동안 인류학적인, 고대부터 현대까지 뒤죽박죽된 풍경이 저의 화두였던 것 같은데, 요즘은 힘을 확 빼도 좋겠다는 생각도 들어요. 물론 서울에 몇 주 동안 머무는 상황이라 그럴 수도 있겠죠. 이야기를 하다 보니, 양혜규에게는 확실히 장소성이 중요한 것 같네요.

서울 스튜디오를 교외가 아닌 사대문 안에 둔 것도 이와 비슷한 이유였겠지요.

5년 동안 운영해 온 이 공간에 대한 번민이 최근 많았어요. 지금은 나름의 방향을 찾은 것 같아요. 초기에 만든 광원 조각도 내가 도시적인 작업실에서 일했기 때문에 나올 수 있었던 가내(domestic) 스케일이었어요. 방문 크기, 천장 높이 등이 반영된 데다 심지어 내가 장소, 공간, 환경 등에 영향을 많이 받는 사람이었기 때문에 탄생할 수 있었던 작품인 거죠. 좀 더 정신을 열고 서울을 구현하면 현시대와 현상을 적극적으로 담아낼 수 있을 것 같아요. 짚풀 조각 작업인 〈중간 유형〉을 발명하고 심화한 게 1기라면 이제 2기로 넘어가 봐야 하지 않나, 고민하고 있어요.

스튜디오의 체질 혹은 환경이 변화시킨다는 건 작업 내용 자체가 달라진다는 이야기일 텐데, 염두에 두고 있는 작업이 있습니까?

기계음을 리서치하고 있어요. 내가 관심 있는 서사를 다룰 수 있으면서도 시각만큼은 스케일이 압도적이지 않기 때문에, 오히려 나와 더 맞지 않나 싶어요. 요즘 아마존 음성인식 인공지능 비서 알렉사, 밥솥 목소리, 내비게이션 목소리 등이 많잖아요. 모두 형체가 없지만, 인물이 될 수는 있어요. 뒤라스와 관련된 작업 〈일련의 다치기 쉬운 배열-셋을 위한 그림자 없는 목소리〉(2008)부터 지속적으로 목소리를 다뤄 왔는데, 인물이 목소리가 된다는 건 뭔가 비물질화되는 거거든요. 이런 기계음을 이용해서 〈비디오 삼부작〉(2004~2006) 같은 비디오 에세이를 다시 시도해도 좋을 것 같고요. 이게 지금 서울이라는 도시 혹은 장소와 맞닥뜨린 제 상태예요. 제가 반쪽 인생이잖아요. 거기 가도 반쪽, 여기 와도 반쪽. 존재론적으로 반쪽이지만, 반쪽이라고 풍부함이 없는 건 아니거든요. 반쪽의 풍부함도, 높낮이도 만들어 줄 수 있죠. 내 작품 제목으로 종종 등장하는 '쌍', '반쪽'도 그런 의미를 담은 거예요.

〈비디오 삼부작〉에 이런 문장이 있어요. "누구도 내 연인과 경쟁할 순 없을 것이다. 내 연인은 다름 아닌 시차와 거리이기 때문이다." 이 시적인 고백이야말로 시공간에 대한 작가님의 관심이 사적 역사에서 기인했다는 증거였어요. 시공간에 대한 관심은 어디서 비롯된 걸까요.

나는 1970년대 초에 한국에서 태어나 1994년 초까지 살았으니 그때의 한국이 가장 생생할 수밖에 없어요. 1990년대 중반부터는 그 시간과 단절되면서 굉장히 다른 시공간을 살았어요. 처음 독일에 갔을 때 나는 그저 제3세계에서 온 이십 대 여자였어요. 게다가 나의 정신 세계가 동년배 친구들보다 그들의 할머니들과 더 비슷하다는 걸 알았어요. 전후 세대인 그들은 삶이 곧 생존이었고, 그래서 부지런하고 억척스럽고 성실했어요. 나 역시 여러모로 또래에 비해 매우 구식이었던 것 같아요. 아마 내가 겪은 모더니즘을 그들이 경험하지 못했기 때문일 텐데, 어쨌든 기본적으로 나의 생물학적 나이와 사회적인 나이, 그리고 문화적인 나이 등이 계속 빗겨 나가는 느낌이 있었어요. 그런 상황을 지속적으로 맞이하고 겪고 살면서 자연스럽게 시공간에 대한 생각을 많이 하게 되지 않았나 싶습니다.

프랑스 몽펠리에에서 첫 선을 보인 벽지 작업 〈배양과 소진〉(2018)처럼 문명들 간 충돌과 얽힘에 관심이 지속되었어요. 이교도적 문화에 대한 관심과 애정은 어디서 비롯되었을까요?

민속이라는 개념은 보편적인 것 같지만, 굉장히 특정하기도 해요. 오랫동안 그 둘을 붙여 볼 수 없을까 고민해 왔어요. 내게 유럽의 이교도적 문명을 보는 건 매우 중요한 일이 되었어요. 외국인으로서 이 오래된 대륙에서 자기 존재를 증명하다 보면 어쩔 수 없이 이질성만 느끼게 되거든요. 동질성을 찾으려다 보니 고대까지 가게 된 거예요. 기독교가 유럽의 지배 종교가 되기 전에는 이들에게도 사냥철, 농사철에 의거한 관습, 애니미즘 같은 게 있었어요. 이교도적이라는 것조차 사실 기독교적 관점에서의 구분법이죠. 그런 요소들이 씻겨 내려가고 치워진 와중에도 곳곳에서 살아남은 흔적들이 있는데, 그런 걸 보면 동질감이 확 생겨요. 그래서 내게 민속은 동질감을 회복하

양혜규 x 갤러리 라파예트, 《의사擬似-이교적 모던》 전시 전경, 갤러리 라파예트, 파리, 프랑스, 2016, courtesy of Galeries Lafayette, 이미지 제공: 국제갤러리

2019년 9월에 국제갤러리에서 열린 양혜규의 개인전《서기 2000년이 오면》설치 전경, 서울, 한국,
이미지 제공: 국제갤러리

는 제 나름의 방법이에요. 내가 수공예에 관심 갖는 이유도 비슷해요. 단순히 훌륭하다, 아름답다, 장인 솜씨다, 그런 사실보다 토착종교처럼 살아남은 생명력을 보는 거죠.

오래전에는 국내 어느 패션 잡지의 베를린 통신원으로 일하기도 했고, 북페어에도 나갔고, 학교에서 아르바이트도 했었죠. 예전 인터뷰 도중 "나는 뭐든 잘한다"고 농담처럼 이야기한 적 있어요. 그렇다면 그 잘하는 걸 다 제쳐 두고 왜 미술을 계속하고 있다고 생각하나요?

뭐든 시작은 쉽지만 유지하는 건 지루하고, 고단하며 어려운 일이잖아요. 나라도 유지한다는 것에 의의를 부여해야지, 그런 마음이 있어요. 게다가 제가 워낙 산만할 정도로 다이내믹한 사람이다 보니, 적어도 내가 파는 우물은 한 우물이어야 한다는 자기최면도 있고요. 물론 판타지가 없는 건 아니에요. 이 일을 접을 수 있다는 궁극적인 판타지의 결정판. "그만둘 수 있다"에 매달릴수록 그 일의 이면이 매력적이게 다가오죠. 뒤샹도 미술을 그만두고 체스를 두었어요. 그만두는 것, 거절, 거부, 저항, 하지 않는 것 자체의 잠재성을 개념적으로 드러내 실현하고 싶었을 거예요. 언젠가 평생 작업해야 한다는 정석을 깨고 살아생전 이른바 붓을 꺾은 인물을 연구한 적 있어요. 샤를로트 포세넨스케는 사회참여적인 일을 하기 위해서 미술을 그만둔 독일 여성 작가예요. 뉴욕 기반의 대만 출신 작가 테칭 시에는 1년 동안 외부에 사는 퍼포먼스를 작업으로 구현했죠. 가난한 무명이었지만 미술사에 길이 남을 훌륭한 작업을 몇

> 남기고는 작업 생산을 중단했어요. 죽은 것, 사라지는 것, 있는 능력을 발휘하지 않는 것 등의 잠재태를 실현하는 문제, 즉 무언가를 애써 부정하는 건, 더 이상 작업을 생산하지 않는다는 것 등에는 엄청나게 급진적인 지점이 있어요.

대부분 특히 성공한 사람일수록 "내 일을 죽을 때까지 한다"는 판타지를 갖고 살던데, 그에 비하면 매우 존재론적인 판타지군요. 늘 느끼는 거지만 작가의 삶은 일반의 논리와 욕망으로는 이해하기 힘들어요. 애써 이해를 구할 필요는 없겠으나, 작가의 삶에도 나름의 고충이 있겠지요.

> 일반인의 삶을 살기 위해서 얼마나 많은 걸 감당해야 하는지 종종 느껴요. 예술가라는 자들은 그 역량이 안 되거든요. 작가를 보호하는 어떤 사회적인 시스템이 절실한 것도 그런 이유죠. 한 연말에 몇몇 작가들끼리 모였어요. 그런데 이 다 큰 어른들이 연말 시내의 북적거리는 식당이나 술집에 비집고 들어가 앉지를 못하더라고요. 여러 가게를 전전하며 들어갔다 나왔다 반복하다가 결국은 모임을 파했어요. 보통의 방식으로 비집고 들어가 살기에 작가들은 경쟁력이 없어요. 비위가 약한 작가들에게 한없이 연민도 느껴지고, 한심하기도 하고, 이쁘고 좋기도 하고 그래요(웃음).

신비주의를 의도한 건 아니겠지만, '작가 양혜규'뿐 아니라 '인간 양혜규'도 궁금해들 합니다. 제가 파악한바 일할 땐 질릴 정도로 까다롭게 굴지만, 직접 만나 이야기를 하다 보면 절친한 동료처럼 느껴집니다. 심지어

이 작가의 작업 세계에 내가 초대받았구나 하는 근거 없는 연대감에 내심 든든해지기도 하죠. 좋은 작가와 좋은 인간, 어느 쪽에 더 욕심이 납니까?

얼마 전 출장 때 별명을 얻었어요. '동방불패.' (웃음) 검객의 도가 높아지면 성을 잃게 되고, 그 혼란과 슬픔을 감당해야 한다는 내용이 무협지에도 나오잖아요. 제가 그런 본질적인 고통 같은 것에 하도 천착하고 주목하니, 일행들이 우스갯소리로 그런 별명을 붙여준 거예요. 맞아요, 예전에도 그런 비슷한 이야기를 들은 적 있어요. 그런데 어쩔 수 없어요. 좋은 사람이 되고자 하는 욕심을 버리고, 그냥 칼잡이로 살자 싶어요. 저는 그때그때 인간적인 평가를 스스로에게 내리지 않아요. 그렇게 하면 이렇게 살지를 못해요. 왜, 그런 작가들 많잖아요. 대하기는 어렵지만, 막상 만나면 다정한. 그렇게 만났을 때 다정할 수 있는 이유는 평소 그만한 방패를 치고 살았기 때문이에요. 아마 그 방패가 없었으면 견디지 못했을 겁니다.

그렇다면 처음부터 작가님을 늘 따라다녔던 '아시아 여성 작가'의 꼬리표에서 좀 자유로워졌나요?

더 이상 자유롭고 아니고의 문제가 아니에요. 이미 동방불패로 거듭났으니까요(웃음).

•

양혜규와는 2010년부터 2019년까지 여러 번 만났고, 『바자』, 『보그』 등에 인터뷰를 기고했습니다. 이 글은 『나의 사적인 예술가들』을 위해 새로 인터뷰하여 작성했습니다.

18 류이치 사카모토

RYUICHI SAKAMOTO

음악가

"영화음악을
작업할 때마다
내 음악이 영화에
방해되지 않도록
주의하자고
스스로 결심합니다"

음악가

투명하고 평등하게 시대를 위로하는 음악 거장

1952년 도쿄 출생. 도쿄예술대학에서 작곡을 전공한 류이치 사카모토는 서양음악 외에도 공동체에서 전수된 민족음악, 신기술을 집약한 전자음악, 동서양의 철학 및 미학까지 두루 섭렵하며 시대를 앞서가는 전방위적 음악가로 자리매김했다. 1978년 솔로 앨범 〈천千의 나이프〉로 데뷔, 같은 해 호소노 하루오미, 다카하시 유키히로와 결성한 전위적 테크노팝 그룹 YMO(Yellow Magic Orchestra)으로 활동했고, 1983년 해산 때까지 슈퍼스타로 명성을 떨쳤다. 이러한 음악가적 면모를 세상에 널리 알려 모두의 예술가로 각인시킨 건 다수의 영화음악 작업이다. 〈전장의 크리스마스〉(1983), 〈마지막 황제〉(1987)에서 배우이자 영화음악 작곡가로 처음 참여한 그는 특히 〈마지막 황제〉로 아시아인 최초로 아카데미 작곡상, 골든 글로브 최우수 작곡상 등을 수상했고, 여전히 영상과 음악의 관계에 관한 면밀한 실험을 통해 각국 영화감독들과의 작업을 이어가고 있다. 2011년 동일본 대지진을 계기로 반핵운동과 환경운동에 적극적으로 참여하는 것으로 알려져 있지만, 이미 1999년 오페라 〈라이프Life〉 등을 통해 사회 현안을 담은 시적 무대를 선보인 바 있다. 취향과 문화계급의 구별 짓기 수단이 아닌 평등하고 투명한 그의 음악은 본질인 소리를 탐구하고, 세상의 이치를 녹여낸 진일보한 궁극적인 상태를 향해 있다. 지난 2018년 활동 40주년을 맞아 다큐멘터리 〈류이치 사카모토: 코다〉, 〈류이치 사카모토: 에이싱크〉가 개봉했다. 그해 부산영화제는 그를 '올해의 아시아 영화인'으로 꼽았는데, 작곡가가 선정된 건 처음이다.

다큐멘터리 <류이치 사카모토: 에이싱크Ryuichi Sakamoto: Async>의 스틸컷

2020년 어느 날 전대미문의 전염병이 도래했다. 그 고립의 시간 동안 얻은 몇 안 되는 즐거움 중 하나는 류이치 사카모토의 공연을 기다리는 일이었다. 매주 금요일 저녁 7시, 역사적 공연이 온라인에 공개되었고, 각 영상은 한시적으로 한 달간만 볼 수 있었다. 《류이치 사카모토 트리오 투어 2011 인 유럽Ryuichi Sakamoto Trio Tour 2011 in Europe》 공연은 2012년 서울 세종문화회관에서의 삼중주와 공간 전체를 채운 특유의 향냄새를 상기시켰다. 《플레잉 더 오케스트라 2014Playing The Orchestra 2014》 영상이 공개된 덕에 나의 애청곡 〈해피 엔드Happy End〉를 오케스트라 버전으로 '보는' 호사도 누렸다. 《우타우 라이브 인 도쿄 2010 어 프로젝트 오브 타에코 오누키 앤 류이치 사카모토Utau Live in Tokyo 2010 A Project of Taeko Onuki & Ryuichi Sakamoto》는 숨은 거장 오누키 타에코의 목소리와 사카모토의 피아노, 심지 깊은 두 개의 선으로 그린 한 편의 그림이었다. 오랜 동료 알바 노토, 크리스티안 페네즈, 피아니스트 프란체스코 토리스타노가 글렌 굴드의 음악을 재해석한 〈글렌 굴드 게더링-리미티드 에디션GLENN GOULD GATHERING-Limited Edition〉의 조화와 충돌의 에너지는 원곡자의 그것을 능가했다. 내친김에 옛 영상까지 모조리 뒤져 보던 중, 테크노팝 삼인조 그룹 YMO(Yellow Music Orchestra)로 활동한 1979년 무렵 빨간 양복 차림으로 키보드를 치던 소싯적 그의 흑발이 유난히 낯설게 느껴졌다.

류이치 사카모토의 머리칼이 본래 은색이었을 거라는 비현실적 착각은 그의 음악이 증명해 온 동시대성에서 비롯되었다. 고등학교 때 선물받은 조악한 컴필레이션 테이프에 그의 작업 〈마지막 황제〉 O.S.T.가 포함되어 있었음에도, 그는 늘 지금의 모습으로 기억된다. 아이러니하게도 그의 음악에 깃든 동시대성 역시 현재보다 더 현재적이고, 과거보다 더 과거에 충실하며 미래보다 더 미래를 반영하는 식의 시대와 묘하게 어긋나는 지점에서 발생했다. 최근에만도 레이디 가가부터 조성진까지 내로라하는 뮤지션들이 저마다 시의적절한 온라인 공연을 선보였지만, 특히 사카모토의 공연 영상은 그의 진화를 일별할 수 있는 아카이브나 다름없었다. 끊임없는 실험 및 탐구로 점철된 광활한 작업 세계를 영상 몇 개로 지도화했다는 점에서 이번 공연 대방출 사건은 손발 묶인 음악가의 불가피한 미봉책이 아니라 명민한 기획이라 할 만했다.

2019년 말 결정된 우리의 인터뷰는 본래 도쿄에서 진행될 예정이었다. 인터뷰 시간을 10분이라도 더 확보하기 위해 50여 통이 넘는 정중한 메일을 주고받았다. 하지만 돌연 세상은 멈추었고, 당연히 나는 가지 못했다. 화상 인터뷰는 우리가 도쿄와 서울 사이에서 만날 수 있는 좋은 대안이었지만, 그날따라 'IT 강국'이라는 별명은 무색했다. 원인 모를 접속 사고에 좌불안석이던 나를 그는 두 시간 내내 안심시켰다. 정작 때 아닌 전염병에 속수무책인 건 그였는데 말이다. 원래대로였다면 그는 홋카이도의 아이누족 마을 니부타니에서의 대담, 홍콩 공연, 신작 오페라 준비, 알바 노토와의 TWO 유럽 콘서트 등을 포함한 초인적 스케줄을 소화하고 있었을 게 분명했다.

애초에 약속 장소가 그의 생활 터전인 뉴욕이 아니었던 건, 그는 아무리 바쁜 일정에라도 3월 이맘때쯤이면 늘 일본에 머물기 때문이다. 2011년 3·11 동일본 대지진 후부터 거의 매년 해당 지역의 아이들과 오케스트라 공연을 열고 음악축제도 기획하고 있는데, 그에게 가장 중요한 연례행사라 했다. 류이치 사카모토처럼 사유하고 행동하고 실천하는 예술가는 드물다. 재해 지역의 원자력 발전소 문제에서 출발한 반핵운동에 앞장서고, '모어 트리즈(More Trees)'라는 환경단체를 직접 창설했으며, 이 외에도 저작권법, 테러리즘과 전쟁, 안보정책 반대 등 사회정치적 현안을 다룬 시위에도 종종 등장한다. 이런 사회활동가적 면모는 그의 음악이 옳고 그름을 발언한다고 종종 오해하게 한다. 그러나 사회정치적 이슈를 소재로 만든 세기말의 오페라 〈라이프〉의 시적 장면을 떠올려 보면, 그에게 정치란 삶을 사는 태도 혹은 방식이다. 차라리 다큐멘터리 〈류이치 사카모토: 코다〉의 한 장면, 쓰나미에서 살아남았다는 낡은 피아노의 건반을 쓰다듬듯 두드리며 "자연이 조율해 준 소리"에 가만히 귀 기울이던 심정에 더 가까운 것이다.

류이치 사카모토를 둘러싼 또 다른 오해는 '유명 뉴에이지 피아니스트'라는 규정에서 기인한다. 만약 뉴에이지로 분류될 수 있다면, 그건 '새로운 시대, 새로운 가치를 추구하는 흐름이자 전통 관념에 대한 반작용 운동'이라는 사전적 맥락을 충실히 반영했기 때문일 것이다. 다만 이때 뉴에이지 음악에 대해 통용되는 '듣기 쉽고 편안하며 잔잔한 기능 음악(일 뿐)'이라는 편견을 반드시 걷어내야 한다. 물론 그의 음악은 어디서나 흘러나오고, 언제나 들을 수 있으며, 누구나 이해할 수 있다. 간혹 음악은 창작자의 의도와는 상관없이 듣는 이의 문화 계급을 판단하는 잣대처럼 활용되곤 하지만, 사카모토의 음악은 이런 편견에서 자유로울 뿐 아니라 아예 초연하다. 나는 그의 음악을 싫어하는 사람을 만난 적도 없고, 좀 안다고 거들먹거리는 사람도 본 적 없다. 그의 음악 앞에서는 도호쿠 재난지역 대피소 바닥에 앉은 (삶의 일부를 잃은) 관객이나, 뉴욕 맨해튼 파크 애비뉴 아머리의 공연을 찾은 (여유 있고 세련된) 관객이나 모두 평등하다. 사카모토에게 음악은 곧 언어, 피아노는 언어를 발화하는 강력한 목소리이며, 이는 대상에 따라 돌변하지 않는다. 실상 그의 음악 세계를 직조한 건 바흐, 사티, 드뷔시(한때 자신이 드뷔시의 현신이라 믿을 정도였다) 등의 클래식과 곳곳의 공동체에서 숱한 세월 동안 살아남은 민족음악 그리고 동서양의 철학이었다. 그의 음악에서 견고한 서양음악의 구조와 동양적인(반서양적이라는 의미에서) 질감 그리고 청자의 심정을 어루만지는 정서가 드러나지 않은 채 느껴지는 이유인 동시에 그의 음악을 알면 알수록 더 겸허해지는 이유다.

이번 인터뷰에서 류이치 사카모토는 자신의 작업 인생이 공교롭게도 10년 단위로 정리된다고 말했다. 그의 말을 바탕으로 크게 구분해 보자면 다음과 같다. 민족음악과 전자음악을 섭렵하고 YMO 활동을 통해 앙팡 테리블로 떠오른 1970년대, 영화음악 작곡가로 명성을 날린 동시에 자기 실험에 몰두한 1980년대, 뉴욕으로 이주해 본격적으로 세계 무대에서 활약한 1990년대, 새로운 시대에 대한 자각과 사회적 활동에 더 충실한 2000년대, 진화한 음악으로서의 소리를 탐구한 2010년대, 이 모든 것의 진화가 기대되는 2020년대 그리고 그 이후.

연대기와 상관없이 처음부터 내게 류이치 사카모토는 '새 시대에 걸맞은 전위적 예술가'였다. 학창시절 비디오로 본 오시마 나기사의 〈전장의 크리스마스〉(1983)와 베르나르도 베르톨루치의 〈마지막 황제〉(1987)에서 어떤 배우와 영화음악가가 동일 인물이라는 놀라운 사실을 발견했던 기억이 난다. 그가 공히 일본 군인을 연기했다는 사실은 잊혔을지 모르지만, 전자의 영화음악 〈메리 크리스마스, 미스터 로런스〉나 후자의 〈마지막 황제〉는 거의 모든 공연에 등장하는 불멸의 히트작으로 남았다. 특히 〈마지막 황제〉를 위해 일주일 만에 마흔다섯 곡이나 쓴 그는 이 영화로 아시아인 최초로 아카데미 및 골든글로브 음악상 등을 수상했다. 하지만 그 이전, 1978년 〈천千의 나이프〉로 데뷔한 후부터도 사카모토의 활약은 실로 대단했다. 학창시절부터 이미 낭중지추였던 그는 특히 YMO 활동으로 슈퍼스타의 대열에 합류했다. 크라프트베르크의 미래적 전자음과 동양미학이 조화를 이룬 듯한 음악은 지금 들어도 충분히 매력 있다. 이들의 음악은 전 세계의 각종 음악 차트를 휩쓸었는데, 특히 〈비하인드 더 마스크Behind the Mask〉 같은 곡은 마이클 잭슨과 에릭 클랩턴이 리메이크했다. 사카모토가 1992년 바르셀로나 올림픽 개막식 음악의 작곡가였다는 사실 역시 YMO가 일류(日流)의 선두주자였다는 것 못지않게 유명하지만, 이 부담스러운 행사에 참여하기로 한 이유가 재능 있는 프로듀서와의 협업을 기대했기 때문이었다는 사실은 별로 알려져 있지 않다.

모르긴 해도 지난 2018년 류이치 사카모토는 이 시절에 버금

가는 매우 바쁜 나날을 보냈을 것이다. 서울 피크닉(piknic)에서 그의 전시가 열렸고, 작곡가로는 처음으로 부산영화제가 선정한 '올해의 아시아 영화인'에 선정되었다. 그가 활동을 시작한 지 40주년 되는 해, 한국을 비롯한 세계 영화인들이 나서서 그의 세월과 공로를 기린 셈이다. 그에게 이 특별한 해를 어떻게 자축했냐고 물었다. "사실 저는 뭔가를 잘 기념하지 않는 편이에요. 연초에 새해 포부를 나누거나 1년 계획을 세우는 데도 익숙하지 않지요. 하지만 다른 아시아권처럼 일본에서도 만 예순 살이 되면, 그동안 잘 살아왔다고 환갑 기념 행사를 조촐히 열어요. (자신의 사진을 보여 주며) 그때 주인공은 빨간색 조끼와 빨간색 모자를 쓰는데, 저도 그냥 그렇게 지난 60년 인생을 자축했습니다(웃음)."

두 편의 다큐멘터리 〈류이치 사카모토: 코다〉(이하 〈코다〉)와 〈류이치 사카모토: 에이싱크〉(이하 〈에이싱크〉)도 같은 해에 개봉했다. 두 작품은 모두 그의 현재에 대한 이야기다. 그중 〈코다〉는 인후암 투병 중 심경의 변화를 잘 담고 있다. "언제 죽더라도 후회 없도록 부끄럽지 않은 것들을 좀 더 남기고 싶다"던 그는 세상이 듣고 싶어 하는 음악이 아니라 자신이 듣고 싶은 음악, 아니 소리에 몰두한다. 리듬, 선율, 화음 등 음악의 3요소를 잊고 일상의 자연적인 소리를 되살려 낸다. 피아노 현을 뜯거나 튕기고 양동이를 뒤집어쓰고 빗소리를 채집하는 등 "조작하거나 조립하지 않고 있는 그대로의 소리를 늘어놓고 찬찬히 바라본다."

특히 이 다큐멘터리에서 거론되는 영화 〈레버넌트: 죽음에서 돌아온 자〉(2015)를 보면서 나는 감독 알레한드로 곤살레스 이냐리

투뿐만 아니라 사카모토 역시 거장의 반열에 올랐다 확신했다. 인간 내면과 자연의 소리를 함께 적층하고 섬세히 조각한 듯한 음악은 죽음으로 뒤덮인 백색의 땅을 걷고, "피츠제럴드가 내 아들을 죽였다"고 벽에 쓰는 휴 글래스(레오나르도 디카프리오 분)의 절망감을 가장 극대화하는 중요한 요소였다.

이러한 시도는 동명의 앨범 공연 실황을 담은 다큐멘터리 〈에이싱크〉에도 고스란히 반영된다. 혹자는 "내가 좋아하는 곡이 나오지 않아 실망했다" 했지만, 〈에이싱크〉는 소리의 이치와 원리를 깨우쳐 궁극에 이르고자 한 예술가의 열망이 완성한 가장 진화된 상태다. 뉴욕 출신의 아티스트 그룹 자쿠발란과의 협업으로 영상, 텍스트, 음악 그리고 소리로 구성된 작업을 낯선 무대인 싱가포르 비엔날레 전시장에 놓아둔 용기도 그렇거니와, 한때 도시의 모든 소리를 바꾸고픈 야심에 노키아 핸드폰 벨소리나 전자게임 인트로 음악 작업도 마다하지 않았던 그가 무음(無音)조차 두려워하지 않는 득음의 경지에 이르렀기 때문이다. 그래서인지 〈에이싱크〉에서 피아노의 현을 뜯거나 튕기고 심혈을 기울여 (음악이 아니라) 소리를 만들어 내던 그의 모습 자체가 예술의 한 장면이 된다.

몇 년 전 『버라이어티』지에 그에 관한 일화가 소개된 적 있다. 평소 좋아하던 맨해튼 일식집의 음악 선곡에 실망한 나머지, 플레이리스트를 도맡겠다고 (정중히) 제안했다는 내용이었다. 그들은 "음악이 진지하게 받아들여지기를 요구하는 자신감, 감수성, 믿음"이라 썼지만, 사카모토에게 자신감은 겸손함 없이 성립되지 않는다. 그에게 음악은 만국 공통어이지만 침묵해도 좋다고 믿는다. 평생을 음악인으로 살았지만, 음악이 보고 느끼는 세상의 전부가 될 수 없음을 안다. 지금껏 그의 획기적인 감성은 멜랑콜리한 멜로디가 아니라 삶 면면에 가시처럼 박힌 각성의 순간이 만들어 냈다. YMO가 그토록 큰 인기를 끈 건 1980년대 전후 일본 국력의 무서운 성장세와 맞물려 있었음을 자각했고, 어떤 위대한 천재도 공동체의 음악을 따라잡을 수 없음을 인정했으며, 심지어 드뷔시의 음악에도 식민지주의의 범죄성이 깃들어 있다는 점을 잊지 않았고, 음악의 절대적 한계와 결손감을 인정한 유일한 음악가. 사카모토의 음악이 이런 사유의 결과물이라는 점, 태도가 본질임을 자각한 후 나는 그의 음악이 완전히 다른 차원으로 들리는 초월의 순간을 종종 경험할 수 있었다.

하루에 평균 세 시간을 출퇴근길 차 안에서 보내는 나는 류이치 사카모토의 음악을 늘 가까이에 둔다. “한 번도 무엇이 되어야겠다고 마음먹은 적 없다”는 예술가의 생(生)을 가로지르는 우연과 필연의 결과물이 내 일상의 찰나와 겹쳐지는 순간은, 그의 음악을 듣는 크나큰 이유가 된다. 어떤 음악이든 같은 곡도 어디서, 어떤 상태에서 듣고 보느냐에 따라 그 느낌이 확연히 달라지기 마련이지만, 개인적으로는 절대적인 고요함이 그 감동을 증폭시키는 상황보다는 세상의 소음과 일상다반사가 야기한 감정으로 요동치는 차 안에서 그의 음악을 듣는 걸 오히려 더 즐긴다. 아무리 발버둥을 쳐도 결국 나는 세상의 일부일 뿐이라는 열패감이 엄습하는 대부분의 순간, 서정적이거나 경쾌하거나 고요하거나 실험적인 그의 음악은 소음과 번뇌 같은 방해물을 의연하게 헤치고는 이윽고 내게 당도한다. 귀에 꽂히는 음악이 아니라 나를 둘러싼 공기로 변모하는 그의 음악 덕분에 나는 종종 가끔 차 안에서 혼자 울 수도 있고, 평정심을 찾기도 하며, 환희를 느끼기도 한다. 귀에 달콤하게 감기는 멜로디나 심금을 울리는 감성적 선율 같은 관용어구로는 도저히 설명되지 않는 이런 근원적인 힘은 음악을 대하는 그의 도저한 태도와 모방불가한 역사가 만들어 낸 것이다.

실시간의 화상 인터뷰 화면 속 류이치 사카모토는 몇 년 전, 집에서 고개를 숙인 채 수행자처럼 바흐의 우울한 곡을 연주하던 〈코다〉에서의 모습에 비해 훨씬 활기차 보였다. 2021년 일본에서 열릴 3월 공연에서 만나자는 인사로 인터뷰를 잘 끝내고도 내내 아쉬움이 남았다. 그 두 손의 물성을 직접 느껴 보지도 못한 데다 그의 파리 공연에 찾아와 주었다는 수전 손태그의 말을 인용해 나의 마음을 전하기에 두 시간도 턱없이 부족했기 때문이다. 그래서 이 지면에서 대신해 볼 요량이다.

"당신의 뉴욕 동지가 말했지요. '투명성은 오늘날 예술에서 가장 고상하고 가장 의미심장한 가치다. 투명성이란 사물의 반짝임을 그 자체 안에서 경험하는 것, 있는 그대로의 사물을 경험하는 것을 의미한다. (…) 지금 중요한 것은 감성을 회복하는 것이다. 우리는 더 잘 보고, 더 잘 듣고, 더 잘 느끼는 법을 배워야 한다'고요. 내게 당신은 예술의 이런 이상적 면모를 경험하게 해 준 몇 안 되는 예술가 중 한 명입니다."

2017년 뉴욕 맨해튼의 파크 애비뉴 아머리에서 진행된 공연. 사진: Da Ping Luo

지난 2019년 말, 인터뷰를 제안드릴 때만 해도 작금의 상황을 아무도 예상하지 못했을 겁니다. 이런 범인류적 재난의 시절을 지금 어떻게 보내고 있는지요.

이런 비상 상황에서도 인터뷰를 진행해 주어 감사합니다. 말씀대로 우리는 비일상적인 시간을 보내고 있어요. 옛날에는 1년에 몇 번씩 열리는 축제 같은 것이 그런 비일상적 시공간을 제공했습니다. 현 상황이 축제라는 건 전혀 아니지만, 이런 전 세계적인 대규모 사태가 산업 및 경제뿐 아니라 우리 일상이 얼마나 글로벌하게 연결되어 있는지를 새삼 증명한다고 생각해요.

사실 동일본 대지진 역시 현실을 직시하게 하는 사건이었죠. 매년 3월 11일에 맞춰서 일본에 오는 걸로 알고 있는데 어떤 활동을 합니까?

5년여 전부터 재해 지역인 도호쿠 지방 아이들과 '도호쿠 유스 오케스트라' 활동을 하고 있어요. 올해 3월, 다섯 번째 공연에서 아이들과 신곡을 연주할 예정이었는데, 아마 1년 정도 연기될 것 같습니다. 혹자는 이런 재난을 이미 과거의 일일 뿐이라고 치부할지 모르지만, 저는 정기적으로 자주 이 지역을 왕래하고 있어서인지 과거라는 생각이 전혀 안 듭니다. 여전히 제가 음악가로서 무엇을 해야 할지 정답을 찾진 못했지만, 그런 마음으로 음악을 만들고 있어요.

네, 아무래도 오케스트라 단원인 아이들의 현재와 미래를 매번 대면할 테니까요.

지진과 쓰나미 때문에 원전사고가 났고, 그때 유출된 방사능이 많은 이들을 고통스럽게 하고 있어요. 이 문제를 함께 고민해 주었으면 하는 바람으로 2012년부터 '노 누크(NO NUKES)'라는 행사를 해 왔는데, 반복하다 보니 한계가 느껴지더군요. 동일본 대지진 발생 10년째가 되는 2021년을 기점으로 행사를 대폭 바꾸려 기획 중입니다. 젊은 사람들이 동참할 수 있고, 원자력을 비롯한 사회 이슈 전반에 대해 이야기할 수 있는 행사로 말이죠. 내년에 꼭 그 공연을 함께해 주면 좋겠군요.

예술가들은 시대의 문제점을 직감적으로 포착하고, 나아가야 할 바를 숙명처럼 고민한다는 점에서 나이와는 상관없이 어른이라 생각합니다. 시대의 어른으로 사는 건 어떻습니까?

(웃음) 할 수만 있다면, 그런 훌륭한 어른이 되고 싶습니다. 모든 사람이 완벽하지 못하듯, 나도 단점이 많은 사람이에요. 하지만 노력을 안 하는 것보다는 하는 게 좋겠죠. 각자가 자신의 자리에서 할 수 있는 것을 조금씩 해 나가다 보면, 아무것도 안 할 때보다 좋은 세상을 만드는 데 더욱 일조할 수 있지 않을까 생각해요. 그게 가장 간단해 보이지만 가장 어려운 일일 겁니다.

최초의 음악적 경험이 무엇이었는지 기억합니까?

제가 다닌 유치원은 모든 아이에게 피아노를 가르치는 곳이었어요. 엄마도 피아노를 좋아하셨고요. 우연인지, 필연인지 음악적인 분위기에서 자랐죠. 특히 당시 친척 삼촌이 레코드 음반을 많이 가지고 계셨는데, 제 기억으로는 세 살 무렵부터 그 방에 들락거리면서 제멋대로 음반을 꺼내 갖고 놀고, 음악도 듣고, 피아노도 치고는 했어요.

쓰신 책 『음악으로 자유로워지다』(2010)에서 초등학교 때 피아노 레슨을 받던 일화를 읽었어요. 당시 음악선생님이 생활도구를 사용하는 창작 악기 연주 분야에서 활약하신 분이었다고요. 〈코다〉에도 소리를 채집하는 장면이 나오고, 인스타그램 피드에서도 늘 어떤 소리가 들립니다. 세상의 모든 소리에 귀를 기울이는 분이 가장 애정을 갖고 있는 소리는 무엇일까요?

좋아하는 소리가 많지만, 하나만 꼽으라면 역시 빗소리겠죠. 세상은 정말이지 너무 많은 소리로 넘쳐요. 극단적으로 얘기하면, 인간이 만든 음악이 없어도 주변에 존재하는 소리만 즐기면서도 살 수 있고, 그것만으로도 충분히 좋다고 생각합니다. 물론 정말 그렇게 된다면 내 직업이 없어져 버릴 테니 좀 곤란할 테고, 자연의 소리로만 온전히 만족했다면 음악을 하지 않았겠지만요. 저는 음악을 듣는다는 것만큼이나 주변 소리에 귀를 기울이며 산다는 게 매우 즐겁습니다. 놀라거나 기분이 좋아지거나 긴장이 풀리거나 하는, 내 일상에 영향을 끼치는 모든 소리가 그저 좋습니다.

최근 음악이 아닌 어떤 일에서 큰 즐거움을 느꼈습니까?

상하. 다큐멘터리 <류이치 사카모토: 코다>의 스틸컷

솔직히 말씀드릴게요. 웃지 마세요. 드라마 〈사랑의 불시착〉(2019~2020)을 재미있게 봤어요(웃음). 북한 사람들이 친근하다 못해 좋아하게 될 정도였죠. 〈말모이〉(2018)도 감동적인 영화였고, 〈벌새〉(2018)도 매우 좋았어요. 저작권 문제로 못 본 〈경주〉(2013)도 많이 기대하고 있어요. 해외에서 한국 영화와 드라마를 보기가 쉽지 않지만, 부지런히 챙겨 보고 있어요. 막 개봉한 영화를 빨리 보고 싶어서 한국에 가고 싶을 정도입니다만, 자막이 없어서…. 조금씩 한국어를 공부하고 있어요.

한국영화 음악도 종종 맡아온 데다 파올로 파졸리니, 프랑수아 트뤼포, 장 뤼크 고다르, 페데리코 펠리니, 오시마 나기사 등을 신봉한 영화광답습니다. YMO 첫 앨범에 수록된 〈동풍Tong Poo〉(1978)도 고다르의 작품 제목에서 차용한 거였죠(웃음). 어쨌든 그렇다면, 반면 선생님을 가장 두렵게 한 건 어떤 일이었습니까?

지난해 호주에서 큰 산불이 났잖아요. 전 세계적으로 산불이 잦아지는 원인이 지구온난화에 있다고 생각해요. 코로나19가 단기적 재난이라면, 지구온난화는 그에 앞서는 매우 심각한 문제예요. 너무 가슴이 아파요. 원전 문제도 그렇고요. 또한 바이러스가 창궐하면서 많은 나라가 국경을 폐쇄하고 빗장을 닫아걸고 있죠. 새로운 차원의 분단과 차별을 생각해도 마음이 무거워집니다. 다양한 문제들이 산재해 있지만, 이 세 가지가 현 인류가 직면한 가장 큰 문제라고 생각합니다.

얼마 전에는 〈마지막 황제〉의 수록곡 〈레인Rain〉을 딸과 함께 들었어요. 그녀가 그러더군요. 소나기 오는 날에도, 쨍하게 맑은 날에도 잘 어울릴 듯한 곡이라고요. 이 곡에서 삶의 비애와 환희가 공존함을 느낀 건 처음 듣는 그녀나 수만 번 들은 저나 마찬가지였어요.

대신 감사 인사를 전해 주세요(웃음). 당시 영화 〈마지막 황제〉를 위한 곡을 도쿄에서 만들어 런던으로 날아가서는, 영화감독 이하 스태프들과 함께 들으며 점검하는 시간을 마련했어요. 총 마흔다섯 곡을 순서대로 들었는데, 푸이의 두 번째 왕비가 견딜 수 없다고 뛰쳐나가는 장면에서 〈레인〉이 시작되자마자 이탈리아 스태프들이 서로 껴안더니 "벨리시모, 벨리시모(Bellissimo, beautiful)!" 하는 거예요. 사실 많이 놀랐어요. 지금 대체 무슨 일이 일어나고 있지(웃음)? 이들의 극적인 반응에 나 역시 잊지 못할 일체감을 느꼈었죠. 방금 말씀을 들으니, 그때의 감동이 떠오르네요.

선생님의 음악은 매우 다양한 버전으로 오랜 세월 각기 다른 시대를 사는 이들에게 들려지고 있지요. 마찬가지로 어디서 듣느냐에 따라서도 그 느낌이 달라져요. 특히 곡에 여백이 많아서 그런지 더 흥미롭습니다. 직접 곡을 만들 때에도 이런 차이를 염두에 둡니까?

우리의 귀는 항상 같은 기준으로 듣는 게 아니라 주변 소리에 영향을 받아요. 내게도 흔히 있는 일이에요. 우연히 카페에서 들은 음악이 좋아서 집에서 검색해 들어 보면 그렇지 않은 경우가 왕왕 있거든요. 조용하고 객관적인 공간에서 들으면 비판적이랄까요, 귀의 상태도 달라지기 때문이죠. 아무래도 크게 들을 땐 음악 속으로 들어가 현미경으로 확대하듯 자세히 하나하나를 콕 집어내는 느낌이죠. 하지만 일상의 소음과 섞여 들려도 좋습니다. 저 역시 다가가서 들어도 재미있고, 멀리서 전체를 들어도 흥미로운 그런 곡을 만들고 싶어 노력하고 있습니다.

만약 미지의 관객에게 본인을 소개해야 하는 상황이라면, 어떻게 하겠습니까?

1990년부터 뉴욕에서 꾸준히 콘서트를 열어 왔어요. 일본인뿐 아니라 온 아시아 관객들이 와 주시는데, 늘 응원받는 기분입니다. 오래 전 솔로앨범 중 〈디 엔드 오브 아시아The End of Asia〉라는 곡을 쓰기도 했죠. 그러니 '세계에서 활동하는 성공한 아시아인 음악가'라 소개해 주시면 어떨까요(웃음)? 사실 미국이나 유럽에서의 인터뷰에서 일본인 내지는 일본음악을 하는 누구라는 얘기를 들을 때마다 화가 났어요. 일본인이라는 점은 변함없지만 전 어디까지나 사카모토라는 개인이고, 일본음악이 아니라 사카모토의 음악을 하는 거라고 지겹도록 항변해 왔지요. 이젠 더 이상 화를 내지는 않습니다만, 항상 스스로를 일본인이라기보다는 아시아인이라 여기고 있습니다.

활동 40주년이 되는 특별한 해를 보낸 후, 2019년과 올해 새로 생긴 목표 같은 게 있습니까?

2019년에는 기억나지 않을 정도로 정신이 없었어요. 전 세계 여러 작업을 동시에 진행하다 보니 체력 소모도 많았죠. 목표 같은 걸 세우지 않는 편인데 몸이 힘들다 보니 프로젝트 사이 최소 하루, 사흘이면 더 좋고, 어쨌든 반드시 쉬자고 결심하게 되더군요. '온'과 '오프'의 구분을 갖자는 게 올해 목표였어요. 물론 이미 무너지고 있습니다만(웃음). 하긴 이젠 나이도 있고, 발맞춰 걸을 때도 되었어요. 삼십 대 땐 말처럼 기운차게 달린다는 얘기를 들었거든요(웃음). 함께 작업한 동료들이 다 쓰러져 입원해도 전 멀쩡했어요. 어떻게 그럴 수 있었는지…. 어머니께 감사하고 있습니다(웃음).

한결같이 미래로 진격해 온 음악가에게 과거를 되돌아보는 건 쉽지 않은 일일 거예요. 그럼에도 숱한 우연과 필연을 곱씹어 볼 때가 있지 않을까요. 중요한 예술적 변곡점이 언제였다 봅니까?

돌이켜 보면, 오시마 나기사 감독님의 〈전장의 크리스마스〉가 제 인생에서 갖는 의미가 큰 것 같아요. 첫 영화 출연작이자 첫 영화음악 작업이었죠. 어렸을 때부터 영화를 매우 좋아하는 관객이었지만, 그때서야 비로소 영화를 함께 만드는 입장이 되어 봤습니다. 영화음악 이외에도 다양한 활동을 하게 된 출발점이자 변곡점이 된 작품이라 생각해요.

당시 배우로 섭외를 제안한 감독에게 영화음악 작업까지 맡겨 주면 출연하겠다고 베짱을 부렸다는 일화는 꽤 유명하죠(웃음). 그렇다면

1970~1980년대의 전자음악을 하고 영화에 출연하던 사카모토와 빗소리를 수집하는 지금의 사카모토는 각자 어떤 챕터를 쓰고 있을까요?

공교롭게도 1980년대부터 2010년대까지 10년마다 챕터가 변화해 왔어요. 그간의 변화가 진화라면 더욱 좋겠죠. 스물일곱 살 즈음에 솔로 앨범을 만들었는데, 만약 현재 앨범과 별반 차이가 없다면 지난 40여 년은 대체 무슨 의미였나 싶을 테니까요. 스물일곱 살 때 만들었던 그 음악을 지금은 만들 수 없어요. 마찬가지로 그때의 나는 지금 같은 음악을 만들 수 없을 거예요. 경험과 나이에 적합한 음악을 만들고 있다는 의미에서, 저마다의 의미를 가진 챕터를 쓰고 있다는 말이 맞겠네요.

연륜 있는 예술가일수록 본질에 집중하고자 한다는 사실을 발견합니다. 특히 소리에 몰두하는 당신의 모습을 보며 우리가 흔히 음악이라고 여기는 대상의 개념을 확장한다는 생각이 들었어요.

감사합니다. 맞아요. 예컨대 베르사유 궁전이라는 기하학적이고 인공적이며 직선적인 건축물 앞에서 인간은 아름다움을 느낍니다. 반면 일본이나 한국의 시골에서 아무도 살지 않는 낡은 절을 보았을 때도 와비사비, 즉 소박한 대상만이 가진 불완전함의 미학을 느끼죠. 완벽하지 않은 것들을 귀하게 여기는 삶의 방식을 존중하고 싶어요. 저도 이 나이가 되어서야 경주의 신라시대 벽이나 오래된 돌담길을 보면서 절실한 아름다움을 느꼈어요. 그러면서 음악을 대하는 마음도 서서히 변화해 왔지요. 앞으로 10년, 20년 후에는 세상의 또 다른 면들이 보일 테고, 내가 만드는 음악도 또 달라지지 않을까요.

넷플릭스의 〈블랙 미러〉(2011~), 영화 〈미나마타〉(2020), 루카 과다니노가 연출한 발렌티노의 패션필름 〈더 스태거링 걸The Staggering Girl〉(2019) 등 작업의 성격이 천양지차입니다. 선택할 때 어떠한 기준이 있나요?

아마도 개런티겠죠? 당연히, 농담입니다(웃음). 특히 포토저널리스트인 유진 스미스(조니 뎁 분)가 미나마타현을 취재하며 겪은 일을 다루는 〈미나마타〉의 내용에 깊은 공감을 느꼈어요. 프로젝트 자체에 공감하지 못하면 완벽한 작업을 하기가 힘들어요. 전 100퍼센트 직업적 영화음악가 혹은 작곡가가 아니니까요. 제가 만드는 음악 자체가 본업이자 전부인 데다, 특히 엄연히 감독이 존재하는 영화의 음악 작업이니 더더욱 그렇겠죠. 또 다른 기준이라면, 재능 있는 사람과 협업하고자 하는 마음입니다. 나이, 국적에 상관없이 각 분야의 창작자들로부터 좋은 자극을 받고 싶다는 열망이 작업을 선택하는 강한 원동력이 됩니다.

〈레버넌트: 지옥에서 돌아온 자〉를 언급하지 않을 수 없겠어요. 소리라 해도 좋을 음악이 감독과 배우가 미처 표현하지 못한 본질적인 지점을 섬세히 자극했죠. 〈콜 미 바이 유어 네임〉(2017) O.S.T. 역시 자주 듣고 있습니다. 영화음악이란 수동적인 작업인 동시에 영상과 음악의 절묘한 긴장감의 비율을 찾아내야 한다는 점에서 매력 있는 분야예요. 좋은 영화음악이란 무엇이라 생각하나요?

정말 어려운 문제예요. 마지막 영화 작업을 하는 날까지 풀리지 않는 문제겠죠. 저도 젊었을 땐 못지않게 자기중심적이었고, 내 음악만 돋보이면 된다고 생각했어요. 내 의도와 달리 음악이 편집되기라도 하면 큰 충격을 받았죠(웃음). 하지만 영화 음악 작업의 특성을 통해 제 작업의 또 다른 지점을 발견할 수 있었어요. 옛날부터 저는 제약이나 조건이 있는 편이 일할 때 오히려 좋더군요. 그걸 해결하는 과정에서 많은 걸 배우고 깨닫게 되니까요. 지금은 누가 뭐라 해도 영화가 스포트라이트를 받는 게 옳다 봐요. 내 음악이 작품에 공헌했으면 하고요. 영화 음악을 작업할 때마다 내 음악이 영화에 방해되지 않도록 주의하자고 스스로 결심합니다.

"영화적으로 생각하려고 한다"고 하면서 타르콥스키의 폴라로이드 사진집을 보는 장면이 〈코다〉에 나옵니다. 음악가에게 어떤 의미가 있는 행위인지 궁금하더군요.

보통의 음악은 정해진 템포, 멜로디, 형식을 갖고 있어요. 독자적 템포에 영향받아 느닷없이 변하지는 않는 거죠. 마찬가지로 영상에도 나름의 템포가 있어요. 하지만 영상의 템포는 음악과는 달리 늘 같은 속도를 유지하지는 않아요. 갑자기 빨라지거나 멈추거나, 그렇게 변화무쌍한 영상에 변하지 않는 음악을 붙이면 잘 맞지 않을 때가 많아요. 그래서 어디까지나 영화만의 템포를 존중해야 한다는 게 나의 생각입니다. 반대로 음악이 가진 법칙을 그대로 영화에 적용시킬 수 없을 때도 많아요.

음악은 참 이기적이에요. 강한 에고를 가지고 있죠. 이 에고가 영화에서는 가끔 장애가 될 수 있어요. 영화가 음악의 강한 에고를 잘 활용하기란 경험상 쉬운 일이 아니더군요.

책 『음악으로 자유로워지다』에 "어떤 감정을 바탕으로 음악을 표현한다 해도, 음악으로 만들어지는 그 시점부터 이 세계의 것이 되어 버린다"고 쓰면서, 음악의 소통가능성 이면의 한계라 했죠. 그렇다면 공연은 어떤가요? 저는 특히 <에이싱크>를 보면서 공연이라는 특정 시공간에 대한 다른 차원의 해석이 담겨 있다고 생각했습니다.

앨범 《에이싱크》는 제 음악 인생의 거대한 변화의 출발점이라 할 만해요. 지금껏 만들어 온 앨범과 매우 달랐는데, 실제 작업할 때 소셜미디어도 일절 가까이 하지 않았으니 마음가짐부터 다르지 않았나 싶어요. 더욱이 다큐멘터리 속 공연은 앨범의 변화를 상징적으로 집약해 공표하는 자리였죠. 이미 전제하는 음악을 순서대로 연주하며 재현하는 기존 공연과는 달리 〈에이싱크〉는 인스톨레이션과 퍼포먼스가 합쳐진 공연이었어요. 예술적 형태의 인스톨레이션을 퍼포먼스라는 음악적인 면과 결합한 공연 말이죠. 언젠가 〈에이싱크〉를 더욱 확대 및 발전시켜 저 이외의 다른 퍼포머들도 등장하는 일종의 시어터 피스, 즉 무대작품을 만드는 게 저의 궁극적 목표입니다.

투병생활도 어떤 계기가 되지 않았을까 합니다. 앨범 제작을 준비하다 암 진단을 받은 후 당시 스케치를 모두 폐기하고 처음부터 다시 시작했다죠. 그 시기가 음악을 대하는 마음을 변화시켰습니까?

사실 〈에이싱크〉에 지대한 영향을 준 작품이 바로 영화 〈레버넌트〉였어요. 소리를 쌓는 느낌으로 음악을 작곡했죠. 투병 기간 중이었기 때문에 더 어렵고 고된 작업이었지만, 그를 통해 좋은 자극을 많이 얻었습니다. 이 시도가 〈에이싱크〉로 연결되었어요. 투병이 미친 영향도 물론 있습니다. 이십 대 때 일을 시작한 이래 그렇게 오랫동안, 그러니까 10개월 정도 아무런 일도 하지 않은 건 처음이었어요. 말씀 드렸듯, 사흘도 쉰 적이 없었으니까요. 그 시간 동안 다른 방법으로 시간을 보냈는데, 그것이 변화의 중요한 원인이 되지 않았을까 짐작합니다.

서울 피크닉에서의 전시에서 선보인 〈워터 스테이트 1 Water State 1〉은 미디어 아티스트 타카타니 시로와 협업한 작품이지만, 한편으로는 이우환 작가에 대한 일종의 오마주처럼 보이기도 했습니다. 두 분의 관계에 대한 이야기를 들었기 때문인 것 같아요. 미술작품, 특히 그의 작업에서 어떤 특별한 영감을 받습니까?

이우환 선생님은 열여덟 살 때부터 제게 동경의 대상이었어요. 미술 운동 '모노하(物派)' 때부터 그의 미술적 활약을 좇아왔죠. 몇 년 전 직접 뵐 수 있었고, 2019년 프랑스 메츠에서의 개인전에 맞춰 음악 작업을 의뢰하셨어요. 아마 선생님도 개인전에 음악을 직접 도입한 시도는 처음이지 않았을까 싶어요. 오리지널 음악이라기보다는 작품을 방해하지 않는 한 시간 분량의 어떤 소리를 만들어 전시장에서 내보내는 작업이었어요. 백남준 선생님도 굉장히 존경했어요. 삼십 대 때 만난 이후 〈어트리뷰트 투 엔.제이.피.A Tribute to N.J.P.〉(1984)라는 곡을 헌정했고, 돌아가실 때까지 활발히 교류했습니다. 기쁘게도 한국 출신의 위대한 예술가들과 교류할 수 있는 순간들이 많았어요. 제가 복이 많은 사람인 것 같습니다.

재난 지역 쉼터에서 열린 공연 장면을 보고, 저 역시 완전히 다른 차원의 공연을 상상하게 되었습니다. 예컨대 데이비드 보위는 베를린 장벽에서, 요요마는 멕시코 국경에서 역사적인 공연을 선보인 바 있어요. 그래서 현재 가장 거대한 분단의 지역이자 생태의 보고인 DMZ에서 공연을 하시면 어떨까 했습니다만.

그렇잖아도 지난해(2019년) 최재은 작가가 하라 미술관에서 DMZ 관련 전시를 열었을 때, 서로 의견을 나누었어요. 저도 어떻게든 참여하고 싶으니 협업하자고 말이죠. DMZ는 오랫동안 일반인의 발길이 끊기면서 역설적으로 생태계가 가장 잘 보호된 지역이 되어 버렸어요. 게다가 박찬욱 감독의 〈공동경비구역 JSA〉도 참 좋아합니다. DMZ는 애착이라고나 할까요, 개인적으로 마음이 끌리는 곳이에요. 분단의 상징이자 인류역사적 함의를 띈 이 장소가, 인간의 비극적인 역사와 풍부한 자연이 공존하는 이곳이 통일 후에도 지켜질 수 있기를 간절히 바랍니다.

한국 팬들 사이에서 "용일이 형"으로 통합니다. 물론 사카모토 라디오

(sakamoto radio)를 통해 근황도 전하고, 플레이리스트도 공유하고 있지만 어쩌면 용일이 형의 메시지를 기다리고 있지 않을까요?

사실 한국 지방 도시로 일주일 정도 여행을 가려고 계획했었어요. 물론 못 가게 되었지만요. 어서 빨리 이 상황이 끝나고, 전 세계가 빗장을 풀기를 바랍니다. 저는 한국 음식을 아주 좋아해요. 빨리 냉면을 먹으러 가고 싶어요(웃음). 곧 만날 날을 고대합니다.

철학, 과학 개념 등 세상 이치를 음악 재료로 삼고 있습니다. 《에이싱크》도 비동시성, 소수, 혼돈, 양자물리학 같은 아이디어로 구성되어 있죠. 이러한 음악철학이 삶 전체에는 어떤 궁극적인 영향을 줍니까?

가끔 지구도, 태양계도, 우주를 구성하는 모두가 저마다의 궤적을 돌고 있다는 생각을 해요. 마찬가지로 우리 몸속 DNA도 나선형으로 회전하고 있죠. 우리 주변에는 회전하는 것들이 굉장히 많고, 이것이 자연스럽게 느껴져요. 원 운동이 자연의 섭리가 아닐까 싶은 거죠. 어쩌면 인간만이 인위적으로 직선을 긋는 존재인 것 같아요. 자연 속에서는 직선이 존재하지 않잖아요. 저 역시 인간 중심의 직선적인 음악이 아니라 자연에 맞는, 순리에 맞는 원적인 음악을 만들고 싶습니다.

언젠가 그가 밝힌, 고(故) 오즈 야스지로의 영화음악을 작곡하고 싶다는 실현 불가능한 희망이 떠올랐기 때문에 나도 이런 질문을 마

지막으로 건넸다. “당신의 판타지는 무엇입니까?” 각종 음악이론과 철학, 동서양 미학과 사회정치 현안 등을 섭렵해 온 이 불세출의 예술가, 진격의 거장은 한 시대를 관통하고 지구를 몇 바퀴 돌아서 제자리로 왔다. 가장 좋아하는 문장이라는 “레스 이즈 모어”를 실천하듯 소리의 본질로 한없이 수렴하는 음악은 새로운 방식의 소통법을 제안한다. 그런 그는 과연 어떤 직업적 욕심 혹은 인간적 바람을 가지고 있을까. 그는 한참 웃으면서도 진지하게 고민했다.

“아주 예전에는 다시 태어난다면 돌고래가 되고 싶었어요. 어릴 때부터 아름답고 지적인 그들이 온 바다를 자유롭게 유영하는 모습이 참 좋았거든요. 하지만 한 20년 전부터는 이런 생각을 합니다. 우리 주변의 살아 있는 나무나 풀이 내 육신에 스며들고, 그렇게 몇 만 광년 멀리 떨어져 존재하는 태양계의 다른 행성에서 살고 있는 나무 혹은 풀과 교류할 수 있으면 좋겠다고 말이죠. 이게 저의 판타지라 하면, 내 머리가 이상하다고들 할까요(웃음)? 아, 하나 더 있어요. 오늘의 이 인터뷰를 한국말로 직접 해내는 거예요. 한국어 공부에 더욱 매진하도록 하겠습니다.”

•
2020년 6월호 『보그』 인터뷰를 바탕으로 새로 작성한 글입니다.

19 장-필립 델롬

JEAN-PHILIPPE DELHOMME

일러스트레이터 / 화가

장-필립 델롬 JEAN-PHILIPPE DELHOMME

“내가 머무는
거의 모든 곳에서
뭔가를 그려요.
뭐라도 매일매일
그려 내는 게 중요해요”

일러스트레이터 / 화가

삶과 예술의 경계를 허무는 도시풍경 화가

1959년 프랑스 낭테르 출생. 패션, 디자인, 예술, 여행, 문학 등 현대인의 삶에 영향을 미치는 다양한 문화적 요소를 매체에 구애받지 않고 표현하는 전방위 예술가다. 한국에서는 주로 일러스트레이터로 이름을 알렸지만, 사실 그의 작업 영역은 일러스트레이션뿐만 아니라 회화, 드로잉, 소설 등을 자유롭게 아우른다. 특히 아날로그와 디지털의 영역을 오가며 문화예술적 참고문헌이라 할 만한 일상 낱낱의 장면을 고유의 필체로 그려 내고 있다. 시대의 취향을 읽어 내는 관찰력과 상상력, 예리한 유머 감각과 개성 있는 취향, 디테일로도 현실 및 진실을 포착하는 능력을 두루 갖춘, 나이와는 상관없이 영원한 신개념 예술가. 지난 1981년 음악전문지 『록 앤 포크』지에 드로잉을 게재한 후 『인터뷰』, 『뉴요커』, 『보그』 등 유수의 잡지는 물론 다양한 브랜드와의 협업을 통해 존재감을 각인시켰고, 40여 년이 된 지금까지도 여전히 문화 기록자이자 도시 풍경 화가로 활발히 활동 중이다. “예술은 그 자체로 가치 있다”고 믿는 그의 순정주의는 패션계와 예술계, 상업예술과 순수미술, 회화와 일러스트레이션 등의 공공연한 위계질서 및 경계를 허물었고, 솔직담백한 그림을 통해 인간의 삶을 반영하는 동시대 예술의 역할을 경쾌하고 긍정적이며 일상적으로 수행한다. 현재 파리, 뉴욕, LA 등 다양한 도시에서 활동 중이다.

<타니아Tania>, 2020, Oil on panel, 30x40cm. 이미지 제공: 장-필립 델롬

미술 현장에서 종종 목격하게 되는 전형적인 장면이 있다. 아트 페어 부스에서 수억을 호가하는 작품을 등진 채 핸드폰만 들여다보는 갤러리스트의 따분한 표정, 하나같이 색상만 다른 헌터 장화를 신고 전시 오프닝에 온 관객들, 데이미안 허스트의 작품 앞 퍼코트와 미니스커트 차림 여자의 뒷모습, 남성복 컬렉션에서 막 뛰쳐나온 듯 슈트를 빼 입은 남자들…. 매년 어김없이 반복되는 일련의 장면들은 장-필립 델롬의 작품에서 유난히 입체적인 풍경이 된다. 특유의 안목, 유머 감각, 디테일 등 현실 및 진실을 표현하는 결정적 방식을 터득한 자만이 그려 낼 수 있는 직관적인 그림이다. 그의 그림을 통해 나는 예술과 삶이 만나는 지점, 아무도 실체를 모르지만 누구든 꿈꾸는 순간을 포착하고, 예술보다 더 예술적인 것이 존재하거나 혹은 예술은 별게 아닐지 모른다는 역설을 발견하게 된다. 쓱쓱 그린 몇 개의 색연필의 선만으로 예술을 대하고 보고 느끼고 열망하는 방식을 담아낸 현대인의 초상 혹은 도시 풍경이다.

언젠가 지인으로부터 마카롱 세트를 선물받은 적 있다. 유명한 요리 연구가이자 파티시에인 피에르 에르메가 화이트 트러플 크림, 헤이즐럿, 설탕에 절인 밤, 초콜릿, 푸아그라 등으로 만든 55유로(약 7만5천 원)짜리 리미티드 에디션 마카롱이었다. 하지만 내가 이 럭셔리 스위트를 여전히 기억하고 있는 건 스타 파티시에의 과자가 아니라 케이스에 그려져 있던 장-필립 델롬의 그림 때문이다. 시큰둥한 표정의 모델, 그녀 몸에 마카롱을 잔뜩 붙여 드레스를 만드는 패션 디자이너, 마카롱 가득 얹은 접시를 들고 서 있는 중년의 어시스턴트가 연출한, 시니컬한 위트의 순간은 그의 전매특허다. 그는 아름답고 무용한 예술이 과자 케이스 같은 일상적 사물로 활용되었을 때, 기능성이 생겨나는 게 아니라 오히려 무용함이 더 빛을 발한다는 희한한 상관관계를 알려 주었다.

장-필립 델롬 특유의 유머와 통찰은 비단 예술계의 것만이 아니다. 루이 비통부터 메종 키츠네까지, (지금은 없어진) 편집숍 콜레트부터 피에르 에르메까지, 뉴욕 마크 호텔부터 소더비까지, 지성주의와 혁명을 꿈꾸는 무료 예술 잡지 『브루클린 레일』부터 화려한 패션의 상징 『보그』나 『GQ』까지 그는 각종 세계를 종횡무진하고 있다. 샤넬 공방을 담은 아트북의 저자로도 유명하지만, 비주류 성향의 소규모 패션 브랜드도 지지한다. 예술가적 성향의 패션 디자이너도 좋아하지만, 상업 브랜드와의 작업에도 기꺼이 참여한다. 특히 "드로잉으로 패션을 팔 수 없다"던 업계의 관성을 깨고 일러스트레이션으로만 구성한 바니스 뉴욕의 광고는 지금도 회자되고 있다. 예컨대 지금과 같은 융합과 통섭의 시대, 아트, 리빙, 디자인, 패션과 연계한 독창적인 작업을 유튜브나 인스타그램에 소개하는 예술가들이 출몰하기 훨씬 전부터 그는 음악, 패션, 디자인, 문학 등을 오가는 신개념 예술가로 이미 존재를 알렸다.

많은 이들이 무경계적 활동을 통해 전 세계 유수의 브랜드와 숱한 창작자들을 매료시킨 장-필립 델롬에게 그 비법을 묻는 건 당연했다. 흥미롭게도 그는 그때마다 늘 이런 식의 조언을 해 주었다. "판타지를 존중하되 반드시 유행을 따를 필요가 없다." 사람들이 어떤 패션 스타일을 추구하는지보다 그 사람의 정체성과 진정성, 개성과 유머가 훨씬 더 중요하다는 것이다. 그리고 나는 이런 태도가 패션계든, 예술계든 공히 그를 존중하도록 만들었다고 생각한다. 오랫동안 패션 매거진에서 문화 분야를 담당해 온 나는 한때 반짝했다가 이내 스러지는 예술가들을 봐 왔다. 능력의 여부와는 상관없이 이들에게는 누군가가 원하는 대상이나 이슈를 충실히 좇는다는 공통점이 있었다. 자유보다 더 절실한 신념이 생겨나는 이상 예술가로서의 자율성을 지키긴 힘들다.

반면 장-필립 델롬이 지난 40여 년간 예술가로 존재하는 동안 주목받지 않은 적 없었던 건 스스로를 가두지 않았기 때문이다. 더 정확히, 그는 세상에서 통용되는 상업적이란 의미 자체를 달리 해석하거나 아예 염두에 두지 않거나 철저히 자유롭다. 브랜드 의뢰로 그린 일러스트레이션이나 뉴욕 부시윅 거리 풍경을 그린 회화를 모두 평등하게 자신의 예술로 여기는 그는, 마찬가지로 공공연히 서열화되는 회화, 드로잉, 일러스트레이터 등을 모두 자신의 이름으로 통합해 냈다. 예술가는 작업과 사유를 창작해 내지만 그런 예술가를 만드는 건 그들의 순연한 태도다.

나는 파리 출장을 갈 때마다 습관처럼 장-필립 델롬의 책을 사 온다. 그중 무사태평한 네오히피가 뉴욕에서 겪는 좌충우돌을 그린 책 『더 언노운 힙스터 다이어리스*The Unknown Hipster Diaries*』(2013)는 그가 얼마나 새로운 매체와 시대의 뉘앙스를 영민하게 반영하는 작가인지 증명했다. 뭔가 석연치 않았던 힙스터라는 신인종에 대한 과도한 관심과 추종의 열풍을 그는 괴상한 히피 캐릭터를 통해 풍자했고, 블로그에 수년간 연재하며 공감대를 형성했다. 지난 출장길에서는 노란색 표지가 산뜻한 책 『아티스트스 인스타그램스*Artists' Instagrams*』(2019)를 구입했다. "근현대 미술가들이 인스타그램을 한다면?"이라는 질문을 고안하고 답을 상상한 위트 만점의 드로잉은 2020년 초 오르세 미술관의 공식 프로젝트로 결정되면서 그 영역을 확장했다. 매주 오르세의 인스타그램 계정에는 드가, 모네, 판탱라투르 등 작가들이 화자가 된 가상의 피드가 올라온다. 물론 그가 이런 작업을 고안할 수 있었던 건 기본적으로 아트 러버(art lover)이기 때문이겠지만, 더욱 중요한 동력은 그 자신에게 있다. "나는 내 삶에 영향을 준 예술가들에 대해 더 많이 알게 되는, 진화하는 나 자신을 기록하는 데 흥미를 느끼고 있거든요."

예술을 향한 그의 신념은 거리예술에 매료되었던 과거에서 피어났다. 아폴리네르의 시를 즐겨 읽던 소년은 레몽 사비냐크가 작업한 상업 포스터와 낙서가 뒤엉킨 뉴욕의 풍경을 사랑했다. 동서고금의 회화 작가 대부분이 신성시하는 캔버스를 포기하고, 이미지를 인쇄함으로써 자신의 그림이 거리에서 흘러나오는 음악처럼 자연스럽게 전 세계 도시, 일상 면면을 여행하도록 했는데, 그는 이것이야말로 스스로 세상의 일부가 되는 방법이라 믿었다. 1980년대 초 음악 잡지 『록 앤 포크』에 흑백 드로잉을 처음 선보인 이후 지금까지도 다양한 잡지와의 작업에 매진하는 이유이기도 하다. 그 과정에서 파리, 런던, 뉴욕에서 많은 상업 예술가와 인연을 맺은 그는 여전히 그들을 "가장 훌륭하고 자신감 있고 독립적인 사상가"로 기억한다. 특히 당대 최고의 패션 칼럼니스트이자 철학자, 시인이었던 글렌 오브라이언은 그의 개인전에서 시 낭송을 하고, 본인 칼럼과 책의 일러스트레이션을 의뢰하는 식으로 죽을 때까지

<모네의 올랭피아Manet's Olympia, Laure>, 2020년 6월 1일 오르세 미술관 인스타그램(@museeorsay)에 게재된 작품. 종이에 잉크. 2020년 오르세 미술관의 인스타그램 레지던시(Instagram Residency)의 일부다.
이미지 제공: 장-필립 델롬

특별한 인연을 이어갔다.

"처음 활동을 시작할 때부터 다양한 분야를 오갔어요. 그들은 각자 매우 강한 정체성, 속물근성 혹은 은어를 가지고 있었고, 의사소통도 그리 활발하지 않았으며 외부인들이 잘 이해할 수 없는 세계였는데, 오히려 그 점이 흥미로웠어요. 요즘은 그런 면이 너무 없어요. 특별함과 명망을 잃은 것 같아요. 소셜미디어가 야기한 분명한 사실은 모든 걸 너무 많이 노출시킴으로써 납작하게 만들었다는 거예요. 특히 인스타그램은 우리로 하여금 즉각적인 유명세에 신경을 곤두서게 하는 반면 그 가치는 매우 일시적이라 '좋아요'를 누르는 것 이외에는 무엇에도 관여할 필요가 없도록 만들죠. 그래서 최근에 낸 책 『클래스 에고*Classe Ego*』(2019)에서 사회적이고 개인적인 태도에 관한 이야기를 한 거예요."

물론 장-필립 델롬은 하루에 한 작품을 인스타그램에 꾸준히 게재하는 등 이 문제적 매체를 매우 적극적으로 활용하고 있다. 최근에는 도쿄 출신 디제이이자 라디오 프로그램 〈WW TOKYO〉의 진행자 토시오 마쓰우라와의 프로젝트 〈사운드트랙 포 페인팅스Soundtracks for Paintings〉를 공지했다. 장-필립 델롬이 그림을 그려 보내면, 토시오 마쓰우라가 그 그림에 영감받아 음악을 연주하는 일종의 협업이다. "〈사운드트랙 포 페인팅스〉는 파리와 도쿄 사이, 과거와 미래 사이, 우리와 우리가 생각하는 사람들 사이, 음악을 통한 우주여행 사운드트랙입니다." "사이"와 "우주여행"이야말로 희대의 문화 기록자이자 문화 한량인 그가 매 시대를 살아 내며 표현해 온 바다. 패션 잡지가 패션이 아니라 이를 입는 여성에 관한 것이듯, 그가 포착한 문화예술의 면면은 그것을 만들고 욕망하고 향유하는 인간들의 이야기다. 그런 점에서 그가 간단명료하게 정의한 동시대성이야말로 어떤 위대한 예술가의 거창한 설명보다 더 기억할 만한 가치가 있었다.

"눈을 크게 뜨고 우리가 살고 있는 세상과 시대를 바라볼 때, 바로 그 순간을 함께 하고 있습니다. 그러므로 지금 무슨 일을 하든, 당신이 열정적으로 하고 있는 바로 그 일이 곧 가장 동시대적인 일일 겁니다. 어떤 풍경화가도 여름에 눈 내린 풍경을 그리지는 않을 테니까요."

마지막 질문 같은 첫 질문으로 시작해 볼까요. 궁극적으로 그리고 싶은 것은 무엇입니까?

하나의 스타일(a style)이 아닌 모든 것(everything)에 관심을 갖고 있어요. 하지만 최고는 예상하지 못한 곳에서 예상치 못한 대상에 매료되는 예상치 못한 순간을 그리는 그때겠죠.

이 순간 작업실 풍경을 묘사한다면요?

지금 파리에 있어요. 국가적 자가 격리가 실시되는 첫날의 오후죠. 프랑수아 케이의 라디오 프로그램 〈월즈 오프 에코스 Worlds of echoes〉를 듣고 있고요. 저는 영국의 라디오 진행자이자 디제이 질 피터슨이 만든 이 채널을 가장 좋아해요. 수십 년 동안 매주 듣다시피한 BBC6 음악 프로그램의 진행자인데,

내겐 고마운 존재죠. 그가 들려주는 음악은 그림을 그릴 때 집중할 수 있게 하고, 영감과 인내심을 선사하며, 모든 행위에 적절하고 미세한 영향을 주거든요.

"매일 할 수 있는 일을 포기하지 않을 때 삶은 가장 빛난다." 메이슨 커리가 쓴 책 『리추얼』(2013)에서 발견한 이 문장은 왠지 위로가 되었어요. 본인만의 의식이라 할 만한 습관이 있습니까?

매일 스튜디오에 가요. 어려운 작업을 해야 하는 날엔 더 일찍 시작해요. 극적인 상황보다는 심플한 것, 풍경에 드리운 순간적인 빛, 스튜디오에 앉아 있는 모델을 그리는 걸 좋아하죠. 내가 머무는 거의 모든 곳에서 뭔가를 그려요. 뭐라도 매일매일 그려 내는 게 중요하다고 생각합니다.

최초의 시각적 경험이 무엇이었는지 기억합니까?

인상주의 회화를 처음 대면한 순간, 그리고 파리 시립현대미술관에서 세자르 발다치니의 압축된 폐자동차 조형물을 봤을 때.

2020년 5월 파리 페로탱 갤러리에서 열린 개인전 《로스앤젤레스 랭귀지Los Angeles Langage》 준비로 한동안 바빴다고 했습니다. 수많은 LA 기반의 예술가들이 이 도시만의 황량하고도 기묘한 풍경을 표현해 왔지만, 특히 이방인인 당신이 포착한 LA 언어가 퍽 궁금해요.

많은 사람이 LA를 영화적인 시각으로 보고, 실제 도시 면면이 할리우드를 연상시키기도 해요. 하지만 내가 염두에 둔 건

1960~1970년대 LA의 아트신이에요. 에드 루샤, 데이비드 호크니, 크리스 버든, 존 발데사리 혹은 당대의 사진작가들. 지금도 옥외 광고판을 볼 때면 어김없이 에드 루샤가 떠올라요. 내가 본 LA는 기호의 행렬이거든요. 우리는 언어를 통해 도시를 여행하지만 LA에는 언어의 공허함이 존재해요. 이곳에서 사뭇 다르게 공명하는 단어 혹은 언어가 내게는 시 또는 개념미술로 읽히죠. 풍경을 그리는 내게는 작은 캔버스에 하나하나 그리는 자동차가 그곳을 말해 주는 단어와도 같아요. 그래서 "로스앤젤레스 랭귀지(Los Angeles Langage)"라는 제목을 지었어요.

지금껏 선보인 다양한 개인전 중에서 특별히 의미 있었던 전시는 무엇이었습니까?

각 전시마다 나름의 의미가 있겠죠. 1990년대 이전에도 전시를 열었지만, 주로 내 책에 실린 드로잉을 보여 주는 자리였어요. 1994년 뉴욕 제임스 댄지거 갤러리에서 개인전을 열면서 시작된 것 같아요. 2012년에는 FIAF 갤러리의 《드레스드 포 아트Dressed for art》에서 대형 그림을 선보였는데, 나의 친구 글렌 오브라이언이 오프닝 날 시 낭송을 해 주었죠. 온전히 미술 전시라 부를 만한 자리는 2014년 뉴욕 라이트 갤러리에서 연 《프롬 레이트 모던 투 유즈드 카스From Late Modern to Used Cars》라는 개인전이었어요. 1년 후 루시엔 테라스에서 열린 《버시윅 랜드스케이프Bushwick Landscape》는 풍경화를 모은 첫 번째 전시였고요.

상. <지저스 오토 리페어Jesus Auto Repair>, 2019, Oil on panel, 30.5cmx40.6cmx5mm
© 사진: Tanguy Beurdeley, Courtesy of the artist and Perrotin
하. <가스 스테이션Gas Station>, 2019, Oil on pannel, 22.9x30.5cm
© 사진: Claire Dorn, Courtesy of the artist and Perrotin,
이미지 제공(공통): 장-필립 델롬

파리에서 오래 살았고, 뉴욕을 제2의 고향으로 삼은 당신은 급기야 LA에까지 당도했어요. 각각의 도시에서 어떤 영향을 받습니까?

열여덟 살부터 파리에서 살았어요. 내겐 매우 태생적인 도시인 동시에 역사적인 곳이죠. 먼 과거를 재현한 듯한 파리 거리를 걸으며 고풍스러운 건물에서 살았을 예술가, 문필가, 시인 등을 떠올리곤 하는데, 이 행위 자체가 큰 영감을 줍니다. 반면 뉴욕은 모험적인 도시였고, 여전히 그래요. 내가 만났던 많은 사람들, 작업을 발전시킬 수 있는 방법…. 뉴욕은 내게 많은 걸 선사했어요. 말하자면 파리가 추억과 역사에 관한 곳이라면, 뉴욕은 지금 여기, 현재에 관한 곳이죠. 그리고 LA는 파리나 뉴욕과는 달리 시공간을 뛰어넘는 자유를 선사하는 도시예요.

당신이 포착한 대도시 풍경에는 인간의 존재가 보이지 않습니다. 혹자는 그래서 공간 자체가 문화예술적 참고문헌으로도 손색이 없다고 평하기도 했어요. 특별한 이유가 있을까요?

그림에 사람이 존재하는 순간부터 이야기가 되어 버리는데, 나는 내 그림이 서사적이기를 원하지 않아요. 오히려 고요할 뿐만 아니라 추상적인 구성이었으면 하죠. 내 작품에는 전혀 다른 두 가지 측면이 공존해요. 나는 주로 유머와 위트를 이용해 사회와 교감하는 방식인 사회적 관찰의 드로잉과 과슈 작업을 동시에 해요. 또한 반대로 내 작업은 내가 그리는 이러한 의견, 스타일, 소음과의 거리두기이기도 하죠. 나는 그저 나를 둘러싼 대상을 관찰하고, 가장 정직한 방법으로 그리려고 노력합니다. 그 아름다움과 진실함에 경의를 표할 뿐 거기에 이야기나 자극적 요소 등 무엇도 첨가하고 싶지 않아요. 풍경화든 초상화든 내 그림이 어떠한 침묵으로 발산하길 바라요. 내게는 그림 그리는 방식이 그 주제보다도 더 중요합니다.

그들만의 확고한 비즈니스 논리를 갖고 있는 갤러리에서 전시를 연다는 건 작가로서의 행보가 또 다른 상황으로 진입한다는 이야기 아닐까요. 주류 미술계의 순수미술 작가들과는 다른 방향으로 경력을 쌓아온 입장에서 전시란 어떤 경험인가요?

예술계 밖의 사람들은 전시를 일종의 비즈니스라 생각할 거예요. 유명 작가가 아닌 이상, 아니 사실 그들의 주된 목표가 사실 비즈니스인지도 잘 모르겠지만, 어쨌든 전시는 작가에게만큼은 절대 비즈니즈가 될 수 없어요. 오히려 작가라면 전시를 통해 어떻게 자신의 작업을 보여 줄 건지, 그것이 관객, 컬렉터라는 타인에게 어떻게 수용될지, 이후에는 무엇을 할지에 대해 끊임없이 답을 찾으려 분투할 겁니다. 게다가 보통 저처럼 혼자 일하는 작가는 갤러리스트, 큐레이터 등 자기 작품에 대해 토론할 수 있는 관계가 있어야만 작업을 발전시킬 수 있는데, 이것이 가능한 좋은 기회이기도 하고요. 글 쓰는 당신이 합이 잘 맞는 출판사를 찾는 것과 다르지 않겠죠.

아트 페어의 풍경을 그린 당신의 작업을 좋아하는 건 그 세계와 거리를 둔 관찰자만이 포착할 수 있는, 아무도 설명하진 않지만 모두 알고 있는 위트와 초월의 뉘앙스가 담겨 있기 때문이에요.

유머는 진지함의 또 다른 좋은 형태죠.

턱시도를 차려 입은 한 신사가 손님들을 뒤로 한 채 오프닝을 몰래 빠져 나오는 그림을 보면서 한참 웃었습니다. 어쩌면 그런 현장의 중심에 서 있을 당신 모습이 궁금하기도 하고요.

어디서나 저는 그대로예요. 물론 요즘은 작품을 보기보다는 자신을 보여 주기 위해 오프닝에 가고, 그런 코미디 같은 요소들이 관찰과 풍자의 대상이 되죠. 예술에 대한 관심도 나날이 커지고 있고요. 작품 가격에 놀라거나 권력에 매료되는 건 레스토랑 앞에 주차된 페라리에 대한 관심과 다르지 않잖아요. 하지만 그 와중에도 진심 어린 관객들이 있고, 그들에게 이런 코미디는 부차적인 부분이 됩니다. 내게 흥미로운 건 예술, 공간, 사람들의 조합이에요. 어떤 이들이 갤러리의 작품 옆에 서 있을 때 다른 시각으로 그들을 바라보게 되잖아요. 그 작품이 사람들의 흥미로운 점을 발견하도록 해 주기도 하고, 거기 서 있는 이들의 존재 자체가 작품을 빛나게 하는 조명이 되기도 해요. 작품과 관람객의 관계는 적어도 예술 현장에서 제가 눈여겨보는 부분이에요.

예술이든 패션이든 어떤 현장을 그린다는 건 그 현장에 속하지 않았다는 방증이겠죠. 패션을 소재로 그림 그리는 당신이 스스로 패션계 밖에 있다고 여기는 것과 같은 이치이지 않을까요.

동의해요. 분명한 건 패션이 아름답거나 흥미로운 풍경이 될 수 있고, 드로잉과 그림의 좋은 소재라는 거예요. 예컨대 옛 화가인 휘슬러, 마네, 초기 모네가 특정한 방식으로 어떤 인물을 그릴 때, 당연히 관객들이 그 인물의 패션에 대해 생각하지는 않았겠죠? 패션이든 예술이든, 어떤 현장을 그리기 위해서는 아웃사이더가 되어야 해요. 그 장면과 현상을 이해할 수 있고 휩쓸리지 않을 만큼의 거리를 두어야 하죠. 현장을 그리는 건 그것에 대해 본격적인 이야기를 나누는 것과 같아요. 보이는 면과는 다른 새로운 걸 만들어 내는 거죠.

패션계와 예술계에서 공히 사랑받는 입장에서 두 세계는 어떻게 같고 또 다르던가요?

요즘의 현대미술은 이전과는 달리 현장 그 자체를 뜻해요. 패션계와 비교해 별 차이가 없다는 얘기죠. 게다가 두 세계는 점점 더 유사한 궤적으로 움직이고 있어요. 패션 위크, 아트 페어 등을 계기로 사람들은 국경을 넘나들어 성대한 파티를 열고, 서로를 자기 영역에 초대해요. 솔직히 이제는 어떤 세계라는 관점이 유용하지 않다고 봐요. 소위 세계는 더 이상 특별한 정체성을 가지고 있지 않으니까요. 그것이 무엇이 되었든 의미 있는 것, 특정한 개인적인 성과나 퀄리티에 모두들 초점을 맞추고 있잖아요.

상업예술과 순수예술을 구분 짓는 건 어리석다고 생각합니까?

네, 예술 자체가 아니라 콘텍스트가 관건인 오늘날에는 더더욱 무의미해요. 예술은 갤러리에서도 상업적으로 보일 수 있고, 잡지에서도 순수해질 수 있어요. 비록 그 이유 때문에 예술로 간주되지 못했다 해도 오히려 상업적 맥락이야말로 내가 만든 이미지를 확산하는 데 요긴한 수단이라 생각했어요. 나는 늘 1980년대를 풍미한 사진가 장 폴 구드를 떠올렸어요. 그가 해 온 숱한 광고 작업은 세상에 예술이랍시고 선보인 작품보다 훨씬 예술적이었죠. 이런 생각이 잡지나 광고 작업에 적극적으로 임하도록 이끌었어요. 자유분방한 정신의 소유자였던 글렌 오브라이언 역시 소위 상업 예술가들을 강력히 지지하고 옹호했고요. 나는 상업-비상업의 구분이 아니라 외부자-내부자의 눈으로 세상을, 사물을 보려 합니다. 다른 영역을 넘나드는 힘은 거기서 나오죠.

스스로 일러스트레이터라 규정되기를 꺼리는 이유도 이와 같은 맥락인가요?

일러스트레이션은 텍스트와 그래픽 등을 설명하는 이미지이고, 단어 자체에 이미 하위 관계로서의 의미가 내포되어 있어요. 나는 의뢰에 맞춘 일러스트레이션 작업을 하는 동시에 설명하지 않아도 되는 드로잉과 그림도 그리지만, 설사 일러스트레이션이라 해도 텍스트에 종속되지 않을 만큼 독립적이고 자율적으로 작업해요. 그래서 스스로를 굳이 일러스트레이터라 정의하지 않는 거예요. 심지어 같은 날 비슷한 시간에 일러스트레이션 작업도 하고, 그림도 그리고, 글도 써요. 인간이 걷고 뛰고 점프하고 수영하듯이, 각각의 활동에는 경계가 없죠. 스스로를 예술가로 정의하는 게 다소 가식적으로 느껴지기도 했지만, 어쨌든 요즘 하는 일은 화가 혹은 일러스트레이터이자 그냥 화가에 가까워요. 최근 누군가 비슷한 질문을 했는데, 내 답을 듣더니 말하더군요. "아, 나는 그냥 우리 집 페인트칠을 해 줄 사람을 찾고 있는 거야(웃음)."

실제 전시나 아트 페어 등 예술을 대면하는 그 시간을 즐기는 당신만의 방식이 있나요?

무언가를 기꺼이 받아들이는 마음, 언제나 놀랄 수 있는 상태를 스스로 유지하는 게 중요해요. 가끔 전시장에서 빠른 속도로 걸으며 작품을 훑어보다가도 눈길을 확 잡아끄는 매력적인 작품 앞에 딱 멈춰 설 때가 있어요. 이렇게 하면 작품을 하나하나 연구하듯 들여다보느라 지칠 일은 없을 거예요. 한 군데의 아트 페어 혹은 전시에서 그렇게 걸음을 멈추게 하는 세 작품 정도만 발견해도 충분하다고 봅니다.

아침부터 잠들 때까지 보고 접하는 것들을 모두 그림으로 옮기려고 노력하는 편인가요?

그냥 삶에서 내가 본 걸 그려요. 관찰하는 모든 것이 반드시 아이디어 혹은 행동으로 연결되는 건 아니에요. 드로잉이나 일러스트레이션 작업을 할 때, 그건 실제로 본 거리의 풍경일 수도 있고, 실제일 거라 상상한 풍경일 수도 있어요. 그래서 나는 매일 스튜디오에 들어서면서 스스로 어떤 영감을 받았는지, 그렇다면 무엇을 먼저 하는 게 최선일지를 결정해요.

회화를 좋아하는 당신을 특별히 감동시키는 예술가는 누구인가요?

루치안 프로이트와 데이비드 호크니를 좋아해요. 뉴욕시 부근에 자리한 디아 아트 재단에도 자주 들르는데, 어떤 작가의 어떤 작품이든 아름답게 설치하는 공간이죠. 원시예술이나 19세기 말에서 20세기에 그려진 근현대 미술작품에도 관심이 많아요. 그림도 좋지만 요즘은 뭐니 뭐니 해도 뮤지션들이 내 영감의 대상입니다.

당신의 그림은 민주적이에요. 평범한 사람도 셀러브리티처럼 도시경관도 자연경관만큼 아름다울 수 있다는 걸 알려 주죠. 그래서 내가 사는 세상과 일상을 경쾌하되 진지한 시선으로 즐기게 됩니다. 이는 예술 이전에 세상을 보는 시선과 연관된 문제라고 생각되는데요.

나는 매우 단순명료하고 소박한 대상을 그리는 일이 고급 가구를 그리는 일만큼이나 흥미롭고 가치 있다고 생각해요. 가끔 사람들이 내 스튜디오에 와서 모델이 되어 주곤 하는데, 나는 그들의 존재감, 즉 고유한 아름다움과 연약함을 그리고 싶어요. 그들을 관찰하고 느껴 그림으로 담아내는 데 최대한 진실하고 싶고요. 그들의 명성 혹은 영향력을 그리려는 게 아니에요. 그것은 내가 찾고자 하는 게 아닌 데다 오히려 피하고 싶은 지점입니다.

특히 잡지 작업은 개성과 존재감을 각인시킬 수 있는 가장 좋은 수단이었겠죠.

네, 잡지는 흥미진진하고 창의적인 플랫폼이었어요. 작업은 물론 잡지를 구입하는 것까지도요. 나는 『아파르타멘토』, 『어거스트 저널』, 『케네디 매거진』, 『더 드로어』 같은 독립잡지와 협력할 때마다 여전히 설레서 헌신하고 싶다는 생각이 들어요. 블로그의 시대를 거쳐, 지금은 인스타그램이 어쩌다 주요 매체가 되어 엄청난 영향력을 행사하고 있죠. 트위터는 너무 시끄러워서 자주하게 되질 않더군요. 일을 처음 시작한 1980년대에는 폴라로이드가 삶을 상연할 수 있는 매체였어요, 요즘의 인스타그램처럼. 자신을 보여 주기 위해 너도나도 폴라로이드 사진을 벽에 붙여 두었죠. 잡지와의 첫 협업에서 나는 (인스타그램 드로잉 같은) 그림을 그린 폴라로이드 시리즈를 작업했고, 사회와 일상을 유머러스하게 풍자하는 내용의 캡션을 썼던 기억이 나요.

1980년대 폴라로이드 사진으로 잡지 작업을 하던 당신은 2020년부터 〈아티스트스 인스타그램스〉를 오르세 미술관과 진행하고 있습니다. 시대가 정확히 원하는 바를 알되 개인적이고 친근하게 표현할 수 있는 이러한 생명력은 어디서 기인하는 걸까요?

사실 난 시대가 무엇을 원하는지 잘 몰라요. 일하면서 그런 생각을 하지도 않고요. 그저 삶을 살며 내가 사는 시대에 반응할

장-필립 델롬, 사진: Claire Dorn

뿐입니다. 예술가는 시대가 원하는 걸 만족시키기 위해 애써서는 안 된다고 생각해요. 대중 혹은 시대가 필요로 하는 걸 충족하거나 이용해야 하는 브랜드나 애플리케이션 제작자가 아니니까요. 다만 각 시대가 선호하는 매체가 있기 마련인데, 나는 늘 그것들의 일부가 되고 싶었어요. 그것이 예술가가 자신의 시대와 소통하는 방식이니까요.

격변의 시기였던 1970년대를 거쳐 혁명의 에너지가 다양한 형태로 가시화된 1980년대에 활동을 시작했다는 사실도 중요하지 않을까요. 이런 시기가 현재의 당신을 직조하는 데 어떤 영향을 주었나요?

미술학교에 재학하던 1980년대엔 회화를 그렸어요. 당시 프랑스에서는 개념미술, 설치미술, 영상미술이 주를 이뤘지만, 별로 상관없었어요. 다만 갤러리에서 간간이 개인전을 열었다 사라지는 작가가 아니라 일상적인 예술가가 되고 싶었죠. 초기의 힙합 문화와 관련된 뉴욕의 거리예술에서 영감받았기 때문일 거예요. 거리 곳곳에서 내 예술을 선보이는 게 재미있어서 포스터와 광고판 작업을 했고, 대중들에게 가 닿는 게 좋아서 잡지 작업을 했죠. 라디오나 길거리에서 흘러나오는 노래처럼 우연히 잡지를 펼쳤을 때 발견되는 미술이 너무 좋았어요.

그때와 지금, 시간이 지남에도 불구하고 변하지 않은 것이 있다면요?

사물 혹은 대상을 보는 방식과 시선이 더 깊어지는 것 같아요. 더 가까이서, 더 자세히 보는 동시에 나 자신으로부터 거리를 두는 시선을 공평하게 가지게 된다고나 할까요.

1998년에 출간한 첫 소설 『메무아르 됭 핏불*Mémoires d'un pitbull*』부터 『주르날 라퀴스트르*Journal Lacustre*』, 『코미크 드 프록시미테*Comique de proximité*』, 『라 딜뤼시옹 드 라르티스트*La Dilution de l'artiste*』 등이 한국어판으로 출간되길 손꼽아 고대하고 있다는 얘기도 이번 기회에 전하고 싶군요.

문학은 내게 항상 매력적인 대상이었어요. 문학을 미술만큼이나 소중히 여기며 자랐죠. 항상 글을 썼고, 때론 텍스트와 이미지를 연관시키려고 노력했어요. 설명(illustrate)하거나 비평하기 위해서가 아니라 텍스트와 이미지를 함께 동등하게 활용하기 위해서였죠. 내 글에 시각적인 묘사가 많긴 하지만, 내게 글쓰기 자체는 비시각적인 소통이에요. 언젠가는 그림 말고 글을 주로 쓰게 될 날이 올지도 모르겠지만, 어쨌든 지난 몇 년 동안 나는 『아파르타멘토』나 『어거스트 저널』 같은 잡지에 실을 기사나 단편소설 외에는 주로 그림에 집중해 오고 있어요.

예술이 존재해야 하는 이유는 점점 다채로워져요. 보고 즐기는 대상일 뿐 아니라 인생에 내포한 수많은 의미를 찾아내고 경험하지 못했던 감각을 열어 두게 하죠. 당신 생각은 어떻습니까?

예술이 반드시 존재하도록 해야 한다고 생각하지는 않아요. 예술은 그 자체로 존재하는 것이지, 억지로 만들어 낼 수는 없어요. 반면 예술이 존재하지 않는 곳이 있다면 그곳은 야만성에

의해 인간의 존엄성이 쇠락할 겁니다. 우리가 살고 있는 사회에서의 예술은 초월성을 위한 공간이에요. 인간은 사업, 일 그리고 게임에만 집중하면서 살아갈 수 없으니까요.

그렇다면 스스로 아티스트로 살아가고 있는 이유는 무엇이라 생각합니까?

그것이 내가 사람들과 상호작용하고, 삶의 감정과 비전을 공유할 수 있는 방법임을 알았기 때문이죠. 그래서 그들 역시 내 작업에서 스스로를 발견하고 좋은 느낌을 얻기를 바랍니다.

인간으로서 그리고 예술가로서 당신의 판타지는 무엇인가요?

지혜.

•

2015년 4월호 『바자 아트』와 2020년 『나의 사적인 예술가들』 인터뷰를 바탕으로 새로 작성한 글입니다.